3—6岁儿童发展观察评估指导

李志宇 原 燕 席小莉 康建琴 等 著

北京师范大学出版集团
BEIJING NORMAL UNIVERSITY PUBLISHING GROUP
北京师范大学出版社

图书在版编目(CIP)数据

3—6岁儿童发展观察评估指导 / 李志宇等著. —北京：北京师范大学出版社，2022.3(2025.3重印)
　　ISBN 978-7-303-27333-1

　　Ⅰ. ①3… Ⅱ. ①李… Ⅲ. ①学前儿童－科学教育学 Ⅳ. ①G613

中国版本图书馆 CIP 数据核字(2021)第 219070 号

3—6SUI ERTONG FAZHAN GUANCHA PINGGU ZHIDAO

出版发行：北京师范大学出版社 https://www.bnupg.com
　　　　　北京市西城区新街口外大街 12-3 号
　　　　　邮政编码：100088

印　刷：	唐山玺诚印务有限公司
经　销：	全国新华书店
开　本：	787 mm×1092 mm　1/16
印　张：	19.5
字　数：	398 千字
版　次：	2022 年 3 月第 1 版
印　次：	2025 年 3 月第 5 次印刷
定　价：	66.00 元

策划编辑：张丽娟　　　　　　责任编辑：王思琪
美术编辑：焦　丽　　　　　　装帧设计：吴乾文
责任校对：包冀萌　　　　　　责任印制：赵　龙

版权所有　侵权必究

读者服务电话：010-58806806
如发现印装质量问题，影响阅读，请联系印制管理部：010-58800608

序
PREFACE

很高兴看到这本基于我国本土实践研究的幼儿发展评价专著出版。该书是山西省学前教育中心（原山西省幼儿教育中心）前主任、正高级教师、特级教师李志宇老师和她的团队基于《3—6岁儿童学习与发展指南》（以下简称《指南》），植根于山西省学前教育实践，经历数轮的实验和修订取得的研究成果。

我和李老师已经相识20多年，感动于她对学前教育事业朴素而执着的追求。自2003年以来，在建构山西省幼儿园课程体系，编写山西省幼儿园教师指导用书——《幼儿园课程改革理论指导》《幼儿园课程改革实践指导》《幼儿活动材料》时，我们就保持沟通与合作，当时共同研发了基于幼儿活动过程的《幼儿评价手册——连接教师与家长的纽带》。2006年，我带领学生在山西省开展了"自上而下的幼儿园教育改革成效研究"，李老师的团队配合我们在山西省太原、大同、晋中、吕梁、运城5个市的27所幼儿园进行"幼儿园环境质量评价"的实地观察，收集了大量珍贵的数据，有效地支持了课题研究的顺利进行。我也了解她一直在关注和研究幼儿发展评价，并期望有所突破和创新。今天，终于看到了研究成果的问世，真心为她们感到高兴。

幼儿发展评价历来是学前教育领域重要而有难度的课题，与保教质量评价共同构成了衡量学前教育质量的重要依据，是实现学前教育内涵发展的重要支撑，也是当前幼儿园实践工作中的短板和广大园长教师困惑的问题。在幼儿园中，如何切实可行地提升广大幼儿园教师对幼儿发展的观察诊断及有效支持能力，如何为教师提供可操作的框架，如何使每一位幼儿的发展过程清晰可见，如何帮助教育者获得在个体发展基础上的班级及园所整体发展的信息，这些问题成为当前幼儿园实践层面亟须解决的问题。该书对这些诉求进行了回应，借鉴当前国际上有影响力的幼儿发展评价理念和思路，依据《指南》精神，开发出了包含学习品质、健康、语言、社会、科学、数学、艺术 7 个领域 38 个评估项目的观察评估工具。将每个评估项目与《指南》中的发展目标和教育建议进行了对照，将幼儿在每个评估项目中的发展表现由低到高划分为 5 个发展级别，又对每一个发展级别的典型表现做了描述，对其做出解释，给出观察记录举例。

更为重要的是，本书较好地体现了理论与实践的结合。全书的架构从幼儿发展评价的基本理论探讨开始，在对国外经典幼儿发展评价理论及《幼儿园教育指导纲要（试行）》和《指南》的幼儿发展评价基本理念分析借鉴的基础上，对我国幼儿发展评价的目的、方法、内容走向进行了深入的理论分析和探讨，在此基础上构建了 3—6 岁儿童发展观察评估体系的整体框架，开发了配套的"3—6 岁儿童发展观察评估工具"，并对实践中使用评估工具的方法给出了操作性的指引。首先针对评估工具的理念、结构、内容及幼儿发展价值做了详细的梳理和分析；进而对不同情境中如何运用评估工具进行观察记录并做了观察要点、方法与注意事项的解析；接着对观察记录的整理、判断和梳理方法及幼儿发展评估报告撰写与幼儿成长档案建设进行了阐述；最后对评估结果如何在支持幼儿发展、教师专业成长、家园沟通以及各级管理等方面进行系统应用提出了思路与建议。

更为可喜的是，北京师范大学出版社将本书纳入其融媒体发展项目，还开发了"3—6 岁儿童发展观察评估系统"，使得"3—6 岁儿童发展观察评估工具"的使用有了更为便捷和可操作的平台，有助于推动学前教育信息化发展，为幼儿发展评价提供更大范围的大数据信息。

相信这本书的出版能够在一定程度上补充我国本土的幼儿发展评价研究的不足，为更多幼儿园提供基于观察开展幼儿发展评价的参考。期望这本书的出版及评估平台的运用可以引发我国幼儿发展评价研究领域更多的思考及尝试，可以为实践中的幼儿园教师及家长提供儿童发展评价的更多参考和选择！

（刘焱，北京师范大学教授、博士生导师，全国政协委员）

2021 年 11 月于北京

前 言
FOREWORD

关注幼儿，让每一个幼儿获得更多的支持和更好的发展，是我们学前教育工作者的奋斗目标，更是我们的责任。经历了多年的研究和探索，《3—6岁儿童发展观察评估指导》终于汇集成册。看着一页页凝结着研究团队心血的稿件，我们不禁回想起撰写本书的初衷。

2012年10月，教育部颁布了《3—6岁儿童学习与发展指南》（以下简称《指南》），全面系统地明确了3—6岁各年龄段儿童学习与发展各领域的合理期望和目标，也对实现这些目标的途径和方法提出了具体可操作的建议。但是，我们发现在贯彻落实《指南》的过程中存在许多问题：许多教师的儿童观停留在观念上，缺乏相应的理论知识作支撑，也缺乏理论到实践的有效引导和工具支持，未真正体现在保教行动中；大部分教师在日常的保教实践中，不能有效地利用观察来识别儿童的学习与发展，不会客观地评价并据此调整教育策略，缺乏引导儿童在生活和游戏中主动学习和发展的能力。从而影响了《指南》在保教工作中的实际落地，制约着幼儿园保教质量的提升。

为了解决以上问题，推进广大幼教工作者对《指南》精神的理解与深化，山西省学前教育中心前主任、正高级教师、特级教师李志宇老师带领研究团队，在多年探索研究幼儿园教育评价的基础上，申请立项了山西省教育科学"十二五"规划课题"山西省3—6岁儿童发展评价的研究"。研究采用文献法、调查法、观察法、行动研究法等研究方法，在太原、晋中、长治、晋城、运城5市18所实验园145个实验班开展实验研究，通过"前期准备与文献研究""评估工具研制""实验园试用""信效度检验""评估工具修改与完善"等阶段，研制并初步形成了重要的研究成果——"3—6岁儿童发展观察评估工具"。该评估工具从研发、实验到应用已有8年多的时间,研究成果"《3—6岁儿童发展评估工具》及其应用探究"于2018年3月获山西省教学成果奖(基础教育)特等奖。

"3—6岁儿童发展观察评估工具"依据《指南》的核心精神和儿童发展评价理念,借鉴美国高瞻课程中的《学前儿童观察记录量表》(Child Observation Record,COR)、新西兰学习故事儿童发展评价理念、多彩光谱评价理念等国内外先进的研究成果与经验,在山西省5市18所幼儿园应用的真实观察评估基础上不断修订而成。本书即是对这一观察评估工具的全面梳理和呈现。理论层面的建构有利于帮助一线教师了解学前教育评价现状、基本理念和方法,而大量一线教师在日常保教工作中生动的观察评价实例,给广大幼教工作者更真实、更实用、更适切的指导和启示。相信"3—6岁儿童发展观察评估工具"的应用和推广,能帮助更多的幼儿园教师学习掌握观察评价儿童关键经验的基本方法,给予儿童个性化、针对性的指导;帮助广大园长更全面客观地了解本园儿童的发展现状,及时调整课程方案,提高幼儿园保教质量;帮助广大家长及社会公众构建科学的学前教育价值观、育儿观,改善育儿方法,促进幼儿健康快乐成长。为各级行政部门更加科学、客观地评估《指南》的落实情况,并给予科学的管理和指导,推动学前教育质量的提高提供参考。在"十四五"时期推动高质量发展的背景下,幼儿教师观察评价儿童的能力将是影响学前教育高质量发展的重要因素,希望本书能给予广大幼教工作者更多的启发和思考。

感谢为此书出版付出辛苦努力的各位作者。本书的内容框架和写作思路由山西省学前教育中心的李志宇和广州幼儿师范高等专科学校的席小莉(原就职于山西师范大学)提出,并由团队成员集体审议。本书主要撰稿人如下:第一章由康建琴(太原师范学院)、席小莉撰写;第二章由李志宇、原燕(山西省学前教育中心)撰写;第三章由陈晓华(山西省学前教育中心实验幼儿园)、赵爱云(山西省学前教育中心)、郭海敏(晋中市第一幼儿园)、常文梅(晋中市第二幼儿园)、席小莉等撰写;第四章由成莉(山西省学前教育中心)、安慧霞(太原市万柏林区兴华学前教育集团)、张梅(太原市万柏林区兴华学前教育集团)、郭伟(太原市万柏林区兴华学前教育集团)、孙桂玲(太原市迎泽区三晋幼儿园)、郭晓芳(太原市迎泽区三晋幼儿园)、任瑾睿(北京师范大学出版社)、李志宇等撰写;第五章由韩慧菲(山西省学前教育中心)、刘桂英(太原市育才幼儿园)、文三红(晋城市教育局)、常文梅、郭伟等撰写。附录"3—6岁儿童发展观察评估工具"主要由李志宇、原燕、席小莉、康建琴、成莉、赵爱云等编写。全书由李志宇、原燕、席小莉、康建琴等统稿修订。

感谢山西省学前教育中心和太原市教育局、晋中市教育局、长治市教育局、晋城市教育局、运城市教育局的倾力支持!感谢山西省学前教育中心实验幼儿园、山西省军区幼儿园、太原市育杰幼儿园、太原市育星幼儿园、太原市迎泽区三晋幼儿园、太原市杏花岭区西羊市幼儿园、太原市万柏林区兴华学前教育集团、太原市煤气化幼儿园、太原市万柏林区晋西幼儿园、晋中市第一幼儿园、晋中市第二幼儿园、晋中市介休市第一幼儿园、晋中市介休市三佳乡第一中心幼儿园、长治市康园幼儿园、首钢长治钢铁(有限)公司幼儿园、晋城市凤鸣幼儿园、晋城市健健幼儿园、运城市盐湖区幼儿园18所幼儿园园长、教师在课题研究中的辛勤付出，在成果总结中的积极投入和无私奉献！

还要感谢18所幼儿园的孩子们！他们在研究中的童真表现为评估工具的完善和研究工作的推进提供了大量的数据支持，也感谢他们在研究中的成长给研究者带来的欣慰，促使研究者有信心坚持不懈地完成研究任务。

在本书撰写过程中，我们还参考、引用了许多专家、学者的观点、论述，在此一并表示感谢！

在本书付梓之际，恰逢教育部颁布《幼儿园保育教育质量评估指南》(以下简称《评估指南》)，我们本着精进不止的态度，认真学习领会《评估指南》精神，并仔细核对、完善相关内容，以使本书能够助力《评估指南》的贯彻落实。

由于水平有限，书中难免存在一些不足，希望各位同行批评指正。

编写组
2022 年 2 月

目 录
CONTENTS

第一章　3—6岁儿童发展观察评估的基本理论 …………………………… 1
第一节　儿童发展评价的基本理论 …………………………………………… 1
第二节　3—6岁儿童发展观察评估体系建构的背景与价值取向 …………… 8
第三节　3—6岁儿童发展观察评估体系及其建构 …………………………… 18

第二章　3—6岁儿童发展观察评估工具诠释 ……………………………… 26
第一节　评估工具概述 ………………………………………………………… 26
第二节　学习品质领域评估诠释 ……………………………………………… 36
第三节　健康领域评估诠释 …………………………………………………… 48
第四节　语言领域评估诠释 …………………………………………………… 56
第五节　社会领域评估诠释 …………………………………………………… 64
第六节　科学领域评估诠释 …………………………………………………… 70
第七节　数学领域评估诠释 …………………………………………………… 77
第八节　艺术领域评估诠释 …………………………………………………… 84

第三章　幼儿园不同情境中的观察记录 …………………………………… 94
第一节　幼儿园生活活动中的观察记录 ……………………………………… 94
第二节　幼儿园活动区游戏中的观察记录 ………………………………… 108
第三节　幼儿园集体教学活动中的观察记录 ……………………………… 121
第四节　幼儿园户外活动中的观察记录 …………………………………… 137

第四章 观察记录的整理与评估 · 147

- 第一节 观察记录的初步整理与完善 · 147
- 第二节 观察记录的评估级别判断与系统整理 · 151
- 第三节 儿童发展评估报告的撰写 · 160
- 第四节 幼儿成长档案的建立 · 192
- 第五节 3—6岁儿童发展观察评估平台 · 208

第五章 评估结果的运用 · 220

- 第一节 依据评估结果支持幼儿发展 · 220
- 第二节 以评价促进教师专业发展 · 223
- 第三节 以评估促进家园共育 · 226
- 第四节 评估结果在管理中的运用 · 232

附录 3—6岁儿童发展观察评估工具 · 239

- 说　明 · 239
- 学习品质领域 · 241
- 健康领域 · 248
- 语言领域 · 255
- 社会领域 · 264
- 科学领域 · 276
- 数学领域 · 282
- 艺术领域 · 291

参考文献 · 299

第一章 3—6岁儿童发展观察评估的基本理论

随着《3—6岁儿童学习与发展指南》(以下简称《指南》)及《幼儿园工作规程》(2016年修订,以下简称《规程》)的颁布,广大学前教育工作者日益深刻认识到对儿童发展进行观察评价的重要性。为了满足学前教育实践对儿童发展评价理论及方法的需求,经过多年的课题研究,课题组建构了"3—6岁儿童发展观察评估体系"。本章将从儿童发展评价基本理论出发,观照幼儿发展评价的现实需求,介绍该体系建构的理念、原则及框架。

第一节 儿童发展评价的基本理论

学前教育工作者有必要了解儿童发展评价的基本理论和方法,科学设计与实施儿童发展评价,以促进儿童发展。

一、教育评价的内涵

儿童发展评价是幼儿园教育评价的重要组成部分,对幼儿发展评价的认识必须建立在对教育评价及幼儿园教育质量评价的认识基础之上。

(一)教育评价

对教育评价的认识有以下几种代表性观点:一是认为评价是以目标为基点的,所谓教育评价就是确定教育活动结果对目标的实现程度,代表人物是泰勒和布鲁姆。二是认为教育评价是一种既有描述又有判断的活动,其着重点在于判断教育活动、教育过程和教育结果所产生的效益,代表人物是斯克里文。三是认为教育评价是搜集教育方案实施全过程及其成果的资料,以非判断性描述为基础,为决策提供信息,代表人物是斯塔佛尔比姆等。四是结合上述三种观点,将教育评价理解为既有描述也有判断,并为教育决策服务的活动。

教育评价首先是一种价值判断的活动,是在系统搜集和分析资料进行事实判断基础上进行的价值判断,因而教育评价具有客观性和主观性双重属性。其次,教育评价是对客体满足主体需要程度的判断。由于不同个体、不同社会历史时期对教育的需要通常存在差异，因此，对教育的价值判断也存在差异。最后，教育评价应包含过程评价和结果评价，应关注教育起始阶段的目标、教育实施过程及教育所达到的结果。

（二）幼儿园教育质量评价

幼儿园教育质量评价是在系统搜集资料的基础上，对幼儿园教育活动的各个方面和各种问题进行系统检测和科学价值判断的过程，包括结构质量、过程质量和结果质量。结构质量主要指设施设备、教师素质等条件的质量；过程质量主要指班级教育活动过程的质量；结果质量即指幼儿发展水平，它是衡量一个幼儿园教育质量的重要指标之一。

二、儿童发展评价的内容

儿童发展评价是幼儿园教育质量评价的重要组成部分，它是依据教育目标以及与此相适应的儿童发展目标，运用科学的方法收集信息，对儿童身体、认知、情感与社会性等方面发展进行价值判断的过程。评价儿童发展的主要目的在于：一是收集有关幼儿园教育质量的证据；二是鉴定儿童某些方面发展是否正常，并说明其在某一团体中所处的相对位置；三是通过观察和评价每一个儿童，提供能够用来促进儿童学习和发展的信息，为制订课程计划提供依据，使保教工作决策的制定有理有据。评价目的不同，评价的方法、手段、程序和侧重点不同。针对前两种目的，需要采用正式的量表进行测量，经过较为严密的、统一的程序予以评分，然后对照某种相应的常模做出评价鉴定，以准确鉴别学前儿童发展的异常，以便早期干预或治疗。第三种目的下的儿童发展评价，主要依靠教师或家长在日常生活、游戏等不同情境中观察并收集评价信息，深入了解幼儿发展现状，为调整教育计划与措施提供依据。

《幼儿园教育指导纲要（试行）》（以下简称《纲要》）指出评价应"全面了解幼儿的发展状况，防止片面性，尤其要避免只重知识和技能，忽略情感、社会性和实际能力的倾向"。《指南》强调："儿童的发展是一个整体，要注重领域之间、目标之间的相互渗透和整合，促进幼儿身心全面协调发展，而不应片面追求某一方面或几方面的发展。"幼儿园教育内容由健康、语言、社会、科学和艺术五个领域构成，各领域的内容相互渗透，涵盖了儿童发展的各个方面，从不同角度促进了儿童的发展。

（一）学习品质评价

学习品质的评价包括好奇心与兴趣，主动性、坚持性与专注性，想象与创造等。学习品质能反映儿童以多种方式进行学习的倾向、态度、习惯、风格等，强调的是那些对儿童未来的学习产生巨大影响的要素。学习品质是儿童学习与发展评价中的一个新领域，越来越多的学习与发展评价中，将学习品质单独列为一个领域。由于学习品质涉及的是儿童的倾向、态度、风格等相对不易量化的内容，因此，在评价过程中，要考虑尽可能让儿童在学习品质方面的学习与发展看得见。

(二)身体与运动能力评价

学前阶段是儿童身体和动作发展最迅速的阶段，身体与运动能力是儿童健康成长的重要组成部分。学前儿童身体健康和动作评价的内容主要包括：身体健康评价、动作发展评价(大肌肉动作评价、小肌肉动作评价)、生活卫生习惯和自理能力评价、安全意识和能力评价。

1. 身体健康水平评价

衡量儿童身体健康水平，主要包括以下方面：(1)生长发育形态指标，如身高、体重、血色素、牙齿、视力等；(2)生长发育生理功能指标，如脉搏、血压、握力、肺活量和呼吸差等；(3)疾病或缺陷，如有无贫血、佝偻病、龋齿、斜视、弱视、脊柱弯曲、扁平足等常见疾病、缺陷。生长发育评价是基础，专业性强，需要卫生保健部门的配合，为学前儿童生长发育建立成长档案，将不同时期数据进行简要处理，以便直观地看到儿童身体健康的发展变化。

2. 儿童动作发展评价

儿童动作发展评价涉及两大方面：(1)大肌肉动作，包括走、跑、跳、投、攀登、钻爬、平衡等基本动作以及拍球、上举、悬吊等。可以采用自然情境中观察或直接测查。(2)小肌肉动作，是指胳膊、手、手指小肌肉相关动作及手眼协调等，也称精细动作。儿童日常生活中使用筷子、画画、折东西、剪东西、串珠子、扣扣子、系鞋带等能力发展即可反映小肌肉发展水平。

3. 生活卫生习惯与自理能力评价

生活卫生习惯与自理能力评价主要是指儿童的起居、饮食习惯以及自我服务能力评价等。

4. 安全意识和能力评价

安全意识和能力评价主要指儿童自我保护、安全知识、安全意识和安全能力评价。

(三)认知与语言评价

1. 认知发展评价

认知是人对客观世界的认识活动。儿童认知是随年龄增长分阶段逐步发展的，概括说来，人的认知可以分为三个范畴：一是感知，二是表象，三是概念。儿童认知发展评价主要包括感知能力、思维能力和探究能力评价。[①]

[①] 胡慧闵、郭良菁：《幼儿园教育评价》，94页，上海，华东师范大学出版社，2009。

(1)感知能力。主要包括空间、时间和形状三个方面，反映儿童看、听、摸等诸多感知能力的发展水平。

(2)思维能力。主要表现为比较与分类、判断推理、数概念与运算能力。

(3)探究能力。主要表现在培养儿童的观察力、好奇心、动手能力等方面，主要指儿童在活动中发现问题、多方寻求解决问题的答案并尝试动手解决问题的能力。

学前期是儿童认知发展相当迅速的阶段。几十年来，心理学和脑科学领域对儿童认知发展做了大量研究，研制了许多有关儿童认知发展的测验量表，如韦克斯勒智力测查量表、瑞文推理测验等，为儿童认知发展评价提供了条件。除了标准化测验外，一般教育工作者也可以通过自编测验评价儿童认知发展。但对幼儿教师来说，更多应采用非正式的观察、对话，在日常情境中进行评价。

2. 语言发展评价

学前儿童语言发展的评价包括词汇、口头语言、早期阅读、前书写等方面的评价。

(1)词汇评价。评价儿童词汇的常用方法是让儿童说出对一个词的理解，给词下定义等。学前儿童语言发展是在日常生活中进行的，因此评价应在日常生活情境中进行。教师可以在区域活动时间倾听儿童讲故事并录音，分析说话的时间、句子数量、词汇数量及性质等，或通过看图讲述、自由讲述等方式收集儿童语言发展信息。

(2)口头语言评价。对儿童口头语言能力的评价可以考虑：活动中儿童是否使用语言的基本功能，能否完整地讲故事，与人互动，进行探究、描述、辨别或分类等。另外，要考查讲述的结构是否明晰、主题是否突出、是否使用叙述语气解释故事、是否使用对话、是否使用时间标记，以及语言表现性、词汇水平、句子结构等。

(3)早期阅读评价。学前儿童的阅读主要是对非文字内容的阅读，包括实物、图形符号、图画的阅读等。早期阅读评价主要应着眼于对儿童阅读兴趣、习惯及非文字阅读能力的评价。可以通过观察儿童在图书区的行为表现来评价儿童的阅读兴趣、习惯以及阅读准备技能，如是否会一页一页地翻书、知道页码等。

(4)前书写评价。儿童的生理特点决定了儿童在学前阶段不可能进行大量的书写活动，但是从入学准备的角度来看，进行一定的前书写活动是非常必要的。前书写评价主要包括书写的态度、兴趣和倾向性，书写的基本知识和一定技能，书写的能力和方法。画画本身就是一种前书写活动，可以通过评价儿童画来评价幼儿的前书写能力。

(四)社会性与情感发展评价

学前期是社会性发展的起步阶段和关键时期。儿童在家庭、幼儿园和社会等因素的影响下，逐步学习掌握社会行为规范，形成社会行为。儿童社会性与情绪发展是儿童发展的重要内容，其评价的内容非常广泛，可以概括为自我意识、情绪情感、人际交往及行为规范四个方面，具体指自我认识、自我体验、爱心和同情心、责任感、集体感、交往态度与行为、规则意识及自我调控等。社会领域评价内容广泛而内隐，因而评价具有相当难度。

三、儿童发展评价的方法

儿童发展评价方法很多，观察法是最基本的方法，此外还有访谈法、量表测验法、检核表法、等级评定量表法、档案袋评价法等。

（一）观察法

观察法是指人们有目的、有计划地对自然状态下发生的现象和行为进行记录和考察，进而获得事实材料的一种方法。在儿童发展评价中，观察的对象主要是儿童。由于儿童的语言发展水平有限，加之儿童在成人面前往往不会隐藏自己的情感和想法，通过观察和记录儿童的活动，可以搜集到有关儿童个体发展的较为真实客观的资料。因而，观察法是研究和评价儿童最适宜的方法。

在评价中进行观察的主要方法有结构式观察和非结构式观察两种。结构式观察即对观察对象和行为进行严格界定和分类，根据界定和分类预先编制观察表格，进行实地记录，对所获资料进行量化分析的一种方法，包括时间取样法、事件取样法、等级评定法等。非结构式观察则无须事先设计观察表格，而是采用文字叙述或声音、影像手段进行记录的方法，是一种较为开放的以质性评价为主的方法。

通过在自然状态下观察儿童个人或群体活动中的学习和游戏情况，能够全方位地判定儿童的发展状况，为个体和群体制定更合适的活动方案。

（二）访谈法

访谈法是通过与儿童本人、儿童父母或抚养人进行口头交谈，了解和收集评价对象有关情况和行为表现资料的一种方法。访谈法具有特定的研究目的和一整套设计、编制和实施的原则，其具有便利性和深入性，是儿童评价的重要方法。

根据评估的需要，访谈可以分为标准化访谈和非标准化访谈。标准化访谈是按照预先编制的访谈提纲提出问题，让访谈对象按照要求回答问题的一种方法。标准化访谈能够比较系统地获取评估所需要的资料，重点突出，省时省力，但比较呆板机械，不利于深入挖掘信息。非标准化访谈比较灵活，不限定具体问题，可在一定主题下自由交谈，访谈者可以根据需要引导和调整访谈内容，直到有关信息得到澄清并获得所有想要收集的材料为止，但非标准化访谈缺乏重点和方向，所需时间长，所获得的资料常常需要进行筛选。

儿童访谈最好是在自由游戏时间中以一种非正式的方式进行。教师可以用录音设备将访谈内容录下来,也可以在访谈后及时记录访谈内容。儿童访谈应该简短,不超过10分钟,要给儿童足够的时间思考。给儿童读书并提问可以作为一种很好的非正式访谈方式,如果教师选择的书籍得当,又有认真设计的问题,则可以让访谈者获得许多信息。

(三)量表测验法

量表测验法是使用标准化测验,将结果与常模进行比较,诊断儿童是否处于正常发展水平,及时发现儿童的特殊才能,确定其发展中的问题、缺陷或障碍的方法。对儿童的测验一般采用个别方式进行。标准化测验是对儿童心理特质进行测量时所使用的工具,通常由一组精心设计并有一定信度和效度的测验题目组成。使用标准化发展量表的主试必须经过严格的专业训练,确保正确执行操作程序,并适宜地解释测验结果,不能依赖于某一种测验确定儿童的行为问题。因此,测验法只是了解儿童的方法之一,应与其他方法配合使用。

测验法的优点是量表编制严谨,结果处理方便,可通过与常模的比较做出结果判断;其不足是灵活性差,对主试要求高,结果难以定性分析。在传统评价中,以标准化为特征的测验占有主导地位,其思想基础是科技理性。在这种理念下,教育要求教师按图索骥地预先把选定的知识教给儿童,通过测验来决定其效果,课程、教学和测验是一种线性关系。

(四)检核表法

检核表法是列举某个年龄段儿童在各个领域学习和发展的目标项目,包括身体动作、认知、社会性发展等方面的方法。检核表是按发展水平或年龄编排的,一份检核表可以是一个课程与发展的框架,既可以指导课程研发,也可以作为安排学习活动的指南,还可以用来对儿童进行评价。教师可以通过了解检核表中的项目和儿童先前的表现情况,评定和记录儿童在学习检核表各个项目中的进步,设计指导工作和后续活动。

大多数检核表是标准化的,也有一些由教师制定的非正式的检核表。设计一份检核表时,研发者首先要考虑需要包含在内的几个重要类别,然后遵循以下几个基本步骤进行:识别检核表上的项目;给目标行为列表分类;有序地编排检核表;设计记录系统。检核表比标准化测验容易操作,可以经常放在手边,当教师发现新信息时,就可以及时更新记录。事实上,检核表的主要目标并非记录一项行为存在与否,重要的是教师如何利用评估信息。

(五)等级评定量表法

等级评定量表法是通过列表评定儿童的发展水平与等级的方法。目的是获取儿童发展的数据信息与等级、程度信息。① 等级评定量表和检核表相似，都包括基于学习目标或其他因素的评估标准。但是也有不同之处：检核表用来表明是否具有某种行为，其条目包括肯定和否定的答复，而等级评定量表则提供连续的评估标准，需要对人们表现出的行为的程度进行定性评定。等级评定量表有多种形式，数字型、图表型是两种最常见的评定量表。数字型评定量表是最简单、最易于使用的评定量表，评定人用数字来表明所具备特征的等级，数字的顺序对应描述的类别。

评定量表可以用于那些不易被其他方法测定的行为，易于研发和使用，不需要更多的训练，量表中的评估标准比检核表中的回答更加实用。但由于评定人在评分标准的认识上不一致，对标准的解释不同，评定量表具有高度的主观性。

(六)档案袋评价法

档案袋评价法是指教师为儿童建立档案袋，有目的地收集反映儿童发展的相关材料，分析评价儿童发展，为课程决策提供依据的一种评价方法。档案袋评价兼容了自然观察法、谈话法、问卷调查法等具体的评价方法，是目前幼儿园进行儿童发展评价时使用较多的一种质性评价方法。作为一种综合性的评价方法，档案袋评价法越来越被教育者所认同。美国南卡罗来纳大学的莱德勒根据档案袋的功能将其分为理想型、展示型、文件型、评价型和课堂型五种类型。

档案袋可以提供丰富多样的儿童作品，所有作品都要写上日期，以便显示儿童发展进步的过程，同时配有教师的书面报告以及其他可以证明儿童进步的证据。让儿童获得自我展示、自我满足的机会。② 尽管档案袋的格式对所有儿童都是一样的，但对每个儿童来说，收集的资料不尽相同，每个档案袋讲述的都是一个独特的故事，是每一个儿童发展的缩影。档案袋评价考察的是儿童运用知识的表现，对儿童成长的评价是一种连续评价，是一种"嵌入式"的课程评价。在实施档案袋评价之前，教师需要完成一些相应的准备工作，如一个放置照片、记录逸事和作品的工具，在教室中选择一个放置文件夹和作品的地方，准备好观察及记录的工具，熟悉所有记录内容和打算收集的信息项目，决定和儿童的家人分享这些资料的时间与次数，还要确定档案袋的类型，并鼓励儿童积极参与创建和开发档案袋。比尔·约翰逊认为"儿童必须是对档案袋进行创造、开发，以及评估的参与者"③。

---

① 李志宇：《幼儿园课程改革理论指导》，171页，北京，中国广播电视出版社，2005。
② 同上书，176页。
③ [美]苏·克拉克·沃瑟姆：《学前教育评价(第五版)》，152～188页，向海英译，北京，北京师范大学出版社，2013。

四、儿童发展评价的资料呈现

儿童发展评价的资料主要有文字型资料、声像型资料和陈列型资料。文字型资料主要是幼儿教师的各种观察记录和评价，这是最常见的评价资料。此外，在评价中还应注意以下两种资料类型。

(一)声像型资料

声像文件有助于我们更直观地认识儿童的发展，如照片、录像、录音等。这些功能在现代技术的支持下已经越来越普及，功能日趋集中化、多样化。

(1)照片：在儿童活动的瞬间捕捉图像，帮助教师记忆所发生的事情，用于评价儿童、家园联系、自编故事书、分析和解读儿童、制订教学计划等。教师可以给儿童参与活动的过程拍照，附上简要的内容描述，标明日期，存档分析，要特别注意跟进性地拍摄儿童解决某一问题的全过程的照片，把照片及说明放在该儿童的成长档案袋中。教师也可以就照片提出问题，在访谈时间询问儿童，将谈话结果整理后与照片放在一起以获得评价所需的信息。还可以指导儿童在每一页的照片下面写自己的故事，用照片自编故事书等。

(2)录像：将儿童的行为用摄像机记录下来，充实观察资料，便于日后观察，也可以作为教师或家长研讨的素材。可以根据录像判定儿童发展领域，用检核表进行评价；也可以组织小组讨论，为儿童个别教学方案或评估提供参考。

(3)录音：将儿童的口头语言或与其他儿童的语言交流记录下来，有助于丰富书面的观察记录。在对儿童进行访谈时，也可以使用录音设备。

(二)陈列型资料

主要是以公开展示的方式将儿童作品进行呈现，在幼儿园通常采用展示板，在板上陈列儿童的照片及其作品，对其发展进行分析评价。教师可以将一次连续的主题活动进行摄像，让儿童画画、编写故事。这种类型的资料可以记录项目的过程，让大家看到项目的进展情况；可以记录儿童成长过程及各方面能力；还可以与其他专业工作者分享，并为后续的活动计划提供依据。

第二节 3—6岁儿童发展观察评估体系建构的背景与价值取向

《国家中长期教育改革和发展规划纲要(2010—2020年)》提出了"把提高教育质量作为教育改革发展的核心任务""树立以提高质量为核心的教育发展观，注重教育内涵发展"的战略目标,这就意味着我国教育发展已经步入以质量为核心的发展时期。儿童的学习与发展是学前教育质量的核心表现,《指南》的颁布为广大教师和家长提供了幼儿学习与发展的基本框架。儿童发展评价影响着教育者对儿童发展事实的把握,并由此进一步影响着对儿童持续的支持方向,它也反映着教育者所持有的教育理念以什么样的形式渗透在教育实践中,又是如何被检验的。当前,儿童发展评价受到了高度重视,理论研究者充分借鉴和表达更适宜的儿童发展评价理念,实践工作者也一直在寻求多样化的儿童发展评价方式与框架。但是,当前我国的儿童发展评价还存在一些较为突出的问题,也面临着明显的现实需求。

一、当前我国儿童发展评价研究与实践中存在的问题

(一)评价理论发展薄弱,本土化研究滞后

20世纪80年代以来,随着改革开放的实施及我国教育改革的需要,教育评价日益受到关注。一方面,国外系统和科学的教育评价理念逐渐被引入我国;另一方面,我国的教育研究者也一直在尝试探索和建构适宜我国文化和教育生态的教育评价理念。但总的来说,"我国的教育评价相关研究还停留在实际应用阶段,未能形成较为完整的理论框架,理论层面的研究基本以重复论证西方已有命题为主"[1]。我国教育评价理论的发展处于以吸收借鉴为主、创新建构薄弱的阶段。

学前儿童评价理论的发展受到教育评价发展的影响,很多理论研究者一直致力于介绍国外儿童发展评价的新理论与思想,如多元智能评价理论、后现代主义理论、发展适宜性教育思潮、建构主义理论、社会文化理论等。[2] 国外科学和成熟的儿童发展评价理论的学习和借鉴在很大程度上弥补和解决了我国在很长一段时间内的儿童发展评价理论的空白与缺失,也逐渐形成了理论研究者与实践工作者对儿童发展评价理论多样性的认识。但是,我国的儿童发展环境毕竟与国外儿童发展环境千差万别,本土化的学前儿童发展评价理论的建构是极其必要的。然而,当前我国学前儿童发展评价的本土化研究依然薄弱,这也导致我们在学习与借鉴的同时,缺乏针对我国社会经济基础、文化差异、地区多样性等背景的本土化儿童发展评价理论。

(二)评价理念多元,教师评价观念混乱

当前我国学前儿童发展评价理念正在以更为开放的方式发展着,诸多的评价理念涌现,如多彩光谱评价理念、档案袋评价理念、学习故事评价理念、真实评价理念[3]、

---

[1] 陈婷、徐萍:《西方教育评价的先进理念及其启示》,载《教学与管理》,2014(8)。
[2] 付娜:《近30年我国学前儿童发展评价研究发展特点及趋势》,载《当代学前教育》,2015(1)。
[3] 潘月娟:《儿童发展评价的新趋势——真实评价》,载《学前教育研究》,2003(12)。

儿童叙事评价①等。更多学前教育工作者，尤其是幼儿教师对儿童发展评价理念的学习积极性和接纳程度都非常高。这种局面一方面表现为学前儿童发展评价理念的百花齐放、百家争鸣状态；另一方面在多元化的背后，不同理念之间的差异及幼儿教师对各种理念理解与内化程度有限，导致幼儿教师评价观念混乱，教师热衷于对新理念狗熊掰棒子式的学习与追捧，缺乏内化的、具有系统性的评价观念。

(三)评价实践多样，评价方法杂乱而盲目

也正是由于当前儿童发展评价理念的多元化，学前教育实践中出现了在各种理念支持下的多样化实践。这种运用和尝试丰富了我国儿童发展评价的实践，但也由于缺乏对评价观念的内化及方法适宜性的考量而显得杂乱甚至低效。有些幼儿园管理者学习积极性非常高，常常将多种评价方法混合运用在对幼儿发展的评价中，导致出现评价方法之间的评价理念不一致、操作方式上重复评价或形式化评价、评价情境和时间上与本园实际情况不符等情况，从而致使教师无所适从，最终应付了事。

(四)评价体系可操作性差，评价结果流于形式

当前很多幼儿园开展的儿童发展评价，一方面，缺乏系统的评价体系，随意性较强，所开展的儿童发展评价并不能从整体上动态地获得儿童发展的基本信息；另一方面，评价方式操作性较差，缺乏对本园及本地实际情况的综合考量，盲目照搬"先进"的评价方式，教师的工作量剧增，积极性不高，无法长期开展。其结果最终导致儿童发展评价流于形式，难以真实反映儿童的发展状况。

二、我国儿童发展评价研究与实践的现实需求

鉴于当前我国儿童发展评价实践中的问题，在学习与借鉴国外儿童发展评价理论与实践模式的基础上，持续深入地开展儿童发展评价的实践，探索适宜当地的儿童发展评价体系尤为必要。《指南》的颁布为教师和家长了解和支持幼儿提供了基本的框架，也为当前我国儿童发展评价提出了新的需要。

(一)内化与操作化儿童发展评价理念

当前，发展性评价、真实评价、过程性评价、生活和游戏中评价等评价理念和评价方式已经成为当前儿童发展评价的核心价值取向，儿童发展评价应以儿童的整体、真实、可持续发展为核心，目的在于促进儿童发展。但在学前教育实践中，教师对儿童发展评价理念更多停留在理论学习和价值认可阶段，缺乏理念内化，因而不断有教师在评价实践中质疑"只通过观察儿童如何判断教学的效果？""这样的游戏活动的价值

---

① 朱敏、李甦：《儿童口语叙事中叙事评价的发展研究》，载《中国特殊教育》，2015(8)。

是什么？"，评价者并没有真正把儿童在活动中的过程性表现作为儿童发展评价的最重要的依据。发展性评价理念的可操作化是当前儿童发展评价中最现实的问题，用什么方式评价？评价什么内容？如何呈现评价结果？如何使教师的工作量适宜？这些问题都成为制约儿童发展评价有质量地开展的瓶颈。因而，从理论的层面讲，当前我国儿童发展评价迫切需要围绕评价理念的内化及理念与实践的对接开展研究与实践。

(二)落实《指南》的现实诉求，建设本土化的评价体系

在学习与借鉴国外儿童发展评价理念与实践方式时，越来越多的幼儿园实践者发现，国外的评价体系与方法虽然看起来观念先进、框架合理，但是一旦运用到本地、本园的儿童发展评价中就会"水土不服"，无法真正开展；或者在开展的过程中变味，不得不寻求新的评价方式。因而当前，我国的儿童发展评价在经历了充分的学习与借鉴之后，必然需要进入本土化的评价体系与评价方法的建设阶段。需要针对我国不同地区、不同幼儿园的现实背景，经过设计、实施、调整、再设计的过程，发现和建设适宜于我国社会文化背景和学前教育发展现状的儿童发展评价体系与方法。

《指南》颁布以来，各级各类幼儿园都在积极学习和贯彻落实《指南》，但在内化和践行《指南》的过程中，教师存在多种多样的困惑，比较集中地表现在：如何利用《指南》系统地观察和评价儿童？如何看待《指南》中各年龄段的典型表现？当儿童的发展没有达到《指南》所描述的表现时，如何对儿童进行评价？依据《指南》，区域游戏中教师对儿童的观察如何开展？等等。可以看出，很多教师不由自主地将《指南》看作儿童发展评价的标准，期望《指南》可以解决所有具体的问题。但事实上，"《指南》旨在指导我国3—6岁儿童学习与发展的方向，其本质属性是导向性、引领性的"，是"通过引导儿童学习与发展的方向来表达国家对幼儿教育的要求……而不是要对儿童发展的具体水平或者发展方式、速度等做出统一规定或量化要求"[①]。

如何在《指南》的指引下评价儿童的学习与发展？如何帮助教师形成儿童发展评价的框架性认识体系？这就需要在《指南》与教师的实践操作之间建立一座桥梁，我们把这座桥梁理解为"3—6岁儿童发展观察评估体系"，其基本的定位是在《指南》的框架的基础上，借鉴美国高瞻课程中的《学前儿童观察记录量表》，帮助教师将《指南》对儿童学习与发展的要求细化、具体化，成为评价儿童发展的操作性评估指标体系。

(三)纠正幼儿园中生活和游戏活动地位边缘化的实际需要

《指南》"说明"中明确强调"儿童的学习是以直接经验为基础，在游戏和日常生活中进行的"，"要珍视游戏和生活的独特价值"。这一方面是对教师和家长的观念性引领，

---

① 李季湄、冯晓霞：《〈3—6岁儿童学习与发展指南〉解读》，20页，北京，人民教育出版社，2013。

另一方面也是对当前幼儿园教育过度重视显在的集体教学活动的价值，而忽视生活和游戏活动的价值的纠正。很多教师认为穿衣服、擦鼻涕之类的生活活动对儿童的发展价值远不及认字、做算术或者学儿歌重要；认为生活和游戏中儿童的经验是琐碎的、不系统的。在这样的观念背景下，幼儿园就更容易变成严肃认真的"课堂""教室"，而不是儿童游戏与学习的"游戏场"和"实习场"。生活活动和游戏活动在幼儿园中的地位就必然会出现边缘化的情况。这种边缘化不仅仅表现在一日活动的时间安排上，还以更隐性的形式表现为教师对生活活动和游戏活动的忽视与敷衍。

针对这样的现实情况，"3—6岁儿童发展观察评估体系"建构了包含7个领域、38个评价项目（有的项目含子项目）的观察评估体系，每个评估项目中儿童的发展水平又可以分为5个发展级别，这些评估项目中信息的获得更多要依赖教师、家长对儿童生活和游戏活动的观察。这就在操作框架上使得生活和游戏活动进入教师、家长观察的视野，同时也促进教师和家长对其价值进行思考与利用。

（四）科学地分析及使用评价结果

正是由于理论的"消化不良"及实践的举步维艰，我国当前的儿童发展评价在结果的分析及使用方面就更显不足。一方面，多数由幼儿园层面开展的儿童发展评价停留在评价资料的收集和信息的获取阶段，而对于如何合理地分析所收集的资料则缺乏合理的规划及系统的设计，这就造成了教师工作的巨大浪费以及由于缺乏结果反馈而导致的后续工作方向的茫然；另一方面，即使有些幼儿园有意识地整理了儿童发展评价的结果，但对评价结果的认识及其运用同样充满挑战，如何看待儿童发展的阶段性表现？如何面对儿童之间不同领域发展的巨大差异？如何将评价结果以适宜的方式反馈给家庭，以进一步促进儿童在家庭中的发展？所有这些问题及困惑都需要评价者形成对评价结果的合理的认识及与之相对应的策略支撑，这也正是当前我国儿童发展评价研究与实践的重要内容。

（五）提高幼儿教师内在素养

提高学前教育质量最核心的保障就是教师素质的提高。《幼儿园教师专业标准（试行）》中要求幼儿教师能够"有效运用观察、谈话、家园联系、作品分析等多种方法，客观地、全面地了解和评价幼儿"。了解和评价儿童是幼儿教师的基本能力之一，通过观察，了解和评价儿童并做出正确的评价，更是当前学前教育内涵发展对教师能力和观念转变的焦点诉求。究其原因：其一，观察儿童可以将教师关注的中心从成人转换到儿童，体现了以儿童为中心的价值观念，可以避免教师在一日活动组织中从成人角度出发设计和组织活动。其二，观察儿童使教师能够更为真实和深入地了解儿童，进而真正地践行《指南》中所强调的"关注幼儿发展的整体性""尊重幼儿发展的个体差异""理解儿童的学习方式和特点"以及"重视幼儿的学习品质"等要求。其三,观察和评价儿童是每一位教师成为一名合格教师的必经之路。基于此,"3—6 岁儿童发展观察评估体系"描述了每一个评估项目中儿童在不同级别发展的"典型表现",并对其做出解释,提供对这一典型表现进行观察记录的示例,为教师的实践操作提供了具体的支撑。

在这样的背景下,针对山西及全国学前教育的现状,开展儿童发展评价实践,尝试建构 3—6 岁儿童发展观察评估体系与方法是非常必要的。

三、国外课程评价理念的启示

(一)美国高瞻课程中的儿童发展评价理念

美国高瞻课程是在全世界范围内产生了较大影响的美国幼儿园课程模式,课程评价是高瞻课程方案中极富特色和影响力的部分。高瞻教育研究基金会在研发课程评价的工具和实施课程评价方面积累了大量有价值的经验,形成了完善而独特的评价体系。为系统地评估儿童在高瞻课程中的发展,高瞻课程的开发者开发了《学前儿童观察记录量表》,从主动性、社会关系、创造性表征、运动和音乐、语言和读写、数学和科学 6 个类别针对儿童的 32 个观察项目进行观察记录与评估,每个观察项目下面描述了儿童发展的 8 个水平。

高瞻课程反对用传统的测验方式考查儿童的发展或评价教师的教学,提倡真实评价,包含客观的观察、建立儿童作品档案、家长和教师对儿童行为的评价。[①] 他们认为真实评价具有 13 项优点,如"基于儿童在真实情境中而不是在人为的测试场景中的行为表现""能够关注所有发展领域""评估儿童思考和解决问题的能力,而不仅仅是评价知识积累""能够呈现儿童随着时间改变和发展的过程""有助于成人学习客观的观察技能""鼓励课程更加以儿童为中心""让成人关注'被忽视'的儿童""能提供有价值和意义的信息与同事和家长分享",等等[②]。因此,真实评价的好处在于教师可以及时全面地了解和理解儿童的真实需要,以便为儿童制订更有针对性的教育计划;同时,在真实评价中,评价过程是开放的,允许有多种答案,有助于评价者了解儿童得出答案的思维过程;最后,真实评价依赖于评价者日常收集儿童的信息,而不是通过一次测验来考查儿童,增强了评价结果的准确性和可靠性。

根据《学前儿童观察记录量表》,成年人全年都要客观地记录儿童的逸事,并要求

[①] [美]安·S. 爱泼斯坦:《学前教育中的主动学习精要——认识高宽课程模式》,318 页,霍力岩、郭珺等译,北京,教育科学出版社,2012。

[②] [美]安·S. 爱泼斯坦:《学前教育中的主动学习精要——认识高宽课程模式》,319 页,霍力岩、郭珺等译,北京,教育科学出版社,2012。

教师"全天观察""简要记录观察结果""不做评论"①，并定期依据这些逸事记录计分。评估者也可以利用儿童档案、照片或以其他形式的文件记录的信息完成《学前儿童观察记录量表》。在高瞻课程中，对儿童的观察记录不仅是对儿童进行评估的途径，而且也是教师课程开展和教师日常工作的一部分。

在不同的学习阶段，如课程开始、课程中期、课程结束时，教师要通过观察记录对儿童发展的相关项目按照1—8级的等级进行计分或分级，以期反映每个儿童当前发展水平。对每个观察项目所涉及的儿童发展水平进行1—8级水平的描述，以便清晰地呈现出儿童在这个项目中的发展状况，为教师提供了了解并支持儿童由简单到复杂发展的框架和支撑体系。

(二)新西兰"学习故事"中的儿童发展评价理念

"学习故事"是一套用叙事的形式对儿童学习和发展进行评价的体系，在新西兰幼儿园中广泛使用，近年来在英国、德国、加拿大等国家的幼儿园中得到推广。1996年，新西兰正式颁布国家幼教课程框架(*Te Whāriki*)，并提出了"学习故事"课程模式。这是一种基于建构主义学习理论的幼儿园课程模式，强调以儿童的自由自主活动为中心组织幼儿园课程。这种课程模式对教师的专业能力要求很高，教师必须及时、准确而深刻地理解儿童自主活动中蕴含的学习经验及其价值，并能通过及时而有效的互动支持儿童不断拓展和深化自主学习活动。其中最为关键的是，必须找到一种能帮助教师快速识别幼儿自主活动中的学习行为的科学工具，为有效支持和深化儿童的活动提供客观的科学依据，这种工具就是叙事性评价。

(三)基于游戏的儿童发展评价理念

基于游戏的评价(Play-based assessment)是在儿童自由游戏或玩某一种特定游戏时，教师通过观察儿童在游戏中独立游戏及与他人在游戏中的互动过程，做出的一种评价。基于游戏的评价与传统评价存在差异，它是在日常自然情境中进行活动时进行观察评价的。② 基于游戏的评价主要有两种类型：非结构性评价和结构性评价。非结构性评价是记录儿童游戏中所有行为表现并做出评价，这种评价能够获得更加全面和完整的信息；结构性评价是在特定的游戏活动中，使用某一设计好的游戏行为记录表格进行评价，这种评价的优点是同一时间可以观察到儿童各领域发展状况，能够从中获取更多信息。教师应通过有效的游戏观察，对儿童的游戏水平及其整体发展水平做出评价，从而更好地促进儿童发展。

---

① [美]安·S. 爱泼斯坦：《学前教育中的主动学习精要——认识高宽课程模式》，148页，霍力岩、郭珺等译，北京，教育科学出版社，2012。
② 郑福明：《幼儿发展的观察与评价》，18页，北京，高等教育出版社，2011。

(四)多彩光谱评价理念

多彩光谱项目以加德纳(H. Gardner)的多元智能理论和费尔德曼(D. H. Feldman)的非普遍性发展理论为基础,对传统的单一的智能评价方法进行了批判,其基本理念是:每个儿童都有不同的智能组合。多彩光谱项目研究者试图在语言、数理逻辑、音乐、空间、身体运动、人际交往、自我认识、自然观察 8 个领域为儿童提供丰富的材料和操作机会,以此对儿童的发展进行评价并设计相应的学习活动,促进儿童身心的全面发展。评价儿童不是为了识别或鉴别天才或智力障碍儿童,而是为了更好地认识儿童,了解儿童不同智能的发展程度,发现强项智能,在给儿童提供机会发展强项智能的同时,为儿童搭建桥梁,利用强项智能的经验促进儿童弱项智能的发展,从而促进儿童身心的全面发展。

四、我国儿童发展评价的价值取向

(一)儿童发展评价目的:从"重视应有发展"到"关注已有发展"

一般认为,学前儿童发展评价的目的主要有三个:一是收集有关课程有效性的依据;二是鉴定儿童某些方面的发展在团体中的相对位置;三是提供能够促进儿童学习发展的信息,改善教育活动。前两种目的一般通过正式评价来实现,即标准化测验。而后一种目的则依靠教师通过观察、收集评价的信息来实现。但大多数教师和机构所关注的儿童发展信息是:"这个孩子有什么问题"以及"我们应该采用什么干预措施去帮助孩子"这种"找问题式"的儿童发展评价目的,关注的不是儿童"已有的发展",而是儿童"应有的发展",这就导致我们仍然以一种整齐划一的评价标准来衡量儿童发展。

《纲要》指出:"应尊重幼儿在发展水平、能力、经验、学习方式等方面的个体差异,避免用划一的标准评价不同的幼儿。"《指南》强调:"要充分理解和尊重幼儿发展进程中的个别差异,支持和引导他们从原有水平向更高水平发展,按照自身的速度和方式到达《指南》所呈现的发展'阶梯',切忌用一把'尺子'衡量所有幼儿。"可见,《纲要》和《指南》引领下的评价标准是个别差异化而非整齐划一的。在当前"以儿童为本"的理念下,对学前儿童的学习与发展进行评价,主要目的是发现每个儿童的智力潜力和特点,更好地设计幼儿园的课程与活动,让每个儿童得到富有个性的发展。因此,在收集儿童发展信息时,应该关注这样的问题:"这个孩子哪些方面没有问题""我们应该如何利用孩子已有的强项引导其持续健康成长",从而实现从"重视应有发展"到"关注已有发展"的改变。新西兰"学习故事"儿童发展评价就更多地将观察评价的焦点置于儿童已有的经验和发展上,将每个儿童都视为有能力、有自信的学习者,这种思维模式值得我们借鉴。

当前，多数儿童评价所关注的依然是"这个孩子有什么问题，我们应该采取什么措施来帮助孩子"；而事实上，我们应该采用的新观点是"这个孩子哪些方面没有问题，我们应如何利用孩子已有的强项来引导其持续健康成长"。

（二）儿童发展评价方法：从标准化测验到基于真实情境的日常观察

在教育评价的发展过程中，量化评价方法的运用是评价走向科学化的必然发展之路。然而，随着评价理念的深入改变，量化评价方法因其难以获得具体的细节内容，难以了解当事人的视角和看法，其局限性逐渐显露。"重视应有发展"必然导致标准化测验，而传统的测验法只能提供有限的信息，反映儿童在测验情境中的表现，难以反映儿童在真实教育环境和日常生活中的行为，也不能反映儿童解决问题及与其他人合作的过程与策略。

建立在反理性主义哲学思潮基础上的质的评价方法认为不存在纯粹客观的社会现实，一切都是由一定社会环境中的具有一定信念的观察者建构起来的。其以人文主义、解释学、现象学等为理论依据，强调收集真实生动和详尽的第一手资料，从当事人的视角理解行为的意义和对事物的看法，对评价对象的现实行为及其意义做出整体性和解释性的理解。"关注已有发展"必然需要质性评价的加盟。

费尔德曼和加德纳在《多元智力理论和儿童能力评价》一书序言中批评了"对教育成功与否的评价过分依赖于心理测试和标准化测量，把标准化学业课程和具有同样倾向的标准化测验推向学前教育的倾向"，倡导"把评价学习的方法以自然的方式融入幼儿园教师每天的日常活动中去"。加德纳认为"评价应该成为自然学习环境中的一部分，而不是在一年学习时间的剩余部分强制外加的内容，评价应该在儿童参与学习的情境中轻松地进行"。美国的高瞻课程也提倡真实评价，反对用传统的测验方式考察儿童的发展。高瞻课程研究者认为，由客观观察、分析儿童作品、教师和父母评估儿童的行为等构成的真实评价具有更多的自然性。评价者在真实的世界或模拟的相似环境中，提供了儿童日常行为更准确的图像，并反映儿童真实的能力。《纲要》也特别倡导："在日常活动与教育教学过程中采用自然的方法进行，平时观察所获得的具有典型意义的儿童行为表现和所积累的各种作品等，是评价的重要依据。"

真实情境的评价将评价置于有意义的、真实的活动中，消除了课程和评价之间的界限，使得评价活动成为课程的一个有机组成部分。评价中儿童是主动的参与者、积极的展示者，而不是被动的测试接受者；评价的情境是儿童感兴趣的、可理解的，因此能极大限度地调动儿童智力，比较完全真实地反映儿童认知水平；教师可以及时全面地了解和理解儿童的真实需要，了解儿童得出答案的思维过程；评价的情境是日常的，评价既是儿童学习的一部分，也是教师教学的一部分，不需要教师额外的工作；

真实评价还可以通过多次收集信息，增强评价结果的准确性和可靠性。可见，真实评价应该成为儿童发展评价的重要方法。《指南》强调，幼儿的学习是在游戏和日常生活中进行的，要珍视游戏和生活的独特价值。所以，在生活和游戏中评价是符合儿童学习特点的一种有效的评价方式。

随着真实评价运用，日常观察也就成为儿童发展评价的重要途径。以观察和描述为主的评价，在实施过程中特别强调通过如实记录儿童在日常情境中自然表露的行为，进行适时的、有针对性的交流和对话，并在获得大量信息的基础上，对儿童在不同活动中所表现出的行为进行有意义的分析和总结，从而对儿童各方面的发展做出判断。在儿童发展评价中，了解儿童的答案与操作结果正确与否很重要，但了解儿童如何获得答案、如何解决问题更重要。以观察和描述为主的评价不仅关注儿童的外在行为，更关注儿童在活动中所进行的思考、假设、选择、推理过程。这样的评价可以从一定程度上反映儿童学习和活动过程的动机、习惯、情感、创造力等方面的情况。

(三)儿童发展评价内容：从知识技能评价到全面发展评价

通过标准化测验获得的结果必然是以知识技能的评价为主的结果。《纲要》指出："评价应全面了解幼儿的发展状况，防止片面性，尤其要避免只重知识技能的掌握，忽略情感、社会性和实际能力的倾向。"《指南》强调："幼儿的发展是一个整体，要注重领域之间、目标之间的相互渗透和整合，促进幼儿身心全面协调发展，而不应片面追求某一方面或几方面的发展。"因此，儿童发展评价的内容应从儿童的全面发展出发，涉及知识、情感、能力三维目标，包含身体健康及动作、语言、认知、社会性与情绪情感、学习品质几个方面。身体健康与动作能力包括情绪健康、生长发育、大肌肉动作、小肌肉动作、创造性运动能力、安全意识和能力、生活自理能力与生活习惯等；语言能力包括口语(倾听、表达、对话、描述；语音、语义、语法、语用)、早期阅读(文字意识、阅读兴趣、阅读理解、阅读技能)、前书写(书写兴趣、生成性书写能力、书写姿势)等；认知能力包括感知能力(时、空、形状)、思维能力(比较分类、推理、数概念与运算能力)、探究能力(观察、好奇、想象、动手)等；社会性与情绪情感包括自我意识(自我认识、自我体验)、情绪情感(爱心、同情心、责任感、集体感)、人际交往(交往态度、交往行为与策略)、社会行为(规则意识、自我调控)等方面。特别要注意的是，学习品质应成为教师进行儿童发展评价的一个新领域。《指南》提出："幼儿在活动过程中表现出的积极态度和良好行为倾向是终身学习与发展所必需的宝贵品质。要充分尊重和保护幼儿的好奇心和学习兴趣，帮助幼儿逐步养成积极主动、认真专注、不怕困难、敢于探究和尝试、乐于想象和创造等良好学习品质。"因此，在儿童发展评价中，要对反映儿童智力的每个领域而不是仅仅对语言和数理逻辑领域进行评价，更要重点关注学习品质的评价。

第三节　3—6岁儿童发展观察评估体系及其建构

一、3—6岁儿童发展观察评估体系的建构理念

3—6岁儿童发展观察评估体系的建构意图是在《指南》与幼儿教师的实践之间架构起一座桥梁，为幼儿教师提供观察和评估儿童学习与发展的操作性框架。从根本上说，这是在提高我国学前教育质量的大背景下开展的研究和尝试，其理念与《指南》和《纲要》保持着高度的内在一致性，并吸收了当前儿童发展评价领域中最适用于我国幼儿园实践的理念与思路。

(一)《纲要》中的儿童发展评价理念

《纲要》是国家层面对幼儿园进行宏观指导的政策文件。《纲要》中对幼儿园教育的总体定位、教育内容与要求、组织与实施及教育评价都做了系统和详细的说明。其中，在"评价"部分除一般性地描述幼儿园教育评价的基本要求外，还对幼儿发展评价做了更为详尽的表述。

对幼儿发展状况的评估，要注意以下几点：

第一，明确评价的目的是了解幼儿的发展需要，以便提供更加适宜的帮助和指导。

第二，全面了解幼儿的发展状况，防止片面性，尤其要避免只重知识和技能，忽略情感、社会性和实际能力的倾向。

第三，在日常活动与教育教学过程中采用自然的方法进行。平时观察所获的具有典型意义的幼儿行为表现和所积累的各种作品等，是评价的重要依据。

第四，承认和关注幼儿的个体差异，避免用划一的标准评价不同的幼儿。

第五，以发展的眼光看待幼儿，既要了解现有水平，又要关注其发展的速度、特点和倾向等。

我们可以从以下几个方面来理解《纲要》中所体现出的儿童发展评价理念。

第一，评价目的的发展性。《纲要》教育评价部分的第一点明确指出："教育评价是促进每一个幼儿发展，提高教育质量的必要手段"，还提出幼儿发展评价的目的是"了解幼儿的发展需要，以便提供更加适宜的帮助和指导"。不难看出，从21世纪初开始，我国就在国家层面的纲领性文件中认可发展性评价理念，摒弃了之前在儿童发展评价中所出现过的以鉴别、选拔为目的的评价观念。

第二，评价内容的全面性。《纲要》中明确指出要"全面了解幼儿的发展状况，防止

片面性，尤其要避免只重知识和技能，忽略情感、社会性和实际能力的倾向"。这就明确否定了过分倚重知识和技能，忽略情感、社会性及其他实际能力的评价观念，强调了儿童是完整的"人"，幼儿发展评价要遵循全面的原则，要从多个角度关注幼儿的发展，儿童发展评价要为"使幼儿成为完整的人"提供支持。

第三，评价情境的真实性及评价方法的多样性。《纲要》中指出："评价应自然地伴随着整个教育过程进行，综合采用观察、谈话、作品分析等多种方法。"而且进一步强调，在日常观察中所获得的具有典型意义的幼儿行为表现及各种作品是评价的重要依据。这样的定位在观念上使得儿童发展评价摆脱了与儿童的实际活动相分离的测评、测验甚至考试的旋涡，充分认可了"儿童的真实表现是儿童发展评价最有价值的依据"这一观点。对儿童的发展评价而言，形成性评价较之终结性评价更具有适宜性。同时，观察、谈话、作品分析等方法在整体上都是倾向于描述性的评价方法，《纲要》不仅认可了其价值，也向幼儿园实践提出了如何更合理有效地运用这类评价方法的新要求。

第四，评价标准的个体化。《纲要》中明确指出："承认和关注幼儿的个体差异，避免用划一的标准评价不同的幼儿，在幼儿面前慎用横向的比较。"教育评价按照评价标准可以分为绝对评价、相对评价和个体内差异评价。绝对评价和相对评价都是用外在的标准来评价，能够反映评价对象与统一的客观标准之间的差距或进行团体中的横向比较，具有区分和选拔的功能。而儿童正处于发展中，其发展的速度及内容具有个体差异性，这些差异也恰恰是未来每个儿童发展的重要基础。《纲要》对评价标准的表述在观念上规避了幼儿园培养整齐划一的"产品"的风险，也认可了儿童发展结果的多样化。

第五，评价结果的连续性与规律性。《纲要》中还强调对幼儿发展的评价既"要了解现有水平，更要关注其发展的速度、特点和倾向等"。由此可以看出《纲要》中的幼儿发展评价除了关注儿童发展的整体性外，也重视儿童发展的连续性及规律性。而这种连续性与规律性依然是个体化的，需要评价者能够在尊重个体发展差异的前提下，发现和遵循每个儿童发展的独特规律，以变化的、流动的、发展性的眼光来看待儿童的发展，这便使得儿童发展评价的实施变得愈发困难。

(二)《指南》中的儿童发展评价理念

2012年10月，为深入贯彻《国家中长期教育改革和发展规划纲要（2010—2020年）》和《国务院关于当前发展学前教育的若干意见》，指导幼儿园和家庭实施科学的保育和教育，促进儿童身心全面和谐发展，教育部颁布了《指南》。《指南》从五个领域描述儿童的学习与发展，每个领域又划分为若干方面，每个方面由"学习与发展目标"及"教育建议"两部分组成。《指南》中描述了儿童学习与发展的目标与表现，为家长和教师观察和了解幼儿提供了科学参考。但《指南》并不是儿童发展评价的具体指标，《指南》中的目标不是平衡和衡量幼儿发展好坏、快慢的"标尺"[①]，同时，《指南》中包含着丰富的儿童发展评价理念和价值定位。

1. 评价要关注幼儿发展的整体性

在《指南》说明部分强调"关注幼儿学习与发展的整体性。幼儿的发展是一个整体，要注重领域之间、目标之间的相互渗透和整合，促进幼儿身心全面协调发展，而不应片面追求某一方面或几方面的发展"。可以看出，《指南》更进一步地明确了以儿童发展为本的基本观念，因而强调要关注儿童发展的整体性，避免在评价中过度关注儿童发展的某些方面而忽视了其他方面的发展。《指南》中对儿童发展整体性的强调不仅以原则的方式呈现，而且每个领域儿童的发展目标和相应教育建议则更加具体地支撑了儿童发展整体性的观念。在此基础上，儿童发展评价就必然要关注和考量儿童发展的整体性。因此，设计全面而系统的评价体系便成为当前学前教育领域的迫切之需了。

2. 评价要尊重幼儿发展的个体差异

《指南》中强调："尊重幼儿发展的个体差异。既要准确把握幼儿发展的阶段性特征，又要充分尊重幼儿发展连续性进程中的个别差异，支持和引导每个幼儿从原有水平向更高水平发展，按照自身的速度和方式到达《指南》所呈现的发展'阶梯'，切忌用一把'尺子'衡量所有幼儿。"李季湄教授指出，《指南》与《标准》不同，旨在指导我国3—6岁儿童学习与发展的方向，其本质属性是导向性、引领性的。[②] "各年龄段"典型表现不宜视为这一年龄阶段的每个幼儿必然表现出的特点。一般性、普遍性不能排除个别性、特殊性、典型性。[③] 可以看出尊重儿童个体差异是《指南》中蕴含的基本评价理念。

3. 重视在游戏和生活中对幼儿进行评价的价值

《指南》中明确指出："幼儿的学习是以直接经验为基础，在游戏和日常生活中进行的。要珍视游戏和生活的独特价值"，游戏与生活对幼儿发展的价值得到了高度的重视。李季湄教授指出："幼儿的学习与发展是在一日生活中进行的"[④]，"一日生活各环节中都蕴含着丰富的学习与发展契机"[⑤]。同时，游戏是促进幼儿发展的重要途径，《指南》中还指出要"最大限度地支持和满足幼儿通过直接感知、实际操作和亲身体验获取

[①] 秦旭芳、陈铮：《为幼儿成长搭建阶梯——〈3—6岁儿童学习与发展指南〉下幼儿发展评价的定位与实施》，载《教育导刊(下半月)》，2013(10)。

[②] 李季湄、冯晓霞：《〈3—6岁儿童学习与发展指南〉解读》，20页，北京，人民教育出版社，2013。

[③] 同上书，30页。

[④] 同上书，216页。

[⑤] 同上书，218页。

经验的需要"。这就意味着生活和游戏将在幼儿的学习和发展中扮演更为重要的角色，占用更多的时间和更大的空间。因而，在游戏和生活中评价幼儿的学习与发展应尽快提上日程。

4.通过观察对幼儿进行评价成为重要路径

《指南》通过对儿童学习与发展的五个领域的最基本、最重要内容的发展目标和教育建议的描述，为家长和教师呈现出了解3—6岁儿童学习与发展基本规律和特点的框架，为观察和了解儿童提供了指引。在《指南》背景下，通过观察了解儿童就成为评价儿童的学习与发展的一个重要路径。如何在《指南》背景下对儿童进行系统的、有质量的观察，如何收集儿童在生活、游戏等活动中的多样表现，并进行深入分析和综合评估，也成为实施和运用《指南》过程中所面临的新的需求。

(三)《评估指南》中的儿童发展评价理念

为深入贯彻全国教育大会精神，加快建立健全教育评价制度，促进学前教育高质量发展，根据中共中央、国务院《关于学前教育深化改革规范发展的若干意见》和《深化新时代教育评价改革总体方案》精神，教育部于2022年2月印发了《幼儿园保育教育质量评估指南》(以下简称《评估指南》)。《评估指南》旨在引导幼儿园全面贯彻党的教育方针，落实立德树人根本任务，尊重幼儿年龄特点和发展规律，坚持保育教育结合，以游戏为基本活动，不断提高幼儿园办园水平和保教质量。《评估指南》提出要"注重过程评估""聚焦半日观察"，强调"过程性、发展性评估"，体现了真实性评价和在真实情境中观察与评价的理念和方法，包含着丰富的儿童发展评价理念和价值定位。

二、3—6岁儿童发展观察评估体系的设计原则

针对当前儿童发展评价的现实问题及发展需求，结合当前儿童发展评价的核心理念，3—6岁儿童发展观察评估体系的设计遵循系统性、过程性与发展性、操作性、真实性及差异性的原则。

(一)系统性

为了解决当前儿童发展评价中缺乏系统的评价体系这一问题，3—6岁儿童发展观察评估体系设计的首要原则就是系统性。儿童发展的表现是多方面的，儿童发展评估所涉及的内容也应当是多样化的。在儿童发展评估中，既要关注儿童的身体运动和儿童在各学习领域知识技能的获得，也要关注儿童的社会性交往、情感和兴趣等多方面发展。为了贯彻与落实《指南》的发展要求，同时清晰地呈现儿童发展的完整性，评估体系尽可能依据《指南》的领域划分方式，并将《指南》说明部分特别强调的儿童学习品质及发展阶段性非常明显的数学领域单另列出。在学习品质、健康、语言、社会、科

学、数学、艺术7个领域的框架下设计具体的评估项目。系统性的考量，避免了当前儿童发展评价随意性较大或重知识技能、轻情感态度的倾向，保证了儿童发展评价的整体性和全面性。

(二)过程性与发展性

促进儿童发展是一切教育活动的出发点和归宿点。儿童发展评价作为幼儿园教育评价的重要组成部分，其目的与教育活动、幼儿园教育评价的目的完全一致。加德纳认为，儿童发展评价的目的在于对儿童发展状况进行分析反馈，帮助儿童在各方面更好地发展。也就是说，儿童发展评价作为提高学前教育质量的手段，并不以甄选和鉴别为目的，其最终目的是实现儿童和教师可持续的、共同的发展。

3—6岁儿童发展观察评估体系的开发及使用都融入了教师及儿童的发展过程。首先，在评估体系的研发过程中，各实验园园长、教师充分理解《指南》中的核心理念，结合本园实践，参与评估体系的设计及调整修订，这个过程同时也促进了教师的专业发展。其次，在评估体系中，针对其使用，为教师提供了每个评估项目与《指南》的对照及其内涵的解释，以及每个发展级别的"典型表现""解释"和"观察例举"。因而，学习和使用评估体系的过程必然蕴含着教师专业学习与发展的过程。最后，在评估结果的理解与使用上，我们特别强调教师要过程性地看待评估结果，合理使用评估结果，以积极正向的方式将评估结果反馈给家长，避免在心理和行为上给儿童"贴标签"，从某种程度上认可并保护了儿童的发展性。

(三)操作性

评估体系的操作性是保障儿童发展评估现实可行的重要前提，因而在评估体系的设计中，从三个方面考虑了其操作性。第一，在确定评估领域与评估项目时，我们考虑到儿童学习品质的重要性并将其单列；同时，列出了4项便于观察又在儿童学习品质中较为核心的评价项目以便于教师观察评估。第二，从评估体系的呈现上看，每个评估项目的每个发展级别都设置了"典型表现""解释"和"观察例举"三大板块的内容，为教师提供了观察记录的指引，同时也提供了为儿童的表现归类分级的依据。第三，观察记录、评估结果的统计、数据处理具有操作性和便捷性。为方便教师和家长使用评估工具，依据评估工具的逻辑架构和整体思路，我们配套开发了"3—6岁儿童发展观察评估平台"。班级教师可将自己观察到的儿童发展典型表现输入此评估平台，一段时间后，通过评估平台数据处理，教师不仅可以看到整个班级的幼儿在这一时间段的发展水平，还可以看到每位幼儿的整体发展水平以及在某个领域的发展水平，据此适时调整保育教育决策。这既帮助了广大幼儿园管理者、教师及家长全面了解儿童发展，又使评估工具的使用更加便捷、可操作。

(四)真实性

注重评估的真实性有两方面内涵：一是对儿童而言，评价的情境是真实的、日常的；二是对教师而言，评价的情境是常态化的、不需要太多额外工作的。对评价真实性的强调意味着评价本身既是儿童学习的一部分，也是教师教学的一部分。3—6岁儿童发展观察评估体系是提供给教师和家长进行日常观察的评估工具，其使用是渗透在幼儿一日生活的各个环节中的，尽量从真实情境中、从活动中、从直接接触中，运用观察记录获取信息。关注幼儿在日常情境中真实的行为表现，将评价融入幼儿自然的学习与发展中，而不是在学习时间的剩余部分强制"外加"的内容。

(五)差异性

《指南》明确指出，要"尊重幼儿发展的个体差异"，"支持和引导幼儿从原有水平向更高水平发展"，"切忌用一把'尺子'衡量所有幼儿"。但评估就必然面临差异和区分，如何面对和处理这种区分是在设计评估体系过程中必须考虑的问题。在评估体系的设计中，为了认可儿童发展的速度和时间的差异，充分尊重儿童发展的个别差异，在每个评估项目的五个发展级别的划分中，避免了不同级别与儿童年龄之间的一一对应，教师仅需要从儿童当下的表现水平进行判断，而无须进行发展水平与年龄的匹配。这样对每个儿童在每个项目上的发展就减少了横向比较的机会，而更多从"原有水平"和"更高水平"的角度考虑。

三、3—6岁儿童发展观察评估体系的框架与使用

(一)3—6岁儿童发展观察评估体系的框架

3—6岁儿童发展观察评估体系在基本遵循《纲要》和《指南》五大领域结构的基础上，将《指南》中所倡导的儿童学习品质单列出来，并将数学领域也从科学领域中分列出来，从学习品质、健康、语言、社会、科学、数学、艺术7个领域对3—6岁儿童的学习和发展进行评价，这7个领域构成了3—6岁儿童发展观察评估体系的核心维度。所有评估领域中一共包含38个评估项目，构成了儿童发展观察评估的34个关键经验。在每个评估项目中又将儿童的发展表现由低到高划分为5个发展级别。为了便于教师理解与操作，对每一个发展级别进行了详细的解释说明，并附有观察举例。

(二)3—6岁儿童发展观察评估体系的使用

3—6岁儿童发展观察评估体系是一套基于对真实情境中的儿童进行系统观察的评估体系，其方法设计的操作性和可行性影响着教师或家长对儿童发展评估信息获取的质量和效果。基于此，3—6岁儿童发展观察评估体系以教师或家长对儿童一日生活中

的日常观察与记录为主，辅之以儿童图片、音频、视频及儿童作品等资料，并在此基础上将观察资料与评估工具中描述的儿童发展级别识别匹配，逐渐系统积累儿童的发展表现，最终形成儿童个体或群体发展的数据系统，并生成儿童个体或群体的发展评估报告。其基本步骤如下。

1. **学习并熟悉评估工具中的评估项目及其级别表现**

3—6岁儿童发展观察评估体系为使用者提供了一套考察儿童发展的较为全面又便于操作的内容体系，旨在帮助教师和家长更深入地认识和解读儿童。因而，有质量地使用该系统的前提是熟悉这个系统，这样才能在纷繁的儿童一日活动发现、捕捉和读懂儿童的发展表现。对评估工具的熟悉过程不可能在使用之前达到完美的程度，在使用过程中也会不断深入和细化。

2. **观察和记录儿童的行为和语言表现**

获取儿童发展表现基本信息的最重要的途径就是对儿童的观察，其基本形式是采用简短的、随机的、片段式的观察记录将儿童在一日生活中的语言、动作、表情、与教师或其他儿童的互动等内容记录下来。同时也可以辅助采用拍照、录音、摄像及作品收集的方法补充和支持观察记录的内容。观察记录要尽可能保持客观，原汁原味地记录儿童的表现。

这样的观察记录要求教师随身携带记录工具，如笔、记录本、手机、录音笔等，同时每一则记录应尽量简短并突出儿童的典型行为，同时还应该如实记录儿童行为发生的时间、地点、情境等信息。

3. **将观察记录及其他资料匹配到评估工具对应的发展级别中**

在进行每日观察之后，要及时将观察记录及其他辅助资料匹配到评估工具对应的领域、项目及其级别中去。这个过程可以通过采用信息技术等手段，支持教师在数据平台上传信息，可以大大减轻教师的工作量。其中有两个方面需要注意：一是要及时匹配，避免因间隔时间过长而导致信息模糊和遗忘。二是使用者对儿童行为和表现所处级别的判断的准确性需要一个过程，随着使用者对观察工具的进一步熟悉，判断的难度就会降低，同时判断的准确性也会提高。

4. **补充缺失信息，关注观察记录较少的儿童或领域**

在经过一段时间(如每周或每两周)对群体或个体进行观察记录和项目级别匹配后，需要定期对照评估工具或信息化系统，整理核实针对某些儿童的观察记录或针对全班幼儿的某些领域的观察记录是否存在数量少或记录缺失的情况，并对此进行查缺补漏，尽量使对所有幼儿的所有发展领域的观察记录数量相对均衡。同时，这样的调整也能够帮助教师意识到自身对于某些幼儿或某些发展领域的忽视。

5. 生成评估报告

在观察记录一段时间之后(如一个月、一个学期或者一个学年),可以针对已有的观察记录进行整理,进而生成针对个别儿童或整个班级儿童发展的评估报告,关注每位儿童或者全班儿童发展的差异性或不足。基于这些系统的事实,每个儿童及全班儿童的发展轨迹就清晰地呈现出来了。数据的整理和报告的生成也可以借助信息系统更高效地完成(本书第四章第五节将会详细介绍基于该系统的儿童发展观察评估平台)。

6. 运用评估过程和结果改进教育实践

3—6岁儿童发展观察评估体系是一个开放的、发展性的评估系统。一方面,在评估过程中,使用者通过每日的记录和阶段性的整理可以及时调整对某些儿童或全班儿童的教育内容与策略;另一方面,阶段性的评估报告也可以在更长时间范围内向教师和家长提供有关儿童和班级发展整体状况和趋势等信息,这样教师和家长就可以从更长时段的发展表现和更有针对性的发展预期来对儿童的发展做出调整和改进。

第二章 3—6岁儿童发展观察评估工具诠释

3—6岁儿童发展观察评估工具(以下简称"评估工具")是一个完整系统的评估体系，其研发的初衷是为了帮助幼儿园和广大幼儿教师更系统、连续地把握儿童的发展，落实《指南》。因此，系统地了解和把握评估工具的结构、内容及其内在逻辑是正确、有质量地使用评估工具的前提。本章将对评估工具的整体框架及每个领域所涉及的评估项目进行诠释，以帮助读者和使用者更准确地认识评估工具。

第一节 评估工具概述

儿童发展评价是幼儿园教育工作的重要组成部分，也是反映幼儿园教育质量水平的核心标志。通过评价，教师能够及时掌握儿童的已有经验与能力，了解他们的兴趣与需要，明晰儿童的学习结果，发现他们的学习潜能，做出更加适宜的教育决策，有效支持儿童的学习与发展。《指南》对3—6岁儿童应该学什么、怎么学、大致可以达到怎样的发展水平提出了合理期望。为了更好地贯彻落实《指南》，我们在多年探索研究幼儿园教育评价的基础上，2014年申请立项了山西省教育科学"十二五"规划课题"山西省3—6岁儿童发展评价的研究"，采用了文献法、调查法、观察法、行动研究法等多种研究方法，在太原、晋中、长治、晋城、运城5市18所实验园145个实验班进行实验研究，通过"前期准备与文献研究""工具研制""实验园试用""信效度检验""工具修改与完善"等阶段，经过5年多认真实验研究和反复修订，形成了主要的研究成果——"《3—6岁儿童发展评估工具》及其应用探究"，2018年3月，该成果获山西省教学成果奖(基础教育)特等奖。之所以称之为"评估工具"而非"评价量表"，是因为：虽然"评价"和"评估"都是基于衡量某一特定对象的质量、特征、价值等标准而做出的评判过程及其结果，但从本质属性来看，评估的本质是事实判断，评价的本质是价值判断。评估工具中对儿童的发展评估是建立在对儿童观察记录的基础上的，并不是严格的测量，主要是为一线教师、家长在日常工作和生活中观察了解儿童提供可借鉴、可操作的工具，以便进一步树立正确的儿童观、教育观、发展观和价值观，更好地改进教育内容和教养方法，促进幼儿的学习与发展。

一、评估工具的基本结构

评估工具基本遵循了《纲要》《指南》的五大领域结构,并将《指南》"说明"部分特别强调要重视的"幼儿学习品质"单列出来,将数学领域从科学领域中分列出来,形成了学习品质、健康、语言、社会、科学、数学、艺术7个领域。之所以进行这样的维度划分,一是考虑研制评估工具的主要目的是帮助教师理解和落实《指南》,因此维度的划分应当尽量与《指南》保持一致,以便于教师理解与掌握。二是体现《指南》精神,学习品质虽然在《指南》中没有单独列为一个领域,但在《指南》"说明"中专门强调"重视幼儿的学习品质",将其作为实施《指南》的重要原则之一。因此,本工具将学习品质作为一个单独评估领域。三是考虑了教师的可操作性。如好奇心、学习主动性、解决问题等一些学习品质方面的内容,若包含在其他领域中,则很难进行有针对性的观察评价,易被忽视,单独列出更容易操作。而单列数学领域的考虑则基于数学的独立性和内容的丰富性,同时又针对幼儿园教师不够了解儿童数学能力发展的现状,帮助幼儿园教师掌握学前阶段儿童数学发展规律,支持儿童数学能力发展。

评估工具基本框架结构可以分为以下三个层级。

第一层级"发展领域":将3—6岁儿童发展领域划分为学习品质、健康、语言、社会、科学、数学、艺术7个领域。为了让教师更好地理解和掌握评估工具,我们在每一领域的开篇做了与《指南》领域、目标及教育建议的对照,诠释了该领域儿童学习发展的基本价值。

第二层级"评估项目":将各领域中反映幼儿发展的34项关键经验作为评估项目(其中,数学和艺术领域包含子项目,共计38个评估项目),每一个评估项目的开头都加注了这个评估项目是什么、儿童在这个评估项目上可能出现的典型表现以及发展趋势的说明。

第三层级"发展级别":将各评估项目中儿童发展水平划分为5个发展级别,每个评估项目的每个级别下又分为典型表现、解释、观察例举三部分。"典型表现"和"解释"详细诠释了儿童在此发展级别的主要动作、语言、表情或状态等,"观察例举"则用实际的观察记录做示范,以便教师更好地理解该项目、该水平的判断依据(见图2-1)。

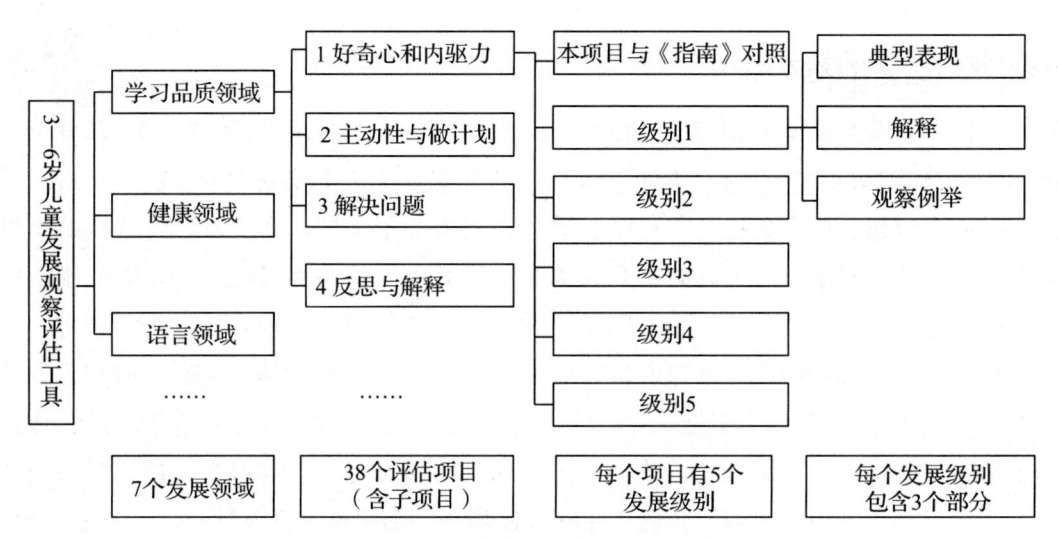

```
                               ┌─ 1 好奇心和内驱力 ─┐   ┌─ 本项目与《指南》对照 ─┐   ┌─ 典型表现 ─┐
              ┌─ 学习品质领域 ─┤                    │   │                        │   │            │
              │                │─ 2 主动性与做计划 ─│   │─ 级别1 ─────────────── │──│─ 解释       │
3—6岁         │                │                    │   │                        │   │            │
儿童发展      │                │─ 3 解决问题 ──────│   │─ 级别2                 │   │─ 观察例举  │
观察评估 ─────┤─ 健康领域       │                    │   │                        │   └────────────┘
工具          │                │─ 4 反思与解释 ────│   │─ 级别3                 │
              │                └───                 │   │                        │
              │─ 语言领域                           │   │─ 级别4                 │
              │                                     │   │                        │
              └─ ……            ……                   │   └─ 级别5                 │

              7个发展领域      38个评估项目         每个项目有5个              每个发展级别
                               （含子项目）         发展级别                    包含3个部分
```

图 2-1　3—6 岁儿童发展观察评估工具基本框架

二、评估工具的评估项目

为了帮助教师了解与把握幼儿在每一个领域的关键经验，在评估工具中评估项目的确定上，我们借鉴了国内外儿童发展评价成果，尤其是进行了《指南》目标体系与美国高瞻课程中《学前儿童观察记录量表》的对照分析。经过实践中的反复观察、讨论、验证，以及专家的评定意见，最终确定了将 7 个发展领域中 34 项关键经验作为评估项目（表 2-1）。

表 2-1　3—6 岁儿童发展观察评估工具评估项目表

领域	学习品质	健康	语言	社会	科学	数学	艺术
评估项目	1 好奇心和内驱力	5 情绪管理	10 倾听与理解	16 与成人交往	24 认识自然和物理世界	28 数字与数的关系	33 感受与欣赏
	2 主动性与做计划	6 大肌肉动作发展	11 口语表达	17 与同伴交往	25 实验、预测、验证	29 形状与空间关系	34 表现与创造
	3 解决问题	7 小肌肉动作发展	12 文明的语言习惯	18 冲突解决	26 观察分类	29.1 形状	34.1 歌唱
	4 反思与解释	8 生活自理与健康生活习惯	13 阅读能力	19 自尊、自信、自主	27 工具与技术	29.2 空间关系	34.2 律动
		9 安全自护	14 阅读习惯	20 关心他人		30 比较和测量	34.3 绘画与造型

续表

领域	学习品质	健康	语言	社会	科学	数学	艺术
评估项目			15 书面表达	21 适应集体生活		31 模式	34.4 角色扮演
				22 认识自我与他人		32 数据分析	
				23 归属感			

以上 38 个评估项目(其中 2 个项目包含子项目)的确定主要基于以下考虑。一是突出反映每个发展领域的核心内涵。由于每个领域所涉及的儿童行为表现非常庞杂，而一项评估工具不可能将所有的行为或项目都收编、分类、分级，幼儿园教师也不可能对儿童所有行为都进行评价，这就需要通过反复考察确定每个领域中最能反映该领域的核心内涵的项目。二是考虑突出选择一些未来社会公民所需要的重要特质。如科学领域的评估项目选择，同样注重了现代社会对儿童科学素养的培养要求，观察与评估项目特别强调了科学领域中实验、预测、验证的能力，观察分类的能力和使用工具的能力。引导教师更注重儿童的动手能力，而不再只注重了解科学常识与得知科学结论，这是因为儿童具有探究的科学精神、实验的思维方式以及很好的动手能力的意义更大于了解一项现成的科学结论。三是考虑选择教师容易观察与评估的项目。幼儿一日生活中出现的行为难以计数，但并不是所有的行为都适合进行分层分级的评估，也并不是所有项目都能够划分其发展序列，如《指南》中多次提到的"喜欢""兴趣"等，是儿童学习与发展中非常重要的要素。但是，我们很难对儿童喜欢的程度进行清晰的、量化的描述与级别划分。因此，类似这样的内容，教师需要感同身受地理解，并不需要在评估工具中进行对应与评估。

三、评估工具的评估项目与《指南》目标及教育建议的对照

作为推进《指南》贯彻落实的评估工具，评估工具的结构、项目力求与《指南》中的目标、典型表现和教育建议保持一致，因此二者具有非常密切的关系，如表 2-2 所示。

表 2-2 评估工具评估项目与《指南》目标及教育建议对照表

领域	评估项目	对照《指南》的目标/教育建议
学习品质	1 好奇心和内驱力	科学领域（一）科学探究：目标 1 亲近自然，喜欢探究。艺术领域（一）感受与欣赏：目标 1 喜欢自然界与生活中美的事物等。
	2 主动性与做计划	社会领域（一）人际交往：目标 3 具有自尊、自信、自主的表现。科学领域（一）科学探究：目标 2 具有初步的探究能力及其教育建议"鼓励和引导幼儿学习做简单的计划和记录，并与他人交流分享"。艺术领域（二）表现与创造：目标 1 喜欢进行艺术活动并大胆表现。
	3 解决问题	科学领域（一）科学探究：目标 1 亲近自然，喜欢探究；目标 2 具有初步的探究能力及其教育建议"支持和鼓励幼儿在探究过程中积极动手动脑寻找答案或解决问题"等。
	4 反思与解释	科学领域（一）科学探究：目标 2 具有初步的探究能力及其教育建议 4 "帮助幼儿回顾自己的探究过程，讨论自己做了什么，怎么做的，结果与计划目标是否一致，分析一下原因以及下一步要怎样做等"……
健康	5 情绪管理	健康领域（一）身心状况：目标 2 情绪安定愉快及教育建议"营造温暖、轻松的心理环境，让幼儿形成安全感和信任感""帮助幼儿学会恰当表达和调控情绪"。社会领域（一）人际交往：目标 4 关心尊重他人。
	6 大肌肉动作发展	健康领域（二）动作发展：目标 1 具有一定的平衡能力，动作协调、灵敏；目标 2 具有一定的力量和耐力。
	7 小肌肉动作发展	健康领域（二）动作发展：目标 3 手的动作灵活协调。语言领域（二）阅读与书写准备：目标 3 具有书面表达的愿望和初步技能。
	8 生活自理与健康生活习惯	健康领域（三）生活习惯与生活能力：目标 1 具有良好的生活与卫生习惯；目标 2 具有基本的生活自理能力；目标 3 具备基本的安全知识和自我保护能力。
	9 安全自护	健康领域（三）生活习惯与生活能力：目标 3 具备基本的安全知识和自我保护能力。
语言	10 倾听与理解	语言领域（一）倾听与表达：目标 1 认真听并能听懂常用语言；目标 3 具有文明的语言习惯。语言领域（二）阅读与书写准备：目标 2 具有初步的阅读理解能力。
	11 口语表达	语言领域（一）倾听与表达：目标 2 愿意讲话并能清楚地表达；目标 3 具有文明的语言习惯。
	12 文明的语言习惯	语言领域（一）倾听与表达：目标 3 具有文明的语言习惯。
	13 阅读能力	语言领域（二）阅读与书写准备：目标 2 具有初步的阅读理解能力。
	14 阅读习惯	语言领域（二）阅读与书写准备：目标 1 喜欢听故事，看图书。
	15 书面表达	语言领域（二）阅读与书写准备：目标 3 具有书面表达的愿望和初步技能。
……	……	……

由表 2-2 可见，评估工具中的评估项目与《指南》中的目标并不是一一对应的，主要有以下几种情况。

(一)一个项目对照一条目标

评估工具中一些评估项目与《指南》中的目标是一对一式的。虽然是一一对应的关系，但并不是说评估项目的发展级别描述与《指南》的目标及其典型表现完全一致。例如，评估项目"安全自护"所对应的《指南》目标为"具备基本的安全知识和自我保护能力"。《指南》从3个年龄段列出了儿童在"安全自护"方面的典型表现。评估工具一方面体现了《指南》关注成人对儿童安全的保护，另一方面通过评估儿童的安全意识、安全知识、规则意识、自我保护等列出了儿童安全自护的5个级别，对广大幼教工作者和家长识别儿童在安全自护方面的发展水平，以及引导儿童学会安全自护给予了引导。

(二)一个项目对照多条目标

有一些评估项目不仅只对应《指南》中的一条目标。如项目8"生活自理与健康生活习惯"就对应了"具有良好的生活与卫生习惯""具有基本的生活自理能力"两条目标，将这两条目标中的作息习惯、饮食习惯、生活自理能力等进行概括，从3—6岁儿童在生活自理和健康习惯方面的大致发展趋势入手，列出了儿童在此方面发展的5个级别，既可以为成人观察儿童该方面的发展情况提供对照，又指出了儿童发展的方向和趋势。

(三)多个项目对照一条目标

评估工具中还有多个项目对应一条目标的情况。例如，数学领域的数字与数的关系、比较和测量这两个项目都对应了"感知和理解数、量及数量关系"这条目标。这是因为在"感知和理解数、量及数量关系"这条目标中不仅涉及一些重要的数学知识技能和能力，包括量的比较、基数概念、集合比较、序数、加减运算；还涉及数学学习的过程性能力，包括数的表达交流和数的表征。可见，虽然是一条目标，却包含了诸多内容，如何进行合理整合或选择出比较重要的核心经验是拟定评估项目的重要问题。大多数文献较认同的观点为：早期数学教育的中心目标是发展儿童的"数字感"，包括有关数字及其大小、数字与实际数量的关系、对数字进行运算的直觉三个方面，同时强调真正的数学学习不是短期的，也不是死记硬背的，而是生活中、游戏中的数学，是深植于真实的、有意义的、作为综合课程一部分的经验之中，让儿童在一个丰富的环境中通过操作物体，探索数学概念，给儿童充分的时间让其自由建构思考他们对数学的认识。在这个过程中，教师有目的地、系统地将数学教学融入每日的教学计划中，通过与儿童适时地谈话、提供适宜的操作材料、提开放性的问题来拓展儿童数学思维。因此，我们将这一目标的内容进行了分解和重新整合，通过"数字与数的关系"这个项目，了解儿童数概念的形成、数的比较以及数的组合拆分；通过"比较和测量"这个项目，评估儿童在对两种物体或者两种以上物体进行比较时的发展趋势，从而引导教师观察和了解儿童数学经验的建构过程。

(四)多个项目对照多条目标

这种情况主要集中在艺术领域最后一个项目"表现与创造",又分为歌唱、律动、绘画与造型、角色扮演4个子项目,这4个子项目分别对应了《指南》的"喜欢进行艺术活动并大胆表现"与"具有初步的艺术表现与创造能力"两条目标。儿童的艺术表现与创造包括两个方面:一类是可视、可听的实在的表现与创造,如一幅画、一首歌、一段表演;另一类是审美心理意象的创造,由于它的内在性、过程性,如果没有足够的了解,它常常不被我们所知晓,因而也常常被忽视。在研制评估工具时,我们将《指南》两条目标中提到的儿童可视、可听的表现与创造形式提炼出来,从音乐、律动、美术、角色扮演四个方面进行了更为细致的划分,引领成人关注儿童在活动中的语言、动作、材料使用情况、作品的细节等,希望成人从这些细微的观察中发现儿童内隐于艺术创作过程和作品中的审美心理意象创造。

(五)项目与教育建议的对照

《指南》中各领域每一条目标下的"教育建议"都非常注重儿童的核心经验建构的支持。评估工具中的项目也与"教育建议"进行了对照。如"学习品质"领域中评估项目"主动性与做计划"对照了《指南》科学领域(一)科学探究的目标2"具有初步的探究能力",其教育建议为"鼓励和引导幼儿学习做简单的计划和记录"。评估项目"解决问题"对照《指南》科学领域(一)科学探究的目标2"具有初步的探究能力",其教育建议为"支持和鼓励幼儿在探究过程中积极动手动脑寻找答案或解决问题"等。

四、评估工具的发展级别

评估工具中每个评估项目将儿童发展的水平相对划分为5个发展级别,这5个发展级别代表了3—6岁儿童在该项目中的关键经验由低到高的发展变化。发展级别划分没有与儿童年龄一一对应,而是将儿童在该领域、该项目的相对发展水平划分为5个发展级别,目的就是让教师抛开对儿童年龄的固有观念,根据观察所得到的真实现象来评估儿童关键能力的发展水平。

这样设计,一方面是由于儿童发展的个体差异性,同一年龄段的儿童发展水平并非都是一样的,不按年龄来设置级别更符合儿童发展的个别化特征;另一方面是我们在学习COR以及国外一些评价工具时,发现儿童的许多关键经验在我们的教育实践中是被忽视的,儿童的关键能力发展也并不完全随年龄增长而循序渐进。例如,儿童的情绪管理能力、解决问题能力,这些都是我们之前所忽视的。因此,课题组认为可以将这些关键能力本身的发展进程划分为不同级别,即使目前儿童在某些方面发展水平比较低,也应尊重现实。同时评估工具应给教师一个儿童在此方面发展的直接指引,引导教师在保教实践中有意识地加强这些方面的培养。

五、使用评估工具的基本方法及注意事项

(一)使用评估工具的基本方法

使用评估工具的基本方法就是在幼儿园一日生活的自然状态下，使用者对儿童具有典型性的行为、语言、作品、表情和状态等进行客观真实的观察和记录，然后对照评估工具中的评估领域、评估项目，找到儿童发展的级别。通过对一段时间的观察记录的分析，了解该儿童阶段性的整体发展状况，从中进一步分析其发展的全面性、均衡性，并据此确立支持该儿童进一步发展的策略。

(二)使用评估工具的注意事项

在使用评估工具的过程中，应注意以下几方面问题。

1. 注意评估工具与《指南》的关系

评估工具的评估项目与《指南》的目标并不是一一对应的关系。评估工具中级别的构建为教师的日常观察与评估工作提供了一定的支持与帮助，但并不是儿童的所有发展都能用本评估工具进行评估，希望幼儿园教师在使用本评估工具时还要结合其他的儿童发展评价方式对儿童全面发展进行评估，如儿童生长发育测评和记录学习故事等。

2. 注意评估工具使用的专业性

本评估工具具有一定的专业性，使用者需要熟悉《指南》并具备一定的学前专业理论基础，同时具有在自然状态下客观观察和记录儿童典型表现的能力。使用者在使用前应仔细研读，领会每个领域的核心理念、每个评估项目前的说明与项目解读，了解儿童在每一评估项目上的发展趋势。

3. 注意评估工具中的发展级别与年龄的关系

评估工具中的每一个评估项目依据儿童发展进程的差异将其行为表现划分为 5 个发展级别，代表了儿童在这个评估项目上的大致发展进程，使用者不应将发展级别与儿童年龄一一对应。

4. 注意评估信息的获取

评估工具所提到的代表儿童发展水平的典型表现并不能够全部在自然状态下观察得到，教师可以根据观察与评估的需要，有意识地设置情境或组织活动，以引发儿童某些行为，从而进行深入地观察与评估。

5. 注意发展级别的对应

使用者在对儿童评级的过程中，应仔细对照典型表现和解释，不要简单对应观察记录；如遇到介于两个发展级别之间的儿童行为，应当按照较低级别进行评级，若不

够则可以记为发展级别0。

(三)使用评估工具的案例说明

为了让读者更好地理解评估工具的使用，我们以一个较为常见的场景下教师的观察和评估为例，说明观察评估工具的使用。例如，在幼儿园户外活动中，儿童骑小车的活动非常普遍，以此项活动为例，教师应该如何对儿童进行观察和评估呢？

1. 教师认真观察，仔细记录当时的情境以及主要观察对象的表现

以下为教师的观察记录。

案例2-1　骑小车活动观察记录[①]

小一班的孩子们在户外自由游戏，10名孩子在骑小车（双人儿童三轮车）。两个男孩鹏飞和浩南以及两个女孩嘉琪和甜甜分别搭对儿各骑一辆双人车，两个女孩骑到了前面。坐在鹏飞后座上的浩南对鹏飞说："她们跑啦！"鹏飞喊道："抓她！"之后，鹏飞开始加速猛蹬小车，主动发起与两个女孩间的小车追逐游戏。甜甜在车上说："快走！快走！要去旅游！"两个男孩经过直行、转弯等骑行动作，很快超过了女孩。浩南得意地回头对女孩说："你们的车没电了！"说着他们继续往前骑车，结果看到几辆车堵在了一起，鹏飞开始减速。经过挪动车辆，孩子们的车又能够继续前行了，两个男孩和两个女孩继续追逐。男孩的小车又一次追到了女孩的小车，并且大喊"追到了！"。甜甜回头看了一眼，说："真倒霉！"浩南一边笑一边模仿甜甜道："真倒霉！"鹏飞继续猛力蹬车，两个男孩的车又和迎面而来的另外两个孩子的车碰到了一起，几个孩子高兴地哈哈大笑起来，鹏飞将小车倒骑了几步，浩南则下车将挡路的小车推回去，边推边说："我来（管）交通规则。"推完之后继续上车。鹏飞骑到前面又被一辆横在路上的车堵住了去路，他下去推了一把又上车了，但堵路的车子没有推开，车子还是走不动。这时，旁边站着一个女孩妮妮，浩南对妮妮说："把车推开！"妮妮很快帮着他把车推到了一边，浩南骑着车继续前行。

2. 教师将观察到的现象与评估的领域和评估项目相对照，并根据每一个评估项目的描述来判断幼儿发展水平

从以上的描述中可以看出，在骑小车的活动中，儿童的发展不仅体现了健康领域的发展，而且蕴含着学习品质及社会领域、语言领域等全方位发展。具体表现在以下几个方面。

第一，健康领域项目6"大肌肉动作发展"。在该情境中，鹏飞和嘉琪能够灵活地带人骑车，平稳、有序地完成加速、减速、后退、转弯等一系列动作，而这些动作要求有较好的上肢/下肢力量。因此，鹏飞和嘉琪熟练地带人骑车可归入级别5。

[①] 本案例来自山西省幼儿教育中心实验幼儿园。带班教师：李清玲；观察分析：李志宇、韩慧菲。

第二，健康领域项目5"情绪管理"能力的发展。在追逐游戏中，男孩的小车追到了女孩的小车，并且大喊："追到了！"甜甜回头看了一眼，说："真倒霉！"这个场景中，甜甜虽然没有完整地说出"被追到，真倒霉"，但从男孩与女孩的对话中，我们可以看出：女孩清楚地知道自己觉得"倒霉"的原因，因此可评为"级别2"，即甜甜能用简单的语言表达一种情绪，并且能够知道或说出产生这种情绪的原因。

第三，学习品质领域项目2"主动性与做计划"的发展。浩南和鹏飞看到两个女孩超过了自己，于是喊道"抓她！"，之后开始主动发起与两个女孩间的追逐游戏。这个情境表明：浩南已经能用肢体语言或一两个词汇表达自己的活动意图。对照评估项目可见，这表现了"学习品质"领域中的项目2，即主动性与做计划，鹏飞和浩南在一段时间内共同进行着有目的的追逐游戏。这个计划是随机想出来的，没有更多复杂的步骤，未达到级别2的水平，发展水平为级别1。

第四，学习品质领域项目3"解决问题"能力的发展。小车撞到一起的时候，浩南说"我来（管）交通规则"，随即将撞在一起的三辆小车移开，并能够指挥另外一个女孩（妮妮）将小车推到一边。可见，浩南已经能够借助已有经验熟练解决小车碰撞的问题，达到了该项目的级别3，即"幼儿帮助同伴解决问题"。级别3和级别2区别的实质在于：级别2中，幼儿需要通过尝试逐步发现问题出现的原因并探索出解决办法，而级别3已经表现出能够运用已有经验，直接说出或演示出问题的解决办法。但即使幼儿已经能够熟练解决"碰撞"后的疏通问题，却始终没有提前预测问题或想到一些防止碰撞的办法，因此尚未达到级别4。

第五，社会领域项目17"与同伴交往"能力的发展。两名男孩多次与两名女孩主动互动并发起"小车追逐游戏"。这个基本场景已经充分展现出两个男孩很愿意和两个女孩一起游戏。幼儿能够与两个或两个以上的其他幼儿一起玩，而不是依靠成人的安排，而且他们会将自己的想法纳入正在玩的游戏中，说明幼儿在社交关系建立方面已经能够达到级别3。但是，受到语言能力的限制，他们难以"进行一段长时间或复杂的交谈"，尚未达到级别4。

第六，社会领域项目21"适应集体生活"能力的发展。浩南看到堵车现象，主动下车将迎面来的小车推回去，边推边说："我来（管）交通规则。"虽然语言不准确，但能够提醒别人遵守规则，已经达到级别3，即"幼儿提醒别人遵守活动常规或讲究社会公德"的规则。

第七，语言领域项目11"口语表达"能力的发展。4名幼儿在交往中，语言表达基本是运用简单句进行的，如"真倒霉""她跑了""抓她""快走，要去旅游""我来（管）交通规则"，但是，孩子们的表达是不够完整的。所以，可将其定位为级别1"能够用简单句进行表达"。孩子们之所以多用不完整语句，可能与动态化的场景有关。

通过以上观察分析，可以看到同一活动中依据幼儿的典型表现，使用评估工具可以分析、判断、评估出不同的领域，不同的评估项目和不同的发展级别；当然，也可以根据幼儿多个典型表现分析同一领域同一项目的不同发展级别。我们在评估工具使用过程中要领会每个领域的核心理念，对每个项目进行深入解读，才能了解幼儿核心经验的发展水平。

3. 反思观察评估项目和级别，认真体会使用评估工具的注意事项

我们发现，在该场景中记录的一些典型表现难以在评估项目中找到较为对应的项目。例如，浩南说："你们的车没电了！"这表明浩南对电动车的运行动力是有了解的，具有对生活常识的认知经验，但在科学领域中我们未能找到相对应的项目，这说明评估工具的评估项目与《指南》的目标并不是一一对应的关系，我们需要通过学习故事等其他评价方法补充完善对幼儿发展的评估。

我们还发现，通过该情境的评估，4名幼儿的不同领域发展级别是不同的，大肌肉动作能力发展较好，已经达到了最高的级别，但主动做计划的能力处于级别1。所以，评估工具的每个项目分为5个发展级别，并没有划分年龄段，因为每一个年龄段的幼儿可能在不同项目上达到不同级别，评估工具体现的是一个幼儿连续发展的过程，而不是用一个年龄指标去衡量所有的幼儿。

我们还要注意，不能仅仅通过一次观察对幼儿现有行为进行评估，而是应该通过对一段时间的观察记录进行分析，对幼儿的行为进行连贯评估，了解该幼儿阶段性的整体发展状况，进一步分析判断其发展的全面性、均衡性，并据此确立支持该幼儿进一步发展的策略。

第二节　学习品质领域评估诠释

一、学习品质领域的意义与价值

《指南》说明中明确指出："重视幼儿的学习品质。幼儿在活动过程中表现出的积极态度和良好行为倾向是终身学习与发展所必需的宝贵品质。要充分尊重和保护幼儿的好奇心和学习兴趣，帮助幼儿逐步养成积极主动、认真专注、不怕困难、敢于探究和尝试、乐于想象和创造等良好学习品质。忽视幼儿学习品质培养，单纯追求知识技能学习的做法是短视而有害的。"这段话凸显了学习品质对幼儿全面和谐发展的重要价值。学习品质在幼儿期开始出现与发展，并对幼儿现在与将来的学习都具有重要影响。李季湄教授指出："学习品质不同于学业知识内容，它似乎看不见、抓不着、难以评量，然而其重要性却丝毫不亚于学业知识、技能，甚至可以说比知识、技能的学习有着更

加深刻的长远的意义。学习品质的好坏决定了幼儿现在和今后的学习和发展质量。"①学习品质的培养关乎幼儿现实的学习与发展，也关乎幼儿未来的学习与发展。幼儿的学习与发展具有整体性、顺序性、渐进性、阶段性和差异性的特性，在高水平且有质量的游戏中、生活中和互动中，幼儿的学习品质能慢慢形成。良好的学习品质能够为幼儿的一生奠定基础。这不仅对其入小学，而且对其未来的学习乃至终身发展都有着重要的影响与作用。

二、学习品质领域评估项目及含义

学习品质主要指学习态度、行为习惯、方法等与学习密切相关的基本素质，在幼儿期开始出现与发展，并对幼儿现在与将来的学习都具有重要影响。美国华盛顿州的教育文件中将其定义为："能反映儿童自己以多种方式进行学习的倾向、态度、习惯、风格等。它不是指儿童所要获得哪些技能，而是儿童自己怎样使自己去获得各种各样的技能。"从这一定义可以看到，学习品质包括与学习有关的倾向、态度、习惯、风格、特质等，它不指向具体的方法、技能，而是指向儿童是如何获得、如何运用这些方法和技能的。② 在儿童的学习与发展中，并不存在一个单独的学习品质领域，学习品质渗透于健康、语言、社会、科学、艺术等领域的学习与发展之中(见图2-2)。

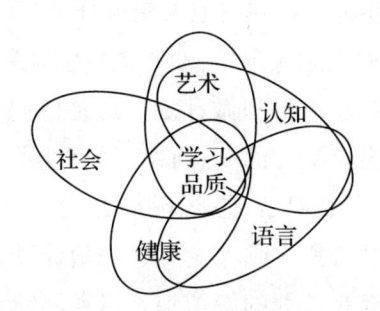

图 2-2 幼儿的学习品质与五大领域的关系③

评估工具中"学习品质"领域的评估项目主要有：好奇心和内驱力、主动性与做计划、解决问题、反思与解释。

---

① 李季湄、冯晓霞：《〈3—6岁儿童学习与发展指南〉解读》，50～51页，北京，人民教育出版社，2013。

② 李季湄：《〈3—6岁儿童学习与发展指南〉实施问答》，10页，北京，北京师范大学出版社，2014。

③ 鄢超云、魏婷：《〈3—6岁儿童学习与发展指南〉中的学习品质解读》，载《幼儿教育(教育科学)》，2013(6)。

(一)评估项目1 好奇心和内驱力

本评估项目对照《指南》科学领域(一)科学探究中的目标1"亲近自然，喜欢探究"和艺术领域(一)感受与欣赏中的目标1"喜欢自然界与生活中美的事物"等。好奇心是人类的天性，好奇、好问、好动是人与生俱来的，幼儿一旦面临新奇的、神秘的事物或处在新的外界条件下，就会由内而外地产生一种动力，在这种内在需要的驱动下幼儿会产生三种形式的探究行为：感官探究、动作探究、言语探究。正是通过这些探究行为，幼儿有选择地了解周围事物，并积累大量生活经验。成人可以鼓励幼儿提问，认真倾听和回应他们的问题；赞赏幼儿对问题答案的猜测、推想；可能的话，和幼儿一起翻阅图书、做科学小实验，验证他们的猜测，激发他们继续探索的兴趣。要善于发现和保护幼儿的好奇心和内驱力，充分利用大自然和日常生活机会帮助幼儿积累经验，引导幼儿运用多种方式发现问题、分析问题和解决问题。欣赏、接纳儿童的好奇心和探究行为，不论其在探索中出现什么错误，结果是对是错，都给予积极的鼓励和肯定。

(二)评估项目2 主动性与做计划

本评估项目对照《指南》社会领域(一)人际交往中的目标3"具有自尊、自信、自主的表现"、科学领域(一)科学探究中的目标2"具有初步的探究能力"的教育建议"鼓励和引导幼儿学习做简单的计划和记录，并与他人交流分享"和艺术领域(二)表现与创造中的目标1"喜欢进行艺术活动并大胆表现"。幼儿是与生俱来的主动的学习者，他们越来越有意识和有目的地做出选择、决定和做计划，这是他们学习主动性的重要体现。成人应保护幼儿主动做事的愿望与参与的积极性，尽可能给他们提供选择、表达愿望的机会，如去哪里玩？玩什么？和谁玩？怎么玩？成人应帮助幼儿理解计划的重要性，表示愿意配合执行计划。在生活中，成人应有意识地让幼儿感受到有计划的好处或缺少计划的坏处。成人养成做事有计划的好习惯，潜移默化地影响幼儿。随着幼儿的成长，他们想做的事情会越来越多，所制订的计划越来越复杂，有时会需要几天的时间才能完成，并能从中得到成功的体验。

(三)评估项目3 解决问题

本评估项目对照《指南》科学领域(一)科学探究中的目标1"亲近自然，喜欢探究"和目标2"具有初步的探究能力"及其教育建议"支持和鼓励幼儿在探究过程中积极动手动脑寻找答案或解决问题"。在活动的过程中，幼儿在与材料、他人互动时会遇到各种各样的问题。幼儿发现自己的行为会产生结果并解决问题，可以培养其独立性和自信心。从尝试一个想法到多个想法直至他们找到一个有效方法的过程中，幼儿获得发展。面对的问题越复杂，幼儿的解决方法也变得更加复杂。幼儿从只会被动地对问题做出反应到能够预期并采取行动预防问题发生的过程中，不断地提升解决问题的能力。

(四)评估项目 4 反思与解释

本评估项目虽然与《指南》中的目标没有直接对照,但在《指南》教育建议中多处渗透。例如,科学领域子领域(一)科学探究中的目标 2"具有初步的探究能力"的教育建议 4"帮助幼儿回顾自己的探究过程,讨论自己做了什么,怎么做的,结果与计划目标是否一致,分析一下原因以及下一步要怎样做等"……当幼儿完成活动后,对一些事情或想法表现出较长时间的记忆,成人可以帮助他们回想做了什么、怎么做的、为什么那样做等,让幼儿对记忆中的事情或想法能够描述或表演出来,引导幼儿利用和提升自己的或他人的经验,进一步理解问题;当幼儿碰到不会做的事情时,引导他们回忆过去类似的经验或观察别人的活动,启发他们想出可行的方法。成人通过和幼儿一起分析、讨论做过的事情,让幼儿发现一些规律性的经验。

三、学习品质领域评估项目举例解析

下面以评估项目 3"解决问题"为例,呈现一个完整的学习品质领域评估项目的应用过程。

(一)幼儿解决问题能力的发展

解决问题是思维的体现方式。思维是人脑的高级功能,是摸不着、看不见的,但人们还是能够很清楚地体验到思维活动的存在,这是因为思维总是体现在人们解决问题的活动中。解决问题过程都要经历"发现问题—分析问题—考虑可能解决问题的方法—尝试运用解决问题的方法"四个阶段。思维能力实质就是解决问题的能力。因此,培养幼儿解决问题的能力至关重要。幼儿思维的特点是以具体形象思维为主,成人应注重引导幼儿通过直接感知、亲身体验和实际操作进行不同领域的学习与探索,帮助幼儿不断积累经验并运用于新的学习活动,为幼儿形成良好的学习态度和优异的能力打下坚实的基础。

幼儿在不同的发展阶段,呈现出不同阶段的典型性特点。

3—4 岁:幼儿对感兴趣的事物能够仔细观察,尝试用多种感官探索物体,并初步识别问题所在。

4—5 岁:幼儿能根据观察结果提出问题,收集各类信息并不断尝试,用自己的方法解决一些简单的问题。

5—6 岁:幼儿通过观察、比较、分析一些潜在的问题,并用一定的方法进行验证,在探究中能与他人合作与交流。

幼儿在生活、游戏中以及与材料的互动过程中不可避免地会遇到问题和障碍。发现问题、分析问题并解决问题是幼儿主动学习的基本途径。当幼儿被成人鼓励去自己

尝试解决这些问题的时候，他们会获得更多处理突发问题的机会，而且他们也许能够提出有创意的解决方案。

幼儿解决简单到复杂问题的过程也是尝试发现事物间异同和联系的过程。幼儿在尝试一个想法到多个想法以及与同伴合作交流的过程中，不仅获得丰富的感性经验，而且形象思维以及逻辑思维能力也在逐步发展，培养了独立性与自信心，更为建构对自我、对他人、对外部世界的认识奠定了扎实的基础。

在幼儿园或家庭中，很多时候成人通过快速识别问题和确认问题解决方案帮助幼儿解决问题。例如，幼儿想要把纸粘起来，试了半天透明胶都弄不好，成人走过去会说："你要这样放才可以。"而非鼓励幼儿去发现和描述问题。这样做让幼儿能够快速解决问题，但同时使幼儿失去了自己去尝试的机会。

学前教育要立足当下，放眼未来，谁都不知道20年后我们的生活会是什么样，教给幼儿解决问题的方法，远不如让幼儿发现问题，尝试利用材料和既有经验去解决问题，也许他们的解决方法我们也想不到。让幼儿自己去尝试解决问题，而非由教师代劳，会让幼儿从两方面受益：第一，幼儿会逐渐意识到自己也是有能力的问题解决者，能够独立解决问题，而非需要依靠成人来满足自己的需求，从而逐渐建立自信心，不再是解决不了就说"我不会"，而是说"我要试试"。第二，他们会形成有问题就解决的好习惯，认识到遇到问题不是什么大不了的事情，在实现自己想法的过程中，发现问题、解决问题，这个习惯会让他们在学习阶段受益，惠及整个人生成长过程。

其实在早期，幼儿解决问题的方式就出现差异了。心理学家德韦克发现幼儿解决问题的方式可以分为两类：结果导向型和过程导向型。结果导向型的幼儿更加关注他人的评价，也就是外在评价，他们希望从他人那里获得正向的评价，并且倾向于逃避会让自己失败或者得到批评的情况。因此，当他们觉得可能不会成功或者有失败的可能性的时候，他们就不会坚持去解决这个问题了。与结果导向型相反，过程导向型的幼儿更加关注自己能力的增强，而非他人的反馈和评价到底如何，他们更关注自我评价。如果他们期望学到新的东西，就愿意接受新的挑战，即便他们最初的努力会失败。研究发现，过程导向型幼儿解决问题的方式其实是之后他们能够成功的一个重要预测标志。幼儿解决问题的方式本身除了受个人性格等因素的影响外，也受到成人的影响，即成人是结果导向还是过程导向。

幼儿解决问题的方式除了个体的差异，也有很多发展阶段的差别。阶段一，忽视问题或无法解决问题，或者当解决不了的时候，幼儿会表达情绪。年幼的幼儿有解决问题的热情和自信，但是可能很难坚持。阶段二，能够提出自己的想法和解决方案，尝试多个方法来解决问题。稍大一些的幼儿有了更多的坚持性和灵活性。阶段三，能够预测问题的解决方案，随着年龄的增长，自控能力的增强，幼儿大脑的执行功能能够更好地调节专注能力，幼儿能够在解决问题的过程中应用之前获得的认知技能。

（二）"解决问题"评估项目的级别释义

1."解决问题"评估项目的基本框架

本评估项目对照《指南》科学领域（一）科学探究中的目标1"亲近自然，喜欢探究"；目标2"具有初步的探究能力"及其教育建议"支持和鼓励幼儿在探究过程中积极动手动脑寻找答案或解决问题"。

解决问题发展水平级别解释如表2-3、图2-3所示。

表2-3 "解决问题"评估项目各级别典型表现及核心要点

级别	典型表现	核心要点
级别1	幼儿寻求他人帮助来解决问题，并能识别出问题所在，同时用语言表达出来。	发现问题，求助他人。
级别2	幼儿不断尝试一个或多个想法，直到他成功解决一个简单的问题。	通过操作解决问题。
级别3	幼儿帮助同伴解决问题。	使用已有经验帮助他人解决问题。
级别4	幼儿在游戏过程中预测到一些潜在问题，并确认可能的解决方案。	预测问题，提前预防。
级别5	幼儿能协调多个资源（物品或人）来解决一个复杂的问题。	协调多种资源解决问题。

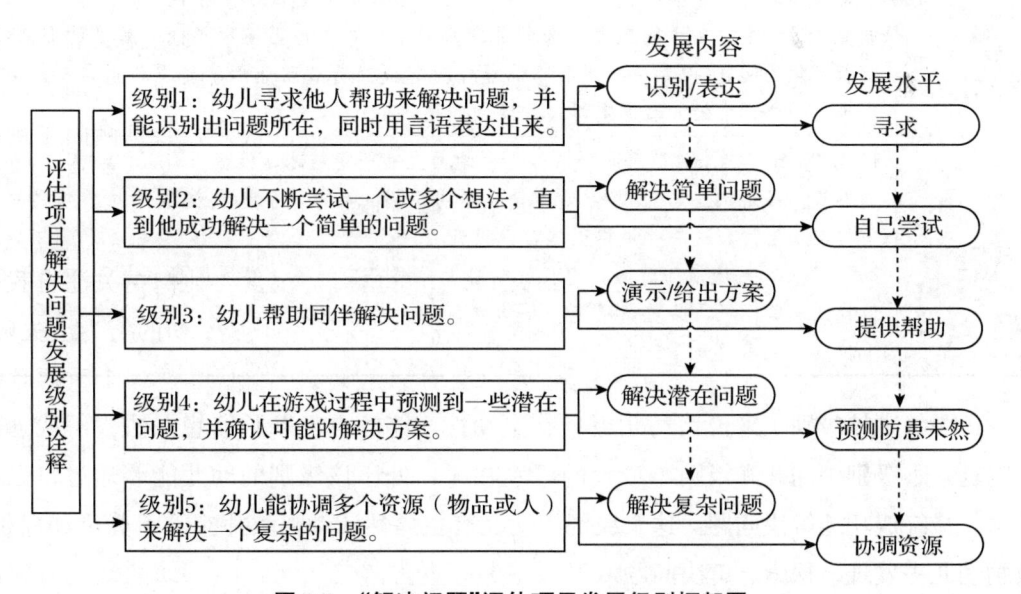

图2-3 "解决问题"评估项目发展级别框架图

2."解决问题"评估项目级别诠释

"解决问题"评估项目的级别释义如下。

级别1

典型表现	幼儿寻求他人帮助来解决问题，并能识别出问题所在，同时用语言表达出来。
解　释	幼儿指出一个问题或口头回答一个成人的问题。（例如，成人问："怎么了？"幼儿回答："我想把这个盖子粘到纸上，但是胶水不黏了。"）[注：这个级别要求幼儿必须要明确指出问题是什么。]
观察例举	12月26日，活动区时间，娃娃家，小艾把围裙系在腰上，但它掉了下来，于是她把它交给老师，然后转过身去说："帮我系一下好吗？我系上它就掉下来了。" 9月20日，区域活动时间，尧尧和辰辰在一起穿项链，尧尧自己选珠子时说："这个太小了，绳子穿不过去的。"他对辰辰说："你帮我拿一根细一点的绳子吧。"说完拿着细绳子与小珠子对应仔细地穿了起来。

这一级别中的幼儿需要先通过自我认识和思考发现问题，然后运用明确的语言表达这一问题是什么，最后寻求他人的帮助来解决问题。

观察记录中的两名幼儿在游戏的过程中，遇到了不同的问题，影响了游戏的进一步开展，两名幼儿先通过自己的观察与思考明确具体的问题是什么，然后清晰表达出自己对问题的认识，最终寻求同伴、教师的帮助来解决问题，支持了游戏过程的推进。这一级别中的幼儿，能够通过"识别—表达—寻求帮助"的方式解决问题。

级别2

典型表现	幼儿不断尝试一个或多个想法，直到他成功解决一个简单的问题。
解　释	有些时候幼儿可能会在尝试第一个方法的时候就成功解决了一个问题，有些时候可能要尝试很多方法才能解决。这里说到的问题，必须是因情况不同，解决的方法也有所变化的问题（例如，把两个物体连在一起或修剪东西让形状变得合适），而不是那种有一个标准的或者固定解决方法的问题（例如，完成拼图）。
观察例举	11月28日，户外活动时间，浩程看到地面上有积雪结冰，他很兴奋，便玩起了滑冰的游戏。可是，他怎么滑也只能滑很短的距离。后来，他请艺恒帮忙拉着他的手，他蹲在地上滑，这一次滑得很远，他很开心。 3月22日，区域活动时间，逸轩玩电路板，都安装好了，发现风扇还是不转，于是他找到电路图纸，又重新研究一下电路问题，检查电路无误后，把电池重新换了一下位置，风扇转开了。

这一级别较级别1来说，幼儿更具有主动性，能够自己动脑筋想办法去解决遇到的问题。本级别中幼儿和级别1最大的区别在于：处于该级别的幼儿能够通过自己的尝试，最终成功地解决问题。这个级别的幼儿有主体性活动，教师应给予尊重和保护，鼓励幼儿去发现、探索、解决问题。

幼儿通常在游戏中对现实事物进行实际观察、操作和实验等，直接获得关于经验的信息，同时在大脑中不断分析、判断、综合、推理、概括等，从而获得建构知识经验。《指南》中将幼儿的科学学习定位为：幼儿在解决实际问题的过程中发现和理解事物的本质和事物之间的关系的过程。观察记录中的幼儿在解决问题的过程中不仅探究性地解决实际问题,而且获得丰富的经验,为级别3"帮助同伴解决问题"做好准备。

级别3

典型表现	幼儿帮助同伴解决问题。
解　释	幼儿看到其他幼儿遇到问题时,他会针对这个问题,根据自己曾经试过的有效方法做出演示或者给出解决方案。这个级别评分要求,幼儿必须是主动帮助别人解决问题,而不是在另一个幼儿或者成人的要求下提供帮助。
观察例举	11月13日,区域活动时间,美工区,可可看到妙妙挤不出来胶水,于是过去告诉她:"你要把里面的盖子打开,这样胶水才能出来,我的胶水瓶就是这样打开的。" 3月15日,区域活动时间,大班的嘟嘟在艺术区用胶水去粘贴她刚剪好的小兔子,可是她拿着胶水,怎么挤也挤不出来,同桌的郁哲看到了,拿过胶水说:"嘟嘟,我来帮你吧,胶水的口堵住了,你先把干了的胶去掉。"

达到这一级别的幼儿可以自己解决一些简单的问题,已经获取一些解决问题的经验。级别3的幼儿与级别2的幼儿相比,更愿意自己主动地利用已有经验去帮助别人。观察记录中的郁哲根据自己曾经试过的有效方法,主动帮助嘟嘟有效地解决"挤不出胶水"的问题,在已有经验的基础上,主动向别的有困难的幼儿给予帮助。

幼儿期已有经验的形成是幼儿通过与事物之间的相互作用、通过活动实现的。实际操作是唤起幼儿已有经验的重要途径。郁哲之所以能够帮助嘟嘟解决问题,是因为其有可能亲身解决过这个问题。因此,只有通过级别2中"不断尝试一个或多个想法,直到成功解决一个简单的问题"的实际操作来获得已有经验,才能达到级别3,从而真正帮助同伴解决问题。

级别4

典型表现	幼儿在游戏过程中预测到一些潜在问题,并确认可能的解决方案。
解　释	在这个级别上,幼儿不只是会解决遇到的问题,而且能实际预测可能会出现的问题。然后,他会想出杜绝问题发生的可能办法。
观察例举	12月1日,区域活动时间,子洋和浩浩玩电路板,子洋说:"这样连接是错的,我们要选择正确的方法连接才能成功,按着说明书的方法,应该可以。"不一会儿他们的玩具就发出了消防车警报的声音。 10月25日,区域活动时间,大宝、二宝和浩浩在积木区搭火车道,二宝看到积木连接不整齐,说:"我们的火车道必须连接得很紧,不然火车在上面走会翻车的。我们不能把火车道建在中间,那其他小朋友就会在上面走来走去给弄乱了。如果我们把它建在那个角落里,他们就不会过来捣乱了。"

在这一级别中,幼儿不但能够预测存在的问题,还能够根据自己的分析和推理发现解决或杜绝这个问题的具体方法。

在"电路板"游戏中，幼儿首先预测到他们实验过程的问题所在，然后调动自身已有经验解决问题，想到了借助"说明书"这样的解决方案。而在"搭火车道"的游戏记录中，幼儿预测到了可能存在的问题，并依据自身对问题的认识和分析形成避免出现这一问题的方案。

在这个级别中，更关注幼儿是否能够对问题有所预测，并发现具体的问题解决方案。

级别5

典型表现	幼儿能协调多个资源（物品或人）来解决一个复杂的问题。
解释	当幼儿遇到一个复杂的问题时（即这个问题的解决方案涉及多个步骤），他会描述需要的多个资源并协调这些资源来解决它。这里的资源包括其他人或物。在这个级别，幼儿向其他人求助时不能只是说"帮帮我"或"你这样做"，他必须要说明自己需要什么样的帮助，并详细说明其他人如何提供帮助。
观察例举	4月12日，区域活动时间，子豪在玩磁力片，他已经尝试了好几次拼一个摩天轮，但都没有成功，他从托盘中拿出了磁力片的拼摆图示，一边看，一边拼，拼到需要连接的地方，他又停了下来，仔细观察起来。之后他离开座位，找到张老师说："张老师，这个图我看不懂了，你帮我看一下可以吗？"张老师坐下来，边和他一起看图示，边启发他发现需要连接的地方。十分钟后，子豪的摩天轮拼好了。 12月11日，区域活动时间，积木区，涛涛正在和其他幼儿一起搭火车，可是把4倍单元积木放在圆柱形积木轮子上时，轮子就滚走了。他又试了试，可是轮子又滚走了。于是他对慧慧和朵朵说："你们两个过来帮帮我吧！……朵朵你抓住前面的轮子，慧慧你抓住后面的轮子，等我把积木放上去，你们再松手。"

级别5较级别4中幼儿遇到的问题更为复杂，解决问题的方式、途径、步骤也更为多样，在幼儿调动多种资源进行问题解决的过程中，思维也更为清晰，表达也更为具体。调动的资源可以是人、物品、材料、工具等多种内容。

在"磁力片"游戏中，幼儿运用了两种资源（教师、图示）解决一个关于"连接"的问题，我们可以看出幼儿对如何解决这个复杂的问题能够正确分析，同时清晰表达自己的认识和想法。在"搭火车"游戏中，通过幼儿调动资源解决复杂问题的过程，我们看到了合作、任务分配、清晰的语言表达，幼儿分析和解决问题的能力得以有效体现。

（三）"解决问题"评估项目的实际应用案例

下面，我们以一个大班幼儿积木区游戏案例为例，进一步理解评估项目"解决问题"的要领和运用。

案例2-2　高架桥[①]

案例背景：2018年6月的一天下午，大二班活动区游戏结束环节，大多数小朋友

---

① 本案例带班教师为山西省学前教育中心实验幼儿园李雪蕊，观察记录者为李志宇。

到户外活动了,参访老师进入班级,积木区的桐桐和欣然正要穿鞋,参访老师说:"来,来,和你们搭建的建筑物拍个照片。"桐桐说:"等一下,我们收拾一下。"欣然和桐桐忙着收拾散落在地面上的积木块。参访老师一边观察小朋友们搭的建筑物,一边问他们:"你们搭的是什么?搭完了吗?"欣然说:"高架桥。"

观察记录	教师分析判断
桐桐指着一处拐弯的地方说:这个是没搭完的。 图 2-4 师1:什么原因没搭完呢? 师2:是不是时间不够啊? 桐桐:不对,是因为再不能往高了呀,穿不过去。 图 2-5	在这个情境下,桐桐的表现基本处于级别1(能识别问题所在,同时用语言表达出来):虽清楚地知道自己遇到的问题是什么,但幼儿在游戏中并没有试图解决,也没有向教师求助。
师1:再不能往高了,穿不过去了。那要想办法的呀,下次搭穿过去,好不好? 桐桐:我不知道怎么穿呀! 师1:今天要思考的呀,今天留下了问题。	教师的指导策略:教师用"什么原因"引导幼儿回顾与反思,并重复幼儿的语言"再不能往高了,穿不过去了",使幼儿正视问题;再连续使用"那要想办法的呀""今天要思考的呀"引导幼儿明白问题是能够被解决的,并且鼓励幼儿进行主动思考并产生尝试解决问题的意愿。
桐桐:4倍积木架一下就出去了。 师1:4倍积木架一下就走出去了,那你下次搭的时候就用这个方法,看看能不能成功。 桐桐:我试一试吧。 师1:(笑着)试试,肯定能行。 师3:可以,做做看。	在教师的支持、推动下,桐桐进入级别2(通过操作解决问题),开始尝试寻找解决问题的方式,并决定立刻亲手"试试"。

续表

观察记录	教师分析判断
欣然：现在试，也行呀。 师1：可以呀！ 欣然：这儿垒一个4倍，然后再找一个斜坡就行……要是垒不住，就找一个3倍（桐桐：2倍，不是3倍）……2倍积木，再找几个单元积木，然后再搭一个上坡…… 图 2-6	欣然虽然语言表达能力有限，但在不操作的情况下，基于已有经验，提出详细解决方案，达到级别3（使用已有经验帮助他人解决问题）。 教师指导策略：在此情境中，教师鼓励幼儿大胆联想、猜测问题答案，设法验证，并且营造出轻松愉快的氛围，使幼儿可以按照自己的想法进行尝试，这样的指导策略有助于推进幼儿解决问题意愿的增强和能力的提升。
桐桐在搭建高架桥弯道时，积木倒塌了。他观察了一下又继续搭建，他用3块竖着垒高放置的单元积木做桥墩，但是又突然倒塌。 欣然：等会儿，你要是单元积木垒不好了，你就用大圆柱……不过大圆柱好像不够了…… 桐桐将手中的1块单元积木换成大圆柱作为底柱。这时，身边的大圆柱已经用完。	桐桐始终在尝试解决倒塌的问题，直至完成搭建，但他所用的方式（单元积木垒高）是不够稳固的。其发展水平为级别2（通过操作解决问题），他并没有意识到"单元积木竖直摆放不够稳定"是倒塌的主要原因。 从欣然所给出的建议来看，当立柱倒塌，他能够根据自己的已有经验提出换成大圆柱的解决方法，达到级别3（使用已有经验帮助他人解决问题）。但是在倒塌前他没有预测问题的出现（未达级别4有意识地预防问题的出现）。
师1：什么积木能替代大圆柱？ 桐桐举起1块单元积木，表示单元积木可以用来替代大圆柱。之后（由于手边的大圆柱已经用完）拿起1块单元积木作为底柱，在上面叠放了2块单元积木作为立柱，完成了搭建（重复倒塌前的搭建方式）。 图 2-7	当大圆柱不够用时，也没有想出更好的解决办法（未达到级别5协调资源，解决更复杂的问题）。

续表

观察记录	教师分析判断
桐桐指着小拐弯对欣然说：我让你把这个小拐弯搭起来，没让你拿过来。  图 2-8	在搭建过程中，桐桐能够关注高架桥的整体和各部分，协调同伴，解决搭建过程中遇到的不同问题。
在搭建斜坡时，桐桐先用竖起来的 4 倍单元积木支撑，后用 7 块横放的单元积木垒高，再竖起来 1 块 2 倍单元积木，上面再放 1 块斜坡积木；下一个支撑是 6 块横放的单元积木垒高，再竖起来 1 块 2 倍单元积木，上面再放 1 块斜坡积木；然后接下来的支撑是 5 块、4 块、3 块、2 块、1 块单元积木上面放竖起来的 2 倍单元积木，直到一块竖起的 2 倍单元积木；然后是用 7 块横放单元积木放一个斜坡，6 块、5 块、4 块、3 块、2 块、1 块、0 块，完成斜坡搭建。 桐桐在搭建下坡的过程中让欣然取拿所需要的积木块。  幼儿和搭建的作品合影 图 2-9	在搭建下坡（复杂但熟悉的问题）时，幼儿能够准确判断下一个阶段需要的积木种类和数量（7 个、6 个……1 个单元、2 个二倍、1 个坡），用递减模式搭建高架桥下坡并将自己的需要清楚、详细地向同伴传达。桐桐能协调多个资源（物品或人）来解决问题，达到级别 5。
 图 2-10	从案例中，我们能够感受到桐桐和欣然在教师支持下搭建高架桥，获得"解决问题"核心经验，体验成功快乐的历程。同时，从评估过程中我们能够看到，幼儿在积木游戏中的确获得了多领域发展。

以桐桐为例，解释各发展级别间的递进关系。

(1)教师的支持能够推进幼儿解决问题水平的提升。通过有效提问引导幼儿在反思中"发现问题"(级别1识别并表达问题)；营造宽松、鼓励的气氛，支持幼儿主动探索问题的解决方法(级别2自己尝试解决方案)。

(2)幼儿在自主操作的过程中获得了一定的"成功经验"。向级别3(帮助同伴解决问题)发展的过程中，他会用相似的方法试图帮助他人在相似情境中解决此类问题，继而发现其中不稳定因素的存在，并不断对已有经验(成功经验)进行调整，逐渐发现因受力面过小会导致不够稳定的问题。

(3)采取一定方式有意识地预防问题的出现。当桐桐在多次尝试中发现受力面积太小会导致高架桥墩不稳定后，接下来在没有大圆柱积木搭建高架桥墩时，他就会用两块单元积木替代一个大圆柱作为底座进行支撑，使桥墩更加稳定，继而达到级别4。

(4)协调资源，解决更复杂的问题。在完成搭建的过程中，桐桐遇到的问题更为复杂，解决问题的方式、途径、步骤也更为多样。桐桐在调动多种资源解决问题的过程中，思维也更为清晰，表达也更为具体。解决这个问题的方案涉及多个步骤，他让欣然去解决桥梁中间小拐弯(1/4圆)坍塌修补的问题，还协调欣然给他拿积木解决大弯道和搭建斜坡的问题，继而达到级别5，即幼儿能协调多个资源(物品或人)来解决一个复杂的问题。

观察时，我们在幼儿调动资源解决复杂问题的过程中，看到了合作、分工和清晰的语言表达，幼儿分析和解决问题的能力得以有效体现。

基于上述案例解释，我们认为：在对幼儿进行评估时，"问题的复杂程度"和"对问题的熟悉程度"是问题解决过程中幼儿表现的重要影响因素。当问题难度相对较低(或相对熟悉)时，幼儿会出现较高级别的表现。例如，多数大班幼儿能够预测到"将一块四倍积木竖直放置会不稳定"的问题并在游戏中加以避免而被评级为级别4(预测问题，提前预防)。但当问题难度远超于幼儿的解决能力(或首次遇到)时，多数幼儿会选择放弃或直接向成人寻求帮助，被评定为级别1(发现问题，求助他人)。

因此，在对这一项目进行评估时，我们要关注在相似问题情境下，幼儿问题解决能力的变化，并用鼓励、提供支架、构建轻松探究氛围等方式，促使幼儿在反复面对这一问题情境的过程中，解决问题的能力向更高级别发展。

第三节 健康领域评估诠释

一、健康领域的意义及价值

《纲要》明确要求："幼儿园必须把保护幼儿的生命和促进每个幼儿的健康放在工作的首位。"这一表述具有深刻的理论依据和深远的实践意义。

幼儿健康的首要目标是"保护幼儿的生命"，这是由幼儿身心发展特点所决定的。

幼儿的生长发育十分迅速但非常脆弱，幼儿的活动欲望强烈但自护意识薄弱，自护能力匮乏，幼儿的心灵稚嫩纯洁但特别容易遭到伤害。健康既是幼儿身心和谐发展的结果，也是幼儿身心充分发展的前提，必须注重对幼儿基本健康理念、运动能力、自护能力的培养。

在《指南》中，明确了健康领域的价值："健康是指人在身体、心理和社会适应方面的良好状态。幼儿阶段是儿童身体发育和机能发展极为迅速的时期，也是形成安全感和乐观态度的重要阶段。发育良好的身体、愉快的情绪、强健的体质、协调的动作、良好的生活习惯和基本生活能力是幼儿身心健康的重要标志，也是其他领域学习与发展的基础。"这为幼儿园实践工作者指明了保教工作中健康教育的方向和目标。

二、健康领域评估项目及含义

评估工具中健康领域的评估项目依据《指南》中健康领域的目标、不同年龄段的典型经验、教育建议等内容，梳理出五项核心经验，分别为情绪管理、大肌肉动作发展、小肌肉动作发展、生活自理与健康生活习惯、安全自护。

（一）评估项目5 情绪管理

情绪管理主要对照《指南》健康领域（一）身心状况中的目标2"情绪安定愉快"，但评估工具的"情绪管理"所列级别的典型表现与《指南》略有不同。《指南》依据幼儿的情绪特点与发展需要，围绕目标"情绪安定愉快"，提出了各年龄段幼儿的典型表现，如情绪稳定、保持愉快情绪、适度表达和调节情绪等。而评估工具的项目5"情绪管理"则主要从适度表达和调节情绪的维度进行级别划分。这方面内容在教育建议中进行了体现，如教育建议1. 营造温暖、轻松的心理环境，让幼儿形成安全感和信任感；2. 帮助幼儿学会恰当表达和调控情绪。同时，与社会领域（一）人际交往，目标4"关心尊重他人"中也有对照。

从婴儿时期开始，人类就能够感受和表达各种情绪，当他们看到熟悉的面孔时会高兴，听到很大的声音时会害怕，自己喜欢的玩具被拿走时会感到焦虑。婴儿用面部表情、手势、声音以及他们的身体来表达自己的情绪。随着语言能力的提高，幼儿在成人的支持下开始学习用语言来表达自己的情感。虽然在学习情绪管理的初期，幼儿还没有学会完全用语言表达自己的感受，还会通过一些身体的接触，如亲吻、咬人、拥抱、打人等方式来表达情绪，但这个时期，成人如果给予幼儿情绪表达的接纳和理解，并进行正确的情绪表达示范，则有利于幼儿觉察和理解自己的情绪，并用语言表达自己的情绪，促进幼儿的情商发展，同时，也能够帮助幼儿觉察和理解其他人的情绪。通过情绪管理这一评估项目，教师首先要认识到学习情绪管理对于幼儿健康发展、终身发展具有重要意义。其次，要了解幼儿情绪管理的由低到高的发展趋势，一方面，理解幼儿当下的情绪表现；另一方面，也为教师如何促进幼儿向更高级别的发展指明了方向。

(二)评估项目 6 大肌肉动作发展

大肌肉动作发展这一评估项目主要对照《指南》健康领域(二)动作发展中的目标 1 "具有一定的平衡能力，动作协调、灵敏"以及目标 2"具有一定的力量和耐力"。

对幼儿来说，运动在其早期学习的各个方面都起着主导作用。他们对自己身体的掌控让他们有条件、有信心探索环境，并且在没有成人帮助的情况下能够自主地运动。按照动作发展的基本规律，幼儿的大肌肉动作首先发展起来，包括爬、走、跑、跳、投掷、抛接等动作技能。随着各种基本动作能力的增强，幼儿的动作会变得更加协调，其肌肉的力量和耐力也会随之增加，并会表现出更强的控制力和平衡力。随着幼儿大肌肉运动技能的发展，他们会喜欢尝试更复杂、更有序的动作。

幼儿园教师要想通过有效的体育活动来促进幼儿大肌肉的发展，需要了解运动技能和运动概念这两个相互独立又彼此相关的领域。运动技能主要包括三类：一是移动性技能，主要指身体以水平或者垂直方式从空间的一个点移动到另一个点的能力。这是儿童最先要发展的运动技能，包括走、跑、单脚跳、双脚跳、快跑、滑步、跨跳、攀登、爬、追赶和逃跑等。二是平衡性技能，主要指身体在原地做水平或垂直方向的转动，或在重力下保持平衡，这是儿童第二步要发展的技能，主要包括转身、扭动、弯腰、急停、翻身、平衡、重心转移、跳起/下落、拉伸/延展、蜷缩、旋转、摇摆和躲闪等。三是操作性技能，主要指运动身体以接受或传递物体，此技能发展最迟，包括投掷、抓握、踢、踢球、运球、截球、用球拍击球、用长柄击球。运动概念也主要有三类：一是空间意识，主要指身体在空间中运动的位置，包括距离、方向、高度和动作路线。二是作用力意识，主要指身体在空间中运动的方式，包括时间意识(动作的速度、节奏)、力量意识(动作的力量大小、创造性、专注程度)和控制意识(动作的流利程度意识)。三是身体意识(关系意识)，主要指身体构建的各种关系，涉及自我意识(对自己身体部位、体形和身体部位的作用的意识)与他人及环境的关系(位置)。在幼儿做运动时，一定要将运动技能和运动概念结合起来看幼儿动作发展的水平，而不是一个一个地去看单个运动技能。[1]

在大肌肉动作发展项目 5 个级别的设置中，身体的平衡能力、协调性和灵敏性更为显性，身体的力量和耐力则略显隐性；5 个级别的内容主要从身体控制和平衡能力、身体移动能力、器械(具)操控能力等方面列出 3—6 岁幼儿在大肌肉动作方面的发展趋势，将学前儿童基本运动发展的一般规律隐含其中。要掌握这一项目，需要教师学习

---

[1] [美]安·S. 爱泼斯坦：《有准备的教师——为幼儿学习选择最佳策略》，李敏谊，张晨晖，郑艳，李雅静，等译，142 页，北京，教育科学出版社，2012。

和掌握学前儿童运动能力发展方面的相关知识，了解并学习新运动技能的过程和不同发展水平，只有这样才能在日常的教学实践中科学合理地设计体育锻炼课程，促进幼儿大肌肉动作更好地发展。

(三)评估项目 7 小肌肉动作发展

小肌肉动作发展这一评估项目主要对照《指南》健康领域(二)动作发展中的目标 3"手的动作灵活协调"和语言领域(二)阅读与书写准备中的目标 3"具有书面表达的愿望和初步技能"等。

小肌肉动作是指个体主要凭借手和手指等部位的小肌肉或小肌肉群的运动，在感知觉、注意等多方面心理活动的配合下完成特定任务的过程。幼儿小肌肉动作发展的总体表现为：先发展出伸够东西动作、抓握动作、使用工具动作，进而发展出依靠手眼协调来实现的绘画、写字及生活自理动作。尤其是生活自理时需要灵活使用手部小肌肉、用手操作工具。进食、更衣等各种生活自理动作均以伸够动作、抓握动作、使用工具的动作等小肌肉动作作为基础。大多数生活自理动作需要双手共同参与才能完成，这就需要具备一定的双手协调能力。根据任务和环境等因素，可以将双手协调动作分成两种：双手相似协调模式(或者双手对称协调模式)和双手不协调模式。一些动作需要双手做相似的动作参与，例如，双手共同端一个重物；另一些动作需要双手承担不同的角色，一只手负责操作(这只手被称作主动手)，另一只手负责稳定或者支撑操作(这只手被称作辅助手)。例如，一只手固定衣服，另一只手拉拉链。大多数生活自理动作属于不对称的双手协调动作，这一动作协调发展水平高低影响着生活自理能力的表现。遵循动作发展从对称到不对称的原则，幼儿的不对称协调双手发展滞后于双手对称协调模式。因此，在后面的第三部分观察记录中可以看到不对称双手协调动作的发展水平放在级别 4，属于高水平的小肌肉动作。

(四)评估项目 8 生活自理与健康生活习惯

生活自理与健康生活习惯这一评估项目对照的是《指南》健康领域(三)生活习惯与生活能力中的目标 1"具有良好的生活与卫生习惯"、目标 2"具有基本的生活自理能力"以及目标 3"具备基本的安全知识和自我保护能力"。

这一项目的级别设置是在对上述《指南》目标及目标下的各典型表现进行整合之后，从掌握日常生活的基本能力、在日常生活中表现出自我照顾的能力、健康生活意识和习惯等方面列出了成人所期待的幼儿在生活自理与健康生活习惯这一项目上的发展趋势。例如，幼儿从开始在成人的帮助下满足其基本的生活自理需求到渐渐地学会独立解决自己的需求；随着年龄的增长，幼儿会更加胜任生活自理活动，并逐渐意识到良好的生活习惯与身体健康的关系；同时在成人的榜样作用和引领下，幼儿会学着健康饮食、规律生活、自我服务，逐渐养成良好的健康生活习惯。而对于《指南》目标下不同年龄段的典型表现则更多地体现在级别中的解释部分，对级别的内涵进行了必要的补充。

(五)评估项目 9 安全自护

安全自护这一评估项目对照的是《指南》健康领域(三)生活习惯与生活能力中的目标3"具备基本的安全知识和自我保护能力"。

本项目是幼儿必须掌握的核心经验。学前阶段开展安全教育非常重要，因为这一阶段的幼儿身心发育尚未成熟，一方面需要成人精心呵护和照顾，另一方面还需要学习和掌握日常生活中最基本的安全知识和技能，逐步懂得爱护自己和他人，不断增强自我保护的意识和能力。年龄小的幼儿需要在成人的提醒下了解哪些行为是危险的、不能做的；随着年龄的增长，幼儿会从由成人提醒逐步发展到自觉地遵守社会规范，并明确其背后的意义。幼儿的安全自护能力是保证自身生命安全、维护自身健康必备的基本能力，也是保证其适应以后的社会生活的必备能力。

三、健康领域评估项目举例解析

下面以"小肌肉动作发展"项目为例，展示一个完整的健康领域评估项目。

(一)幼儿小肌肉动作能力的发展

幼儿在操作物体时手部力量、灵活性和手眼协调能力均可获得发展。他们能够拆分和组合物品，把物品一排排摆好，摞积木或者其他有平面的物品使其平衡，把小物品放进对应的小孔中，给小物品分类，折大纸张或者布质材料，做简单的手指游戏，开始写字母和数字，以及画出他们想象的内容。这些小肌肉运动在整个学前阶段都会发生，在独自游戏和社会游戏中都能看到。

在3—5岁，幼儿拇指同食指和中指的力量、协调性和持久性都获得了发展。大概到4岁时，幼儿的优势手确定，不过幼儿有时还是会用非优势手进行活动。当幼儿手部的力量和协调性发展后，他们会更好地操作适宜的材料，如剪刀、铅笔、勾线笔、蜡笔、积木、拼图、串珠等。幼儿小肌肉动作越熟练，幼儿越有自信，他们就会对新材料以及新的操作方式感兴趣。在这个过程中，能力的发展激发了兴趣，促进了幼儿的成长，成就感鼓励幼儿去接受新的挑战，好奇心驱动幼儿去实践，反复的、多样化的练习促使幼儿技能不断增强。

尽管有了这些显著的进步，我们不能忽略的是，幼儿还没有达到手部足够灵活的程度。例如，幼儿腕部很难做绕环动作，因为他们的软骨要到6岁左右才成为骨骼。因此，很多精细的写、画、剪动作，对大部分幼儿来说是很难的。如果总是要做这样的动作，他们会因经历很多失败而变得沮丧。因此，教师应该鼓励幼儿按照自己的发展水平和期望去探索材料和练习技能，而非达到教师设定的不实际的标准。

幼儿小肌肉的发展有以下三个阶段。

第一阶段：简单控制。小肌肉有所控制，能够操作物体（如撕纸、捏橡皮泥）；能做需要简单的手眼协调的动作（如摞积木块、戴帽子等）。

第二阶段：适度控制。能够适度控制小肌肉（如剪纸、用蜡笔画线条和形状）；能做需要适度手眼协调控制力的活动（如串大珠子、倒果汁等）。

第三阶段：精细控制。小肌肉动作有力、灵活且协调（如剪心形、写字）；能够做精细的手眼协调的活动（串小珠子、用积木建构、拉衣服拉锁等）。

（二）"小肌肉动作发展"评估项目的级别释义

1."小肌肉动作发展"评估项目的基本框架

本评估项目对照的是《指南》健康领域（二）动作发展中的目标3"手的动作灵活协调"以及语言领域（二）阅读与书写准备中的目标3"具有书面表达的愿望和初步技能"。

幼儿早期是学会灵活使用手和手指的关键期。通过弯曲自己的手指抓住物体，然后以各种方式摆弄这些物品，幼儿的小肌肉进而得到锻炼。随着幼儿能够操作的物品和使用的工具越来越多、越来越复杂，幼儿手部的力量、灵活性和手眼协调能力也随之增强，幼儿能完成越来越复杂的精细动作，其生活自理能力日渐增强，能更好地适应学习活动，如系鞋带、搭建复杂的结构、书写等。根据幼儿小肌肉发展的顺序，该评估项目将小肌肉动作发展分为5个级别，其水平级别解释如图2-11所示。

评估项目小肌肉动作发展级别诠释	发展内容	发展水平
级别1：幼儿能适度控制自己的小肌肉运动。	简单操作/不够精准	适度控制
级别2：幼儿灵巧准确地操作小物品。	操作小物品	灵巧准确
级别3：幼儿能用三指握姿（大拇指和两个手指）书写或画一个数字或封闭的图形。	画一个封闭的图形	三指握姿
级别4：幼儿能用两只手做不同动作，配合完成精准的动作。	两只手做不同动作	配合精准
级别5：幼儿利用手指的灵巧性和力量，完成一个多步骤的任务。	完成多步骤任务	手指灵巧有力

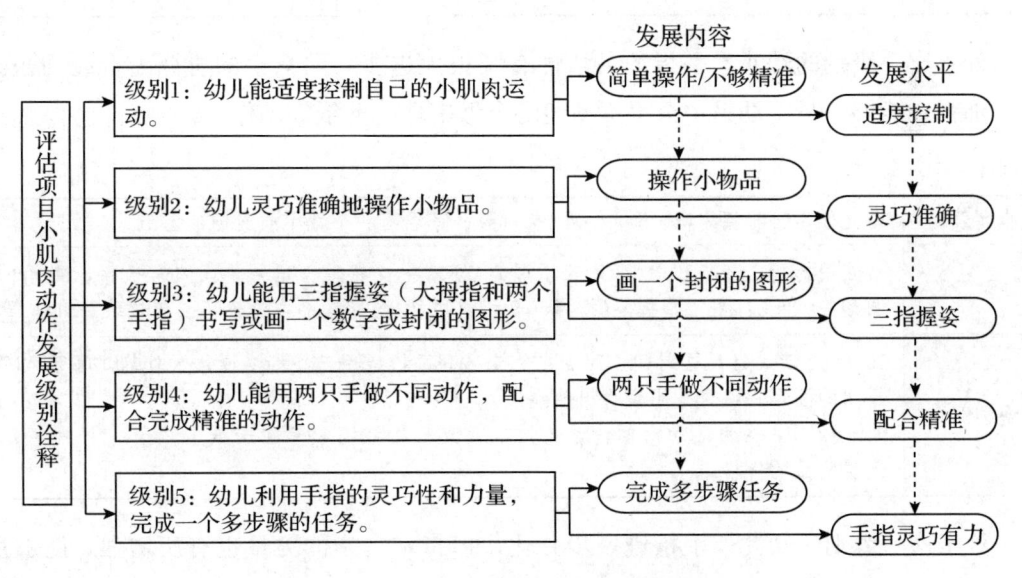

图2-11 评估项目小肌肉动作发展级别诠释

2."小肌肉动作发展"评估项目各级别诠释

"小肌肉动作发展"评估项目的各级别释义如下。

级别 1

典型表现	幼儿能适度控制自己的小肌肉运动。
解 释	幼儿能用手部小肌肉进行剪纸、捏橡皮泥，使用简单的工具，如用勺子吃饭。这些动作需要一些控制力，但可能不太精准(例如，用剪刀沿着直线剪时，还不能达到边线吻合)。
观察例举	5月3日，户外活动时间，小迪右手捡起落在地上的小花和小山楂果并小心地放到左手里。 3月9日，区域活动时间，小雨手里拿着一块橡皮泥，左捏捏、右捏捏，说是要做坦克。

处于这一级别的幼儿，小肌肉动作发展还属于简单控制阶段，幼儿能用手指做一些简单的操作，但精准程度不高。

级别 2

典型表现	幼儿灵巧准确地操作小物品。
解 释	幼儿能用较大的力量灵巧、精确地控制小肌肉，如串小珠子或使用小镊子。[注：在这个级别，幼儿用到两只手，一只手不动，另一只手动。如果幼儿的两只手进行不同的活动时，请参见级别4。]
观察例举	3月12日，活动区时间，垚垚在玩具区用线把珠子串起来，做成项链戴在脖子上。 9月16日，区角活动时间，积木区，哲哲拼木质轨道，他尝试将轨道一端突出的地方拼入另一个轨道，尝试几次之后，他拼了三个轨道。

处于这一级别的幼儿，手指的灵活性有了很大进步，两只手的协调配合能力也进一步加强，能够一只手动另一只手不动地配合做串珠、剪纸等动作。

级别 3

典型表现	幼儿能用三指握姿(大拇指和两个手指)书写或画一个数字或封闭的图形。
解 释	幼儿用拇指、食指和中指(呈三指握姿)握着一支铅笔、记号笔画或写数字、封闭的图形等。[注：用三指握姿(拇指、食指或中指)捡起物品或涂鸦不属于该级别。]
观察例举	10月10日，活动区时间，雨涵在美工区画画，她用三指握姿握住水彩笔，画了很多封闭的圆形，说这是小鱼吹出的泡泡。 9月12日，区角活动时间，角色区，萱萱三指握姿拿笔在卡纸上写了一个数字2，代表物品的价格。

处于这一级别的幼儿，手指进一步分化，拇指和食指的力量也有所增强，能够用三指握的姿势画封闭的图形。这是一个标志性的进步。

级别 4

典型表现	幼儿能用两只手做不同动作，配合完成精准的动作。
解　　释	在这个级别，幼儿有更多的手部动作控制力，他能使用自己的双手相互配合做动作，也就是说，在一个任务中两只手起到不同作用（如在剪图片时，一只手转动纸片，另一只手剪；或一只手固定住拉链，另一只手拉拉链）。
观察例举	3月18日，活动区时间，苹果在美工纸上画了一把雨伞，然后她一手拿着美工纸，一手拿着儿童美工剪，按照她画的线剪出一把雨伞。 11月28日，区角活动时间，艺术区，思涵拿笔画了一个圆，然后一只手转着纸，一只手拿着儿童美工剪把圆剪下来。

在日常生活中，很多动作都需要双手配合去完成，并且很多时候都是做不同的动作，例如，两只手配合系纽扣，两只手用相反的劲拧开瓶子盖等。这也意味着小肌肉动作的发展进入了一个新的阶段，也极大地支持了幼儿生活自理能力的发展。

级别 5

典型表现	幼儿利用手指的灵巧性和力量，完成一个多步骤的任务。
解　　释	幼儿有足够的技能协调手指动作来完成一个复杂的、多步骤的任务，如绑鞋带。
观察例举	3月26日，户外活动中，怡凡的鞋带开了，桐瑜主动帮助他系好鞋带。她先把两根鞋带交叉系了一下，然后又将两根鞋带往回折了两个兔耳朵的形状，最后，又将两个"兔耳朵"交叉一系，说："这样用力一系就好了。" 10月8日，区域活动时间，玩具区，苗苗用绳子串起10颗珠子，并将绳子的末端打了个结，又在结上系了个蝴蝶结，说："你看，我为你做了一个项链。"

处于这一阶段的幼儿，手眼协调能力、小肌肉的灵活性和力量都有了巨大进步，能够两手自如地配合完成一个复杂、多步骤的任务。

在日常观察中要注意，小肌肉动作这个项目并非只出现在艺术区操作艺术材料的时候，也并非只出现在玩具区操作桌面玩具的时候，在各个区角、各种类型的游戏当中，我们都会发现。

同时，处于小肌肉项目相同发展阶段的幼儿，表现也不相同，如以下几例。

2015年11月22日，区角活动时间，艺术区，彦彦在剪纸，他一只手拿着纸不动，另一只手沿着细的竖线准确地剪细条。

2015年4月24日，来园活动时间，植物区，雷雷照顾植物时，右手握着儿童专用剪刀，另一只手抓着枯黄的花叶，一剪一剪地将枯黄的花叶剪下，然后放入垃圾桶。

2015年4月20日，区域活动时间，生活区，辰辰右手扶瓶子，左手大拇指、食指把碗里的圆形玻璃珠子一颗一颗捏着放进瓶子里。

以上三个观察记录中的幼儿在小肌肉发展这个项目上均属于级别2，但因场景不同，幼儿所表现出的具体行为也各不相同。但无论如何，其本质是一样的，就是幼儿同时用到两只手，其中一只手不动，另一只手动。

对于幼儿小肌肉动作的发展，教师不仅要在各个区角提供多种材料让幼儿动手操作，而且还要在生活活动中鼓励幼儿学习生活自理的基本技能，从而多方面支持幼儿小肌肉动作的发展。

第四节　语言领域评估诠释

一、语言领域的意义与价值

《指南》语言领域明确指出："语言是交流和思维的工具。幼儿期是语言发展，特别是口语发展的重要时期。幼儿语言的发展贯穿于各个领域，也对其他领域的学习与发展有着重要的影响；幼儿在运用语言进行交流的同时，也在发展着人际交往能力、理解他人和判断交往情境的能力、组织自己思想的能力。通过语言获取信息，幼儿的学习逐步超越个体的直接感知。"这段话非常清晰地说明了语言学习和发展对儿童全面发展的价值。

二、语言领域评估项目及含义

儿童语言的发展是指儿童语言理解和表达能力成长变化的过程和现象。语言领域评估项目主要是从幼儿语言学习的听、说、读、写几个基本要素进行考查的，主要有倾听与理解、口语表达、文明的语言习惯、阅读能力、阅读习惯和书面表达6个评估项目。

（一）评估项目10　倾听与理解

本评估项目对照的是《指南》语言领域（一）倾听与表达中的目标1"认真听并能听懂常用语言"、目标3"具有文明的语言习惯"以及（二）阅读与书写准备中的目标2"具有初步的阅读理解能力"。

倾听与理解是幼儿语言能力发展的重要方面。幼儿从能注意听并做出简单回应，到能够结合情境感受不同语气、语调表达的意思，再到能够理解较为复杂的对话或故事的意思，乃至能主动通过提问澄清对话中的问题，倾听能力不断提升，逐渐由简单被动的倾听，发展到分析性、理解性的倾听。

教师在考查幼儿的"倾听与理解"能力时，不但要注重幼儿能听到，而且更要强调幼儿是否具有很好的理解能力，听懂他人的语气、语调、语意。

（二）评估项目11　口语表达

本评估项目对照的是《指南》语言领域（一）倾听与表达中的目标2"愿意讲话并能清

楚地表达"以及目标 3"具有文明的语言习惯"。

口语表达是幼儿与他人进行交流的主要形式之一，是其语言能力发展的重要标志。3—6 岁幼儿在与他人的交往中，从简单表达自己的需要，到能够语音清晰、用词准确、语句完整地表达，再到能够注意表达的逻辑性、语气的适度性、内容的深刻性，口语表达能力的水平不断提高。

"口语表达"项目在要求表达清晰、完整的基础上，强调了表达的逻辑性、语气的适度性和内容的深刻性。

(三)评估项目 12 文明的语言习惯

本评估项目对照的是《指南》语言领域(一)倾听与表达目标 3"具有文明的语言习惯"。文明的语言行为方式是现代人语言交往的重要方面，幼儿应当从小培养，养成文明礼貌的语言交流习惯。刚入园的 3 岁幼儿应能在成人的提醒下，以基本适宜的方式与人交流，并能够在成人提醒下使用礼貌用语。随着年龄增长，幼儿逐渐能主动遵循这些交往的方式，使用文明用语，并发展到能够根据情境采用恰当的语言和语气。

"文明的语言习惯"强调幼儿与人交流时应注意运用礼貌的语言方式和文明行为。

(四)评估项目 13 阅读能力

本评估项目对照《指南》语言领域(二)阅读与书写准备中的目标 2"具有初步的阅读理解能力"。

阅读是人必须具备的基本能力，也是一个人继续学习进步的基础。幼儿期是阅读能力发展的关键期。随着阅读理解能力的提高，幼儿从读单幅画面的内容到逐渐理解连续画面之间的联系，到能够理解、复述整本童书的内容，再到能够根据故事中的线索进行想象与创编，阅读的复杂程度不断增强。

"阅读能力"强调幼儿阅读画面，理解故事的能力，并不提倡让幼儿过早接触到以文字为主的书籍。

(五)评估项目 14 阅读习惯

本评估项目对照《指南》语言领域(二)阅读与书写准备中的目标 1"喜欢听故事，看图书"。阅读对于刚刚入园的幼儿较为陌生，在幼儿园的教育环境中他们的阅读兴趣可能会逐渐增强，从需要在成人提醒下进行阅读，到逐渐形成自发阅读的行为，再到每天都能阅读，成为幼儿生活的一部分；同时幼儿还能逐渐遵守阅读规则，并以自己的方式做简单的笔记等，逐渐养成良好的阅读习惯。

"阅读习惯"主要强调幼儿能够形成每天阅读的习惯，将阅读内化为幼儿生活中的一部分。

(六)评估项目 15 书面表达

本评估项目对照的是《指南》语言领域(二)阅读与书写准备中目标 3"具有书面表达的愿望和初步技能"。一旦幼儿将口语和书面语联系起来,他们会希望把自己的想法写出来与大家分享。在这个过程中,幼儿从随意地涂涂画画、有意用一些图画进行表达,到能够运用一些抽象符号表达,再到运用文字进行表达,其抽象程度逐渐增加,同时表达内容的丰富程度也有所增加。

此项目强调幼儿能够逐渐运用符号进行简单表达,同时养成正确的书写姿势。

三、语言领域评估项目举例解析

以下以评估项目"倾听与理解"为例,呈现一个完整的语言领域评估项目。

(一)幼儿"倾听与理解"能力的发展

倾听与理解是幼儿语言能力发展的重要组成部分,是促进幼儿语言表达能力提高的必要条件。倾听是指有意识地、集中注意力地听,是幼儿接触社会、接收信息的重要手段之一,是幼儿感知和理解语言的行为表现,也是理解语言的重要途径。倾听是幼儿语言学习和发展不可缺少的一种行为能力,良好倾听习惯的养成是从学前阶段开始的。[①] 倾听不仅是态度,也是一种能力。幼儿在语言学习与发展中学会有意识地倾听别人所说的话,分析倾听到的交流信息,同时形成理解能力。

听有 3 个层次:(1)听到——接收语言;(2)听懂——接收、辨析、理解语言;(3)听悟——信息联想、判断、比较、概括、领悟。

理解是通过将已知信息和正在了解的内容相联系,从动作、语言以及画面内容中获得表达含义的过程。一个人知道得越多,从其他来源获得和理解的信息也就越多。也就是说,幼儿在已有的理解基础之上同化吸收新的内容含义。当信息库增大时,幼儿就形成了新的大脑结构,这会改变他们观察、思考和理解的方式。

幼儿通过回应简单的陈述或者回答简单的问题等方式来表明自己对内容的理解,从理解简单的口语词汇和短语,发展到理解有更多细节的信息。

1. 理解简单的内容

幼儿能回应简单的陈述或问题,有时候是符合当前对话情境的。例如,当被要求时,能够把杯子拿过来;回答"是"或者"不是";当其他人讨论小猫咪的时候,会说"我喜欢猫咪";能够重述歌谣、故事或绘本中的 1~2 个细节;翻书找到自己喜欢的东西,如"找到上面有鳄鱼的那页,描述当前书页的内容"……

---

① 周兢:《学前儿童语言学习与发展核心经验》,5 页,南京,南京师范大学出版社,2016。

2. 非情境化语言

幼儿能提供与当前对话相关的信息，将讨论的话题同自己的经历联系起来。例如，在谈论卡车的对话中说"我们也有一个红色的卡车"。能够重述歌谣、故事或绘本中的多个细节，如记得毛毛虫吃了苹果、冰激凌、蛋糕、香肠。能根据当前的内容推测接下来会发生什么，如"哦，他要掉下来了"。

3. 理解复杂信息并解释推测

幼儿能回应复杂的陈述或问题，如当一个幼儿说"昨天在操场上我捡了一个石头，然后我把它放进我挖的洞里了"的时候，另一个幼儿说："我也捡到了一个石头，我把它放到兜里了。"

幼儿能够按照顺序重述歌谣、故事或绘本中的事件，如"毛毛虫吃了好几天的东西，第一天吃苹果，第二天吃梨，第三天吃草莓，然后吃李子和苹果，还吃了很多其他好吃的，然后变成了胖毛毛虫，最后变成了蝴蝶"。

幼儿能够依据之前发生的事情以及自己的经验解释自己的预测，如"星期天，爸爸肯定会带我去动物园的，因为他知道我真的非常非常喜欢看孔雀开屏"。

(二)"倾听与理解"评估项目的级别释义

1."倾听与理解"评估项目的基本框架

本评估项目对照的是《指南》语言领域（一）倾听与表达中的目标1"认真听并能听懂常用语言"、目标3"具有文明的语言习惯"以及（二）阅读与书写准备中的目标2"具有初步的阅读理解能力"。

倾听与理解发展水平级别解释如图2-12所示。

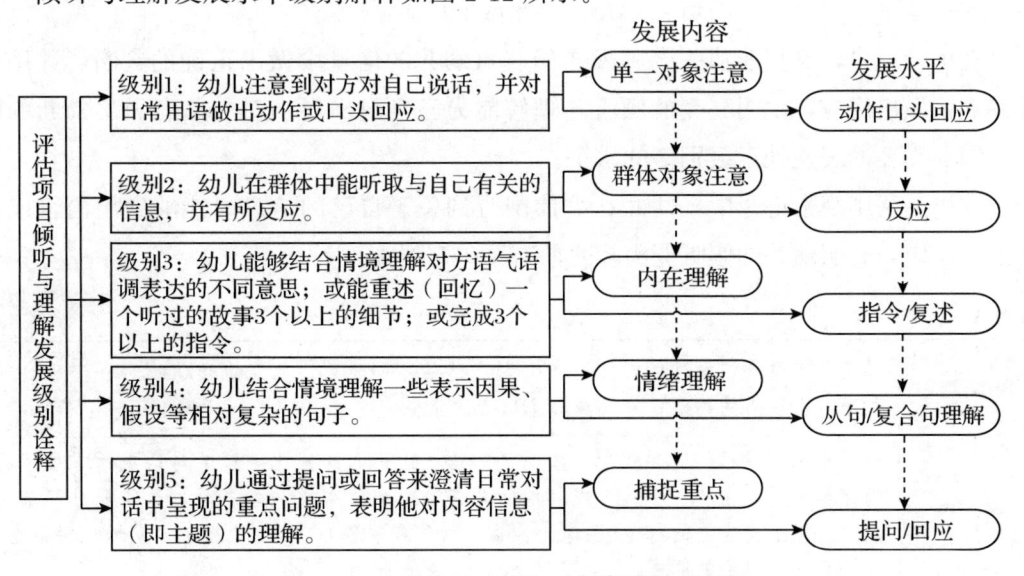

图2-12 评估项目倾听与理解发展级别诠释

2."倾听与理解"评估项目各级别诠释

"倾听与理解"评估项目的级别释义如下。

级别 1

典型表现	幼儿注意到对方和自己说话,并对日常用语做出动作或口头回应。
解 释	幼儿能够注意到对方和自己讲话,并用动作、一个词语或简单的短语(如"是"或"不是","牛奶"或"都做完了")进行回应。
观察例举	3月6日,户外活动时间,小瑞正从斜坡上往下跑,张老师大声说:"小瑞,回来啦!"小瑞走向张老师。 4月13日,活动区时间,活动室,多多对欣欣说:"咱们一起去娃娃家照顾宝宝吧!"欣欣说:"好啊。"多多和欣欣一同走向娃娃家。

在以上两则观察记录中,两名幼儿都能够注意到别人对自己说话,而且能够用动作或语言进行回应。

级别 2

典型表现	幼儿在群体中能听取与自己有关的信息,并有所反应。
解 释	在日常活动中幼儿能听懂老师或其他小朋友所谈到的与自己有关的内容或自己感兴趣的内容。
观察例举	4月5日,早晨谈话时间,张老师说:"今天早晨参加早锻炼活动的小朋友请举手。"亮亮立刻举起手,还微笑着看看其他小朋友。 5月15日,吃午点时间,安老师对全班小朋友说:"哪位小朋友没有拿水果?"鑫鑫走到前面,取出午点盘装好水果,然后走回座位。

级别 2 较级别 1 的发展在于幼儿的注意力不再局限于一对一的对话模式,而是开始关注群体中与自己有关的信息,并且对此做出反应。

在记录 1 中,亮亮能从张老师发布给全班幼儿的信息中做出正确的判断,并用动作和表情做出回应,说明亮亮的倾听与理解能力已经超出对一对一信息做出判断的阶段,因而亮亮的表现处于级别 2 的水平。

在以上两则观察记录中,幼儿在群体中听到关于自己的信息时能够做出语言或动作上的反应,表明幼儿的倾听能力较之前有了一定提高。

级别 3

典型表现	幼儿能够结合情境理解对方语气语调表达的不同意思;或能重述(回忆)一个听过的故事 3 个以上的细节;或完成 3 个以上的指令。
解 释	幼儿听别人对话,能够感受一些明显的语气、语调的变化,知道对话中对方表达的情绪和情感。在与一个成人或其他幼儿谈论一个故事或一本书时,幼儿能分享 3 个或 3 个以上发生过的细节(图像、人物、动作或事件)。幼儿可能会自发地提供信息,或回答一个追问的问题。

| 观察例举 | 4月18日，区域交流时间，然然站到前面对小朋友说："我刚才看了《二十四节气·春》，春天来了，柳树发芽，杏花开了，我知道的节气有立春、雨水、惊蛰和春分。"
6月15日，晨谈时间，老师和小朋友一起玩听声音的游戏，老师说：现在请所有小朋友闭上眼睛听声音，在听到三角铁的声音时请拍手并且仍然闭着眼睛。贝贝小朋友一直在闭着眼睛坐得直直的，半分钟后，当老师敲击三角铁时，贝贝闭着眼睛拍手。|

级别3较级别2的发展在于幼儿需要理解对方的语气和语调，或能将听过的故事进行回忆并复述出3个以上的细节；幼儿需要有理解指令内容的能力，才能达到完成3个以上的指令的任务。此阶段需要幼儿具备更强的倾听和理解能力。

以上两则观察记录中，幼儿都能进行较为复杂的倾听与理解，观察记录1侧重于幼儿重述（回忆）一个听过的故事中3个以上的细节；观察记录2侧重于幼儿可以完成3个以上的指令。这些都需要幼儿具备高于级别1和级别2的倾听和理解能力。

级别4

典型表现	幼儿结合情境理解一些表示因果、假设等相对复杂的句子。
解　释	幼儿结合情境理解一些句子，比如表示因果关系、假设关系，或其他类型的复合句。
观察例举	4月20日，区域活动时间，语言区，老师说："这些蝌蚪去找妈妈了，因为它们没有见过自己的妈妈，所以就去问鹅妈妈和乌龟妈妈，它们一直坚持不懈地找，最后找到了自己的妈妈。"诗昱说："真的很不容易。" 5月9日，晨谈时间，活动室，老师说："假如现在大家都长大了，想一想，你最想做的是什么职业？"珮彤说："我想做一名老师。"

这一级别较级别3的发展在于幼儿能将语境加入其中，理解相对复杂的复合句，这需要幼儿的词汇量和理解能力都步入一个新水平。

以上两则观察记录中，两名幼儿都能够结合情境理解较为复杂的复合句。观察记录1中的幼儿听到表示因果关系的复合句，感慨道"真的很不容易"；观察记录2中的幼儿听到假设关系的复合句后作答，可以看出幼儿在倾听与理解方面的发展——能理解更为复杂的语句。

级别5

典型表现	幼儿通过提问或回答来澄清日常对话中呈现的重点问题，表明他对内容信息（即主题）的理解。
解　释	通过回答或询问澄清口头或书面形式的信息，幼儿传达他对主题的兴趣以及理解，比如在消防员活动中，当大家讨论消防员勇敢行为的时候，幼儿会询问"消防员的衣服防火吗？"或"消防员是如何救出这些人的？"。
观察例举	3月19日，图书区，王老师正在读一本关于海洋的书，娜娜问道："在大海中游泳安全吗？海里有鲨鱼的话是不是不安全？" 5月31日，晨谈时间，活动室，老师和小朋友谈论关于端午节的话题，在观看了"赛龙舟"以后，大家说出自己搜集到的相关内容，钰涵在听了三位小朋友的分享以后，说："龙舟就是应该细细长长的，这样才能装下很多水手，而且跑得快啊。"

级别5较级别4的发展在于幼儿需要理解日常对话中的重点问题或主要内容信息(即主题),并能清楚表达事物之间的关系。这个级别的幼儿能根据谈话主题找出重点内容,在思考和分析后回答或提出相关问题,幼儿需要很好地倾听和理解谈话内容,并从中找出重点内容提问或作答,问题的提出和解答都必须是幼儿经过思考的。

在以上两则观察记录中,幼儿不仅积极参与到讨论的话题中来,而且认真倾听并理解了谈话的主要内容,同时体现出幼儿的认知发展进入了一个新的阶段——分析性、理解性地倾听。

(三)"倾听与理解"评估案例分析

下面就以案例2-3为例,分析教师的观察记录中幼儿在语言领域的发展级别。

案例2-3 小魔仙[①]

背景:2018年6月24日上午户外自由活动时间,小班的格格小朋友来到李老师身边,和老师聊天。

师:小魔仙是什么?

幼:就是那种人,是小精灵把他们变成了小魔仙……那种小魔仙把他们变成了也是小魔仙,然后呢,有黄色的一个小朋友是扎着长长的辫子,然后呢,还有一个红色的小朋友留着长长的头发,还有一个戴眼镜的蓝色小朋友,她留着小小的短短的头发,她们都会变那种小魔仙。

师:小魔仙都要去干什么呢?

幼:遇到坏人的时候,她们就变身打败坏人。

师:嗯,保护谁呢?

幼:就是那些坏人想打败小魔仙,可是小魔仙太厉害了,都把他们给打败了。

师:用什么方法打败坏人?

幼:就是用那种五颜六色的像彩虹那样的吸过去就打败坏人了,打到很远很远的地方,就碰住一个东西,然后就落到地下了。

师:那是不是一种武器?

幼:对,小魔仙会变身,她们那样会变成不一样的方法。

对照评估工具中的语言领域的评估项目,该案例可以从两个项目来进行辨析。

[①] 本案例来自山西省学前教育中心实验幼儿园。带班教师:李清玲;观察分析:李志宇。

1. 倾听与理解

评估领域	语言领域
评估对象	格格
评估项目	倾听与理解
评估级别	级别3
典型表现	幼儿能够结合情境理解对方语气语调表达的不同意思，或能够重述（回忆）一个听过的故事3个以上的细节，或完成3个以上的指令。
解　　释	在与一个成人或其他幼儿谈论一个故事或一本书时，幼儿能分析3个或3个以上发生过的细节（图像、人物、动作或事件）。幼儿可能会自发地提供信息，或回答一个追问的问题。

评级判断：

从发展内容上看，格格理解了人物的内在特征，知道不同小魔仙的外貌特征——黄色的小魔仙长着长长的辫子，红色的小魔仙留着长长的头发，蓝色的小魔仙戴着眼镜、留着短短的头发。

从发展水平上看，格格可复述出小魔仙的3个以上细节，"用那种五颜六色的像彩虹那样的吸过去就打败坏人了，打到很远很远的地方，就碰住一个东西，然后就落到地下了"。

2. 口语表达

"小魔仙"案例不仅呈现出幼儿的倾听理解能力，而且也反映出幼儿的口语表达能力。

评估领域	语言领域
评估对象	格格
评估项目	口语表达
评估级别	级别3
典型表现	幼儿能用简单的复合句，有条理地表达。
解　　释	幼儿能运用简单的复合句，如"有……还有……"，表达事物间的并列关系。

评级判断：

从语法上分析，格格能用简单的复合句表达而不是用简单句表达。

从逻辑关系上分析，格格能够注意表达的逻辑性，有条理地运用"有……还有……"表达事物间的并列关系——"有黄色的一个小朋友是扎着长长的辫子，还有一个红色的小朋友留着长长的头发，还有一个戴眼镜的蓝色小朋友，她们都会变那种小魔仙"。

3—6岁幼儿的语言能力发展迅速。教师与家长在与幼儿交往的过程中，应为幼儿创设一个良好的语言学习环境，做幼儿语言发展的支持者和引导者。案例2-3中，教师为幼儿创设了自由、宽松的语言交往环境，给幼儿提供倾听和交谈的机会，蹲下身来耐心倾听幼儿讲话，用幼儿能听懂的语言与她交谈，尊重和接纳幼儿的说话方式，无论幼儿的表达水平如何，都认真倾听并给予积极的回应。教师通过层层递进的提问——"小魔仙是什么？""小魔仙都要去干什么呢？""保护谁呢？""用什么方法打败坏人？""那是不是一种武器？"鼓励幼儿深入表达自己的观点，帮她理清思路，引导其清晰表达，有效促进了幼儿语言的发展。

幼儿是一个发展的整体，教育的最终目的是促进幼儿的全面发展。幼儿正处在语言学习的敏感期，教师要很好地理解语言发展对于幼儿全面发展的重要价值，掌握幼儿语言学习与发展的特点，抓住幼儿语言发展的有利时机，促进幼儿语言乃至其他方面的迅速发展。

第五节　社会领域评估诠释

一、社会领域的意义及价值

幼儿社会教育是指以发展幼儿的社会性为目标，以增进幼儿的社会认知、激发幼儿的社会情感、引导幼儿的社会行为为主要内容的教育。幼儿社会领域的学习与发展过程是其社会性不断完善并奠定健全人格基础的过程。人际交往和社会适应是幼儿社会学习的主要内容，也是其社会性发展的基本途径。幼儿在与成人和同伴交往的过程中，不仅学习如何与人友好相处，也在学习如何看待自己、对待他人，不断发展适应社会生活的能力。良好的社会性发展对幼儿身心健康和其他各方面的发展都具有重要影响。

二、社会领域评估项目及含义

社会领域包含与成人交往，与同伴交往，冲突解决，自尊、自信、自主，关心他人，适应集体生活，认识自我及他人，归属感8个评估项目，主要围绕幼儿的自我意识、人际交往和社会适应这三个幼儿社会性发展的核心领域展开。

（一）评估项目16　与成人交往

本评估项目对照的是《指南》社会领域（一）人际交往中的目标1"愿意与人交往"。

幼儿会与照顾自己、满足自己需求的照顾者建立依恋关系。学步期的幼儿能够从主要照顾者那里获得可依靠的支持，3—6岁的幼儿能逐渐与其他成人，比如幼儿园的老师、同伴的父母等建立社交关系，并维护这些关系。这些关系不仅有利于其身心健康，而且也能让其了解世界。虽然在最初与成人建立的关系中，幼儿会更多地关注自己的需求，但最终他们会发现，成人不只是生活的照顾者，还会在他们感兴趣的事物上给予支持。成人也会在过程中得到成长，幼儿与成人形成了互惠的关系。

(二)评估项目17 与同伴交往

本评估项目对照的是《指南》社会领域(一)人际交往中的目标2"能与同伴友好相处"以及目标1"愿意与人交往"。

同伴是年龄或成熟水平相仿的人，对幼儿社会化具有重要作用。3—6岁的幼儿开始探索与其他幼儿进行互动、交往与合作。一开始，他可能会在其他幼儿身边玩，会给其他幼儿递玩具。接下来，他逐渐与特定的同伴建立友谊，会选择和固定的朋友一起玩，并说说悄悄话。这些同伴关系会让他们的情感、社会性、认知和创造力等多方面的发展获益，为其未来人际关系的建立奠定基础。

(三)评估项目18 冲突解决

本评估项目对照的是《指南》社会领域(一)人际交往中的目标2"能与同伴友好相处"。

幼儿交往过程中，同伴冲突每天都在发生。当3—6岁的幼儿逐步摆脱以自我为中心的意识，开始学习换位思考的时候，幼儿开始明白在冲突中可能不只有一方是"对的"。在成人的支持下，幼儿学会识别冲突的问题所在，并会寻求一个让所有参与方都满意的、折中的解决方案。当幼儿学会解决与同龄人的争端时，他们会开始权衡自己的需求，理解并尊重他人的需求。但是，解决冲突是需要练习的，正因如此，一些在解决冲突方面无经验的大龄幼儿一开始可能处于较低的级别。

(四)评估项目19 自尊、自信、自主

本评估项目对照的是《指南》社会领域(一)人际交往中的目标3"具有自尊、自信、自主的表现"以及艺术领域(二)表现与创造中的目标2"喜欢进行艺术活动并大胆表现"。

自尊、自信是个体对自己的一种评价性和情感性态度，属于自我系统中的情感成分。它的形成主要来自交往过程和各种活动过程中的"体验"。自主则是遇事有主见，能对自己的行为负责。3—6岁的幼儿如果能感受到成人对其的关爱、肯定、信任和尊重，便在与同伴、材料、环境互动的过程中愿意并敢于表达自己的建议和想法，相信自己在群体中的作用，对自己的能力有正确评价并不断得到成功的体验，幼儿的自尊、自信水平会得到提高，其自主性也会得到更好的体现与发展。

(五)评估项目20 关心他人

本评估项目对照的是《指南》社会领域(一)人际交往中的目标4"关心尊重他人"。

关心他人是一种被社会所期望的亲社会行为，主要涉及幼儿同情心与同理心的发展。在人际交往过程中，幼儿从察觉他人的不利处境、遭遇，到对他人表示关心；从在成人提醒下表示关心，到能够主动表示关心；从识别身边人明显的外在需要，到识

别周围的人不明显的内心需要；从简单的安慰帮助，到能够体会与理解他人的处境，在情感上产生共鸣，是一个逐渐发展与升华的过程。

(六)评估项目 21 适应集体生活

本评估项目对照的是《指南》社会领域(二)社会适应中的目标1"喜欢并适应群体生活"、目标2"遵守基本的行为规范"以及健康领域(一)身心状态中的目标3"具有一定的适应能力"。

幼儿从家庭来到幼儿园是其社会生活的重要拓展，他们需要学习如何融入集体中，会慢慢地经历从"我"(着眼于自身需要)到"我们"(着眼于集体利益)的过渡。集体意识萌芽于幼儿对他人的关注，幼儿接着会产生遵守集体常规和满足社会期望的意识，进而将这些常规和期望落实到个人。幼儿会发现自己和别人的行为，无论是无意识的还是有意识的，都会影响到整个集体。

(七)评估项目 22 认识自我与他人

本评估项目对照《指南》社会领域(一)人际交往中的目标3"具有自尊、自信、自主的表现"。

幼儿对自我的认识开始于个别化过程中。幼儿通过与人或生活环境中物品的最初互动，逐渐了解自己、认识他人。随着生活空间的扩大，幼儿尝试探索的空间也从家庭扩展到幼儿园、居住区(社区)等，从中感知和体验自己及家人与其他人的相同或不同之处，从而获得更丰富的自我体验。

(八)评估项目 23 归属感

本评估项目对照的是《指南》社会领域(二)社会适应中的目标3"具有初步的归属感"。

对3—6岁的幼儿来说，归属感往往来自他们对群体生活的直接感受和体验。家庭是幼儿最早接触的社会生活单位，父母对幼儿无微不至的照顾会使他们对家庭产生归属感。进入幼儿园后，如果这个群体能像家庭一样给幼儿温暖、关爱、尊重、支持和鼓励，他就会对这个群体产生归属感。幼儿对社会(家乡、祖国等)的最初看法和感受主要来自父母和其他亲近的成人的态度和行为。因此，在更高层次归属感的建立中，教育起着至关重要的作用。

三、社会领域评估项目举例解析

下面，我们以"冲突解决"项目为例，展示一个完整的社会领域评估项目。

(一)对幼儿"冲突解决"的认识

在幼儿之间发生的冲突是意见不合、发生争执的意思。从中可以看出冲突包含两个必要因素：一是被双方感知，二是存在意见的对立或不一致。

幼儿在与同伴相处的过程中，难免会发生争抢玩具、争吵，甚至是动手打架等冲突事件。成人看待幼儿冲突的不同态度，可能会导致他们采用不同的处理方式，并会为幼儿带来不一样的体验和效果。

如果将幼儿的冲突行为看作令人头疼的事，看作幼儿的不良行为，成人可能会采用两种方式予以解决：一种是对幼儿进行口头语言的批评、警告或身体上的惩罚；另一种则是逃避式的，只想快点结束这种不愉快的氛围，成人要么不介入冲突，要么直接告诉幼儿应该怎样、不应该怎样，匆匆了事。这两种解决冲突的方法都没有帮助幼儿学习到如何自己解决冲突。那些经历了惩罚的幼儿可能会重复这样的经历，在幼儿逐渐长大的过程中，这个惩罚系统只会被又一个更大更强的惩罚系统替代。

如果把冲突看作幼儿犯的一个错误，而这个错误正好为幼儿学习如何解决与同伴之间的矛盾提供了动态的学习机会，在这个过程中幼儿对于个人利益的强烈关注正好激发了幼儿主动学习的动机。因此，为了得到自己想要的，他们常常愿意尝试一项新的任务或技能。这时，成人应及时抓住错误引出的机会，引导幼儿关注对方情感，聆听不同观点，讨论解决问题的方法，最后选择出对每个人都起作用的解决方法。这样，幼儿之间的冲突便不再只是麻烦，而成为一次幼儿提升解决冲突能力、建立与同伴之间联系、体现自己能力的机会。

（二）"冲突解决"评估项目的级别释义

1. "冲突解决"评估项目的基本框架

本评估项目对照《指南》社会领域（一）人际交往中目标2"能与同伴友好相处"。

冲突解决发展水平级别解释如图2-13所示。

评估项目冲突解决发展级别诠释

- 级别1：幼儿尝试用简单的方式解决冲突。 → 简单方式 → 动手动口
- 级别2：幼儿请求成人帮忙解决自己与另一个幼儿的冲突。 → 请求成人 → 依靠成人
- 级别3：幼儿在成人的支持下参与冲突解决的过程，他会提出一个解决方案，并最后同意一个问题解决方案。 → 提出并同意解决方案 → 成人支持
- 级别4：幼儿在没有成人帮助的情况下，和另一个幼儿独立协商出一个解决冲突的方法。 → 与同伴协商解决方案 → 同伴协商
- 级别5：幼儿预先考虑一个方案是否能有效地解决冲突，并解释原因。 → 提出可行方案 → 独立考虑

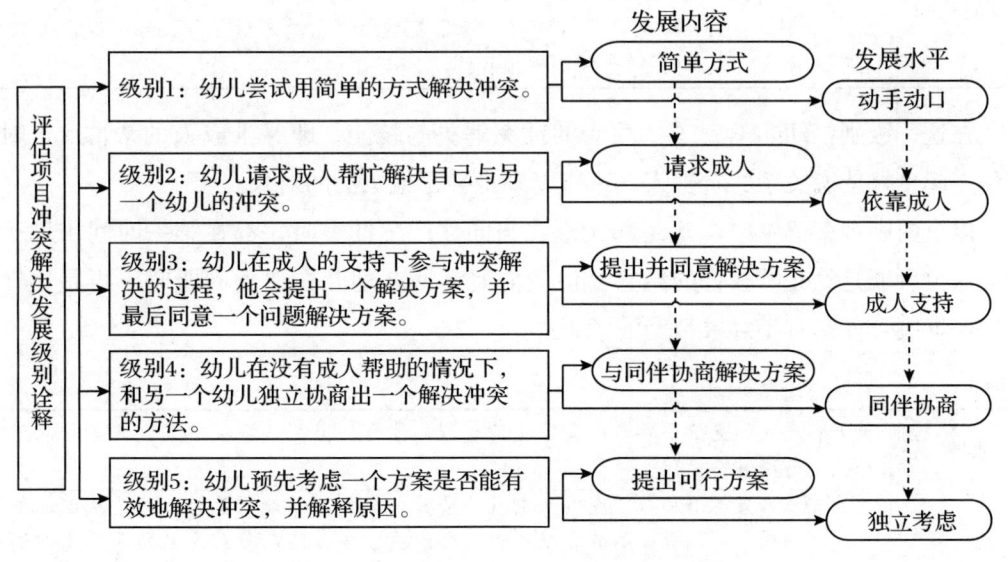

图2-13 评估项目18 冲突解决发展级别诠释

2."冲突解决"的级别释义

依据以上原理,结合我们对所观察到的幼儿冲突解决的案例分析,将"冲突解决"分为以下五个级别。

级别1

典型表现	幼儿尝试用简单的方式解决冲突。
解　释	不管是动手(如抢回玩具)还是动口(如说"不"或"我的"),幼儿试图解决与另一个幼儿间的冲突。
观察例举	3月26日,区域活动时间,娃娃家,小月抱起桌上的小熊,涵涵边抢边大声喊:"这是我的!"说完大哭了起来。 9月23日,来园时间,优米抱着一个胡萝卜毛绒玩具走进活动室,小黑看到了,走到优米前,伸手抓住"胡萝卜"上面的绿叶就往自己怀里拽,优米大睁着眼睛,大张着嘴,用力拽着"胡萝卜"大声喊着:"不要!不要!……"并号啕大哭起来。

这是比较低的冲突解决级别,幼儿解决冲突的方式均是从自我出发,采用原始的、简单的、直接的方式,不会预想到行为的结果会给他人造成的影响。

从以上两则观察记录中小月和小黑的表现,我们可以看出他们面对自己想要的东西就是直接上去拿,不会想到要去征求主人的同意。面对自己的东西被别人拿的情况,涵涵和优米的表现首先都是下意识地自护,并不知所措地用哭来表达自己受伤的情绪。

级别2

典型表现	幼儿请求成人帮忙解决自己与另一个幼儿的冲突。
解　释	幼儿寻求成人的帮助来解决自己和另一个幼儿之间的问题。
观察例举	5月16日,玩具区,龙龙和澎澎一起玩桌面积木,当澎澎拿了龙龙一块积木后,龙龙立刻大声说:"老师,他抢我玩具。" 3月17日,户外活动时,大宝骑着一辆蓝色小车,悦悦走近,推大宝下车,大宝坐在车上不走,大声叫:"老师,她推我!"

在这一级别,幼儿学到了一项新的冲突解决的技能,即寻求成人的帮忙。这时与他建立起良好依恋关系的看护人、班级老师都会是他求助的对象。

以上两则观察记录中,龙龙和大宝在与同伴产生冲突时,都在第一时间求助于老师,这也可能是幼儿园教育的结果。但我们看到两名幼儿在遇到问题时不再是不知道该如何解决,而是有了寻求帮助的意识。

级别3

典型表现	幼儿在成人的支持下参与冲突解决的过程,他会提出一个解决方案,并最后同意一个问题解决方案。
解　释	幼儿在成人支持下参与冲突解决的几个步骤,例如,当被问及时,幼儿从他的角度陈述问题是什么,被提示的时候提供一个解决方案,并在成人的鼓励下同意尝试一个解决方案。

续表

观察例举	3月25日，活动区活动时间，阅读区，晨晨拿了一本《大卫不可以》的图书，浩浩抢了过来，晨晨跑到老师跟前说："老师，他抢了我的书。"老师问："你们谁先拿到书的？"晨晨说："我先拿到的，应该我先看。"老师说："浩浩也很想看这本书，你可以和他一起看吗？"晨晨点头答应了。 10月15日，活动区活动时间，当老师"小朋友可以去选择自己喜欢的区域"的话音刚落，几位小朋友就冲向小医院，小宇先摘下医生帽戴在头上，然后伸手去拿衣服，这时二宝也拽住了衣服，两个人互不相让地拉扯着衣服，小宇拽了几下没有拽过来，哭了起来。老师走过来，将衣服拿在自己手里，用手轻抚着小宇的背，让小宇平静下来，然后请他们说一说发生了什么。小宇说："我想当医生，我已经戴好帽子了。"二宝说："我也想当医生。"老师说："你们两个都想当医生，可衣服只有这一套了，怎么办？"两个孩子都不说话。旁边站着的妮妮说："要不你们剪刀石头布吧，谁赢了谁先当，一会儿再换。"老师问二宝和小宇："妮妮说的方法你们同意吗？"他们点点头。老师说："你们在妮妮的帮助下成功地解决了问题，真棒！"

在这一级别，成人需要将幼儿之间的冲突看作一次幼儿主动学习人际交往策略的契机。当冲突发生时，教师在控制好局面、确保幼儿不会受伤的前提下，以中立的姿态参与到冲突的解决过程中，引导幼儿对于发生了什么、双方各自的需求是什么进行陈述，并将想出解决问题的方法这个"球"抛给幼儿，当幼儿实在想不出方法时，成人可以提出自己的建议。在问题解决之后，成人应当说一句话"你们想出了解决问题的办法"，将成功感给予幼儿。

以上两则观察记录均是在老师的介入下解决的问题，但从过程来看，第二则观察记录中老师的做法更为合适。第二则观察记录中的老师，首先遵循了"先情后理"的原则，让小宇情绪上先安稳下来，然后再解决问题。过程中她以中立的态度倾听了两个孩子的表述，让孩子们互相知道了对方的需求。在两个孩子没有提出解决问题的方法时，能够关注到旁边孩子提出的方法。这告诉我们，当冲突发生时，学习冲突解决策略并不仅限于处于冲突中的幼儿，对于旁边观看的孩子也是一次极佳的学习机会。最后，老师还将解决问题的成功感给予了幼儿。

级别 4

典型表现	幼儿在没有成人帮助的情况下，和另一个幼儿独立协商出一个解决冲突的方法。
解　释	幼儿在没有成人帮助的情况下与其他幼儿独立解决一个争执。幼儿提供可能的解决方案，听取别人的意见（如有的话），并与其他幼儿一起决定采用哪种方法。
观察例举	12月16日，区域活动结束时，随着音乐的播放，孩子们都在收拾自己的玩具，角色区的双豪和渝博一起把小汽车从卧室搬了出来，但是在放的时候都要争着放。双豪说："好吧，我们石头剪刀布，谁赢了谁来放。"渝博说："好吧。"渝博赢了，双豪说："好吧，那你来放。"（针对双豪的观察记录） 6月22日，区角活动时间，钰钰和浩浩同时拿起了磁力棒，他们两个互相看着对方，一人拿着一边都不放手，过了一小会儿，钰钰说："我们俩一起玩吧。"浩浩说："好吧。"两个人拿着玩具回到座位上，一起玩了起来。

在这一级别中，幼儿已经能够独立地运用之前学习到的解决问题的方法或迁移之前解决问题的经验来解决当前面对的冲突。

从上面的两则观察记录中，我们可以看到，在冲突发生时，幼儿已经能够自己想出解决问题的办法，幼儿之间的相处也是非常友好的。

级别5

典型表现	幼儿预先考虑一个方案是否能有效地解决冲突，并解释原因。
解　释	在考虑一个问题的解决方案时，幼儿会考虑提出的想法是否可行。在解释为什么一个想法可行还是不可行时，幼儿的理由不仅仅是个人的需求和动机（例如，幼儿不能简单地说："因为是我先要的。"）。
观察例举	3月27日，户外活动时，莎莎和小鑫用塑料板搭了个房子，两个人坐在里面。当小玉要进去时，莎莎对他说："我们搭的房子只够两个人住的，你要进来的话，还要重新搭。" 6月4日，午饭后，今天由第三组的小朋友做值日生，这时越越和小杰都争抢着要拖地，这时小杰说："今天，我先来拖地，明天你来拖，行不行？"越越说："不行，明天就不是我值日了。要不现在你先拖，吃完晚饭我拖。"小杰忙说："行！"

在这一级别中，考量的是幼儿提出解决冲突方案时对方案合理性的思考，他需要有较充分的理由来说服对方。

以上观察记录中，莎莎面对冲突时，想出的理由是基于所搭房子的空间不够，而不是源于自己的感受。越越面对小杰提出的方案，明确地指出方案的不可行性，并提出了一个两人都可以接受的方案。从中可以看出，幼儿在解决问题的过程中考虑问题逐步摆脱了以自我为中心，开始客观地分析和判断问题。

第六节　科学领域评估诠释

一、科学领域的意义及价值

科学是人们对客观世界的正确认识和知识体系，同时也是人们探索世界、获取知识的过程，还是一种看待世界的方法和态度。[①] 科学的实质就是探究，科学的过程就是探究的过程，探究精神即是科学态度的核心。而科学知识，正是科学探究的具体结果。早期的科学教育对幼儿来说具有十分重要的价值，主要体现如下。

1. 科学教育有助于保持幼儿的好奇心和探究欲

好奇是人的天性，求知是人的本能。幼儿阶段的孩子需要了解周围世界，总是问

---

① 张俊：《幼儿园科学教育活动指导》，4页，北京，人民教育出版社，2011。

个不停。对于幼儿们的问题，教师如果能给予鼓励，并提供环境和材料，组织他们一起寻找答案，幼儿的好奇心就能得到满足，探究的行为就会得到支持，并持续发展。

2. 科学教育有助于幼儿建构科学概念

幼儿在进入幼儿园的前三年，已经积累了很多生活经验，并且对周围世界也都有了自己的理解。其中一些理解往往并不符合科学逻辑，幼儿园开展科学教育并不是直接把科学的概念教给幼儿，而是要为幼儿建构科学概念提供必要的帮助。

3. 科学教育能发展幼儿探究和解决问题的能力

教师在了解到幼儿的多种困惑和问题之后，组织幼儿运用多种感官，认真地观察、操作与实验，对探究的结果进行推理，得出结论，进行记录、表达和交流等一系列活动，这便是幼儿解决问题、主动获得知识的过程。更为重要的是，他们学会了一种科学的思维方式和科学探究的技能，这不仅是学习科学知识所必需的，也是幼儿探求其他知识、理解周围世界所必需的。[1]

4. 科学教育能够促进幼儿全面发展

科学教育给幼儿直接接触和探究客观世界的机会，不仅满足了他们的好奇心和求知欲，更让幼儿通过亲近自然、直接感知、实际操作、亲身体验主动获得了知识，使幼儿的积极主动、不怕困难、独立自信、尝试创新等良好学习品质得以发展，动手能力得到增强。同时，多种方式表征、和同伴探究过程与结果等活动，也让幼儿的语言、思维等能力得到锻炼和提高。

二、科学领域评估项目及含义

科学领域包含认识自然和物理世界，实验、预测、验证，观察分类，工具与技术4个评估项目，更多聚焦于幼儿对自然世界的发现、探索及与之有关可迁移的能力。

(一)评估项目 24 认识自然和物理世界

本评估项目对照的是《指南》科学领域(一)科学探究中的目标1"亲近自然，喜欢探究"和目标2"具有初步的探究能力"。

3—6岁幼儿开始对动、植物感兴趣并乐意照顾它们，甚至喜欢谈论野生动物及它们的生存环境。他们逐渐能注意到物体会发生变化，并思考发生变化的原因，了解到人类的一些行为对环境的影响以及人类怎样保护环境。

(二)评估项目 25 实验、预测、验证

本评估项目对照的是《指南》科学领域(一)科学探究中的目标2"具有初步的探究能

---

[1] 张俊：《幼儿园科学教育活动指导》，7页，北京，人民教育出版社，2011。

力"及其教育建议 2"支持和鼓励幼儿在探究的过程中积极动手动脑寻找答案或解决问题",目标 3"在探究中认识周围事物和现象"。

3—6 岁幼儿对各种事物都很好奇，会问很多问题，提出自己的想法，对可能发生的事做出预测或假设，然后检验自己预测的结果是否正确。幼儿会基于自己的逻辑，针对他们观察到的内容给出一些简单的说明。

（三）评估项目 26 观察分类

本评估项目对照的是《指南》科学领域（一）科学探究中的目标 2"具有初步的探究能力"及其教育建议"有意识地引导幼儿观察周围事物，学习观察的基本方法，培养观察与分类能力"。

认真观察是幼儿探索发现、获得发展的一项重要技能。幼儿通过多种感官对物体进行观察，并开始按照一定标准进行简单的分类，如大小、颜色、形状等。随着时间的推移，幼儿能按照自己的观察，根据物体更多的属性或特征进行分类。

（四）评估项目 27 工具与技术

本评估项目对照的是《指南》科学领域（一）科学探究中的目标 2"具有初步的探究能力"和目标 3"在探究中认识周围事物和现象"。

3—6 岁幼儿会在探究过程中有目的地使用工具，如儿童剪刀、放大镜、手推车等。同时，互联网的发展，也为幼儿提供越来越多的机会使用交互式数字技术作为实践性学习的补充，如电子书、互联网、应用程序等。

三、科学领域评估项目举例解析

下面，我们以"观察分类"项目为例，展示一个完整的科学领域评估项目。

观察和分类是幼儿科学领域学习中两个重要的科学方法和技能，这两个科学方法和技能在幼儿进行科学探究过程中起着举足轻重的作用。观察是运用多种感官获得原始资料的方法，虽然大千世界物品或物种形形色色，但人们却总想找到它们的共同之处。于是，分类活动就开始了，可以说分类是观察活动的延续，也是概念形成的途径。在幼儿园活动中，老师们会利用多种手段和方法引导幼儿去观察事物的异同，并允许幼儿按照自己的方法进行分类，从而帮助幼儿形成类概念。

（一）幼儿"观察分类"能力的发展

1. 观察能力的发展

观察与随意观看不同，观察是指为了解某个事物而对其进行关注，是一种有意图的知觉活动。这也是收集信息和了解世界运转方式的第一步。要成为一个好的科学家，最重要的是要先成为一个认真且准确的观察者。

幼儿依靠感官来收集自然和物理世界的信息。他们了解事物是如何出现的，有什么声音，触觉如何，闻起来和尝起来是怎样的，能做什么以及不能做什么。幼儿还会观察他们自己的行为、他人的行为以及人们之间的互动所产生的结果。幼儿也开始关注环境中的非实体事物，如光和热。尽管大多数幼儿都对使用自己的感官来进行探索充满了好奇，但是有一些幼儿可能因为天生气质的差异或者生活经验对此表示谨慎或者不愿尝试。因此，教师要尊重每个幼儿的偏好，并营造出一个值得信任的环境，在这个环境中幼儿可以选择自己要探索什么以及怎样来进行观察。

随着时间的推移，幼儿观察的兴趣和观察更多细节的能力都获得了发展。同其他发展领域一样，幼儿观察能力的发展是从少到多，从简单到复杂，从单个细节到多个细节及其关系。因此，年龄小的幼儿倾向于关注少量自己熟悉的特征，比如积木的颜色或者一辆从斜坡滑下的小汽车。而年龄大些的幼儿能分辨颜色深度以及表示速度的不同词汇，如慢、快、更快、最快。他们也会观察自己的行为对事物所产生的影响，然后确定调整自己行为的方法，例如，通过调整斜坡的斜度来影响小汽车的速度。

随着幼儿关注细节能力的提升以及他们关注到的相互联系，幼儿的观察从主要是肢体动作发展到语言描述。最初，幼儿可能仅仅只是体验和观察自己的动作引起的结果，随着观察技能和语言词汇的发展，他们能用简单的词汇来描述其感官体验，看、听、触、尝、闻之后，幼儿会急切地想要用自己的语言描述他们观察到的、想到的，以及他们对自己观察到的世界的感受。

2. 分类能力的发展

分类是把一组物体按照特定的标准加以区分的过程。分类技能对幼儿的要求较高，它意味着幼儿要能明确同类物体所具有的共同特征，以及不同类物体在这一特征上的差别，同时还要理解整体和部分之间的包含关系。[1]

同成人一样，幼儿也通过对事物分类来组织自己的生活。分类经常发生在游戏中，因为通过这种方式幼儿往往可以达到自己的目的。例如，幼儿可能拿出所有的小汽车，然后在轨道上排成一排，或者是挑出所有的红色珠子穿成项链。幼儿每天要积累和处理大量的信息，分类能够帮助他们储存和提取这些知识。他们学习得越多，这些分类就越多元。随着幼儿不断观察和调整对事物、事件以及人的属性和功能的认知，他们的分类标准以及分类中的内容也在不断变化。例如，关于动物的分类，他们可能会按自己的认识分成不同的子集，一种分法是分为家里养的动物和野外的动物；一种分法是分成农场动物、动物园动物和宠物；还有一种分法会按陆地上跑的、天上飞的、水里游的、水里和陆地都能生存的来分。

---

[1] 张俊：《幼儿园科学教育活动指导》，24页，北京，人民教育出版社，2011。

将信息依据他们自己创作的类别进行分类，在学习事物特征并对其进行分类的过程中，幼儿用到了所有感官。幼儿根据他们观察到的特征以及其他人提供的标签将事物进行常规分类，如红和蓝、大和小、硬和软。此外，他们也发展自己的分类标准，如"毛茸茸的"和"疙疙瘩瘩的"、"叮叮响"和"嘣嘣响"。研究也表明幼儿发展出"直觉理论"来帮助他们决定如何对事物进行分类。例如，如果他们觉得外表很重要，他们可能会把事物依据视觉属性（如大小和颜色）进行分类。反之，如果他们觉得事物的功能更重要，他们可能会根据如何使用来进行分类，如分类工具。

从幼儿自发的行为中就可以观察到幼儿分类能力的发展。最开始他们把物品从一堆事物中拿出来或者把物品归为一堆，因为这些物品有共性，例如，选出所有红色的珠子。他们可能还不能说出这样分组的依据，也不能总是按照这个规则来进行，例如，一开始他们可能挑小的和大的红珠子，后来分到一半就变成挑大珠子。下一个发展阶段，幼儿能够按照一个原则来分类，并使用"一样""不一样"来配对或比较物品。

接下来，幼儿能够根据多个属性来对事物进行分类，比如颜色和尺寸。例如，他们可能会把物品分成红色组和非红色组，然后继续把每个组中的物品分为小的和大的。这样分类的时候，可能旁人很难看出分类依据，所以老师应该询问幼儿而非猜测他们的分类依据。另外，幼儿的分类一开始可能不太稳定。如果他们看到另外一个幼儿用了不一样的分类原则或者是了解了另外一个属性的时候，他们可能就会不知道该如何进行了。鼓励幼儿描述自己的分类依据能够让幼儿澄清自己的想法，并且对自己的分类能力变得更加自信。

分类的最高发展阶段是幼儿能够识别和描述自己分类的依据，即便其他人已经分过类了。这时候，幼儿需要感知一个或者多个事物的共同属性，如这些都是小的红色的珠子，并且也要识别出与其他组间不同的属性，如这些都不是小的红色的珠子。这个阶段，幼儿也能够判断事物能否被加进某一分类中。

（二）"观察分类"评估项目的级别释义

1."观察分类"评估项目的基本框架

依据幼儿在理解和掌握"观察与分类"这两个科学方法和技能的发展阶段，我们编制了以下五个级别。

观察分类发展级别诠释如图 2-14 所示。

```
                                              发展内容
                  ┌─────────────────────────┐   ┌──────────┐        发展水平
                  │级别1：幼儿能识别生物、物体 │──▶│识别事物的 │       ┌──────────┐
              ┌──▶│或事件的简单特征。        │   │不同      │──────▶│发现外在特征│
              │   └─────────────────────────┘   └──────────┘       └──────────┘
              │                                      ┆                   ┆
  评│          │   ┌─────────────────────────┐   ┌──────────┐       ┌──────────┐
  估│观│       │   │级别2：幼儿能注意到不同事物│──▶│根据一个特 │       │理解分类相│
  项│察│       ├──▶│之间的相同与不同，并能根据 │   │征分类    │──────▶│似点      │
  目│分│发│    │   │一个特征或属性给物品分类。 │   └──────────┘       └──────────┘
    │类│展│    │   └─────────────────────────┘        ┆                   ┆
    │  │级│    │   ┌─────────────────────────┐   ┌──────────┐       ┌──────────┐
    │  │别│    │   │级别3：幼儿专注地观察某物， │──▶│根据两个特 │       │理解分类理│
    │  │诠│────┼──▶│能够根据两个特征或属性给物 │   │征分类    │──────▶│由        │
    │  │释│    │   │品分类，并能说明分类依据。 │   └──────────┘       └──────────┘
    │  │  │    │   └─────────────────────────┘        ┆                   ┆
              │   ┌─────────────────────────┐   ┌──────────┐       ┌──────────┐
              │   │级别4：幼儿能够根据物体两个│   │根据两个以 │       │表达分类依│
              ├──▶│以上特征进行多角度分类，并能│──▶│上特征分类 │──────▶│据        │
              │   │说明分类依据。            │   └──────────┘       └──────────┘
              │   └─────────────────────────┘        ┆                   ┆
              │   ┌─────────────────────────┐   ┌──────────┐       ┌──────────┐
              │   │级别5：幼儿将一个类别分为多│   │          │       │描述集与子│
              └──▶│个集合，再把集合分成子集，并│──▶│将事物分成 │──────▶│集、合集之│
                  │能说出每个子集的特点、子集之│   │集和子集  │       │间的关系  │
                  │间的关系以及子集与集合之间的│   └──────────┘       └──────────┘
                  │关系。                    │
                  └─────────────────────────┘
```

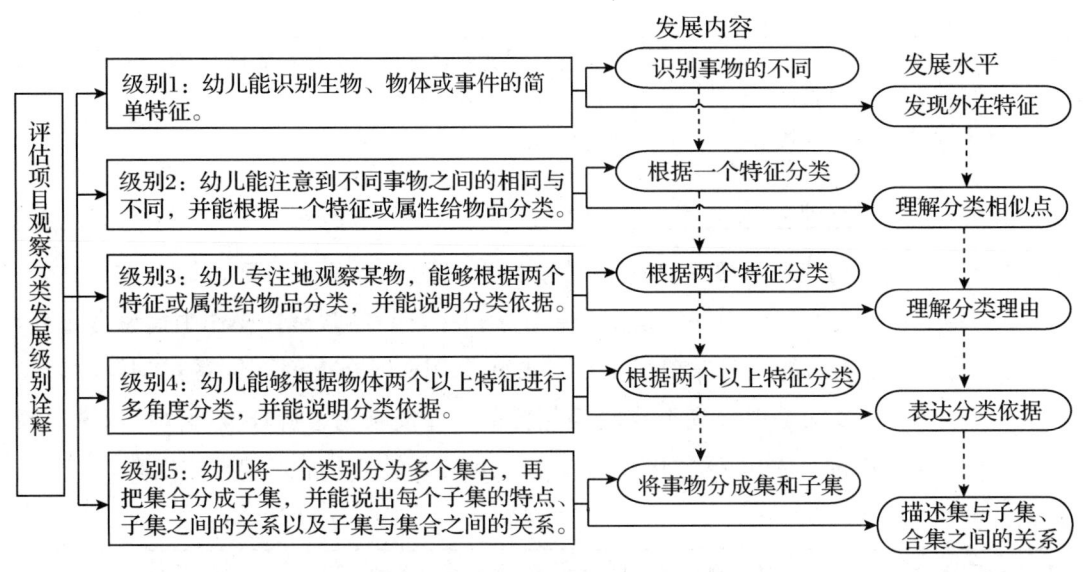

图 2-14　评估项目观察分类发展级别诠释

2."观察分类"评估项目的级别释义

级别 1

典型表现	幼儿能识别生物、物体或事件的简单特征。
解　释	在这个级别幼儿主要观察一件事物（可以是无意观察，可以是有意观察），但只能发现其一些外在、非本质的特征。
观察例举	6月22日，散步时间，小朋友们发现了一只蜗牛，张老师让小朋友们看看蜗牛是什么样子的，佳佳说："蜗牛是白色的，有硬硬的壳。" 6月30日，区域活动时间，自然角，佳璇在喂小白兔吃生菜，她说："看小白兔的眼睛红红的，还长了好多胡子呢！"

在这一级别，幼儿有意观察或在成人的引导下观察，只能发现事物外在的、较明显的但也许并不是本质的特征。例如，在上面的两则观察记录中我们可以看到一名幼儿是在教师的引导下对蜗牛进行了观察，另一名幼儿则是自己独立地对兔子进行了观察，他们的观察都抓住了观察对象的一些外在特征，但并不全面，这些观察不足以支持他们对所观察的对象形成较完整的概念。

级别 2

典型表现	幼儿能注意到不同事物之间的相同与不同，并能根据一个特征或属性给物品分类。
解　释	幼儿根据物品共有的一个特征（如大小、颜色、材质、声音、用途等）给物品分类，并能说出物品的相似点。幼儿偶尔也会出现分类错误，或幼儿分出的组里的某些属性与另一组的某些属性重叠（如"珠子"和"大珠子"）。

续表

观察例举	6月13日，区域活动时间，玩具区，旭冉先将马赛克中红色的取出摆了一排，然后又取出绿色在红色下面摆成一排，又取出黄色摆到绿色下面，当老师问他为什么这样摆时，他说："我是按颜色摆的。" 6月15日，区域活动时间，生活区，亦可将镂空球按颜色分别放在两个碗里，并说："这个碗里都是红色，这个碗里都是蓝色。"

在这一级别，幼儿通过观察，发现了事物之间的一些共同特征，如大小、颜色、材质等，他们在分类的过程中并不是完全想好了再去分，经常是在操作中边思考边分，有时还会分错，也有可能后来发现了错误并改正。例如，在上面两则观察记录中，我们可以看到两名幼儿均是观察到事物的颜色特征，并按颜色进行分类的。可以说，颜色是一个非常明显的、易被观察到的特征，而且也容易被幼儿清楚地表述出来。

级别3

典型表现	幼儿专注地观察某物，能够根据两个特征或属性给物品分类，并能说明分类依据。
解　释	本级别主要强调幼儿根据两个特征或属性给物品分类，并能清楚表达分类依据。
观察例举	5月7日，活动区时间，玩具区，斯斯拿着他和爸爸妈妈去外地游玩时收集的好多白色的小贝壳，说："它们又白又小，我很喜欢它们。" 6月6日，区域活动时间，益智区，成成把红色的大气球图案放了一个小托盘中，把黄色的小气球图案放在了另一个小托盘中，并说："这些是红色的大的，这些是黄色的小的。"

在这一级别中，幼儿在观察之后，能够发现事物的两个特征，并按这两个特征对事物进行分类。从中我们可以看到观察与分类两个能力之间的密切关系。分类能力的提升，其实也蕴含着观察能力的提升，幼儿思维的抽象性和变通性得到进一步发展。

从以上两个案例中，我们可以看到，幼儿均观察到事物的两个方面的特征，并且能够准确地描述。

级别4

典型表现	幼儿能够根据物体两个以上特征进行多角度分类，并能说明分类依据。
解　释	幼儿通过观察，能够根据物体两个以上特征进行多角度分类，并能清楚地表达每一种分类的依据。
观察例举	5月18日，小组活动时间，教师让同组的孩子每人脱下一只鞋堆放在一起，然后提问："我们准备怎样将这一大堆鞋子分组呢？"小宇说："可以分成靴子、运动鞋、其他鞋子，还可以分成系鞋带的。" 12月4日，区域活动时间，收玩具的时间到了，小米看到豆豆收的扣子说："你放得不对，除了看大小、颜色，还要看形状。"说完，她帮豆豆一起重新分好了扣子。

在这一级别中，幼儿不仅能按两个以上的特征对物体进行分类，而且能讲清楚每一种分类的依据。

从以上两个案例中，我们看到，小宇和小米两名幼儿能非常清楚地表达他们对于事物类别的思考，说明他们对事物的观察非常细致，也能够根据观察对事物进行很好的归类。

级别 5

典型表现	幼儿将一个类别分为多个集合，再把集合分成子集，并能说出每个子集的特点、子集之间的关系以及子集与集合之间的关系。
解 释	幼儿能够按照事物的多种特性进行分类，将事物分成集和子集，并能详细描述子集之间的差异，以及每个子集与原来集合的关系、与其他子集的联系。
观察例举	3月23日，科学活动时间，老师给小朋友播放了一段关于动物的录像，然后请小朋友给这些动物分类。强强首先把动物分为家养动物和野生动物，然后又将野生动物按照它们的生活环境分为天空飞的、陆地跑的、水里游的，并说明鸭子可以家养也可以在野外养。 4月15日，户外活动时间，老师请小朋友们做组队的游戏，提问说："如果想给咱们班的小朋友分一下类，你会怎么分？"默默说："先可以分成男生和女生，女生还可分为穿粉衣服的和不穿粉衣服的，男生可以分成穿蓝衣服的和不穿蓝衣服的，然后还可以按穿的鞋子分。"

在这一级别的描述中，涉及集合这个概念。分类和集合是紧密联系在一起的两个概念：分类的能力即是幼儿对集合进行区分的过程，是其集合思想的体现；集合是分类活动的基础，对集合的区分和合并被称为分类。处于这一级别的幼儿，已经能够根据事物的相同属性把它们归为一大类，然后再从大类中区别它们之间的不同，分为更小的集合。

从以上案例中，我们已经能够看到强强和默默已经理解了分类的多样性，相同的事物可以根据不同的属性让它们组成新的集合。当幼儿理解这一概念后，能够帮助幼儿开始更抽象的思考并尝试解决问题。

第七节 数学领域评估诠释

一、数学领域的意义及价值

数学在我们的生活中无处不在，我们生活中常常碰到的计数、分物品、买卖物品等事情都可以与数学相联系。儿童早期的数学学习和发展是指他们在与周围环境的互动中自发地或在成人的引导下习得数的知识、技能，发展数学认知能力的过程。它强调儿童对自己周围环境中的数学问题的关注和兴趣，强调在日常生活中通过感知、体验和操作活动理解数的抽象关系，并在解决问题的过程中运用所学的数学知识，逐步发展逻辑思维能力。通过数学教育，能使幼儿学会"数学思维"，体验数学在生活中的应用；能够锻炼幼儿的抽象思维能力，促进其逻辑思维的发展；还能够培养幼儿良好的学习品质和学习习惯，为后继学习奠基。[①]

二、数学领域评估项目及含义

数学领域包含数字与数的关系、形状与空间关系、比较和测量、模式、数据分析5个评估项目，其中形状与空间关系又划分为形状和空间关系两个子项目，主要关注幼儿数、量、形及其内部关系的认识与理解能力的发展。

(一)评估项目28 数字与数的关系

数字与数的关系这一评估项目主要对照的是《指南》科学领域(二)数学认知中的目标2"感知和理解数、量及数量关系"。

幼儿通过在日常生活中数物品、人和事件，逐步学会计数。幼儿数感的发展源于他们开始明白"1"的概念，并且开始学习同数字相关的词语，同时幼儿开始懂得"1、2、3"等每一个数字是指数量，然后逐渐意识到最后一个数字代表总数。幼儿逐步学习对数量进行比较，对数字进行组合和分解。

(二)评估项目29 形状与空间关系

形状与空间这一评估项目对照的是《指南》科学领域(二)数学认知中的目标1"初步感知生活中数学的有用和有趣"和目标3"感知形状与空间关系"。

形状和空间是几何数学的初级形态，它涉及对二维和三维图形的名称、特征、类别和简单的组合关系的理解，也涉及对空间概念、方位、运动方向和空间表征的理解。

1. 评估项目29.1 形状

形状是指物体的轮廓或外形。学龄前儿童从一开始不能够准确地区分形状，到能给形状做一般分类，然后开始分析和描述这些形状，最后形成一个关于形状及其部分，以及每个形状与其他形状区分的独特属性的整体理解。能够准确命名、描述和比较形状是学前儿童获得的重要能力。

2. 评估项目29.2 空间关系

幼儿通过对物体和自己身体的观察和行动来探索空间。幼儿空间感的发展不仅有助于他们理解自己所处的空间世界，还有利于学习数学的其他内容。空间感和空间概念的建构与幼儿的生活有着密切的关系。

---

① 李季湄、冯晓霞：《〈3—6岁儿童学习与发展指南〉解读》，109页，北京，人民教育出版社，2013。

(三)评估项目 30 比较和测量

本评估项目对照的是《指南》科学领域(二)数学认知中的目标 2"感知和理解数、量及数量关系"。

幼儿测量的动机来源于他们对事物进行比较的兴趣(如谁撕的纸长、谁接的水满),当幼儿对两种物体或者两种以上物体进行比较时,会掌握一些能对物体进行区分的属性(如橡皮泥比苹果软)。随着幼儿生活经验的积累,他们可以用语言来描述物体的不同,并且逐渐学会一些测量用语,探索运用测量工具。慢慢地,幼儿能按照自己的需求,正确运用测量工具和测量方法,从而能对物体进行正确测量。

(四)评估项目 31 模式

本评估项目对照的是《指南》科学领域(二)数学认知中的目标 1"初步感知生活中数学的有用和有趣"。

幼儿通过自己的观察或在成人的提醒下开始意识到物体、动作、声音和事件中的模式规律的存在。随着幼儿处理单个物体到排列多个物体以及注意物体排列规律的能力增长,对模式的意识也日益增强。一些是重复模式,如穿珠时会一个红一个蓝一个红一个蓝;而另一些规律的发生则是可预测的变化,如年龄增长,身高也增加。使用模式和发现模式关系是以后在学校学习代数的基础。

(五)评估项目 32 数据分析

本评估项目对照的是《指南》科学领域(二)数学认知中的目标 2"感知和理解数、量及数量关系"。

虽然幼儿在收集和记录定量及数值信息的过程中不能像成人一样有体系,但是幼儿仍然很享受。和早期数学的其他领域一样,学步期幼儿会将物品分组聚堆,然后学会定量和比较。学龄前儿童开始会将这些信息呈现在简单的图表上,了解数据的意义。渐渐地,幼儿们开始问一些能通过数据收集和分析解决的问题。

三、数学领域评估项目举例解析

下面以"模式"项目为例,展示一个完整的数学领域评估项目。

(一)幼儿"模式"的发展

所谓模式,就是物理、几何或数里可发现的所有具有预见性的序列,它反映的是客观事物和现象之间本质、稳定、反复出现的关系,模式认知就是对事物和对象的具有隐蔽性、抽象性的规律特征的认识[①]。模式与我们的生活也是密不可分的,我们每天

---

① 黄瑾、田方:《学前儿童数学学习与发展核心经验》,59 页,南京,南京师范大学出版社,2015。

都感受的自然现象"日出、日中、日落……";习惯了的作息时间"星期一、星期二、星期三、星期四、星期五、星期六、星期日……";听到的重复的音乐旋律"蹦恰恰、蹦恰恰、蹦恰恰……";看到的装饰"圆点、竖线,圆点、竖线……";等等,都是模式。

模式与数学的关系十分密切。数学本身就是对客观世界的形式、结构和关系的抽象化模式的研究,所有数学都建立在模式和结构的基础之上。从幼儿认知发展的角度而言,没有对模式的认知,幼儿对所有事物的认知就是不完整、分裂和无联系的。寻找模式是所有学习的基础,尤其对加强数学思维有特别重要的作用。

国内外专家学者对幼儿模式的发展轨迹与特点进行了研究。皮亚杰的研究将幼儿模式概念的发展划分为六个阶段:第一阶段是描述顺序;第二阶段是描述和建构线型模式;第三阶段为复制一个次序;第四个阶段为创建一个次序;第五个阶段是构建一个模式;第六个阶段为认识循环模式。我国学者也对幼儿早期模式能力的发展及特点进行过相关研究,并得出了结论。其中,林泳海等对3—6岁幼儿模式认知发展的实验研究表明,幼儿模式认知水平随年龄增长而不断发展,呈现出"循环模式→重复模式→滋长模式→变异模式"的认知发展递升态势,可以概括为五种发展水平,即完全没有模式概念—处于模式认知概念—开始有模式认知但不稳定—基本上有模式认知且较稳定—有模式认知概念且不受模式内容特征影响。[1]

(二)"模式"项目级别框架

在编制模式这一评估项目时,依据国内外专家的研究成果,将3—6岁幼儿在模式方面的发展大致划分为5个级别,发展级别诠释如图2-15所示。

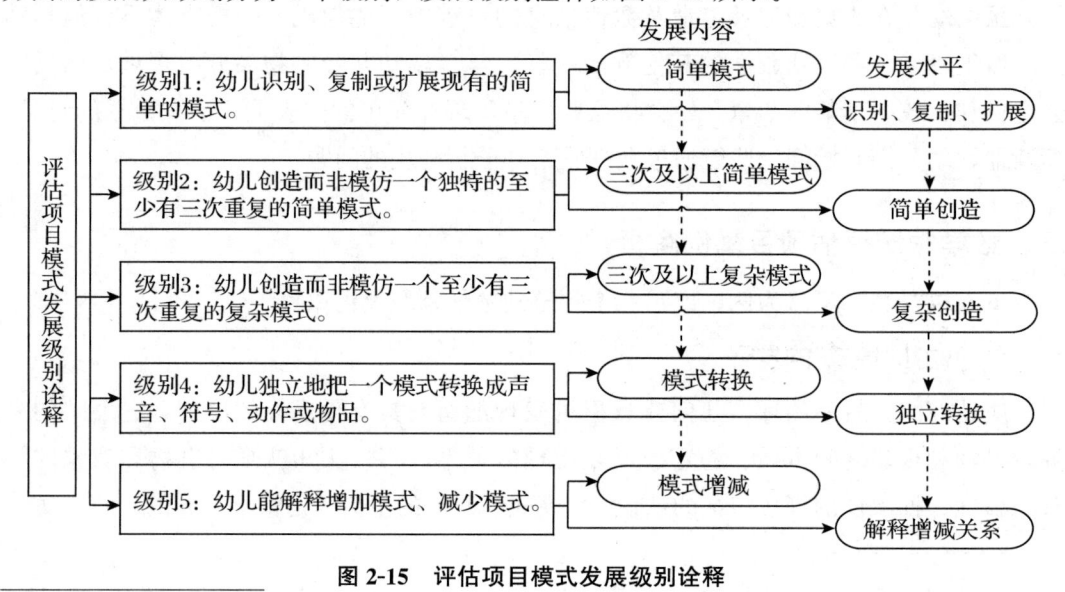

评估项目模式发展级别诠释	发展内容	发展水平
级别1:幼儿识别、复制或扩展现有的简单的模式。	简单模式	识别、复制、扩展
级别2:幼儿创造而非模仿一个独特的至少有三次重复的简单模式。	三次及以上简单模式	简单创造
级别3:幼儿创造而非模仿一个至少有三次重复的复杂模式。	三次及以上复杂模式	复杂创造
级别4:幼儿独立地把一个模式转换成声音、符号、动作或物品。	模式转换	独立转换
级别5:幼儿能解释增加模式、减少模式。	模式增减	解释增减关系

图2-15 评估项目模式发展级别诠释

---

[1] 林泳海,周葱葱:《3.5—6.5岁儿童式样认知发展的实验研究》,载《心理学探新》,2003(1)。

(三)"模式"项目的级别释义

下面,结合观察案例对"模式"项目的级别进行更为细致的释义。

级别 1

典型表现	幼儿识别、复制或扩展现有的简单的模式。
解　释	幼儿参与简单的交替模式(如 AB—AB—AB 或 AABB—AABB)或简单的对称模式(如 AACAA)。幼儿说出一个模式(如红—蓝—红—蓝—红—蓝)、复制一个模式或扩展现有的模式,以表明他知道这个模式。
观察例举	4月1日,活动区时间,玩具区,小琪看着提示图,将瓶盖按红—黄—红—黄—红—黄的顺序排好。 10月15日,活动区时间,益智区,然然选择了穿珠,他看了一会儿老师事先穿好的红—绿—红—绿—红—绿穿珠,然后按红—绿—红—绿—红—绿顺序穿了一长串。

在这一级别,幼儿自己或在成人的引导下可能识别出、说出或复制、扩展了一个较简单的模式,但这个模式并不是幼儿创造的。例如,在以上两则观察记录中,两名幼儿都识别到已有的简单的排列顺序,并通过自己的操作将排列顺序复制了出来,但这一模式并不是他们自创的。

级别 2

典型表现	幼儿创造而非模仿一个独特的至少有三次重复的简单模式。
解　释	幼儿创造出一个简单模式,至少有三次重复。这个模式可能是基于视觉的(如交替使用红蓝珠子),也可能是基于动作的(如交替拍鼻子和肩膀)。要在这个级别得分,这个模式必须是幼儿自己原创的,不能模仿。
观察例举	5月13日,区域活动时间,祺祺在玩具区穿珠子。她先是仔细看了看自己手中已经穿好的珠子,过了一会儿,她慢慢地将穿好的珠子一颗颗地取下来有序放回托盘,然后看着托盘想了想,又开始慢慢地穿起来,一颗蓝色、一颗粉色、一颗蓝色、一颗粉色、一颗蓝色、一颗粉色……然后她把穿好的项链拿起来让我看。 6月15日,区域活动时间,玩具区,旭冉玩马赛克、贝壳,他将它们排列为马赛克—贝壳—马赛克—贝壳—马赛克—贝壳的顺序。

级别 2 较级别 1 的发展在于,幼儿不再是模仿原有的模式,而是自创了一个简单模式,至少有三次重复。这个模式可能是基于视觉的,如交替摆放两个不同的物品;也可能是基于动作的,如交替进行两个不同的动作。这也体现了模式多样性的特点。例如,在以上两则观察记录中,幼儿都是在自我操作探索中,创造了一个 AB—AB—AB 的简单模式。

级别 3

典型表现	幼儿创造而非模仿一个至少有三次重复的复杂模式（如 AAB—AAB—AAB 或 ABC—ABC—ABC）。
解　　释	幼儿创造出一个至少有三次重复的更复杂的模式。同上一级别一样，这个模式可以是基于视觉的，也可以是基于动作的，但必须是原创，不能模仿。
观察例举	3月30日，区域活动时间，梦馨在玩具区穿珠子，穿好后看看自己手中的项链，一边看一边用手指着说："粉色、蓝色、绿色、红色，粉色、蓝色、绿色……"突然停了下来，她说少了一颗红色的，于是又都拆下来重新串好。 9月20日，建构区讲评时，一杰指着他们搭的高塔介绍说："看我们搭的高塔，第一层是红色的，第二层是绿色的，第三层是黄色的，我们就是按颜色红、绿、黄，红、绿、黄拼搭的，好看吧！" 6月17日，区域活动，佳妤选择在玩具区进行拼插的工作。只见她按照两个橘色、一个蓝色，两个橘色、一个蓝色的顺序摆放，重复了4次。 5月21日，区域活动时间，积木区，梓昕对我说："老师，看我搭的房子，一层长方体，上面加两个圆柱体；然后，上面再盖长方体，再加两个圆柱体，一直这样子搭，好漂亮啊！"

级别 3 较级别 2 的发展在于，幼儿创造的模式更为复杂。例如，以上四则观察记录中，幼儿都创造出了较为复杂的模式，观察记录 1 中是 ABCD—ABCD—ABCD，观察记录 2 中是 ABC—ABC—ABC，观察记录 3 中是 AAB—AAB—AAB，观察记录 4 中是 ABB—ABB—ABB。从四则观察记录中均可看到幼儿不仅创造了模式，而且欣赏着模式带来的美感，让数学学习潜移默化地与生活紧密联系起来。

级别 4

典型表现	幼儿独立地把一个模式转换成声音、符号、动作或物品。
解　　释	幼儿用一种形式的模式（如视觉模式）创造出一个另一种形式的模式（如声音模式）。例如幼儿可能会将"122—122—122"的书写模式转换成"低高高—低高高—低高高"的声音模式。这个想法必须来源于幼儿，而且这模式必须重复三次或三次以上。
观察例举	11月25日，集体活动时间，老师指着黑板上 AB—AB—AB 模式的图谱，问："这个图谱谁能用动作来表现？"思思站起来说："可以拍手、拍腿，拍手、拍腿，拍手、拍腿。"一边说一边打着节奏。 5月26日，活动区时间，美工区，珂珂用雪花和小人脸粘贴了以下作品（见图 2-16），并在画纸上写出了"1 2 1 2 2 1 2 2 2 1 2 2 2 2"。 图 2-16　雪花小人脸粘贴 6月5日，活动区时间，积木区，卓恩在做计划时说要和同森用四倍积木和二倍积木搭建一座桥，上面是弯弯曲曲的，下面是拐弯的，并将他们的想法画了下来（见图 2-17）。在接下来的积木搭建中，他们一起按照计划把他们的桥搭建了出来（见图 2-18）。

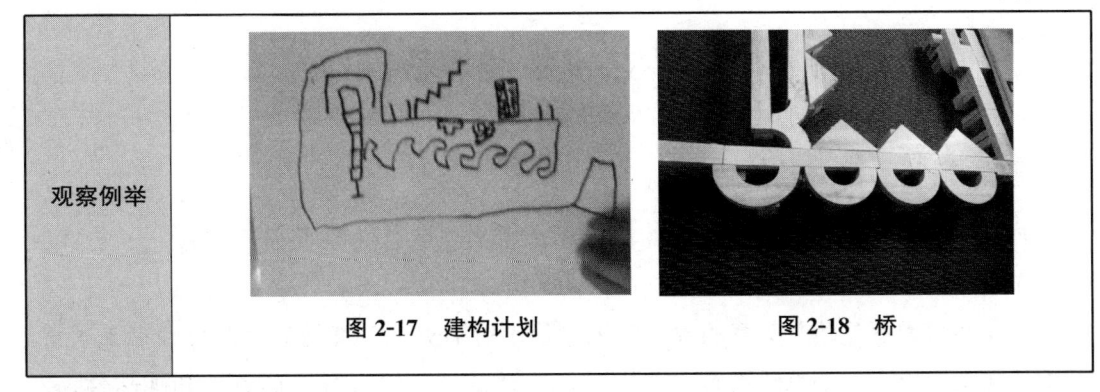

观察例举	图 2-17 建构计划 图 2-18 桥

这一级别较级别 3 的发展在于，幼儿能将一种形式的模式转换成另一种形式，而这种认识不同形式的相同模式结构的活动，有利于幼儿普遍化思维、抽象化思维的发展。例如，以上三则观察记录中，两名幼儿都进行了模式的转换，记录 1 中的幼儿进行的是视觉和动作之间的转换；记录 2 中的幼儿首先创造了一个递增的模式，然后进行了图形与数字之间的转换，把具体的图形转换成了抽象的符号；记录 3 中的幼儿在计划环节先对自己要搭建的作品进行了详细的思考，然后在搭建环节严格实施了他们的计划。从中不仅可以看出幼儿在模式方面的发展，还能看到幼儿学习的主动性和计划性、幼儿的积木搭建水平等多方面的发展。

级别 5

典型表现	幼儿能解释增加模式、减少模式。
解 释	增加或减少的模式（代数函数）中存在一个事物增加而导致另一个事物减少的系统关系（例如，随着年龄的增加，身高会增加；每舀一勺麦片到碗里，盒子里的麦片就会减少）。这个级别的幼儿能识别这些联系，为其以后进一步认识代数奠定了基础。
观察例举	6 月 22 日，数学游戏时间，活动室，阳阳看着老师汇总记录的分合式说："哈哈，真有意思，分合号左边的数字是 1、2、3、4，右边的数字就是 4、3、2、1，它们正好相反，左边的数字越来越大，右边的越来越小。" 5 月 5 日，区域活动时间，玩具区，乔熙把沙漏倒过来看它流沙，流完后又反过来看它流沙，之后，她说："我知道了，下面的沙子越来越多，上面的沙子就越来越少，代表我们用的时间越来越多，剩下的时间越来越少！"

以上两则观察记录中，幼儿发现的不再是一个重复的结构单元，而是一个规律或变量的重复，更为抽象，体现了幼儿在推理、抽象概括、辨识数量的递增递减等多个方面的认知发展。

第八节 艺术领域评估诠释

一、艺术领域的意义及价值

艺术教育是培养幼儿全面发展的重要组成部分，它作为幼儿教育领域之一有其独特的作用。

幼儿艺术教育是幼儿美育的主要实施途径。所谓美育，就是美感教育和审美教育，对于幼儿来说更多的是美感教育。艺术美具有情感性、愉悦性、形象性和趣味性。对于幼儿来说，这些因素具有感染力和吸引力。色彩鲜艳的图画、悦耳动听的歌曲、引人入胜的故事、活泼欢快的舞蹈都能唤起幼儿的美感，甚至使他们忘掉周围的一切。幼儿美育的本质正是以这些直观的艺术形象、和谐的乐音、生动的表演、有趣的活动来启迪幼儿的，打动幼儿的心灵，唤起幼儿内在审美情感，使幼儿在美的感受和熏陶下，受到潜移默化的影响。

幼儿艺术领域学习的关键在于充分创造条件和机会，在大自然和社会文化生活中激发幼儿对美的感受和体验，丰富其想象力和创造力，引导幼儿学会用心灵去感受和发现美，用自己的方式去表现和创造美。[①]

二、艺术领域评估项目及含义

艺术领域包含感受与欣赏、表现与创造两个评估项目，其中表现与创造又划分为歌唱、律动、绘画与造型、角色扮演4个子项目，更多聚焦于幼儿感受美、表现美和创造美及其在基本的艺术表现形式中的发展。

（一）评估项目33 感受与欣赏

本评估项目对照的是《指南》艺术领域（一）感受与欣赏中的目标1"喜欢自然界与生活中美的事物"和目标2"喜欢欣赏多种多样的艺术形式和作品"。

艺术感受是指幼儿被周围环境或生活中美的事物或艺术作品所吸引，从感知出发，以想象为主要方式，以情感的激发为主要特征的一种艺术能力。艺术欣赏是指幼儿的感官接触到艺术作品产生审美愉悦，是对艺术作品的"接受"，即感知、体验、理解、想象、再创造等综合心理活动，是幼儿以艺术形象为对象，通过艺术作品获得精神满足和情感愉悦的审美活动。欣赏是一种更深入的感受。3—4岁的幼儿还不容易理解艺

---

① 李季湄、冯晓霞：《〈3—6岁儿童学习与发展指南〉解读》，325页，北京，人民教育出版社，2013。

术作品的性质，对形象、具体、浅显的内容比较感兴趣。随着年龄的增长，逐渐能够感受并愿意欣赏内容复杂、形象性强的艺术作品，并能直接用言语、动作表达自己的情绪情感、体验和感受。

(二)评估项目34 表现与创造

本评估项目对照的是《指南》艺术领域(二)表现与创造中的目标1"喜欢进行艺术活动并大胆表现"、目标2"具有初步的艺术表现与创造能力"，健康领域(二)动作发展中的目标1"具有一定的平衡能力，动作协调、灵敏"，语言领域(一)倾听与表达中的目标2"愿意讲话并能清楚地表达"、社会领域(一)人际交往中的目标3"具有自尊、自信、自主的表现"以及科学领域(二)数学认知中的目标3"感知形状与空间关系"。

幼儿对事物的感受和理解不同于成人，他们表达自己认识和情感的方式也有别于成人。幼儿会通过歌唱、律动、绘画与造型、角色扮演等活动进行艺术表现和创造。

1. 评估项目34.1 歌唱

幼儿是通过聆听、探索声音、模仿、跟唱、哼唱等过程学唱歌曲的。3—4岁幼儿比较喜欢歌曲中生动形象的象声词，且不能区别发音上的细微变化，肺活量小，常常在唱歌时变成"说歌"。随着年龄的增长，幼儿对嗓音的控制和听辨声音的能力不断增强，听觉和分化能力更高，音域不断扩大，对节奏、力度、速度的控制更细腻。

2. 评估项目34.2 律动

幼儿无论有没有听到音乐，都会尝试移动身体或不同的身体部位，喜欢学习简单的动作或跟着音乐做动作。随着年龄的增长，幼儿逐渐体验到各种不同类型的律动，能把特定的律动与不同的音乐类型结合起来，并能进行有序的律动和舞蹈。

3. 评估项目34.3 绘画与造型

幼儿会使用二维和三维材料进行绘画、涂色、捏泥等手工制作以及组装。在幼儿学着使用艺术材料和工具时，对艺术欣赏从感官体验逐渐发展到对形状、颜色和布局的探索。随着年龄的增长，幼儿会从无意识的创作发展到有意识的创作，而且加入更多细节，作品会变得更丰富、更复杂。同时，幼儿开始使用艺术元素进行创作。

4. 评估项目34.4 角色扮演

角色扮演涉及模仿和想象。年龄小的幼儿会观看和模仿周围的人、动物或物品的动作和声音。到学步期后期，幼儿会假装用一个物体代替另一个物体。到了学龄前早期，他们开始进行角色分配和角色扮演，幼儿会从独自扮演游戏到和别人一起合作游戏，而且游戏会变得更富有想象力，并逐步开始出现道具、日益复杂的场景及多个角色。他们也会把熟悉的故事戏剧化，并创造出属于自己的新故事。

三、艺术领域评估项目举例解析

下面我们将以"绘画与造型"这一项目为例,展示一个完整的艺术领域评估项目。

(一)儿童绘画能力的发展

关于儿童绘画发展的阶段,许多研究者经过长期的、深入的研究,提出了自己的独特见解。这里主要参考孔起英教授的研究成果[①],把学前儿童的美术发展划分为涂鸦期(1.5—3.5岁)、象征期(3.5—5岁)和图式期(5—7岁)三个阶段。

1. 涂鸦期(1.5—3.5岁)

1.5岁左右的儿童,由于能够独立行走,用手进行的探索变得更为自由。他们喜欢到处涂抹,于是用笔在纸上、书上、墙上等地方画点、画线的涂鸦行为就出现了。儿童的涂鸦有着不同的发展阶段,各阶段又存在着一定的差异。从开始涂鸦到脱离涂鸦,这一时期的发展又可划分为四个阶段:未分化的涂鸦(1.5—2岁)、控制涂鸦(2—2.5岁)、圆形涂鸦(2.5—3岁)和命名涂鸦(3—3.5岁)。下面主要介绍后两个阶段的特点。

(1)圆形涂鸦(2.5—3岁)。由于肩、肘、手腕关节等的发育,这时儿童能注视涂鸦时笔的运动方向,可以在纸上反复地画圆圈,如封口及未封口的圆形、复线圆圈、涡形线等。儿童用这些大大小小的圆形来表现一切事物。

从空间上看,儿童仅有运动感的空间。有时会注意画面的某些部分。当儿童从大圆圈、乱线的粗放动作转化到小圆圈的较细腻动作时,我们可以认为,儿童的涂鸦发展即将迈入命名涂鸦阶段了。

(2)命名涂鸦(3—3.5岁)。儿童虽然仍未能画出具体的形象,但开始意识到所画的线条或实物与自己的经验之间的联系,已有明显表达的意图。也就是说,儿童把自己的生活经验与自己的涂鸦动作联结在一起,并为自己画出来的线、圈等加以意义,或象征某种事物而加以命名。他们在涂鸦时,一边画,一边自言自语,说明他所画的东西。随着语言能力的发展,画面上的"小东西"越来越多,反映出其越来越丰富的生活经验。这些"小东西"常常是一些类似象征符号的线条和简单的图形,这些线条和图形"漂浮"在画面上,相互间不联系。

有时儿童会为自己的作品命名,但事先并没有意图,而是受自己所画的图形本身的启发;有时,儿童又会随性地重新命名他已命名过的图像。所以,总的来说,命名活动是在画出图形之后才出现的。到这一时期的末期,画面的图像渐渐分化,形成简单的象形图样,迈向下一个发展阶段。

---

① 孔起英:《幼儿园美术教育》,34~55页,北京,人民教育出版社,2013。

2. 象征期(3.5—5岁)

3岁以后的儿童，由于涂鸦的练习，已经能用手腕和手指画画。随着心理能力的发展，他们已经能够进行有目的、有意识的绘画活动。

从造型上来看，儿童常常用所画的图像来表达自己的意象，但这些图像与事物实体没有直接的关系，而仅仅是简单的几何图形和线条的组合，是一种实物的替代物，常常只具备物体的最基本部分，多半是粗略的、不完全的，往往会遗漏部分特征，没有整体感，结构有时不合理。所以，当部分脱离整体时，人们就无法辨认，部分就失去了它的意义。例如，一个椭圆形在表现人的图画中意味着身体，但是当它与整体分离时，椭圆就失去了身体的意义。因此我们认为，这一时期儿童所画的图像是一种象征的图式。其典型表现就是儿童笔下的"蝌蚪人"，即儿童用一个大圆圈代表人的头部，在大圆圈上画上单线条表示手、脚，这就是儿童眼里的人。

从色彩上看，这时儿童的辨色能力大大提高。一项对100名儿童进行的测试表明，3—4岁儿童能说出"红色""黑色""绿色""黄色"等名称的分别占98%、94%、92%、78%。4—5岁儿童中，有70%的人能掌握8种颜色的名称和使用，并能辨认红色和浅红色、蓝色和浅蓝色等同种色，对蓝色与紫色等类似色也有一定的辨认能力。这个阶段儿童对颜色开始有了自己的喜好，通常表现为喜欢纯度高的、鲜艳明快的原色，并用这些喜欢的颜色来描绘自己喜爱的物体，而把他们认为不好看的颜色涂在自己不喜欢的物体上或认为无足轻重的东西上。他们已经开始试图用色彩来表现自己的情感。这一阶段儿童画面上颜色的种类通常达到3—4种以上，他们喜欢在每种东西上都涂上颜色，并开始注意按物体的固有色选择相应的颜色涂染，如树冠是绿色的、树干是棕色的，但他们不太注重整个画面色彩的和谐美。在涂色方面，这一阶段初期的涂色显得杂乱无章，既无顺序，也不均匀。有的地方过于浓密，有的地方又过于稀疏，留下许多空白，有时还涂出轮廓线。逐渐地，他们能用方向一致的线条均匀地涂色。

从空间构图上来看，这时的儿童在画面上所画形象较多，他们似乎是用一种很随机、很偶然的方式，把物体安排在纸上的。把每个物体或每个人都画成单独的形象，而不注意物体间的大小比例，但已经开始试图表现物体的空间关系了。他们把每个形象像商品目录单一样罗列在画面上。这些物体都一律地竖立着，有时看上去还有点飘忽不定之感，形象与形象之间各自独立，基本没有联系，但能看出所要表达的主题。若问他们画面内容，则会答道："这是我，那是我的家，那是树，那是车。"而不会说："我站在家门口，车正沿着街道开动，街道两旁种着树。"此时，还没有发现儿童画中有自发地用一部分物体挡住另一部分物体的重叠现象，即使有，也是微乎其微，通常他们所画的是"透明"画。因此，这时儿童的绘画，与其说是儿童通过精心组织来反映事物之间彼此相联系的图画的话，还不如说是各种符号相加而形成的一张结构图更合适。

有时儿童也会在画面上画出一些自己喜欢的，但与主题无关的形象。例如，女孩经常画上如花、草、小鸟、太阳等物；男孩经常画上如汽车、机器人、卡通形象等。

3. 图式期(5—7岁)

图式期是儿童开始真正地用绘画的方法有目的、有意识地再现周围事物和表现自己的经验的时期，也是儿童绘画最充满活力的时期。他们以自我为中心，创造了许多自己独特的绘画方法，在造型、色彩、构图方面较象征期有明显的发展；并且其画法也逐渐稳定下来。也就是说，此时的儿童画成为一种"概念画"。

从造型上看，这时的儿童喜欢用线条描绘物体形象的轮廓，但不再用简单的图形以组合的方式来表现事物，而能用较为流畅、熟练的线条表现物体的整体形象，试图将部分与部分融合为整体，并用一些细节来表现事物的基本特征，其结构合理，各部分之间的关系基本正确。例如，在此时的儿童人物画中，人物形象已有了身体，手臂通常是从身体部位伸出来，而不再是从头部伸出来了；不仅头上有了眼睛、嘴巴，还有鼻子、眉毛和耳朵、头发，手臂也分出了胳膊和手甚至手指。当然，手指的数量不一定准确，腿上则长出了脚甚至脚趾。因此，细节描绘是此阶段儿童绘画的基本特征之一。

从色彩上来看，这一阶段的儿童对颜色的认识已日趋精细和完善。随着认识能力的发展，他们注意按照物体的固有色来着色。一项研究表明，5岁儿童能从客体的角度选择与对象相似的颜色来表现，6岁儿童则在表现出对象固有色的基础上，又添加上对比色或类似色，画面色彩呈现出丰富多样的变化，表现出概念色与主观愿望的混合。与此同时，他们用色彩来表达情感的能力也有显著的提高。从儿童画的画面上看，色彩种类丰富，有时能有主调地表现画面，富有一定的美感。随着儿童的动作灵活性和准确性的提高，他们在涂色时，不仅能做到均匀地涂，而且能不涂出轮廓线。

从空间构图上看，这时的儿童画中形象丰富，开始注意物体的大小比例，但还把握不住分寸。有时会夸大感知印象较深的东西，形象与形象之间有一定的联系，基本上能反映主题。图式期儿童所画的图像大多注意到大小比例关系，但还不能自发地表现物体的空间遮挡关系，但已有想表现的趋势。

从整个画面来看，出现了基底线的画法，也就是儿童在画纸的底部画出一条长长的线条作为地面的标志，把整个画面分成地上和地下两部分，所有地面上的物体都在基底线上排成一排，表示这些物体处于同一水平高度上。

(二)儿童造型能力的发展

儿童造型活动在幼儿园主要体现为手工活动。手工活动是儿童美术创作活动的另一个组成部分，根据目前已有的研究，儿童手工创作的发展也经历了与绘画发展大致相同的过程。但由于它是一种三维的创作，因而儿童的手工发展也有其自身的阶段特征。

1. 无目的活动期(2—4岁)

这个时期的儿童由于手部小肌肉的发育不够成熟，认识能力也很有限，所以手工活动没有明确的目的，只是一种纯粹的玩耍活动。他们不理解手工工具和材料的性质，还不能正确地使用这些手工工具和材料。

具体表现在泥塑活动中，这一时期的儿童不能有目的地制作出形象。起初，他们只是手握油泥或拍打油泥，时而掰开，时而揉成一个团块，享受油泥和黏土的触感，以及油泥与黏土形态的变化感。这时儿童的行为表现出明显的无目的性。到这一阶段后期，儿童能用黏土制作出圆球。

在剪纸活动中，儿童刚开始使用儿童专用手工剪时，他们并不知道剪刀的用途，因而他们看到剪刀就想玩耍。逐渐地，他们在成人的指导下，会用手拿剪刀，但还不会正确使用，纸和剪刀不能配合，纸张常常被绞在剪刀里或从剪刀里滑出。即使剪出，也是奇形怪状的纸片，而不是想要的纸形。在粘贴活动中，此时的儿童还不清楚糨糊的作用，因而也不会使用它。在搭积木活动中，儿童只是把积木任意地堆放、叠高，而不能组合成形。

总之，此阶段的儿童还没有表现的意图，只是满足于手工操作的过程，享受着自主活动的快感，体验着手工工具和材料的特性。

2. 基本形状期(4—5岁)

儿童手工发展的基本形状期大约相当于绘画中的象征期。儿童由无目的的动作逐渐呈现出有意图的尝试。4—5岁的儿童常常在制作开始时就宣称他将要做个什么，然后才开始着手制作。

在泥塑活动中，儿童从拍打黏土进入用手团圆、搓长的阶段。起初出现的是与绘画中的直线形式相对应的棒状形式。然后出现一个由棒状体组成的最简单的结合体，则是一个两度空间式样，即平面内的结合。我们常常可以看到有些儿童用棒状形式代替画出的线条，把它们排列在一个平面上。用这种表现方式做出的作品，与其说是像一件独立式的圆雕作品，不如说是像一件浮雕作品。

逐渐地，在此基础上，儿童又增加了第三度的空间，即几个平面以平行或垂直的关系连接在一起。但是，这一时期的空间式样的各个部分，都只是棒状形式。到本阶段的后期，棒状出现了粗细、长短的变化。总之，此阶段，儿童所制作出的东西还只具备所要制作的物体的基本部分。即便有两部分形状的连接，也只是形体的机械相加，整体感不强。由于手的动作发展不够成熟，此时的儿童还不能很好地表现物体的细节。

在剪纸活动中，儿童开始时剪得较为顺手，但只限于剪直线，并且，直剪往往持续很长一段时间而没有多少进步。

3. 样式化期(5—7岁)

随着手部精细肌肉的发育，手眼协调能力增强，儿童又学习了一些基本的手工工具和材料的使用方法，因而他们表现的欲望很强，开始喜欢用各种工具和材料进行制作，以表达自己的意愿。

在泥塑活动中，这个阶段的儿童能搓出各种弯曲的、盘旋的棒状物，并用棒状物以一定的角度倾斜相交成三度式样；他们还能制作出立方体和圆柱体，并会用棒状物组合的方式组合一些复杂的物体。在连接方法上，儿童不再用机械相加的方法，而是能用较为流畅的方法来连接，使制作的物体成为一个有机整体。另外，此时的儿童还会借助于辅助工具来表现所制作物体的细节、特征。所用方法之一是通过在物体的主干部分上增加若干细小的部分，例如，捏出小鸡、小鸭的嘴，用绿豆等为动物增添眼睛等；所用方法之二是通过在物体的主干部分上刮或挖去若干部分，以表现底凹部分，例如，用牙签为人物刮出眼睛、嘴巴等。如果说上一阶段儿童的作品有些是浮雕式的，那么，这一阶段儿童的作品则大多是独立的圆雕式的。

在剪纸活动中，这一阶段的儿童不仅能连续剪直线，而且能双手配合着剪曲线，由于能剪直线、曲线，所以此时的儿童基本上能剪出自己所希望的形状，如剪窗花等。

在利用乒乓球、纸盒等材料进行的立体造型中，此阶段的儿童不仅能通过剪、挖、接合、粘贴等技法来进行建构，还能对作品进行细节的装饰，如给作品着色，力求更完美地表现。

（三）"绘画与造型"项目级别框架及各级别释义

本项目对照的是《指南》目标艺术领域（二）表现与创造中目标1"喜欢进行艺术活动并大胆表现"和目标2"具有初步的艺术表现与创造能力"。

结合以上儿童在绘画和造型上的发展阶段及特点，我们将该项目进行了以下5个级别的划分（图2-19）。

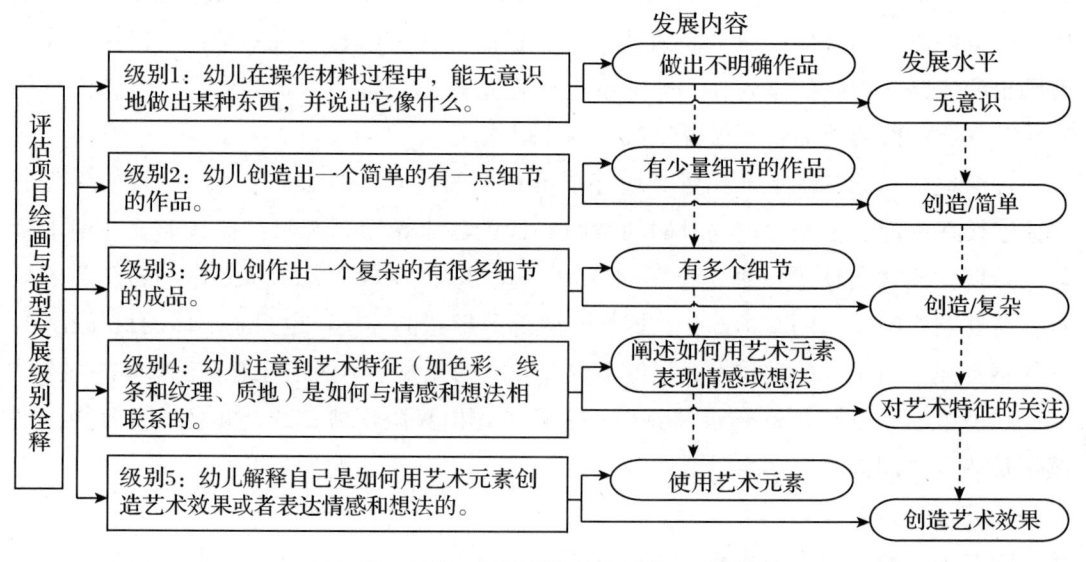

评估项目绘画与造型发展级别诠释：

- 级别1：幼儿在操作材料过程中，能无意识地做出某种东西，并说出它像什么。
  - 发展内容：做出不明确作品
  - 发展水平：无意识
- 级别2：幼儿创造出一个简单的有一点细节的作品。
  - 发展内容：有少量细节的作品
  - 发展水平：创造/简单
- 级别3：幼儿创作出一个复杂的有很多细节的成品。
  - 发展内容：有多个细节
  - 发展水平：创造/复杂
- 级别4：幼儿注意到艺术特征（如色彩、线条和纹理、质地）是如何与情感和想法相联系的。
  - 发展内容：阐述如何用艺术元素表现情感或想法
  - 发展水平：对艺术特征的关注
- 级别5：幼儿解释自己是如何用艺术元素创造艺术效果或者表达情感和想法的。
  - 发展内容：使用艺术元素
  - 发展水平：创造艺术效果

图2-19 评估项目绘画与造型发展级别诠释

级别 1

典型表现	幼儿在操作材料过程中,能无意识地做出某种东西,并说出它像什么。
解　释	幼儿无意识地画出或做出某种东西,结果发现它酷似自己熟悉的一件物品。例如,幼儿可能会把橡皮泥捏成长方形,然后说它看起来像一辆汽车。也就是说,幼儿事先并没有想好做什么或者要表达什么,但当结果呈现时才能表达这个东西像什么。
观察例举	3月5日,活动区时间里,在美工区,强强画了两个大圆和一个小圆,对同伴说:"两个大圆是爸爸和妈妈,小圆是我。" 3月7日,活动区时间,在积木区,丫丫把几块积木竖着立了起来说:"它们都是大树。"

这一级别的幼儿,其绘画水平大多处于命名涂鸦期,其造型水平也处于无目的活动期,幼儿在开始创造时,并没有明确的意图,有时会边画、边做、边说,有时候是画完或做完之后,看见像什么才给作品命名。这个时期,成人要多给幼儿提供感受和体验的机会,不要强调作品是否像某物。在提供剪刀等工具时,要考虑到安全因素,如提供给儿童专用手工剪刀,纸张也不能太厚等。

级别 2

典型表现	幼儿创造出一个简单的有一点细节的作品。
解　释	幼儿打算制作一件特定的物品。例如,幼儿画人时,用一个圆圈代表头,从圆圈向外画上一些线表示胳膊和腿,并用两点代表眼睛,用线代表嘴。
观察例举	6月12日,活动区时间,在美工区,一涵说:"我想画一辆小汽车。"于是,她在纸上画了一个半圆形,在离半圆形约1厘米的下方,画了两个不规则的圆形,还说:"这是我们家的车。" 9月14日,活动区时间,在美工区,然然用粉色橡皮泥团了一个圆,放在左手心里,用右手压扁,说:"小兔子的脸圆圆的。"然后用黑色团了两个小小的球放在粉色泥上,说:"这是小兔子的眼睛。"

处于这一级别幼儿的绘画水平进入了象征期,他们用简单的图形和线条组合表示他们想表示的内容。在造型方面,其水平也进入了基本形状期,所创作的作品多半是粗略的、不完全的,往往会遗漏部分特征。

级别 3

典型表现	幼儿创作出一个复杂的有很多细节的成品。
解　释	幼儿有意识地创作一个作品,作品中会包含很多细节。例如,如果幼儿要画一个人,他会画一个头,还有身体(包括胳膊、手、腿、眼睛、嘴巴、牙齿、头发还有发夹等)。他画的家庭成员可能包括高矮胖瘦不同的人,而且有显著的个人特征。

续表

观察例举	9月18日，活动区时间，美工区，垚垚在纸盘的边缘用紫色油画棒涂满，接着在圆形的红色卡纸上画上眼睛、鼻子，并用三角形的红色手工纸贴在鼻子下，然后将盘子边缘用各色三角形手工纸粘满，说："我做的是向日葵，盘子边上各色三角形是花瓣。"最后，她把画有眼睛、鼻子的红色卡纸粘在盘子中间说："这是向日葵的脸。" 1月15日，活动区时间，在美工区，承承先取了一条长方形的白纸，把它圈成一个圆，然后在上面粘了一个有小树的图片；随后又取了白纸，将白纸一分为四，取其中的一个剪了一个圆形，并用笔在圆形上画了眼睛、鼻子、嘴，然后他分别将小图形粘在刚才的圆环上；然后又取来一张黄色的纸，在上面画了云朵、小鸟、草地；又取来一条细细的黄纸条在上面写了许多数字；最后，他将组装的圆环和细黄纸条一起粘在大黄纸上，时间大约半小时。他向老师解释说这是一个机器人（如图2-20）。 图2-20 机器人

这一级别的幼儿能够观察到更多事物的细节，也会有更多的想象。他们特别想在自己的作品中把自己的观察和想象表现出来，于是在创作过程中，他们会不断地添画，画一画、想一想、再画一画，往往可以坚持很长时间才能创作出一幅满意的作品。

级别4

典型表现	幼儿注意到艺术特征（如色彩、线条和纹理、质地）是如何与情感和想法相联系的。
解释	幼儿通过阐述艺术家如何用艺术元素表现自己的情绪或想法，来展现其对视觉艺术的欣赏能力。例如，幼儿可能会说强烈的色彩表示强烈的情感，拥挤的画面看起来很忙碌，表面光滑的雕塑给人安全或温柔的感觉。
观察例举	3月25日，阅读区，豆豆在听糖糖读《绿野仙踪》这本书时说："你看，她在树上的时候看上去真小啊！她肯定很孤单。" 10月13日，集体教学活动时，老师引导幼儿欣赏凡·高的作品《星空》，毛毛说："那些旋转的线条像是龙卷风，圆圆的球像是很多太阳，感觉整个世界都在转动。"

在这一级别，幼儿已经能够理解不同的色彩、线条、纹理等因素可以表达人们不同的情绪情感，在欣赏美术作品时，会将自己的想法表达出来。他们的表达可能是准确的，也可能是非常个性化的理解。

级别5

典型表现	幼儿解释自己是如何用艺术元素创造艺术效果或者表达情感和想法的。
解释	幼儿使用艺术元素（如色彩、线条、质感、比例或透视画法），并解释了它们是如何形成特定的视觉效果或表达出思想或情感的。

续表

观察例举	6月23日，活动区时间，在艺术区，小阳用不同的色彩绘画了四个不同表情的人物，说："这个开心的是爸爸，爸爸总和我开玩笑；这个生气的是妈妈，头上还着着火，脸也和火一样红……" 11月8日，来园时，果果带来一张昨晚在家画的画，他告诉老师说，画的名称叫《晚上的恐怖》(图2-21)，就是一天晚上，发生了一件恐怖的事：海上有一艘大船，那是骨骼海盗的大船，大船上有一个大牛角，只有骨骼海盗能进去，里面装满了武器，只要有人靠近，骨骼海盗就会进入大牛角拿武器，把他们打败。月亮也长了长长的牙，变成了食人月亮，骨骼海盗会把他们抓到的人送给月亮吃。 图2-21 晚上的恐怖

在这一级别的幼儿，不仅知道线条、色彩、纹理可以表达不同的情感，而且还能在自己的创作中运用这些艺术元素进行自己的表达。

第三章 幼儿园不同情境中的观察记录

在幼儿园实践中，如何进行儿童发展评估的具体操作是实践工作者面临的最大困难。因此，如何践行3—6岁幼儿发展观察评估体系、应用评估工具，是本书要解决的关键问题。本章将针对幼儿园一日生活中的生活活动、区域活动、集体教学活动和户外活动，具体解释在这四种情境中如何运用评估工具，把握观察要点，采取有针对性的方法获取观察评估的有效信息。

第一节 幼儿园生活活动中的观察记录

生活活动是幼儿在园活动的重要组成部分，是满足幼儿生理基本需要的活动，也是培养幼儿生活卫生习惯和幼儿自理能力的重要途径。具体包括入/离园、盥洗、餐点、饮水、如厕、睡眠等环节以及转换环节。

《指南》对各年龄阶段幼儿的学习与发展提出了目标，幼儿在园生活的每一个环节，在《指南》各领域的目标中都有所体现，生活的每一个环节都蕴含着实现《指南》各领域目标的机会，具有极大的教育价值。如果有意识地在生活活动中观察与评价幼儿的学习与发展，每一个环节都能够帮助幼儿实现《指南》中的目标。因而，充分了解幼儿在一日生活中的表现，深入捕捉一日生活中幼儿学习与发展的信息是重要而且必要的，本节将介绍如何基于评估工具在生活活动中对幼儿进行观察记录。

一、幼儿园生活活动中观察与记录的价值

发现儿童、理解儿童是教育儿童的基础，观察评价是了解儿童的基本途径。在生活活动中，运用一定的方法收集儿童的信息并对儿童的学习与发展进行记录，可以帮助教师了解和判断儿童的经验与能力、兴趣与需要、情感与观点、学习结果和学习潜能等。同时为设计和实施适宜有效的教育活动、提升教育质量、丰富和深化家园沟通提供重要信息。

（一）生活活动是对幼儿进行观察记录的重要途径

生活活动在幼儿园一日生活中所占比例最大，是促进幼儿全面发展的重要途径。

通过对生活活动各个环节进行观察记录，能够了解幼儿年龄特点与需求，准确地解读幼儿行为，从而帮助教师有效改进教学策略，促进幼儿更好地发展。评估工具中的评估项目涵盖五大领域，每一个领域中包含不同的评估项目，由于评估项目内容不同，观察途径也会有所不同，教师可在集体教学活动、区域活动、户外活动或者生活活动中进行观察记录。有的评估项目在进行观察记录时，其最佳途径是生活活动。如"评估项目 5 情绪管理""评估项目 8 生活自理与健康生活习惯""评估项目 12 文明的语言习惯""评估项目 16 与成人交往""评估项目 21 适应集体生活"等。因此在生活活动中进行观察有其特殊的记录途径与方法，对幼儿发展具有独特的、不可替代的意义和价值。

(二)教师通过观察记录了解幼儿生活自理能力和生活习惯

教育即生活。生活活动是培养幼儿学习生活自理能力、养成良好生活习惯和卫生习惯的根本途径。教师在生活活动中观察幼儿的情绪，了解幼儿生活作息习惯，帮助幼儿养成良好的饮食习惯；同时，了解幼儿学习和掌握生活自理的基本方法的情况，从而在观察的基础上研究幼儿的生活、生活中的意义建构以及生活中的需要、问题、困难等。

(三)观察记录是支持幼儿在生活活动中进行学习与发展的有效依据

在幼儿园里，由于教育观念、教师专业水平等方面的原因，普遍存在着"重上课、轻生活环节"的现象。幼儿的吃喝拉撒睡等环节被视为保育员的工作。教师应重视在生活活动中观察幼儿的行为表现，对照《指南》，能够发现生活的每一个环节都蕴含着实现《指南》各领域目标的机会，具有极大的教育价值。如果有意识地运用，每一个环节都能够帮助幼儿向着《指南》的目标迈进。这样的观察记录，是对幼儿教育小学化倾向的有力抵制，是建立"以幼儿为本""一日生活各环节皆课程"的教育观念，帮助教师真正理解保教结合、保教不分家的意义的依据。幼儿的学习是以直接经验为基础，在游戏和日常生活中进行的。生活活动有独特的教育价值，教师通过创设丰富的教育环境、合理安排生活活动，最大限度地支持和满足幼儿在生活活动中直接感知、实际操作和亲身体验获取经验的需要。教师如何理解幼儿的学习方式和特点，进行有效的支持和指导，一定是建立在对幼儿行为最直接、最真实的观察、分析与判断的基础之上的。

(四)观察记录是教师调整教学策略的依据

幼儿在生活活动中有着最真实的自我表现。教师作为生活活动过程中的观察者，应关注幼儿在生活活动过程中的言行举止，分析和了解幼儿的需要、意愿、困难和情绪体验，并以此作为自己指导生活活动的依据。生活活动中，没有教师细致的观察，就谈不上正确有效的教育指导。观察记录是教师在生活活动中有效指导的前提。教师在组织生活环节的过程中，要充分关注幼儿的活动状况，包括幼儿的兴趣态度、情绪情感、方法能力，关注幼儿的现实需要、遇到的困难等，在生活活动后反思环境创设是否有利于幼儿活动，从而创设适宜的环境，采取科学的教育策略，确保幼儿在活动中获得新经验，取得新发展。只有这样才能满足幼儿的活动需要，促进幼儿的发展。

二、生活活动中观察记录的要点

幼儿在生活活动中的学习与发展，对于个体而言，是幼儿身心发育与健康发展的需要，是实现幼儿全面和谐发展的基础。生活活动的目的是帮助幼儿建立科学积极的生活观，学习正确的生活自理方法，提高生活自理能力和自我保护能力，养成良好的生活与卫生习惯，逐步帮助幼儿学习以健康的方式来生活。因此，在生活活动中对幼儿进行观察的主要要素包括以下几点。第一，幼儿参与生活活动的态度，指幼儿在生活活动开始、持续及结束时常见的态度和一贯的情绪反应。同时，观察幼儿是否积极关注生活中的新事物，在生活与劳动中积极探索、发现、学习和创造，以及形成积极的生活态度和热爱生活与劳动的情感。第二，生活自理能力与习惯的养成，指幼儿在生活活动中各个环节建立的意识、采用的方法、具备的能力、参与活动时动作协调程度和完成能力、速度和用时长短等。第三，幼儿生活活动中表现的依赖性或者独立性，指幼儿在参与生活活动时，是被提醒还是被告知，是根据自己的责任感和主动性做事还是被老师或班级规则所要求，活动中是接受还是拒绝，是独立完成的还是依赖成人的帮助或同伴的帮助。

不同的生活活动具有不同的特点，对于幼儿的学习与发展有着不同的教育契机和价值。教师可以根据各项生活活动，开展观察记录活动。

(一)来园活动

幼儿来园是幼儿在园一日生活的开端，良好的开端能使幼儿心情愉悦、精神饱满地开始幼儿园一天的愉快生活。在来园活动中，观察和记录的要素主要是：幼儿的情绪、适应能力、生活和卫生习惯以及与人交往和交流等，详见表3-1。

表3-1 幼儿来园活动中的观察要点及记录重点列举

生活环节	观察要点	记录重点列举
来园活动	情绪状态	(1)是保持愉快的情绪还是低落或哭闹。 (2)表达情绪的方式，有无乱发脾气。 (3)与同伴相处的表现，能否友好相处。 (4)在活动中是否表现出对幼儿园的喜欢，积极、快乐或者被动、紧张。

续表

生活环节	观察要点	记录重点列举
来园活动	自理能力	(1)自己穿脱衣服或需要成人提醒或者帮助。 (2)将衣物放到指定地方的表现。 (3)与人打招呼的表现,大方地与人打招呼或者需要成人提醒。 (4)使用礼貌用语的表现,主动或者在成人的提醒下使用恰当的礼貌用语。 (5)别人讲话时回应的表现。
	习惯养成	(1)入园的时间,是按时还是经常迟到。 (2)适应人际环境中的变化的表现,是否能够很快融入集体环境。 (3)遵守班级规则的表现。

(二)盥洗活动

盥洗活动是幼儿养成良好盥洗习惯的最主要途径,幼儿在一日活动中会多次在餐前便后进行盥洗。教师在盥洗活动中观察评价幼儿的要素主要包括:参与盥洗活动的情绪与兴趣、盥洗的方法、是否养成了勤盥洗的习惯、独立完成还是需要成人提醒或帮助、盥洗的时候能否节约用水等,详见表3-2。

表3-2 幼儿盥洗活动中的观察要点及记录重点列举

生活环节	观察要点	记录重点列举
盥洗活动	情绪状态	(1)愿意盥洗或者情绪低落、被动。 (2)盥洗过程中轻松愉快或者匆匆完成。 (3)盥洗时是否喜欢盥洗用品及使用情况。
	盥洗方法	(1)能够洗手前挽袖子,独立或者需要成人的帮忙。 (2)使用水龙头的方法,能否控制好水龙头水的流量。 (3)洗手洗脸时的方法,能否按照正确的步骤完成;洗手能否按照六步洗手法(湿、搓、冲、捧、甩、擦)进行。 (4)使用小毛巾的方法及归放原处的情况。 (5)与同伴交谈或游戏的表现。
	习惯养成	(1)在成人提醒下完成或者主动并独立完成。 (2)坚持在餐前便后自觉盥洗的表现。 (3)能够节约用水或者有玩水现象。

(三)如厕活动

如厕活动是生活活动的重要环节,直接反映着幼儿最基本的生活自理能力和卫生习惯。在如厕活动中观察记录幼儿的表现,有利于培养如厕习惯,提高幼儿的生活自理能力,同时对幼儿的情感、独立性以及克服困难的能力等都有重要作用。在如厕活动中观察记录的要素包括幼儿如厕的情绪、方法、习惯等,详见表3-3。

表 3-3　幼儿如厕活动中的观察要点及记录重点列举

生活环节	观察要点	记录重点列举
如厕活动	情绪状态	(1)如厕前的情绪表现,如轻松、紧张、恐惧。 (2)如厕时的情绪表现,如放松、愉快、漫不经心。
	需求来源	(1)是幼儿自身的生理需求还是模仿同伴的行为;是幼儿对集体活动要求的反应还是成人的提醒。 (2)有无外界刺激物的影响,如尿湿的裤子或洒水在裤子上。
	自理能力	(1)独立完成或者需要成人帮助;顺利完成或者笨手笨脚,慢吞吞或者迅速。 (2)如厕时能否排便入池。 (3)使用手纸的方法及使用量是否适宜。 (4)如厕后自觉冲水或者需要成人提醒。 (5)自己整理衣服或者需要成人帮助,衣物整理的情况。
	习惯养成	(1)便后需要成人提醒或者主动洗手。 (2)如厕的次数。

(四)进餐活动

幼儿期是幼儿生长发育的关键期,而摄取丰富的营养是健康发育的保证。进餐活动中教师应仔细观察幼儿进餐表现,及时了解幼儿需求,正确实施教育,使幼儿从小养成良好的进餐习惯。观察记录的要素包括幼儿对待食物的态度、幼儿进餐时的流畅程度以及幼儿的自我调控能力,详见表 3-4。

表 3-4　幼儿进餐活动中的观察要点及记录重点列举

生活环节	观察要点	记录重点列举
进餐活动	情绪状态	(1)进餐的地点与环境情况(安静的、放松的、喧闹的,繁乱的、忙碌的)。 (2)幼儿对进餐环境的反应(认真、神态随意、焦虑)。 (3)靠近餐桌时候的表现(积极热情、胆小恐惧的)。
	取餐行为	(1)幼儿自己按需求取食物或教师分发食物。 (2)幼儿对自己想要的或者不想要的食物是否有选择的权利。 (3)幼儿获得的食物数量的情况(充足、过多),是否可以吃完后再要。 (4)幼儿是否会多取或多要食物,是否有积攒食物的现象。
	进餐表现	(1)幼儿的食量,吃得很少,或者吃得比其他幼儿多。 (2)吃蔬菜和吃肉的情况。 (3)进餐的方式,是怎样抓握餐具的(正确地使用勺子或筷子;或者会用手抓着饭放入口中。 (4)幼儿能够平稳干净地进餐或者会把饭菜洒在桌面和地面上。 (5)幼儿在整个进餐过程中感到舒适或者坐立不安。 (6)吃东西是否细嚼慢咽,是否有剩饭、满口塞、挑食、偏食的情况。 (7)幼儿交流情况(和谁说话、交流的内容、用动作还是言语和成人或者其他幼儿接触)。 (8)餐后收拾餐桌的表现(主动收拾、成人提醒)。

续表

生活环节	观察要点	记录重点列举
进餐活动	习惯养成	(1)幼儿进餐的时间长短，和其他幼儿基本同步，或者会需要更长的时间。 (2)幼儿从始至终坚持完成进餐活动，或者会提前结束进餐。

(五)饮水活动

饮水活动是幼儿生活活动的重要环节，在活动中不仅能帮助幼儿正确认识饮水的重要性，学习正确饮水的方法，更能养成随渴随饮的日常饮水习惯，为幼儿正常的学习与游戏提供保障。教师在饮水活动中观察记录的要素包括幼儿饮水的态度、饮水量、饮水的方法、饮水的习惯等，详见表3-5。

表3-5 幼儿饮水活动中的观察要点及记录重点列举

生活环节	观察要点	记录重点列举
饮水活动	情绪状态	(1)饮水的主动性，自己主动饮水或者需要成人提醒。 (2)饮水时候的情绪。
	饮水方法	(1)用自己的杯子饮水或者会随便取杯子。 (2)每次的接水量(水量正好、过多过满、过少)。 (3)饮准备好的白开水，或者会玩水，接自来水喝。 (4)定时饮水，或者口渴时主动饮水。 (5)饮水时的表现(坐在桌前安静喝、边走边喝、大口吞咽、一口一口喝；是否有打闹现象、洒水情况)。
	习惯养成	(1)口渴时、运动后主动饮水。 (2)每次喝足量的水或者很少。 (3)每天的饮水次数与饮水量，天气炎热时适当增加饮水量。 (4)能够解释多喝白开水的好处，并提醒其他幼儿多喝白开水。

(六)午睡活动

幼儿在幼儿园的午睡活动，可以保障幼儿充足的睡眠时间和养成良好的睡眠习惯，促进幼儿身心健康成长。教师在午睡环节观察记录幼儿活动的主要要素包括幼儿午睡前的情绪、脱衣服和整理衣物的习惯、午睡时的姿态和时间、起床后穿衣服和整理被褥的行为表现以及过程中幼儿与成人及其他幼儿的交流情况等，详见表3-6。

表 3-6　幼儿午睡活动中的观察要点及记录重点列举

生活环节	观察要点	记录重点列举
午睡	情绪状态	(1)幼儿在午饭结束后是否明白自己该做的事情，主动进入睡眠室或者需要教师或同伴提醒。 (2)进入午休室是主动躺下还是教师要求。 (3)进入午休室的反应(接受的、平静的、欣然的、抵制的、磨磨蹭蹭的，是说话还是没有反应，是否有拒绝状态或哭闹现象，是否会在午休室跑来跑去或跑出房间)。 (4)不时地找借口离开床铺，或者经常要求上厕所，经常要求喝水。 (5)是否要求成人的特别关注，如需要教师轻拍，或坐在旁边……
	行为表现	(1)身体的状态(是否会坐立不安，或者有自我抚慰的表现，如吃大拇指、手淫、揪耳朵、咬被角等)。 (2)午休时是否有紧张的表现，是否需要特殊依恋物(玩具娃娃、动物手偶、手帕、毯子、枕头、尿布等)。 (3)是否出现身体需要休息的表现，如有明显的疲劳表现，打哈欠、眼睛发红、爱发脾气、不时地摔倒等。 (4)午睡过程中，安详还是有不舒适的表现；睡眠姿势是否正确。 (5)对班里其他幼儿有何反应，是否会大喊大叫，大声唱歌，跑来跑去，在孩子们的床上爬来爬去，拉扯窗帘等。 (6)醒来时的状态，是微笑、说话、啜泣、大哭，还是精力充沛；睡醒的时候会干什么，是安静地躺着、叫老师、冲进厕所，还是开始游戏。 (7)上下床是否注意安全。 (8)幼儿在午睡活动中与成人或同伴交流的内容。
	习惯养成	(1)午睡时脱掉外裤、外衣，根据季节和气温穿适当的衣裤入睡，把脱下的衣裤折叠整齐放在固定地方，并且不将外衣外裤当枕头。 (2)起床后穿衣物和整理被褥，需要成人帮忙还是独立完成。 (3)幼儿入睡需要的时间。 (4)幼儿睡着的时间。

(七)过渡环节活动

在幼儿园一日生活中，存在着不同活动环节间的过渡环节。在过渡环节中，幼儿同样也可以获得学习与发展。教师观察记录的要素是：幼儿的专注力，能否倾听教师的要求；幼儿的主动性，能否积极主动地参与活动；幼儿的活动表现，是表现得急不可耐、犹豫不定、困惑、抵制、失控、想哭、漫不经心，还是情绪稳定地参与活动；幼儿能否在短时间内适应活动转换等，在过程中幼儿生活自理能力、安全意识及习惯养成的情况。

以上内容并非生活活动观察内容的全部，因观察的目的不同，教师观察内容的侧重点也大不相同，教师可根据观察的目的有针对性地列出观察的指标，进行单项的或系统的观察。同时，幼儿需要在成人的指导下学习和掌握基本的安全知识，具备一定的自我保护能力。《指南》结合幼儿的年龄特点，针对幼儿的生活环境和发展需要，列举出了幼儿在安全和自护方面的典型表现，教师可作为观察幼儿、理解幼儿的抓手。

三、生活活动中观察记录的方法与注意事项

在繁忙的带班过程中，教师如何运用评估工具，选择适宜的方法在生活活动中观察记录幼儿的表现呢？生活活动中的观察具有明显的情境性特点，需要教师注重日常的随机观察。同时，开展有目的、有计划、有选择的观察。

(一)随机观察

1. 观察幼儿日常活动中的语言、动作、发展的状况

生活活动有着独特的特点和教育价值，有着活动时间长、空间大、随机性强、涉及内容丰富等特点，因此需要教师具有观察意识，随时捕捉幼儿的表现，既包括幼儿在不同生活活动中的表现、表情、交流、想法和愿望，也包括不同的幼儿在同一次活动中的不同表现和发展现状。有效观察并记录幼儿稍纵即逝的行为表现或言语可以通过摄影、摄像的方式记录来完成。教师在活动后，根据照片、录像对幼儿在生活活动中的言行举止进行分析评价，从而了解幼儿现有的生活自理能力、生活习惯及生活需求，同时发现幼儿在生活活动中其他领域的学习与发展，可帮助教师找到支持幼儿学习与发展的指导策略，使其在原有水平上获得提高。以下为教师在生活活动中随机记录的幼儿行为表现。

案例 3-1　生活活动随机观察记录与分析

观察记录：12 月 30 日，户外活动之前，小鑫自己穿上了大衣，换了棉鞋，戴上了帽子和手套。

观察分析：对照评估项目 8"生活自理与健康生活习惯"。

观察记录：10 月 8 日，升入大班以来，楠楠每天都能按时来园，自己脱下外套，在桌子上叠整齐，然后放到自己的柜子里。

观察分析：对照评估工具评估项目 8"生活自理与健康生活习惯"，幼儿能养成良好的生活习惯。

观察记录：4 月 5 日，早晨谈话时间，张老师说："今天早晨参加早锻炼活动的小朋友请举手。"亮亮立刻举起手，还微笑着看看其他小朋友。

观察分析：对照评估工具评估项目 10"倾听与理解"，幼儿在日常活动中能听懂老师所谈到的与自己有关的内容或感兴趣的内容。

2. 生活活动中观察到的鲜明的、意外的情况

在生活活动中，教师从多方位、多角度进行观察。不仅要随机观察幼儿生活活动

的每一个环节，观察全体幼儿出现的行为和现象，涉及生活活动中的全部内容或全体幼儿的学习与发展，而且要关注生活活动中的鲜明的、意外的情况，并可依据评估工具项目进行分析。以下为教师在生活活动中发现的有关幼儿主动探索生活中的数字的观察记录。

案例 3-2　生活活动观察信息捕捉

观察时间：2016 年 3 月 31 日上午喝水时间。

观察地点：中一班活动室。

观察实录：班级的幼儿坐在桌前喝水。形形脱掉鞋子，拿着鞋子的鞋底在桌子上摆弄，和小伙伴们有说有笑。过了一会儿，其他小朋友也在脱鞋，相互用手指着鞋底。走近他们身边，形形指着鞋底对我说："陈老师，看，鞋底也有数字。"

观察分析：幼儿在喝水时间，怎么开始玩鞋子了？老师用眼睛去看，用耳朵听，发现并了解发生了什么，不去责怪孩子的胡闹行为。原来，孩子们在延续"生活中有用的数字"的话题，发现鞋底也有数字。孩子们在摆弄中对比发现这个数字告诉了我们鞋的大小。

随机的观察不仅能让教师了解幼儿生活自理能力的发展，而且也会帮助教师观察到其他领域及项目的学习与发展。教师了解幼儿的所思所想、所作所为，发现幼儿的兴趣和需求，从而生成有价值的活动。以下为教师捕捉到的幼儿在生活活动中发生同伴冲突的观察记录。

案例 3-3　生活活动同伴冲突观察记录

观察时间：2017 年 3 月 3 日中午午餐后。

观察地点：大二班活动室。

观察教师：陈老师。

观察实录：午饭后，教师请男孩炜哲帮助拿来笤帚，女孩童童跑去拿笤帚，两个人双手都紧握笤帚把，不肯撒手。班级里的孩子们围成一团，一片混乱的景象。教师慢慢走过去，将笤帚从他俩的手中拿过来，轻轻地说："你俩现在都很生气。"同时，轻轻抚摸两个孩子。接着说："发生什么事情了？谁先说？"男孩说："老师让我拿笤帚，童童过来就抢。"女孩说："你拿得太慢，陈老师要急着用。"教师说："你俩都想帮助老师拿笤帚，炜哲是想自己拿来，童童嫌炜哲动作慢了。你俩商量一下，怎么办呢？"

观察分析：生活活动中常常会出现幼儿的同伴冲突问题。教师通过随机观察发现情况，并利用现场进行有效指导，让生活活动场景成为幼儿学习与发展的平台；不仅促进了生活自理能力和良好生活习惯的发展，而且是提升幼儿与同伴交往和解决问题能力的契机。观察发现，幼儿在学习品质、语言表达、情绪情感等方面都有了学习与发展。可对照评估工具进行分析评价。

教师在生活活动中随机观察后，数据平台会显示观察的幼儿（个体）及情境的数量（详见第四章第五节相关内容）。教师通过查缺补漏，针对观察少的领域对幼儿进行重点观察，从而做到个体与环节的观察更加均衡。

(二)重点观察

在生活活动中，重点观察是教师选择特定的活动环节或者幼儿进行有目的有计划的观察，或者是选择某一特定的评价项目进行具体的观察。如依据《指南》中的目标，或依据评估工具中的项目有针对性地观察。重点观察的内容聚焦、目标明确、对象确定，有较强的可操作性，有利于教师更深入地了解幼儿，促进幼儿的学习与发展。

1. 聚焦幼儿

重点观察幼儿是指教师有计划、有目的地观察记录幼儿个体在生活活动中的表现，能够纵向地发现幼儿的变化及出现的问题，在内容上更详细，为评价提供的信息更全面客观。同时，这种方法容易通过多次的观察记录寻找多数幼儿在某一生活方面或某个幼儿在各项生活活动中学习与发展的特点和规律，能够记录幼儿活动全过程或长期的表现，并能反复进行比较和对照，从而形成对幼儿较真实、全面的判断。以下案例是教师针对某一幼儿的进餐行为所做的连续观察记录。

案例 3-4　个体幼儿进餐环节连续观察记录

第一次观察记录

观察时间：9 月 5 日午餐。

观察地点：小一班。

观察者：陈老师。

观察对象：锐锐。

观察领域：健康。

所属项目：生活自理与健康生活习惯。

观察方法：个别观察、连续观察。

观察内容：幼儿进餐活动中文明进餐习惯的养成情况。

观察记录：锐锐歪歪扭扭地坐在椅子上，右手拿着勺子把儿的最顶端，不停地左右来回晃勺子。过了一会儿，他开始将餐盘有菜的一边转向自己，用勺子舀起一根菜放到嘴里，接着用左手抓起几粒米饭放入嘴中。他用右手里的勺子舀米饭，试了三次，没有舀起来。他用左手手指捏起米饭放在勺子里，然后放入嘴中。他又用左手捏菜汤里的西红柿，两手的手指把西红柿的皮剥下来放在桌子上，用左手将剥好的一块西红柿放入嘴中，再用勺子舀起一点汤，把汤勺举高，仰起头放入嘴中。他把勺子放进嘴里，用牙齿咬住勺子，再用手敲着勺子把儿玩。过了一会儿，他用左手手指捏起米饭放进嘴里。一粒米落在手指上，他用嘴咬住手指上的米粒。接着，他把米粒一粒一粒放在手指上，然后再用嘴去吃米饭粒。

第二次观察记录

观察时间：9月8日午餐。

观察地点：小一班。

观察者：陈老师。

观察对象：锐锐。

观察领域：健康。

所属项目：生活自理与健康生活习惯。

观察方法：个别观察、连续观察。

观察内容：幼儿进餐活动中文明进餐习惯的养成情况。

观察记录：今天吃的是面条。锐锐东张西望了两分钟，用勺子舀起一勺面条汤，放在嘴边吹一吹放入嘴中。他喝了很多口汤，没有吃面条。汤几乎没有了，他开始用勺子挑起一根面条放入嘴中。生活老师走过去，拿起碗，用勺子舀了面条放入他嘴中，他嘴巴张大，大口大口地吃起来，一直盯着勺子，等待勺子往他嘴里放。喂了几口，他说："我要自己吃。"他大口自己吃，将面条吃完了。

第三次观察记录

观察时间：9月12日午餐。

观察地点：小一班。

观察者：陈老师。

观察对象：锐锐。

观察领域：健康。

所属项目：生活自理与健康生活习惯。

观察方法：个别观察、连续观察。

观察内容：幼儿进餐活动中文明进餐习惯的养成情况。

观察记录：今天，幼儿吃的是排骨米饭和豆腐。锐锐分到饭开始吃起来，他先拿起勺子舀了一口米饭放入嘴中，盯着盘子不停地咀嚼着。接着拿起一块排骨咬了起来，他的牙齿不太好，咬了一下肉没有咬下来，他又使劲咬了一口，肉被咬了下来，他用手把肉放到嘴里咀嚼起来。吃完了两块排骨，他将骨头放在嘴里吮了吮，放在盘子的一边，开始吃米饭和豆腐。他把豆腐一块一块用左手捏到米饭上，然后把米饭和豆腐同时放在勺子上，再放入嘴中。就这样他把饭全吃完了，刚要去放餐盘，又返回自己的座位上把残留在餐盘上的几颗米粒吃完。然后，他把餐盘放下，走到教师的面前很高兴地说："老师我把饭全吃完了！"

以下案例(表 3-7)是教师针对某一刚入园幼儿的入园适应表现进行的连续观察记录。

表 3-7 幼儿入园适应的观察记录案例

观察时间	环节	幼儿表现	教师指导策略
2015 年 9 月 7 日 星期一	入园	大声哭，说："我要爷爷，我要回家！"	陈老师抱着毛豆，抚摸毛豆的后背，边摸边说毛豆要爷爷，毛豆要回家。
	早饭	哭，说："陈老师，我不吃饭，我回家吃饭！"	陈老师抱着毛豆，轻轻帮毛豆擦眼泪，轻轻说："毛豆不想吃饭，毛豆想回家吃饭。"
		毛豆不哭了。	陈老师帮毛豆把饭端到桌子上，然后拉着毛豆看"一日流程图"，和毛豆一起边看图边说："刚才和爸爸妈妈说了再见，现在吃早饭，然后做游戏，出去玩，然后吃第二顿饭。"
		拉着老师的手说："陈老师，你让爷爷早点来接我。"	陈老师点点头说，毛豆想让爷爷早点来接。
	早饭后	毛豆边点头边哭，声音更大了。	陈老师伸出双臂。
		毛豆走过来，抱着陈老师，哭的声音变小了。	
	活动区活动	毛豆坐在椅子上，胳膊和头趴在桌子上，望着窗户外。	陈老师远远地看着毛豆，不去打扰。
	喝水	坐在椅子上不动。	陈老师提醒他喝水。
		毛豆打好水，哭着和老师说："陈老师，我坐在你身边喝水，可以吗？"	陈老师点点头，也端一杯水，和毛豆一起喝水。
2015 年 9 月 8 日 星期二	入园	爸爸妈妈送毛豆，哭着拉着教师的手，和爸爸妈妈说再见。	陈老师拉住毛豆的手。
	喝水	反复说："能不能让爷爷早点来接我？我想爷爷了！""吃了三顿饭就来接了，吃了三顿饭就来接了。""我不哭了，我不哭了。"	陈老师反复对毛豆说："我知道你难过了，我知道你想爷爷了，难过就哭一哭吧，难过就告诉陈老师！"
2015 年 9 月 9 日 星期三	户外活动	毛豆玩平衡车，先是自己玩，还和雷雷一同玩，雷雷骑，毛豆站在小车后面。	陈老师拍照。
	户外活动	毛豆站队，做模仿操，跟着高老师做动作，听到跳跃动作的音乐时，开心地蹦蹦跳跳，嘴里发出"咯咯"的声音。	陈老师摄像。

105

生活活动中教师对幼儿个体在活动中的表现和发展水平进行观察，采集信息，了解每个幼儿的现有水平、发展需要，从而为幼儿提供富有个性的支持和帮助。由于幼儿的基本经验、发展速度、个性特质等方面存在众多差异，因此教师对个别幼儿的聚焦更有利于教师了解幼儿。

2. 聚焦关键经验

在幼儿的一日生活中，生活环节所占比例极大，教师通过有计划、有目的地在各个环节进行观察记录，可以了解幼儿学习与发展的现状，发现各个环节中幼儿面临的问题，了解幼儿在生活意识、方法和习惯方面发展的差异，从而制订新的计划和指导策略，帮助幼儿得到进一步的提高。同时，教师关注各个生活环节中幼儿的表现及发展，不仅使观察行之有效，收到事半功倍的效果，而且能够有效促进幼儿的均衡发展。以下是教师针对评估项目"生活自理与健康习惯"对不同幼儿进行的观察记录与分析。

案例3-5　评估项目"生活自理与健康生活习惯"观察记录

2015年9月13日　户外活动时间，小洁对老师说："老师，我能把外套脱了吗，里面的这件衣服太厚了，有点热。"

2015年11月13日　洗手时，亦辰用肥皂搓手时，没有关水龙头，在老师的提醒下关了水龙头继续接着搓肥皂，洗完手后，他自己关掉水龙头。

2016年1月24日　早餐时，元元掉了一颗牙，他对老师说："老师我牙出血了，我需要漱漱口。"豆豆说："元元你让老师把牙帮你收起来，带回家保存，我的牙我妈妈都攒着呢。"

2016年3月24日　美工区，亦辰将沾满颜料的手用卫生纸擦了又擦，将擦过的卫生纸扔到垃圾桶里，边走边笑着说："我要去洗手。"他来到盥洗室，打开水龙头，边冲水边搓手心，在池子里甩一甩手上的水，边关水龙头边看一看手上的颜料，没有洗干净，打开水龙头，继续冲水，还用手动了一下旁边的肥皂袋，老师在旁边提醒："可以用点肥皂呀！"他用肥皂搓搓手心，又搓搓手背，洗完后跑回了活动室。

2016年6月3日　上午区域活动时间，小雨脱下自己的外衣，拿在手里，走到老师面前，对老师说："高老师，我有点儿热，我去放衣服呀。"说完走出教室，把外套放在自己的柜子里。

2016年6月21日　中午午点时间，餐桌旁，乐乐拿着一瓣苹果说："要多吃苹果，这样拉粑粑就不会疼了。"

2017年3月16日　活动室正在进行健康活动"亮亮生病了"。慧慧说："生病了就一定要多喝水，喝水病就能好得快。"怡雯还说："一定要多吃蔬菜，多补充维生素就不生病了。"

观察分析：从以上长跨度的连续案例中可以看出，幼儿在生活自理能力和习惯养成方面表现出不同的水平，处于不同的级别。例如，有的幼儿能在帮助下完成一项自理任务，有的幼儿能独立完成一项自理任务；有的幼儿会做出有利于健康的选择，并能解释这样做的益处，有的幼儿有良好的健康生活习惯，并表现出一定的自我照顾能力，有的幼儿能解释如何以及为何人们必须要照顾好自己的身体。

以下是教师针对评估项目"安全自护"进行的聚焦式观察记录（见表3-8）。

表3-8 评估项目"安全自护"的聚焦式观察记录案例

观察时间	观察例举	观察分析
2016年5月24日	户外活动时间，下楼梯时，小洁对淘宝说："下楼的时候不能跑，也不能跳，不然就会摔倒，还会碰到别的小朋友。"	幼儿能够遵守基本的安全规则，并能解释安全规则背后的原因。
2016年6月3日	户外活动时间，操场上，乐乐骑着小车，大班幼儿在旁边跳绳，乐乐看了一眼，慢慢地将车骑到远离跳绳的一边。	幼儿了解周围环境中不安全的事物。
2016年6月14日	区域活动建构区收区时，小泽和豆豆说："我收最长的，你收短的，要不长的容易砸到脚，你离开一点儿。"豆豆说："你收的时候用手拿住两头，就不容易掉下来。"	幼儿能够遵守基本的安全规则，并能解释安全规则背后的原因。
2016年6月24日	上午户外活动时间，当一个小朋友骑着小车快速靠近时，小雨快速跑到旁边躲避。	幼儿具备一些基本的安全知识，能主动躲避危险。

教师在生活活动中进行观察记录前应做好准备。首先，教师要树立正确的观察意识，认为观察幼儿的生活活动是乐趣和责任，要愿意观察幼儿在各项生活活动中的表现，有观察幼儿生活活动的强烈意愿是做好观察的前提。与幼儿建立和谐的关系，调整好自己的心情，不要有负面的情绪；并持有客观的态度，不可事前为幼儿贴上标签，有了预设的心理。建议教师了解被观察幼儿的各种背景资料，包括幼儿个人资料、家庭成员资料、健康记录、家庭教育理念或背景等，以了解幼儿的发展特征、需求以及已经具有的经验。其次，教师确定观察目的，选择观察对象，制订观察计划，包括观察时间、地点、次数、记录方式等，计划好是利用记录表格还是使用便签或录音、录像设备。最后再进行有计划的观察。

教师在观察的时候，不仅要观察幼儿外在的活动状况，更应该观察幼儿内在的协调情形。观察时不干涉幼儿的活动进行，不与幼儿说话，客观完整地观察幼儿活动的全过程。观察要真实、客观，直接记录幼儿活动中的行为、语言、表情等，不要使用主观判断的字眼。观察时不任意做判断、假设、贴标签。观察时避免眼神与幼儿相交，以引起幼儿的注意，让幼儿察觉自己在受人注视，这样表现就会不自然、不真实。虽然观察和记录的工作很重要，但当幼儿发出"我需要帮忙"的讯息时，务必放下记录工作，前往协助。尊重幼儿的选择，在不需要帮助的情况下不参与、不误导。

教师在观察后，应对观察记录进行整理分析，对照评估工具进行对比评价，了解幼儿的学习与发展情况。教师应将评估工具中38个评估项目与生活活动目标和内容进行有效对接。亦可在观察前熟悉评价工具，在头脑中建构完整的幼儿学习与发展的立体框架，抓住幼儿比较典型和重要的表现进行细致观察，或针对涉及评估项目的活动内容与目标进行有准备的观察和评价。

第二节 幼儿园活动区游戏中的观察记录

活动区游戏是幼儿园一日活动环节的重要组成部分，活动区环境的创设、材料的投放、幼儿的游戏、教师的观察记录与指导、师幼互动以及活动评价是一个有机的整体。如果说良好的活动区环境、丰富适宜的活动材料是活动区开展的基础，科学合理地运用评估工具对活动区进行观察记录则是教师指导游戏的关键，是推动活动区质量提升的保证。因此，评估工具运用观察记录在活动区游戏中的价值，活动区游戏中观察记录的主要内容和要点，如何用更有效的方法做观察记录，这是本节重点讨论的问题。

一、活动区游戏中观察记录的价值

（一）活动区观察记录是了解儿童、解读儿童的关键

活动区游戏活动是儿童最喜欢的活动形式之一，在游戏活动中儿童可以自主地活动，充分地表达自己的一切，因此活动区游戏宽松自由的氛围和探索发现的学习方式，使儿童更容易萌发思维的火花并做出有意义的行为。面对大量的材料，儿童是如何与其互动的？面对变化的环境和信息，儿童又是如何感受和表现的？儿童在不同个体活动中呈现的诸多差异为教师解读儿童提供了大量鲜活的素材，教师观察到儿童在活动现场的丰富表现，并透过现象理解儿童行为背后思维能力的本质要素。观察不仅仅是对儿童进行理解评价，更是准确了解儿童的经验、能力、智能强项和个性品质，把握儿童的个体差异，为寻找适合的对策做准备。活动区观察记录使教师能够更好地确立尊重儿童生命特征、尊重教育规律的理念，真实了解儿童解决问题、迁移已有知识的能力，基本操作能力，人格和社会化的发展。因此掌握和运用专业的评估工具进行观察的方法和技术，在活动区观察记录儿童的游戏行为，获得儿童学习与发展的真实有效信息，是帮助教师更好地了解儿童、解读儿童的关键。

(二)活动区观察记录是教师实施有效指导的前提

活动区是教师了解儿童情况、掌握第一手材料的好场所。坚持观察记录并分析观察情况，可以真实地了解儿童群体或个体的特点，掌握个体差异及"最近发展区"，教师通过观察记录儿童的语言行为、儿童发展状况和兴趣特点，才能判断什么时候、以什么方式适宜地介入和干预儿童的游戏，从而判断需要为儿童提供什么样的材料，或补充什么样的经验，只有通过观察记录、分析儿童的行为，教师才能明白儿童是否需要更多的时间去玩，儿童空间够不够，玩具材料是否恰当，再决定是否需要加入儿童的游戏，这样教师才可能避免以成人的需要和想法去干涉儿童的活动和行为，帮助儿童推进游戏进程，提升游戏技能，实施有效指导。

(三)活动区观察记录是反思自我、调整活动材料的依据

活动区游戏是儿童与材料、环境互动，儿童建构学习经验的过程。儿童在环境中是如何与材料互动的，儿童是否喜欢教师投放的材料，哪些材料适合儿童的发展……所有这些问题只有通过现场的细致观察，对儿童的观察认真分析并做很好的反思，教师才能很好地找到调整材料的依据，才能较精准地投放适合儿童兴趣与能力的生动材料，才能使材料真正成为引发儿童探究愿望和行为，推动儿童思维进程和发展的教育要素。同时提升教师设计材料、分析材料、研究材料、投放材料、分析反思等专业能力。在此基础上拟订的游戏计划、采取的教育策略才是适宜的和有效的，才能避免游戏中存在游戏儿童、盲目导演等现象，真正做到因材施教、有效指导。

因此，活动区游戏中观察记录的价值在于：一是观察记录儿童是否在活动区中真游戏。儿童自己的游戏才是真正的游戏，观察儿童是否在玩真心想玩的游戏，儿童的游戏总是自成目的，他们总源于自己想玩、爱玩、好玩、开心玩等目的而开展游戏，教师在观察儿童游戏时，要观察此游戏是教师强加于儿童的游戏，还是儿童自己想要玩的游戏？同时观察儿童在游戏中是否表现出积极主动、身心投入、情绪愉悦、行为专注而持久、互动频繁而丰富等特征，观察儿童的游戏是否真正是开放的游戏。在活动区游戏时，儿童玩什么，用什么玩，和谁玩，怎么玩等都会是生成而开放的，儿童不停地变化着游戏内容、游戏材料、游戏伙伴等，成人每次看到的都是儿童不一样的游戏，都是教师预先不能完全知晓的游戏结果。二是观察记录儿童是否在活动区游戏中真正地学习与发展。游戏对于儿童来说不仅是从中获得愉悦的感觉，更多的是通过游戏获得各方面的经验并在此基础上获得发展。要观察儿童在活动区游戏中的自由探索、自我体验、自然交往、自主成长，观察儿童是否在他们喜欢的游戏活动中有自主学习的可能性，并在小步递进，通过游戏是否能够获得整合的发展和提升。

二、活动区游戏中观察记录的内容及要点

对活动区游戏的观察记录应该作为教师必备的教育手段之一。在开放的活动区游戏中，儿童自主性强、自由度高、人数多，此时教师该观察什么呢？以往我们在观察活动区活动时会出现教师多侧重于对儿童知识技能方面的观察，而忽视对儿童能力及个性品质方面的观察；多侧重于对个别区域的观察，而忽视对整体区域的观察。因此，运用评估工具在活动区进行观察的重点要素应该是什么？怎么观察？如何捕捉有效信息？这些问题就成为教师在活动区游戏中需面临的挑战。这部分主要从两个角度介绍活动区游戏观察的要点：一是对活动区游戏过程的全面观察，二是对每个活动区进行重点的观察。

(一)活动区游戏过程的观察内容及要点

1. 活动区活动开始阶段的观察

这个阶段教师的主要任务是在支持和引导幼儿制定计划的同时观察幼儿制定计划的过程。计划就是幼儿表达意愿做出决定的过程，包括选择材料、行动和合作伙伴。计划的时间通常为10~15分钟，基于幼儿的年龄和交流能力，他们通常通过语言、手势、绘画、游戏等方式来表达他们的计划。计划不同于简单的选择，因为计划包含幼儿关于想做什么以及将怎样做的具体思考。计划比选择更具有目的性和意向性。计划时间里观察幼儿是否会确定问题或目标，是否有想象和预期的行动，是否表达个人的意图和兴趣，是否将意图变成目标等。

2. 活动区活动过程中观察记录的要点

(1)观察幼儿实施计划的情况。

此环节教师重点观察幼儿专心投入创作、实地执行计划的情况，观察幼儿是否能按照自己制订的计划行动，如果幼儿改变计划，教师应该给予帮助，引导幼儿重新按改变的计划行动。

(2)观察幼儿选择材料的过程。

活动区刚刚开始时，幼儿会选择活动材料，这是观察的一个重点。通常会出现以下几种情况：如果幼儿很快被活动材料所吸引，马上可以操作或借助图示等辅助材料明白方法，并很快获得成功，那么这种材料是较适宜的。如果许多幼儿争抢一种操作材料，出现这种情况的原因是材料数量过多或过少，材料很新颖等；幼儿选择材料后，不去操作，反而无所事事地坐在一旁，或者虽然拿着自己的材料却看着其他同伴的材料，那么这种情况的原因可能是材料不吸引幼儿或材料所涉及的内在情境让幼儿难以理解。

(3)观察幼儿使用材料的过程。

幼儿如何处理和使用材料可以反映幼儿的想法和感觉。教师在观察记录时一是需要记录幼儿当时所处的环境,幼儿所处环境直接影响到幼儿使用材料的质量;二是观察幼儿在何种刺激下使用该材料(教师的建议、模仿其他幼儿、幼儿的建议、偶然随意、幼儿喜欢等);三是观察幼儿使用材料花费的时长,操作材料使用的时间长短可以反映幼儿注意力的持久度、感兴趣程度、情感投入、挫折耐受力、对挑战的忍耐力、对新事物的反应等。幼儿在操作材料的过程中,会出现许多情况,有利于教师观察整个活动过程,发现幼儿的实际水平,为教师调整材料、捕捉评价的素材提供了依据。观察幼儿在活动中运用材料的方法。同一种材料,不同幼儿在操作时的表现是不同的。有的幼儿拿着材料只是重复一种玩法,有的幼儿却能创造出多种多样的玩法,出现这种情况,主要与幼儿的实际水平有关。观察幼儿在运用材料中解决各种困难的情况。幼儿在运用材料的过程中会遇到各种问题,但是他们寻求的解决方法是不同的,教师通过观察可以了解到许多情况。有的幼儿完全依靠自己,由始至终都独立寻求解决问题的方法,这种幼儿独立性、任务意识较强;有的幼儿一遇到困难,马上向教师或同伴表示需要援助,这些幼儿多是缺乏自信的。教师应分析情况,通过请幼儿暂时等待或引导的方式,鼓励他们完成计划;有的幼儿遇到困难,不去求助,只是模仿同伴的解决方式去解决问题,这些幼儿多是性格内向或是缺乏与人交往的策略,教师可以教他们一些交往的策略,鼓励他们与同伴交流。

(4)观察幼儿在活动区游戏中的状态。

幼儿有机会表达自己的游戏意图,可以依据自己的游戏意图,选择想玩的游戏,用什么材料玩,和谁一起玩,在哪个区域玩,还可选择随时调换区域(改变游戏选择),幼儿可以自由取放活动室所有的材料并按照自己的方式使用,可以自由地将一个区域的材料拿到其他区域。幼儿熟悉和了解区域常规,并且能够遵守常规。在游戏的过程中始终对参与的游戏保持高度的兴趣和专注。幼儿在游戏的过程中,乐于和敢于表达多种情绪。幼儿之间发生冲突的时候,他们愿意说明情况,并尝试提出或者选择解决方案。

(5)观察活动区活动中的师幼互动情况。

教师支持幼儿用自己的方式来表达游戏意图。幼儿进入活动区以后,教师通过观察和聆听等策略来了解幼儿游戏的意图,判断是否需要介入、如何介入。如果确定需要介入,教师要选择正确的介入时机和方式。在了解了幼儿的游戏意图后,教师能够在幼儿的现有发展水平上支持幼儿实现游戏的意图,而不是指导幼儿来实现教师的教学目标。教师和幼儿交流的时候,要关注幼儿,要看着幼儿说话,要跟随幼儿说话的方向和线索,要等待幼儿说完后再讲。教师要多认可幼儿说的话并且多聆听幼儿的想法。教师少给幼儿提问题,如果要提问题,需要提指向明确的具体问题,而不是大而空的笼统性问题。教师用鼓励的方式而不是表扬的方式来鼓励幼儿。幼儿发生冲突的时候，教师首先要制止伤害的发生，然后要认可双方的情绪，等到幼儿平静下来后，请幼儿说明情况，和幼儿一起确认问题，鼓励幼儿提出解决方案或者选择解决方案。幼儿遇到困难、需要帮助的时候，教师在鼓励幼儿自己解决问题的同时用实际行动支持幼儿解决问题。在玩具整理时间，教师和幼儿一起整理玩具，幼儿可以按照自己的想法和方式来整理玩具。

(6)观察幼儿活动区活动中制定和遵守规则的情况。

活动区规则来源于幼儿，教师一定要让幼儿参与规则的制定，并且理解这些规则的意义。活动中幼儿选择适合自己的活动材料，在没有压力的环境中主动地学习，幼儿可以自由进出各个区域，从而得到较多的同伴交往、在同伴面前表现自己、显示自己的机会。然而，在区域管理中，还存在诸多问题，如有的幼儿没有及时整理好玩过的材料，给其他的幼儿造成了不便；有的幼儿不论在动态活动区还是在静态活动区都噪音较大，影响了静态区活动的幼儿。针对这些问题，教师可提供机会让幼儿在各区域活动的过程中自由探索，通过自身的体验去寻找答案——"怎样玩才能开心快乐，既能学到本领又不影响别的小朋友？"然后让幼儿把自己的想法画出来，贴到各个区去，大家一起讨论，保留观点一致的画，达成共识。

例如，一次活动区活动时间，壮壮对张老师说："我上午搭的桥总是被取玩具的小朋友碰倒，我下次不在柜子旁边摆了，我靠中间摆，这样就不容易被其他小朋友碰倒了。"教师在活动区结束时将这个问题提出供大家讨论，幼儿发现，搭积木时要选择离玩具柜远一些、空间较大的地方搭建，这样自己的作品就不容易被碰倒。大家觉得这个办法好，就将此规则补充到积木区规则中，由于这些规则的形成，是幼儿自己的体验和感触，幼儿的规则意识很容易就转变成一种自觉的行为，这样大多数幼儿愿意并能够遵守共同制定的规则。

3. 活动区结束环节观察记录的要点

结束环节教师应重点观察幼儿是否愿意参与回顾的环节，是否能够围绕自己做的计划进行回顾，能否说出曾做过或使用过的物品及一起游戏的幼儿的名字，描述做了什么以及如何做的，能用手势(唱歌、图画、材料)等表示游戏时间的活动，给大家展示在游戏时间里制作的作品，找到游戏时间使用过的物品等。教师也可以创设有针对性的情境鼓励幼儿参与，进而观察幼儿的表现。例如，将游戏中观察到的典型事例、发现的主要问题以情境描述的形式提出来供幼儿讨论，帮助幼儿将游戏中好的经验及错误经验呈现出来，使幼儿更加清晰，遇到类似的问题会有效解决。再如，可让幼儿通过绘画将自己的活动情况表达出来，给每位幼儿回顾表达活动情景的机会，以便教师更好地了解幼儿的已有经验。也可以组织幼儿介绍和观摩活动中的各类作品，引发幼儿互相学习、互相借鉴。

(二)不同活动区的观察要点

受地域、幼儿园空间大小、教师专业水平不同等因素的影响,各个幼儿园活动区的设置与开展各不相同。但有一些区域还是相同的,是幼儿园必设或常设区域,也是幼儿非常喜欢的区域,如角色游戏区、积木区、表演区、图书/阅读区等。进一步明晰不同区域的观察要素和观察重点,有利于教师在运用评估工具进行观察的过程中更加聚焦,避免盲目观察。

1. 角色区游戏的观察要点

角色游戏是幼儿园区域游戏的重要组成部分,是指幼儿"以模仿和想象,通过扮演各种角色创造性地反映周围生活的游戏"[1],角色游戏的主题和内容来源于幼儿的实际生活。在角色游戏中,幼儿可以根据自己的意愿决定所要扮演的角色,主要是以角色扮演为表征手段的象征性游戏。角色游戏主要包括娃娃家、小医院、超市、餐厅等。其观察要素如表3-9所示。

表3-9　角色区游戏观察要点及记录重点列举

活动区游戏类型	观察要点	记录重点列举
角色游戏	社会性	(1)交往情况:在角色游戏中,幼儿能否与同伴或成人主动交往,当他人与自己有不同的看法与态度时,能否协调不同观点,解决人际冲突,改善同伴关系,和同伴分享、轮流等。 (2)遵守社会规则情况:在角色游戏中幼儿是否能与同伴、教师共同制定游戏规则并自觉遵守。
	角色认知	(1)确定主题和角色的情况:观察幼儿玩什么(确定主题)、扮演什么角色、应当做什么、怎么做。 (2)以物代物情况:能否用已有的材料替代生活中的物品进行游戏,使用了哪些材料来替代,替代的稳定性如何。 (3)对扮演角色的理解:在游戏中能否模仿扮演某个角色,对自己扮演的角色该做什么、怎样能够做得更好是否清晰。
	语言	(1)模仿角色语言:在游戏中幼儿能否根据扮演角色模仿角色的语言,并能根据不同角色模仿说话的语气语调。 (2)丰富的词汇:在角色游戏过程中能否运用丰富的词汇进行表达与交流。 (3)与同伴或成人语言的交流:在角色游戏中能否主动与同伴或成人进行角色对话。

---

[1] 黄人颂:《学前教育学》,254页,北京,人民教育出版社,1989。

续表

活动区 游戏类型	观察要点	记录重点列举
角色游戏	情绪情感	(1)积极情感的建立：能否积极、愉快、充满兴趣地参加游戏活动，能否站在他人角度考虑问题，体验他人的情绪情感，角色行为和态度是否积极。 (2)消极情绪的调节：在角色游戏中没能承担自己喜欢的角色或遇到其他问题时能否用正当方式控制和调节自己的情绪(如焦虑、紧张、愤怒、嫉妒等)。

2. 积木区游戏的观察要点

积木是幼儿非常喜爱的游戏材料。积木具有不同的大小、形状、面积、体积，不同的积木块之间存在着一定的比例关系，积木游戏具有建构性和象征性的特点。通过积木游戏，幼儿可以建构关于物质世界的认知，了解周围的社会生活，不仅可以学习数学、科学，还能促进幼儿的语言、社会性、艺术审美和学习品质等多方面的发展，有利于幼儿创造能力、思维能力和解决问题等能力的提高。其观察要素如表3-10所示。

表3-10 积木区游戏观察要点及记录重点列举

活动区 游戏类型	观察要点	记录重点列举
积木游戏	科学	(1)感知理解搭建各种造型或建筑物与材料的特性、结构与性能(稳定性、重量、平衡等)情况：记录幼儿在搭建过程中是否学习和运用到测量、对称、稳定、平衡、力的相互作用等一系列科学知识，探索和发现使各种造型或建筑物保持平衡和稳固的方法(如底部加宽、移动、添加、整理等)，整体布局，综合运用多种技能搭建各种造型或建筑物，明白力的相互作用，感知因果关系，理解建筑结构的稳定和变化。 (2)认识事物之间相互关系的情况：能否用尝试、探索、试验、发现与归纳的方法进行建构；能否体验和感知不同形状组合及相互关系，并运用这种关系去解决搭建过程中的问题。
	数学	(1)观察幼儿对积木的大小、形状、数量等特性正确认知的情况：记录幼儿在搭建过程中能否体验和运用不同大小积木之间的数量关系；是否能对其进行比较分类，观察和尝试等。 (2)空间关系的掌握情况：记录幼儿是否获得并运用空间距离、方向守恒等有关科学和数学概念，感知理解空间关系、空间测量(大小、面积等)，进行空间布置。 (3)模式的运用情况：能否运用模式进行搭建(如一块长方形、一块三角形、一块长方形、一块三角形等)。

续表

活动区 游戏类型	观察要点	记录重点列举
积木游戏	社会性	(1) 与同伴交往情况：是否掌握与同伴合作、协商、退让、轮流、分享等社会性交往等技能；是否能与同伴合理使用和分享有限的建构空间和材料。 (2) 解决冲突问题的情况：学习解决在积木游戏中产生的社会性交往问题，与同伴友好相处，理解社会规则的意义。
	艺术审美	审美能力情况：能否运用形式、对称、平衡、均衡等体现搭建各种造型或建筑物的美感；表现出丰富的想象力、创造力。
	学习品质	(1) 主动性的情况：是否感受到积木游戏的乐趣，保持愉快的情绪；是否能够体现出较强的自主性、计划性、创造性和自信心；是否能够专注地进行积木游戏，有较强的坚持性等。 (2) 解决问题的情况：能否发现问题、分析问题；能否考虑可能解决问题的方法，尝试利用材料和既有经验解决问题；能否预测问题并提出解决问题方案等。
	建构技能	搭建技能：搭建技能中蕴含着认知的发展。记录幼儿能够运用平铺、叠高、围合、转向、架空、穿过和交叉联结等多种建构技能，搭建单维结构、二维结构和三维结构的各种造型或建筑物。如桌子、房子、立交桥、动物园等。

需要注意的是，积木游戏能够促进幼儿多领域的发展，上述记录中未呈现健康、语言领域，也请教师们予以关注。在观察一个幼儿在积木区游戏中的表现时，不能只靠一次的观察来确定幼儿的游戏发展水平，而是要通过多次的、连续的观察来进行观察评价，因为幼儿在积木区游戏中会受到场地、合作伙伴、时间、情绪等因素的影响而出现偶发状态。

3. 表演区游戏的观察要点

表演游戏是幼儿以故事为线索展开的游戏活动。[①] 它可以带给幼儿的不仅是学习经验，更是童年的快乐和美的享受。表演游戏中的故事可以来自幼儿自己创编，也可以来自文学作品，幼儿按自己的理解来表现故事，他们按照自己的"脚本"游戏。表演游戏兼具游戏性和表演性的特点，游戏性是其本质属性，幼儿对故事的表现是相对自由的，表现标准是由幼儿自己规定的。对表演区游戏的观察，除去幼儿的一般性行为表现还可聚焦于以下内容，详见表3-11。

---

① 刘焱：《儿童游戏通论》，535页，福州，福建人民出版社，2015。

表 3-11 表演区游戏观察要点及记录重点列举

活动区游戏类型	观察要点	记录重点列举
表演游戏	故事"脚本"	(1)故事"脚本"的来源：幼儿的故事"脚本"是来自于已有的文学作品还是经过了自己的理解加工和创编，故事"脚本"是由一位幼儿确定的还是由游戏小组协商确定的。 (2)故事"脚本"的理解与执行：幼儿是否按照已确定的"脚本"来游戏，对"脚本"做出了哪些更改，如何更改的。
	角色理解与表现	(1)角色的分配：同伴之间是如何分配角色的，哪些幼儿在角色分配中占据主动，哪些幼儿被动接受角色。 (2)角色的理解：幼儿能否理解自己承担的表演角色，能否使用与角色一致的装扮、语言和动作来表现角色。 (3)角色的表现：幼儿采用什么方式来表现角色，是日常对话方式还是嬉戏夸张的方式；幼儿更多采用目的性角色行为还是嬉戏性角色行为。 (4)角色的持续与更换：幼儿在游戏过程中是否一直在执行自己分配到的角色，做了哪些更换，因何原因进行更换。
	道具使用	(1)道具与故事"脚本"及角色的匹配：幼儿是否针对故事"脚本"和自己分配到的角色寻找、匹配、命名不同的材料，其中的同伴交往是如何进行的。 (2)道具使用中的创造性：幼儿是否能够用已有的材料象征性地代表无法找到的材料，不同的幼儿对这种替代物的接受和使用情况。

4. 图书区的观察要点

图书区是每所幼儿园必须重点创设的区域之一。幼儿阶段是语言学习的关键期，也是语言发展的最佳期，而图书又是语言教育的重要载体，图书中有趣生动幽默的图画、简洁的文字、鲜明的符号打开了幼儿认识世界的窗口，它不仅能培养幼儿的阅读兴趣、阅读习惯，丰富幼儿知识、开阔其眼界，而且还为幼儿语言表达、思维、想象、社会化认知和情感等综合素质发展奠定基础。幼儿通过阅读图书，会对生活中常见的简单标记和文字符号感兴趣；幼儿通过阅读图书、绘画和其他多种形式的材料，引发其对书籍、阅读和书写的兴趣，有利于培养其前阅读和前书写技能。在图书区的观察可以重点聚焦在以下内容，详见表 3-12。

表 3-12 图书区游戏观察要点及记录重点列举

活动区游戏类型	观察要点	记录重点列举
早期阅读	读写兴趣	(1)主动阅读：幼儿是否经常主动去图书区活动，是否经常翻阅图书，是否邀请成人与其共读。 (2)主动交流阅读内容：幼儿是否愿意主动与同伴交流自己阅读过的图书内容，愿意用语言、动作表达图书内容。 (3)书写兴趣：幼儿是否喜欢使用图书区的纸笔等材料写写画画。

续表

活动区游戏类型	观察要点	记录重点列举
早期阅读	读写习惯与技能	(1)爱护图书情况：幼儿能否爱护图书，轻拿轻放，轻翻阅；是否在图书上涂画；看到图书有破损，能否主动进行修补。 (2)阅读习惯：幼儿是否安静阅读，与其他幼儿交流时是否小声。 (3)阅读姿势：能否一页一页翻书，能否坐姿端正、持书正确地看书。 (4)阅读方法：幼儿能否按顺序阅读(先看封面、再看内容)，能否看图书内容时按顺序观察(从上到下、从右到左、从整体到局部)。 (5)书写姿势：写写画画时姿势是否正确。
	阅读理解能力	(1)图书内容的理解：幼儿能否专注于成人在图书区的故事阅读，能否自主阅读成人讲过的无字书等易懂读物。 (2)图书内容的概括：幼儿能否复述或概括出图书的主要内容或情节。 (3)图书内容的情感体会：幼儿能否随着作品的展开产生喜悦、担忧等相应的情绪反应；能否体会作品表达的情绪情感。 (4)个性化理解及创编：幼儿能否针对图书中的内容或观点产生自己的理解或疑问；能否根据故事或图书的线索猜想故事情节发展或续编创编故事，并与成人或其他幼儿交流或合作表演。

三、活动区游戏中观察记录的方法与注意事项

(一)确定观察记录的线索

在制订观察计划时，教师要明确几个观察线索，这样会增加观察的目的性。运用线索提示观察游戏，教师能够主动、有目的、有针对性地进行观察。有些教师不清楚沿着什么线索去观察，常常因捕捉不到有价值的信息而无法有效促进游戏与幼儿的发展。线索示例如下：

教师设置的每个活动区的空间是否能够满足幼儿的需要？

幼儿最喜欢进入哪些活动区？

教师提供的游戏材料幼儿是否喜欢操作？哪些材料最能激发幼儿的探索欲望？

幼儿在活动区游戏中是如何学习的？

教师如何解决幼儿在游戏过程中的问题和困难？

教师如何推进幼儿游戏的深度发展？

在线索提示的牵引下，教师可能会关注那些从来没有关注过的问题，这有助于教师掌握观察技巧及游戏指导方法，逐步形成善于发现幼儿感兴趣的事物及游戏中所蕴含的教育价值的方法。例如，某幼儿园中班幼儿近期热衷于搭建楼房，已具备平铺、

垒高、围拢的基本技能，但这样的经验持续了很长一段时间，停滞不前。根据存在的问题，教师做了推进游戏的计划，并做了线索提示，即幼儿在搭建楼房时教师如何推进幼儿的游戏进程向深度发展，并设计出系列问题："为什么每个楼层都没有屋顶？搭建屋顶所需的二倍积木如果用完了怎么办？"在分析以往观察记录的前提下，找准问题，设计有效问题推进幼儿游戏的深度开展。

（二）观察记录的方法

1. 定点式观察

定点式观察是指教师在某个场景中对儿童个体在某领域某项目中的学习与发展状态和发展水平进行有目的的观察和信息采集。由于活动区活动中儿童是自主的、独特的状态，儿童的基本经验、发展速度、个性特质等方面存在众多差异，教师如何借助区角活动的平台客观解读每位儿童？如何契合儿童个体的特质给予支持？教师需要通过个体观察了解每个儿童的学习与发展特点与速度。首先选择确定评估工具中某领域的某个项目，反复学习、理解并熟悉本领域的核心要素，抓住关键评估点和此项目的重点，对每个评估项目的典型表现、解释、观察实例的关键要素进行学习、理解与研究。然后进入活动区对儿童的活动进行针对性的观察。例如，评估项目7"小肌肉动作发展"，教师为促进儿童出现高级别的典型表现，可在玩具区投放大小、重量不同的球体和筷子，提供练习捏、抓、解、系等技能的材料，在娃娃家投放穿着不同衣服的（系扣、拉链、粘胶、解系带、打结等）布娃娃，在小医院的药房投放大量可做药片的物品，供儿童自主操作，教师观察儿童真实的语言和行为，收集和记录儿童关键语言和儿童的特殊行为表现。再如，表3-13中教师记录了同一个儿童在两个多月的时间里不同区域进行游戏的表现。

表3-13 个体幼儿领域项目的观察记录整理

领域	项目	内容	观察例举
学习品质领域	项目2	主动性与做计划	12月3日，区域活动时间，宸溪在计划环节决定做一张好看的贺卡，在封面上画娃娃和小花，里面画上楼房。之后，她用20分钟完成了作品。
	项目3	解决问题	12月13日，区域活动时间，美工区，宸溪与梓涵一同做小书，看到梓涵画不好桃心，宸溪先让她看自己的，梓涵摇头说学不会，宸溪就用红笔帮助梓涵画好了，然后说："这样就可以了，咱们继续做吧！"
	项目4	反思与解释	12月21日，区域活动时间，区域活动后分享环节，宸溪说："我本来想做一本好几页的小书，但是由于时间不够了，所以后面没有来得及做。"

续表

领域	项目	内容	观察例举
语言领域	项目10	倾听与理解	11月11日，区域活动时间，娃娃家，宸溪抱着娃娃对思好说："快打120吧，孩子烧得很厉害，要不一会儿会抽风的。"思好拿起电话打120。
	项目14	阅读习惯	1月14日，区域活动时间，图书区，宸溪安静地挑选好图书后，开始专注地阅读图书，又连续给小朋友讲了好几本书，她对老师说："老师，您的嗓子哑是不是说的话太多了，我的嗓子也快哑了。"
	项目15	书面表达	12月31日，区域活动时间，美工区，宸溪为近期一直在生病的敬扬制作了一张贺卡，祝愿敬扬能够早日康复，然后和她一同去爬山、划船、逛公园。其中，用"蜡烛"表示"祝福"，并画出了"小山""小船""小花"表示希望一起去玩的地方。

2. 随机观察

随机观察即事前不可预测的、具有偶然性的一种观察形式。教师首先进入活动区观察幼儿的活动，识别并选择有价值的片段和捕捉有效信息，进行观察记录，随后再对照评估工具寻找对应项目。比如，教师在观察幼儿活动过程中发现两名幼儿在摆弄一个电动车，洋洋发现电动车无法启动，首先检查电动车的开关，再检查电动车的轮子是否被卡，发现还是无法启动。然后他将电动车移位，放置到平坦的地面上，发现还是无法启动时，他请教蕾蕾，通过沟通想到了可能是遥控器出了问题。更换了遥控器的电池后，车子终于启动了。教师看到这两名幼儿在解决问题的过程中的协商、专注、认真，有自己的构想和思考，真正在学习过程中获得了发展，不仅享受到获得成功的快乐，而且享受到了在游戏中自主学习、成为自我发展的主体的乐趣。将这样的情境收集记录下来是有价值的，对教师读懂幼儿，促进幼儿向更高级别发展具有积极的作用。以下都是教师在幼儿活动区活动过程中随机记录的内容。

案例3-6 活动区随机观察记录

3月7日，活动区活动时间里，西西在练习区。她左手拿绳，右手取珠子，一边串珠，一边数数，用绳子串起10颗珠子，并将绳子的末端打了个结，又在结上绑了个蝴蝶结，然后对旁边的小伟说："你看，我为你做了一条项链。"

4月2日，在活动区时间里，冉冉在积木区用积木搭出了一个池塘，她说："绿色的纸是荷叶，青蛙玩偶是青蛙妈妈。"然后拿着黑色的纸条作为小蝌蚪，她还用活动室里的其他材料当作金鱼、螃蟹等，然后她一边指着搭建好的池塘一边讲《小蝌蚪找妈妈》的故事。

4月15日，区域活动，洋洋问露露："你知道建构区有多长吗？"露露说："我不知道。"洋洋说："我会知道的。"他从建构区的一边向另一边一步一步地走过去，边走边数，然后说："一共有 8 步这么长。"

3. 重点观察

重点观察即教师对一些特定儿童进行重点的观察。对一段时间观察的记录进行整理后，对于短缺项目或观察频率低的儿童进行针对性的重点观察，使教师能够对全班儿童进行整体全面的了解，更清晰地捕捉一些重要信息和教师急需的信息，为教师后续指导提供比较客观精准的依据。比如在某方面有特殊需求的儿童，活动状态不稳定、情绪变化较大的儿童，最近观察频率较低的儿童，依据评估工具有某个缺项的儿童，哪些材料儿童喜欢玩，哪些材料儿童不喜欢玩等。重点观察有较强的预设性，这往往来自教师对前一阶段儿童在活动区活动中了解的前提下的观察，对儿童的发展、对教师的成长都有很大的影响作用。如表 3-14 记录了教师重点观察记录洋洋这名儿童一天里在区域活动中的表现。

表 3-14　对个体幼儿的连续观察记录整理

日期	环节及地点	幼儿姓名	观察例举	领域	项目 7
3月14日	活动区活动环节 娃娃家	洋洋	活动区活动，洋洋进入娃娃家，她用双手较熟练地打饼子，打一个，单手将大枣摆放在饼子上，打了一个又一个。	健康领域	小肌肉动作发展
3月15日	活动区活动环节 娃娃家	洋洋	活动区活动，我悄悄放入盘中一些花生米、葡萄干、黑芝麻，洋洋看到后又进入娃娃家，她用双手较熟练地继续打饼子，打好第一个饼子，单手取了一粒花生米放在大饼上，打好第二个大饼，又单手取了一粒葡萄干放在大饼上。	健康领域	小肌肉动作发展
3月17日	活动区活动环节 娃娃家	洋洋	教师看到洋洋又在打饼，便走近洋洋说："炊事员同志，快点吧，给我烙一张大饼，要红枣、葡萄干、芝麻馅的，芝麻越多越好，我要赶火车。"她看看盘中的材料，便一手压扁，一手往饼上撒芝麻。一手将红枣往大饼中间摆，一手抓了一把葡萄干同时往饼子四周撒，最后又抓了一把芝麻边转饼边撒在饼的边缘上说："老师你要的大饼做好了，多好看，一定很好吃，忙坏我了。"	健康领域	小肌肉动作发展

(三)运用工具实地观察的注意事项

1. 观察的频次

在同一情境下要多次观察幼儿的行为，只有这样才能反映幼儿真实的游戏兴趣和游戏水平。观察次数的多少直接影响观察者对幼儿游戏行为的理解。

2. 观察的时长

观察时间的长短会对观察结果产生影响，当第一次观察时间较短时，观察者所观察到的可能都是较低层次的行为。随着观察时间的延长，幼儿的游戏行为可能会出现从低层次到较高层次的发展和变化。时间越长，观察会越深入，准确性会越高。

3. 材料丰富与否

观察者应为幼儿提供种类多样、能激发幼儿游戏兴趣的材料。材料的种类不够丰富，有可能会影响幼儿的游戏行为，幼儿缺乏某种游戏行为也可能因缺乏材料所致，而不是因为缺乏相关能力。从而会影响到幼儿的游戏能力和水平。

4. 深度观察信息的捕捉

观察辅之以聆听、提问、谈话。观察者对于幼儿来说，都是在他们的游戏之外的，当教师观察幼儿的游戏时，不能仅凭幼儿的外显行为来推测幼儿是在做什么，不仅应当观其行，而且还应当听其声，注意倾听幼儿在游戏中说什么，如果幼儿专注游戏，观察者没有机会倾听到幼儿的语言，可以在幼儿游戏结束后进行提问以了解和确定幼儿行为的内涵。

第三节 幼儿园集体教学活动中的观察记录

幼儿园集体教学活动，是和一日生活活动及活动区活动相配合、共同构成幼儿园生活的一类活动，具体是指教师有目的、有计划地组织班级所有幼儿都参加的教育活动。它具有引领性、系统性、共同性等特点。[①] 与生活活动、区域活动相比，集体教学活动是对幼儿实施教育的相对有效的一种方式，其计划性、目的性更强。因此，对幼儿的学习与发展具有更加积极的促进和引导作用。

一、集体教学活动中观察记录的价值

如何更好地确定教育目标、选择教学内容与教学策略，从而保证集体教学活动的

[①] 李季湄、冯晓霞：《〈3—6岁儿童学习与发展指南〉解读》，264—266页，北京，人民教育出版社，2013。

适宜性和有效性？这就需要教师通过对幼儿学习行为进行观察记录，对教师与幼儿、幼儿与幼儿、幼儿与活动材料之间的互动情况进行观察与了解。因此，教师通过观察记录能有效地提高幼儿园集体教学活动的质量。

（一）集体教学活动是对幼儿进行观察记录的重要途径

幼儿园集体教学活动是促进幼儿全面发展的重要途径，而集体教学活动中观察记录的核心作用就是更准确地解读幼儿行为，促使教师调整教学目标、重构教学策略，最终使幼儿得到更好的发展。评估工具评估项目涵盖五大领域，每一个领域中包含不同的项目，由于项目内容不同，观察途径也有所不同，有的项目适合在集体教学活动中观察，有的适合在一日生活活动中观察，还有的适合在区域活动中进行观察，如项目12"文明的语言习惯"，涉及这一项目的观察最适合在日常生活活动中进行；而项目14"阅读习惯"方面的观察则在区域活动中进行更为合适；对项目10"倾听与理解"、项目11"口语表达"、项目13"阅读能力"、项目15"书写能力"等进行观察记录，其最佳途径则是集体教学活动。因此在集体教学活动中进行观察记录有其特殊的途径与方法，对幼儿发展具有独特的、不可替代的意义和价值。

（二）观察记录是教师调整集体教学活动目标与内容的依据

优质的集体教学活动是幼儿园优化保教质量的重要措施之一，而优质的集体教学活动是建立在适宜的活动目标和内容基础上的。因为适宜的目标能引发真正有效的教与学，使幼儿在与教师的互动中积极参与，在活动中主动学习，有利于教学目标的达成，能真正促进幼儿的发展。而过偏、过易或过难的教学目标，均会使幼儿产生游离于活动之外的状况。教学内容与容量适宜与否、是不是从幼儿生活经验而来的，也都直接影响教学目标能否达成。教师只有通过观察幼儿参与活动的状态、幼儿对活动内容的兴趣以及完成度，才能分析判定目标、内容适宜与否，并成为调整目标与内容的依据。

（三）观察记录是教师在集体教学活动中有效指导的前提

教师是组织集体教学活动的主体之一，在组织教学的过程中，教师要充分关注幼儿的活动状况，包括对幼儿的现实需要、兴趣、活动投入度、遇到的困难等，以确保幼儿在活动中获得新经验，取得新发展。那么如何进行适宜的指导？这一定是建立在教师对幼儿行为最直接、最真实的观察基础之上的。没有细致的观察，就谈不上正确有效的教育指导。

（四）观察记录是教师在集体教学活动后反思调整教学行为的基础

幼儿在集体学习的过程中，是通过与材料、环境的互动来建构学习经验的。环境创设是否有利于幼儿活动，活动材料是否有利于幼儿探索？什么方式最容易引发幼儿积极学习、良性互动？要想解决这些问题，教师仍然要对幼儿进行细致的观察，对幼儿的学习行为进行分析与反思，进而调整材料、组织应变策略，从而更好地提升设计活动材料、调整活动环境、选择适宜的组织策略的能力。

二、集体教学活动中观察记录的要点

幼儿园集体教学活动是教师根据教育目标和本班幼儿发展实际，有目的、有计划地选择相关内容实施的教育活动。领域不同，教学内容不同，教师运用评估工具进行观察记录的要点也有所不同。教师经过周密思考和设计的集体教学活动，能否达成预期效果？首先，要观察幼儿对活动的兴趣。在集体教学活动中，如果幼儿对某一事物或内容感兴趣，那么他会情绪愉快、身心投入、行为专注。这样幼儿不仅能积极参加活动，而且还能取得很好的学习效果。其次，要观察幼儿在活动中参与的积极性、专注度。当学习成为幼儿自愿主动参与的行为时，幼儿参与活动的积极主动性更强，表现为在探索材料时反复摆弄，持续时间长。最后，要观察幼儿与教师、幼儿与幼儿之间互动的有效性。幼儿的学是否与教师的教是一致的，幼儿的思维是否积极参与到活动中，主要观察幼儿与教师的互动情况，他是不是答非所问，能不能听懂别人的意思，能不能接纳别人的建议并积极调整自己，是不是努力让自己的行为与集体或他人同步。

《纲要》指出，幼儿园的教育内容是全面性、启蒙性的，可以划分为健康、语言、社会、科学、艺术5个领域。同时《指南》在"说明"部分强调，实施《指南》时应"重视幼儿的学习品质"，并明确指出"幼儿在活动过程中表现出的积极态度和良好行为倾向是终身学习与发展所必需的宝贵品质"。依据评估工具中的项目内容，这里分别从学习品质、健康、语言、社会、科学、数学、艺术等方面说明不同领域的观察与记录要点。

（一）集体教学活动中幼儿学习品质的观察要点

《指南》"说明"部分指出，学习品质是指幼儿的"积极态度和良好行为倾向"。学习品质对儿童自己怎样去获得各种知识、技能本身有非常重要的影响，同时幼儿的主动学习有非常大的内驱力，尤其是幼儿的好奇心和求知欲，幼儿的质疑能力、解决问题的能力，还包括幼儿做计划的能力、探索活动的坚持性、克服困难的勇气和毅力等方面。详见表3-15。

表3-15 集体教学活动中学习品质的观察与记录要点

评估领域	评估项目	观察与记录要点
学习品质	好奇心和内驱力	(1)对集体活动中的细微变化是不是很敏感。 (2)对活动中的新内容、新材料是否产生好奇心，探究兴趣是否持续较长时间。

续表

评估领域	评估项目	观察与记录要点
学习品质	主动性与做计划	(1)活动中能不能有条理地做事情。 (2)集体活动中是否能主动参与、积极表现。
	解决问题	(1)活动中遇到问题时主动尝试解决问题还是寻求他人解决问题,或者放弃与回避问题。 (2)当周围同伴出现问题后,是否有帮助同伴的意向和行为。
	反思与解释	(1)活动中能不能较完整地回忆讲述已发生过的事情。 (2)在讲述已发生过的事情时,能不能说出发生问题的原因和解决问题的办法。

如在集体活动"好看的迷彩"中,教师出示的课件里有几种不同颜色的迷彩图,说:"你们对迷彩有哪些了解?还有哪些感兴趣的地方?画在纸上与同伴交流一下。"幼儿于是开始了自己的绘画记录。赫赫先在纸的上一栏画了帽子、军车,然后在纸的下一栏画了一个长方形的书,里面画了三种颜色的点,画完后他对旁边的小朋友说:"我知道绿色和黄色的迷彩帽和军车,颜色不一样的迷彩是什么意思呢?我一会儿要到图书区去查查。"活动结束后,他到图书区拿了一本军事图书,翻来翻去地说:"看看这上面就有了。"于是他一页一页地翻看,找到了后高兴地说:"找到了!迷彩颜色不一样,军队的名字就不一样。"

从赫赫的行为表现上不难发现,幼儿在集体活动中对问题探究有很强的兴趣和主动性,他在记录纸上做好了计划并完成了。因此教师给该幼儿评为项目 2"主动性与做计划"里的级别 2,即幼儿用一个短句来陈述自己的计划,并且能遵循计划完成任务。

(二)集体教学活动中健康领域的观察要点

健康领域有其独特的教育价值和作用,教师在其集体教学活动中对幼儿进行观察记录时,一般要关注的关键经验是:幼儿对体育、户外活动内容的喜欢程度;幼儿在集体活动中的自我服务情况;幼儿在集体活动中的情绪表现;幼儿在运动时的协调、平衡能力;在活动中对周围环境的适应能力和自我防护能力;等等。详见表 3-16。

表 3-16　集体教学活动中健康领域的观察与记录要点

评估领域	评估项目	观察与记录要点
健康领域	情绪管理	(1)集体教学活动中幼儿能否情绪愉快地参与活动。 (2)遇到问题时,幼儿能不能控制并主动调整自己的情绪;能不能用简单的语言表达自己产生情绪的原因。 (3)幼儿与同伴的交往方式是语言沟通还是肢体接触。

续表

评估领域	评估项目	观察与记录要点
健康领域	大肌肉动作发展	(1)活动中，幼儿能否双上肢或双下肢有规律地交替运动。 (2)幼儿运动时，是否表现出一定的身体控制力和平衡力。 (3)在挑战有难度的动作时，幼儿是积极主动还是退缩。 (4)在完成系列动作时，幼儿动作的连续性和稳定性。
	小肌肉动作发展	(1)观察幼儿能不能运用手上的小肌肉自如地取放物品。 (2)观察幼儿两只手能否做相反动作。
	安全自护	(1)观察幼儿在活动中能不能主动避免危险，不做危险的事。 (2)在活动中幼儿是否遵守安全规则。 (3)活动过程中出现突发状况时，能否用简单方法进行自救或求救。

表3-17是教师针对一次体育集体教学活动中的幼儿大肌肉动作发展进行的观察记录。可以看出，本次共观察幼儿30名，结合评估工具健康领域评估项目6大肌肉动作发展中的级别要点，15名幼儿的行为表现属于级别5"幼儿能够平稳、有序地完成一系列动作"；8名幼儿的行为表现属于级别3"幼儿能重复跳跃至少8次（连续跑跳）"；7名幼儿的行为表现属于级别1"幼儿能双脚跳离地面"。

表3-17 幼儿大肌肉动作发展观察记录[①]

时间	3月14日15:20至16:00					地点	户外场地(彩虹台)			记录者		刘芳
观察对象			大五班全体幼儿									
情境			体育集体活动				观察方法			等级评定法		
观察目标			幼儿大肌肉动作发展				幼儿跳绳的情况					
观察记录	姓名	跳绳数量	级别1	级别2	级别3	级别4	级别5	姓名	跳绳数量	级别1	级别2	级别3	级别4	级别5
	浩浩	15					√	小烨	6	√				
	涵涵	3	√					旗旗	30					√
	荣荣	5	√					扬扬	10			√		
	昊昊	18				√		元元	11			√		
	小雨	9			√			小贤	24					√
	小宇	13				√		小毅	4					
	琪琪	2	√					贝贝	33					√
	合合	9			√			君君	40					√
	城城	8			√			阳阳	5	√				
	辰辰	19				√		琦琦	32					√

[①] 本案例由山西省晋中市第一幼儿园刘芳老师提供，表中幼儿姓名均为化名。

续表

观察记录	姓名	跳绳数量	级别1	级别2	级别3	级别4	级别5	姓名	跳绳数量	级别1	级别2	级别3	级别4	级别5
	麒麒	5	√					文文	10			√		
	赫赫	25				√		瑶瑶	20					√
	璇璇	28				√		小宇	15					√
	奕奕	8		√				小福	9		√			
	小博	22				√		佳佳	40					√

（三）集体教学活动中语言领域的观察要点

在幼儿园集体教学活动中，语言发展与幼儿的倾听习惯和口语表达密切相关，教师在其集体教学活动中对幼儿进行观察记录时一般要关注的关键经验是：对幼儿语言学习行为的观察，即幼儿倾听时的专注度和持续性；幼儿表达语言的准确性和流畅度；幼儿观察阅读材料的全面性和连贯性。详见表3-18。

表3-18 集体教学活动中语言领域的观察与记录要点

评估领域	评估项目	观察与记录要点
语言领域	倾听与理解	(1)语言活动中，观察幼儿能否倾听和理解他人讲话。 (2)幼儿能否流畅讲述听过的故事重点情节。
	口语表达	(1)活动中幼儿能否准确表达自己的想法和观点。 (2)能否围绕话题较完整地讲述推测、猜想的内容。
	阅读能力	(1)活动中观察幼儿是否对阅读产生兴趣，愿意阅读图书或其他文学作品。 (2)是否对图画书中的符号和文字产生推测和了解的兴趣。 (3)在阅读过程中，能否运用画面中的关联信息进行讲述。 (4)对故事中的情节或线索产生联想或猜测，进行故事创编、故事续编的能力怎样。
	书面表达	(1)活动中幼儿是否愿意运用图画的形式表达自己的想法。 (2)活动中能否正确使用书写工具，保持正确书写姿势。 (3)用文字符号表达想法、记录事件的能力怎样。

表3-19是在一段时间内的集体教学活动中对一名幼儿在语言领域中5个项目的发展做的观察记录，可以较为清晰和连续地呈现出幼儿在语言领域发展的整体特点。

表 3-19　幼儿个体语言领域观察记录整理①

教师	张晓彤	观察幼儿	泽泽	性别	男	出生年月	2010.8
领域	项目内容		级别	观察记录		教师分析	
语言领域	项目10	倾听与理解	5	宋老师正在给小朋友们讲《我家有个动物园》绘本故事,泽泽问道:"狮子能在家里住吗?铁笼能关住它吗?"		从以上记录和评估级别来看,泽泽小朋友在集体活动过程中有较好的倾听理解及口语表达能力,但在阅读习惯方面需教师继续持续观察及引导。	
	项目11	口语表达	4	集体分享交流活动,泽泽说:"星期天,妈妈先带我去公园玩了有趣的旋转木马,然后又去吃了甜甜的冰激凌,最后我去看了一个非常好笑的电影,我好开心呀!"			
	项目13	阅读能力	4	在进行科学活动"奔跑吧电子"时,引用故事《奔跑吧电子》,泽泽说:"我看过这个故事,它是在讲电是怎么形成的,电产生了以后,可以让我们人类使用。"			
	项目14	阅读习惯	3	语言活动自主阅读时,泽泽从筐里拿起图书,一页一页地边翻边轻声讲,看完后将书放回了筐里。			
	项目15	书面表达	4	集体活动中在记任务卡,泽泽画了个"6.13",后面写上了自己的名字,泽泽说这就是:"6月13日,泽泽要完成安全作业。"			

(四)集体教学活动中社会领域的观察要点

集体教学活动是幼儿社会性发展的重要途径,也是幼儿获得社会交往技能的直接途径。教师在其集体教学活动中对幼儿进行观察记录时一般要关注的关键经验是:幼儿是否具有良好的自我认识与积极的情绪情感;在与同伴的合作与交流中,能否调整自己,适应生活与社会环境,从而建立良好的人际关系,建立自信,形成基本的认同感和归属感。详见表 3-20。

表 3-20　集体教学活动中社会领域的观察与记录要点

评估领域	评估项目	观察与记录要点
社会领域	与成人交往	(1)在集体活动中,能否积极回应他人(教师)的对话。 (2)在与成人(教师)的对话过程中,能否主动表达自己的想法,分享更多信息。
	与同伴交往	(1)在集体活动中,能否积极回应同伴的对话。 (2)是否积极参与一个或多个同伴间的对话,能否主动表达自己的想法,接纳他人意见。

---

① 本案例由山西省晋中市第一幼儿园张晓彤老师提供,表中幼儿姓名为化名。

续表

评估领域	评估项目	观察与记录要点
社会领域	冲突解决	观察幼儿解决冲突的办法是协商、求助，还是退缩。
	自尊、自信、自主	(1)当集体活动中出现不同难度或材料的选择时，幼儿是根据自己的兴趣选择还是跟随他人？ (2)在活动中能否主动承担任务，并积极出主意、想办法，发表意见。
	适应集体生活	集体活动中能否自觉遵守活动规则和要求。
	归属感	在集体活动中，对自己所属小组的成绩有无强烈的反应。

表3-21是教师在各类集体教学活动中观察记录某个幼儿的社会领域发展表现，这个记录的过程需要教师对集体活动中幼儿社会领域的观察要点有整体的了解和把握，才能捕捉到幼儿在社会领域相关项目发展中的表现。

表 3-21 幼儿个体社会领域观察记录整理①

项目	评估内容	观察与记录要点
项目16	与成人交往	语言活动，大家在进行猜谜活动，凯凯说："张老师，我再给你出个谜语吧，我觉得你不会像昨天一样都知道答案了。"
项目17	与同伴交往	集体分享活动时间，凯凯问潮潮："昨天我去画画怎么没见到你？"潮潮说："我爸爸生病了，妈妈没时间带我去。"两个人约定好下周日一起去画画。
项目18	冲突解决	科学活动中凯凯在用放大镜观察不同的树叶，他和松松同时拿到一片树叶，凯凯说："这样吧，你先看，你看完让我也看一会儿，行吗？"
项目19	自尊、自信、自主	绘画活动中，凯凯对瑶瑶说："咱们一起画纸盘吧，用炫彩棒涂颜色，很好看的。"瑶瑶点了点头说："好的，我去拿炫彩棒！"
项目21	适应集体生活	体育活动时间，凯凯在玩扔沙包的游戏，松松的沙包砸到了凯凯的腿，松松说："对不起，我不是故意的。"凯凯说："没关系，你下次小心一点。"
项目22	认识自我与他人	美术活动中，凯凯在绘画自画像，凯凯对佑佑说："你看，这是我的眼睛，圆圆的，你的眼睛是长长的。"
项目23	归属感	集体活动时间，教师出示中国地图，凯凯说："这个像大公鸡形状的就是中国，是我们的国家。"

(五)集体教学活动中科学领域观察要点

幼儿园科学活动重在激发幼儿的探究欲望、发展幼儿的探究能力、促进幼儿在探究中认知。教师在集体教学活动中对幼儿进行观察记录时一般要关注的关键经验是：

---

① 本案例由山西省晋中市第一幼儿园张晓彤老师提供，表中幼儿姓名为化名。

幼儿在观察事物时的专注程度、观察方法及观察的表达和运用；幼儿对自然现象、动植物、周围环境等的探究欲望；幼儿针对周围事物或现象根据自己的猜测进行实验检测、探究科学奥秘的能力。详见表 3-22。

表 3-22　集体教学活动中科学领域的观察与记录要点

评估领域	评估项目	观察与记录要点
科学领域	认识自然和物理世界	(1)幼儿在集体活动中对相关学习内容是否有较强烈的探究兴趣和欲望。 (2)幼儿对身边动植物的生活和环境变化有无持续关注的意识和行为。
	实验、预测、验证	(1)幼儿对活动中的相关实验内容是否有主动探究的兴趣和欲望。 (2)幼儿实验前能否大胆预测，并给予积极的实验验证，通过用多种材料或从多个角度进行试误，能否用语言表达预测和验证的结果。
	观察分类	(1)幼儿能否准确发现事物间的相同点和不同点。 (2)幼儿能否根据物体特征，进行一个或多个角度的分类。

案例 3-7　集体教学活动中科学领域观察案例[①]

观察时间：2016 年 12 月 15 日上午 9：00—9：20。

观察地点：中三班活动室。

观察对象：乔乔。

观察背景：近期雾霾较严重，幼儿对空气产生了浓厚的兴趣。于是，教师设计组织了"认识空气"这一科学活动。

观察记录：当教师提出请大家想办法把自己的充气玩具变得鼓起来时，乔乔告诉旁边的小宇说："大口大口地往里面吹气，小鸭子就会越来越大，我以前吹气球的时候就是这样吹的。"在制作空气娃娃的时候，乔乔拿着自己的塑料袋在空中来回兜了两圈，塑料袋就鼓了起来，乔乔很快就做好了自己的空气娃娃。

由以上案例可以看出，教师在集体活动中捕捉到了幼儿对科学领域实验的探究兴趣和愿望，并进一步记录了幼儿大胆预测实验结果及验证的过程。

(六)集体教学活动中数学领域观察要点

在数学领域的集体教学活动中，教师对幼儿进行观察记录时一般要关注的关键经验是：幼儿能否发现生活中的数学以及数学和生活的联系，通过感知、体验和操作活动来理解数的抽象关系，并运用数学知识解决问题。详见表 3-23。

[①]　本案例由山西省晋中市第一幼儿园张晓彤老师提供，案例中幼儿姓名为化名。

表 3-23 集体教学活动中数学领域的观察与记录要点

评估领域	评估项目	观察与记录要点
数学领域	数字与数的关系	(1)在活动中观察幼儿能否按要求准确数数、说出总数。 (2)幼儿能用哪些方法对 10 以内的数字进行组成和分解。
	形状与空间关系	(1)幼儿在活动中能否准确识别各种形状。 (2)幼儿能否将一个形状通过多种手段变成另一个形状。 (3)幼儿能否发现并讲述不同形状的异同。
	比较和测量	(1)幼儿能否正确使用测量工具。 (2)幼儿能否正确解释不同测量工具测出不同结果的理由。
	模式	(1)幼儿能否有规律地正确排序。 (2)幼儿能否独立将物体有规律地排列。

表 3-24 是针对一名幼儿在数学领域中不同项目的发展，在一段时间内的集体教学活动中做的观察记录。该表可以较为清晰和连续地呈现出幼儿在数学领域发展的整体特点，便于教师做出更有针对性的引导和支持。

表 3-24 幼儿个体数学领域观察记录整理[①]

教师	张晓彤	观察幼儿	东东	性别	男	出生年月	2010.5
领域	项目内容		级别	观察记录			教师分析
数学领域	项目28	数字与数的关系	4	集体活动时间，分享交流时东东说："今天我和黄琳欣一起做了花，小雨做了5朵，我做了4朵，我们比她少1朵。"			从记录和评估级别来看，东东在集体活动中关于数学领域的发展较为平稳，但在模式项目上评估级别为3，需教师继续观察，适当时给予引导和支持。
	项目29	形状与空间关系	4	集体活动时，东东说："我们需要给汽车做一个下坡的东西，用圆桶搭高，用长积木搭成斜面。"			
	项目30	比较和测量	5	集体活动时间，东东先用小棍测量了一段距离的长度，并记录下来"3"，又用纸条测量了同样一段距离的长度记下"5"，说："小棍长，量的次数少；纸条短，量的次数就多。"			
	项目31	模式	3	数学活动时间，东东用珠子穿项链。他按颜色串珠子两个绿色的、一个红色的、一个黄色的，两个绿色的、一个红色的、一个黄色的……整整摆了一盘子。			
	项目32	数据分析	4	集体分享活动时间，东东指着能量小驿站说："老师，你看我今天的能量站有六根雪糕棍，我一共喝了六杯水，璇璇有四根雪糕棍，她就喝了四杯水。"			

---

① 本案例由山西省晋中市第一幼儿园张晓彤老师提供，表中幼儿姓名为化名。

(七)集体教学活动中艺术领域观察要点

幼儿园美术活动能体现幼儿自由选择材料并表达想法和创意，教师在美术教学活动中对幼儿进行观察记录时一般要关注的关键经验是：幼儿参与的兴趣，能否获得愉快的情感体验，是否主动参与活动，能否大胆地表达和表现美，大胆地表达自己的感受、体验，用自己的形式创造性地表现自己的观察和感悟。

音乐教学活动中的美感与表达就是幼儿艺术教育的价值所在。在音乐活动中，幼儿能够用身体动作合拍地表达出音乐节拍和音乐结构，能够用身体动作表达出乐曲内容，用动作和语言描述音乐的内容和形式。幼儿不仅在音乐能力方面得到了发展，在学习品质及人格素养方面，如观察模仿学习的能力、创造性学习的能力、解决问题的能力、共同学习的能力上也能得到发展，而这些正是幼儿园集体音乐教学的关键经验。详见表 3-25。

表 3-25 集体教学活动中艺术领域的观察与记录要点

评估领域	评估项目	评估子项目	观察与记录要点
艺术领域	感受与欣赏		(1)幼儿参与艺术活动的主动性与兴趣。 (2)幼儿在艺术活动中的情感体验和表情动作反应。 (3)活动中听到优美的音乐时，幼儿的表情和身体有无同步反应。 (4)看到自己喜欢的美术作品时，幼儿是否会用语言表达认识和感受，并与他人分享、交流自己的看法。
	表现与创造	歌唱	(1)在集体歌唱活动中，幼儿能不能随音乐大胆演唱。 (2)幼儿是否愿意主动尝试用恰当的情绪情感表达歌曲内容。
		律动	(1)在随音乐做动作时，幼儿动作是否协调、合拍。 (2)幼儿能否选择用恰当的动作表达音乐形象。
		绘画与造型	(1)幼儿是否愿意尝试用不同艺术材料和工具作画。 (2)幼儿艺术作品能否表达自己的想法，是否富有创意。

案例 3-8 集体教学活动中艺术领域的观察案例

3月13日，在集体美术活动"社区的房子"的手工制作中，浩浩沿着卡纸的边缘剪了一条红色的小长条粘在已做好的房子造型上，接着从袋子里找出两条黑色长条竖着粘在两侧，他说："这是房子的门。"然后他在红色的卡纸上画一个正方形，找了彩笔从中间画了十字，用胶棒贴在房子上，说："这是窗户。"

以上观察记录是教师在美术集体活动中记录到的幼儿用不同的工具和材料创造性地表达自己的意图的行为表现，是幼儿在美术活动中"表现与创造"项目的具体表现。

三、集体教学活动中观察记录的方法

(一)在集体教学活动中观察记录的方式

集体教学活动的观察就是教师在幼儿活动过程中,对幼儿及其行为进行观看和思考,是最基本也是最经济的一种观察记录方法。教师要明确观察的目的,依据评估工具中的领域与项目预设集体教学活动教师究竟要观察什么,创设什么样的环境,准备什么活动材料利于观察记录;教师的观察行为是否影响幼儿情绪,教师是否介入幼儿的活动之中;具体观察的时间、对象和时间节点是怎样计划的等。

教师组织教学活动的过程中,可以边讲边观察幼儿,或在幼儿操作间隙进行有目的的观察。但是集体教学活动相对于区域活动、生活活动而言,结构紧凑,环节严密,教师的主要精力在活动组织方面,教师的观察有一定的局限性。因此具体观察记录的方式有以下几种。

1. 点速记录

在组织教学的过程中,教师在组织教学的过程中,要随时关注幼儿的行为、表情。在幼儿操作间隙,教师可以用点速记录,采用符号、关键词等方法进行记录。

2. 交叉记录

教学与观察有时很难兼顾,可以考虑由配班教师完成观察记录任务,需要注意的是组织活动的教师要在活动前将观察目的、方法与配班教师进行沟通交流。

3. 事后追记

在教学活动结束后,教师要在最短时间内回忆并补充完整观察记录。同时要在当天及时整理完善,撰写客观的观察记录。

另外,教师也可以根据实际情况选择适宜的设备帮助自己在有效的时间内获取最有价值的信息。在观察过程中是否需要一些辅助设备,借助手机拍照功能、或其他录音、摄像工具进行有目的的观察记录。例如,确定是否需要拍照、录像或录音。如果需要的话,这些设备放在哪里?何时去放?以及怎样减少对被观察者的影响等。

(二)在集体教学活动中观察记录的方法

集体活动中的观察不同于日常观察,它作为一种科学的观察,具有系统性、选择性和情境性等特点。运用评估工具进行观察可以为教师提供在集体教学活动中更深入地捕捉幼儿学习和发展信息的可操作框架。具体而言,可采用全面观察、重点观察、个别观察和连续观察四种方法。

1. 全面观察

全面观察是教师对集体教学活动中发生和出现的各种现象进行观察和记录,涉及

集体教学活动中幼儿的所有表现和行为。依据评估工具，教师能更有针对性、更便捷地对全体幼儿进行观察。例如，大班的某位教师在具体的教学活动中对班级幼儿进行了以下的观察记录，详见表3-26。

表3-26 集体教学活动中的全面观察记录表①

评估项目：艺术领域项目34 表现与创造(子项目34.2 律动)			
时间	教师		内容
2017年3月3日	贾老师		欣赏：《啤酒桶波尔卡》
观察幼儿	姓名	性别	典型表现
	瑜瑜	男	随音乐扭动腰，边扭腰边摇胳膊。
	凯凯	男	随音乐左右晃动脑袋，随后转圈。
	小哲	男	音乐慢时胳膊摆动慢，音乐快时胳膊快速晃。
	小清	男	随音乐左右晃头。
	小文	女	和安安先是对拍手，然后点头、转圈，一遍又一遍。
	家诚	男	随音乐拍手。
	子萱	女	和果果手拉手，两人一个站着一个转圈，随后手挽手，对拍手。
	小光	女	和凯凯面对面，随音乐左右晃动脑袋，随后转圈。
	言言	男	随音乐先是拍手，然后点头。
	小浩	男	随音乐左右晃脑袋。
	桐桐	男	随音乐双脚跳两下，双手举过头顶拍了两下。
	小颖	女	和朵朵胳膊挽着胳膊转圈之后，两手对拍，然后又自己转了个圈，重复上面的动作。
	小渊	男	随音乐左右点点头。
	可欣	女	边挥动手臂，边说："老师你看，我要跳得慢点，因为音乐特别慢。"
	果果	女	和子萱手拉手，两人一个站着，一个绕着另一个转圈，随后手挽手，最后对拍手，重复上述动作。
	小坤	男	随音乐点头，然后拍了拍肩。
	雯雯	女	先是点头，然后拍肩，然后举手转了一个圈。

2. 重点观察

重点观察是教师对部分特定幼儿或活动内容、材料进行有目的的重点观察，这往往是建立在教师对前一阶段幼儿在活动中了解的基础上进行的观察，如依据评估工具发现某个幼儿或项目有个别缺项或强项，并对此进行有针对性的观察。由于重点观察范围较窄，因此教师运用这一方法观察时有较强的可操作性，且观察内容细致、较为全面。重点观察有较强的预设性、特指性，对幼儿发展、教师成长都有积极的推动作

---

① 本案例由晋中市第一幼儿园贾荣艳老师提供，表中幼儿姓名均为化名。

用。如教师评估工具项目34.3"绘画与造型"进行重点观察时，选择幼儿使用材料情况作为观察重点，详见表3-27。

表3-27 集体教学活动中的重点观察记录表①

时间	9：30至10：00	地点	大五班活动室	记录者	胡老师
主题内容	"晋商之旅"					
材料投放	废旧材料（纸盒、空药瓶、水果网、一次性纸盘、树片、彩色纸条）、超轻黏土				
评估项目	项目34.3 绘画与造型				

	姓名	观察记录
观察记录	小贤	用雪花插片插了一个椭圆形，然后插一个圆形，将两者插在一起，分别在椭圆形两边插上一个雪花片，说："我的布老虎耳朵是立起来的，最厉害。"
	天昊	用橡皮泥捏一个圆柱，然后捏出四只老虎围在圆柱周围说："我做的是四头虎，他们围在一起就很开心。"
	晨晨	在水果网下面粘了四个易拉罐，分别在水果网两端各粘上一对眼睛，用彩色纸剪了两个圆形分别粘在眼睛下，将丝带剪成一段一段粘在两个圆形的旁边，用彩色纸条团一团粘在水果网的中间，笑着说："我的双头老虎做好了。"
	琪琪	用皮筋套在水果网中间，说："这是我扎上的布老虎。"
	元元	将黄色的彩泥分成两部分，小的一部分团成圆形，大的一部分团成椭圆形，在圆形上面用不同颜色的彩泥捏出眼睛、鼻子、嘴巴、胡子，用黄色的彩泥搓成四个圆柱粘在椭圆形上做腿，说："我还得给布老虎装饰点花纹"。然后捏了一朵小花放在布老虎背上。
	果果	将一个一次性纸盘粘在一个纸盒上，又拿四根雪糕棍插在纸盒的下面边指边说："这是我做的布老虎。这是它的头，这是它的身体还有四条腿。"
	朵朵	拿了两个盒子用胶棒将其粘在一起说："这是布老虎的头，这是身体。"然后拿了两个扣子粘在一个盒子上说："这是布老虎的眼睛。"

3. 个别观察

个别观察是指教师对幼儿个体在集体教学活动中的状态和发展水平进行信息采集，由于幼儿基本经验、发展速度、个性特质等方面存在众多差异，因此教师需要通过个别观察了解每个幼儿的学习行为，并以此为幼儿提供富有个性的支持和帮助，表3-28是集体教学活动中对幼儿进行个别观察的一种记录表样式。

---

① 本案例由晋中市第一幼儿园胡丽丽老师提供，表中幼儿姓名均为化名。

表 3-28　集体教学活动个别观察记录表(空)

观察时间		观察地点		观察者	
观察对象		观察方法			
观察目的					
观察记录					
观察领域		所属项目		所属级别	
评估分析					

4. 连续观察

连续观察是指在一段较长的时间内,教师持续不断地、详细地将幼儿在自然状态下的行为表现记录下来的一种观察方法。连续记录法在内容上更全面,在时间上更长久,在记录上更详细。如教师在集体教学活动中对一位幼儿做了如下的连续观察记录(见表 3-29)。

表 3-29　集体教学活动中的连续观察记录

幼儿姓名	岩岩	班级		大三班	
时间	领域	项目		观察实录	
2016年4月27日	语言领域	项目10	倾听与理解	语言教学活动中,绘本故事《玩具船去航行》,老师问:"你觉得小帆船遇到大船会发生什么事情?"岩岩说:"我觉得小帆船会被冲到海底,海浪太大了。"	
2016年5月6日	学习品质	项目1	好奇心与内驱力	语言教学活动中,岩岩说:"我昨天晚上和妈妈上网查资料发现大象是站着睡觉的,它怕小蚂蚁钻进它的鼻子里。"	
2016年5月10日	数学领域	项目30	比较和测量	数学活动中,岩岩先用小棍测量了一段距离的长度,并记录下来"3",又用纸条测量了同样一段距离的长度记下"5",说:"小棍长,量的次数少;纸条短,量的次数就多。"	
2016年5月19日	健康领域	项目8	生活自理与健康生活习惯	集体活动中,老师说:"豆腐干有什么营养价值?"岩岩说:"豆腐干里有很多营养物质,对人的身体有好处,吃豆腐干能健康。"	

四、集体教学活动中观察记录的策略

教师有效的观察记录是建立在深入观察的基础之上的,而深入观察又是建立在拥有科学观察记录策略的基础上的。在运用评估工具对集体教学活动进行观察记录的实践过程中，我们总结出如下适宜的观察记录策略。

(一)有效对接　建构框架

教师应将评估工具中 38 个评估项目与预设的集体教学活动目标、内容进行有效对接，在头脑中建构一个完整的幼儿学习与发展的立体框架，抓住幼儿比较典型的、重要的表现进行细致观察，或针对涉及评估项目的教育活动内容与目标进行有准备的观察与记录。

(二)同步计划　准备充分

观察记录是一个系统工程，它与幼儿园课程紧密联系，是园本课程的重要组成部分。因此，在日常教学活动设计时，教师要同步做好观察计划，根据教学目标和内容确定观察的目的，明白自己关注的对象是什么，并且详细记录所要观察的具体行为，观察的时间、顺序、过程、对象、仪器、记录方式和记录表格等都应预先安排和准备，以保证观察的质量和效率。真正将观察记录和集体教学活动设计、组织建构成不可分割的整体。

(三)多"管"齐下　科学记录

在集体教学活动中，教师有时能凭借自身感官，不借助仪器进行直接观察，虽然这一方法应用比较简单，但人的视野毕竟有限，记录难以精确全面。有时需要借助于仪器进行间接观察，如录音、录像，这样可以客观记录和多角度精确地观察。无论是不是直接观察，教师只是旁观，均不介入幼儿的活动。

(四)情境自然　客观真实

我们强调在真实的情境中对幼儿进行观察，确保对幼儿的记录是客观的。因为幼儿在轻松自然的氛围中活动，表现出的行为是真实的。如果人为参与痕迹明显，就会直接影响幼儿的情绪和表现，这样即使是真实的观察内容也不能代表幼儿的真实情况。因此一定要让幼儿处于自然真实的情境中，观察幼儿真实的语言和行为，记录幼儿的关键语言和特殊行为表现。

(五)合理应对　把握时机

合理调配观察时间，即何时组织教学，何时进行观察。例如，在某位教师的活动中，她在活动开始部分是观察幼儿是不是集中注意力认真倾听，这属于全面观察；当幼儿开始使用阅读材料时，又去比较地观察幼儿阅读材料的行为习惯和幼儿阅读的内容。最后，再有计划地重点观察幼儿的讲述表达情况。

(六)目标明确　聚焦行为

把握观察对象，视线聚焦行为。教师在观察过程中要明确：幼儿在干什么事，使用什么材料，具体有哪些动作，整个人情绪如何……如果是全面观察，那么就要寻找幼儿的行为，在发现共性的基础上寻找幼儿"与众不同"的行为，进行个别观察。教师要把自己的视线自始至终集中于观察对象的活动范围内，而不要忙于一些琐碎的事或其他表现，使自己的观察对象在视线中丢失，遗漏来自幼儿的重要信息。

第四节　幼儿园户外活动中的观察记录

《指南》明确规定："幼儿每天的户外活动时间一般不少于 2 小时，其中体育活动时间不少于 1 小时。"户外活动是指在户外所进行的活动，即在室外（包括走廊）开展的各类活动的总和。户外活动按照活动场地分为园内活动与园外活动，本节所指的户外活动观察与记录仅限于园内的户外活动。户外活动对幼儿身心发展具有重要的意义，相对室内活动，幼儿在户外可进行奔跑、攀爬、跳跃等运动量大的活动，有利于提高肌体的平衡能力、协调性、灵敏性，增强身体素质。幼儿在户外活动中克服困难的过程，也有助于他们形成勇敢、坚韧等良好的个性品质；同时，户外广阔的空间和环境，为幼儿提供了自由自主游戏、与他人交流合作的机会；而与大自然接触又能帮助幼儿扩大视野，积累丰富的感性经验。

一、户外活动中观察与记录的价值

相比室内活动，户外活动场地大、空间大，教师需要关注的范围也增大了。观察与记录幼儿户外活动的行为，可以引领教师关注幼儿的活动情况，收集幼儿的发展信息，为改善户外活动环境、调整教育策略提供依据。

（一）了解幼儿户外活动的现状

由于户外活动涉及范围大，教师了解幼儿活动的难度系数也随之增大。因而，教师对幼儿持续、系统地观察记录，就可以帮助教师全面而系统地了解幼儿户外活动的现状。一是了解场地与材料的现状：户外游戏场地面积是否适宜，游戏区域内部功能构造是否完善，材料是否丰富，能否识别环境中潜在的危险因素，最大限度地降低危险度，给幼儿营造一个充满挑战性、趣味性的安全游戏环境。二是了解活动开展的现状：幼儿能否自主选择游戏内容、游戏的兴趣、游戏持续时间长短等。三是了解幼儿的发展现状：游戏中幼儿大肌肉动作、社会交往、观察与探索能力等方面的发展情况等。

（二）发现教育的契机和策略

通过长时间户外观察与记录，教师在了解幼儿活动现状的基础上，还能够发现幼儿个人发展的强项与弱项，知道哪些幼儿在哪些方面需要教师的支持。同时，通过观察记录，教师不仅能发现幼儿知道什么、做到了什么，还能了解他们是如何知道、如何做到的，也就是他们思考及学习的历程。例如，幼儿如何使用户外活动材料、如何与他人进行互动、如何用语言来表达思维等，在这个过程中，教师就很容易找到支持幼儿学习的契机。

(三)及时调整教育策略

通过观察与记录，教师可以反思自己的教育策略是否适宜，如户外场地安排、材料投放是否能够支持幼儿的活动，师幼互动是否有效。通过反思，教师能够找到问题所在，并及时调整教育策略。例如，运动材料不够丰富，可以加以补充；师幼互动出现问题，教师需要及时转变自身角色，且在活动中调整好自己的情绪，有意识地开展活动，及时和幼儿进行沟通与交流；等等。

(四)促进教师专业成长

做好户外活动的观察与记录，需要教师具备一定的专业知识及能力，还需要教师不断地观察与学习。例如，在运用评估工具进行观察与评估的过程中，教师对于健康领域中项目6"大肌肉动作发展"的评估级别划分存在很大的困惑。教师总觉得评估级别的划分应针对大肌肉动作走、跑、跳、钻、爬、平衡等运动形式为线索分别划出评估级别，但评估工具打破了这种分类，综合地对幼儿大肌肉动作给予级别划分。之所以出现这样的疑惑是因为部分教师只知道走、跑、跳、钻、爬等一些具体的大肌肉动作技能，而并不理解其背后所蕴含的动作发展原理及顺序。通过在观察中运用科学工具，并进行专业学习，教师必然超越自己原来的认知水平，不断提升专业能力。

二、户外活动中观察与记录的要点

(一)体能运动类活动观察与记录的要点

户外体能运动，既包括教师组织的体育活动或体育游戏，也包括幼儿自发进行的自主性体育游戏。由于户外体能运动类活动重点发展的均为幼儿的大肌肉动作，因此在观察与记录的过程中，需要将大肌肉动作作为观察与记录的重点，但同时也要兼顾幼儿情感、社会性及学习品质等方面的发展。详见表3-30。

表3-30 户外体能运动类活动观察要点与记录重点列举

户外活动类型	观察要点	记录侧重点列举
户外体能运动	情绪管理	(1)幼儿参与运动的情绪是否积极、愉悦。 (2)幼儿在运动中是怎样表达情绪的。 (3)幼儿在遇到不愉快的事情后是否能很快调整。

续表

户外活动类型	观察要点	记录侧重点列举
户外体能运动	大肌肉动作发展	(1)幼儿单独运用运动技能的表现，如走、跑、跳、爬等动作中是否平衡、协调、灵活，并具有一定的力量和耐力等。 (2)幼儿在操节、韵律活动中的表现：如模仿操等活动中动作是否表现出规律的节奏，是否以正常的节奏依序做动作等。 (3)幼儿运用器械的运动表现，如球类运动、便携器械运动、各种平衡类运动中掌控器械的能力，携着器械运动过程中身体的平衡性、协调性、力量与耐力，以及对时间、空间、力量等的把握和控制等。
	安全自护	(1)幼儿运动中是否有安全自护的意识，这种意识是成人提醒的还是自己产生的。 (2)幼儿在运动中是否能自己发现存在安全隐患的情境，并采取措施进行自我保护。
	人际交往	(1)幼儿在运动中是否有同伴，是谁发起的互动。 (2)当运动中遇到矛盾时如何解决。 (3)幼儿在运动时能否与他人进行合作，合作的程度。
	学习品质	(1)幼儿在运动中遇到挑战性情境是否表现出大胆、勇敢的品质。 (2)幼儿在运动中遇到困难是否表现出坚持性的品质。

表 3-31 是在幼儿进行户外大肌肉运动时，教师捕捉到的幼儿行为表现，通过分析和对照评估工具中的大肌肉动作领域确定了幼儿的发展级别。

表 3-31 幼儿大肌肉运动的观察记录

观察例举	分析	运用评估工具评估
2016年4月5日，户外体育活动中，律铭能够助跑跨跳，且能连续跨越8个以上高度不同的跨栏。	在这条观察记录中，幼儿的跳跃行为有两个突出的表现，一是连续跨跳8次，二是跨跳高度不同。	健康领域 评估项目6大肌肉动作发展。 级别3：幼儿能重复跳跃至少8次。
2016年4月13日，体育活动，闯关。乐之先双脚跳过30厘米高的障碍物5个，然后匍匐爬行5米，左后侧身钻过通道完成任务。	在这条观察记录中，幼儿分别进行了双脚跳过多个障碍、匍匐爬行、侧身跨过通道三项不同的运动，连续完成多项运动。	健康领域 评估项目6大肌肉动作发展。 级别5：幼儿能平稳、有序地完成一系列动作。
2016年5月10日，户外活动足球赛中，智超脚带着足球，躲过了同伴的追逐，并将球准确地踢入球门。	在案例中，幼儿对足球的控制能力非常强，能够带球跑，还能躲过其他幼儿的追逐。	健康领域 评估项目6：大肌肉动作发展。 级别5：幼儿能够平稳、有序地完成一系列动作。

案例3-9　幼儿器械操活动观察记录

观察时间： 2016年6月7日上午10：20。

观察地点： 幼儿园前院。

观察内容： 音乐第一部分开始后，诗文先选择了打竹竿，伴随着音乐节奏，她能做"开开、合合"的动作（图3-1、图3-2）。音乐第二部分开始后，她从打竹竿换成了跳竹竿，伴随着音乐和竹竿的开开合合，她能跳过去，没有出现夹脚的现象（图3-3、图3-4）。

观察分析： 在这个案例中，虽然也有幼儿与器械的互动，但主要是幼儿之间通过统一的节奏控制、相互配合进行打竹竿和跳竹竿的运动。其中诗文小朋友在两个角色中都能顺利完成一系列大肌肉动作，达到了评估工具中的项目6大肌肉动作发展的级别5，即幼儿能够平稳、有序地完成一系列动作。

图 3-1 　　　　　　图 3-2

图 3-3 　　　　　　图 3-4

（二）自然探索活动观察与记录的要点

陈鹤琴先生曾说过"大自然、大社会都是我们的活教材"。户外活动场地为幼儿的活动提供了广阔而丰富的教育资源。幼儿可以在户外进行各种自然探索性游戏与学习活动，如玩沙、玩水、种植各种作物、采摘果实、饲养小动物等。表3-32列出了对自然探索活动进行观察与记录的要点。

表 3-32　自然探索活动观察要点与记录重点列举

活动类型	观察要点	记录重点列举
自然探索活动	探索兴趣	(1)幼儿是否情绪愉快地进行自然探索活动，如照顾小动物、玩沙、玩水。 (2)幼儿是否主动或者反复进行观察与探索。 (3)幼儿观察与探索的时间持续长度。
	探索行为	(1)幼儿是否有观察记录。 (2)幼儿是否提出问题引发进一步探索。 (3)对于发现的问题是否能找出适当的解决方法。 (4)对于不宜解决的问题是否能采用不同的方法进行探索。
	工具运用	(1)幼儿是否能选择适宜的工具进行游戏。 (2)幼儿对工具的运用是否熟练。
	习惯养成	(1)幼儿是否按时开展饲养小动物、照顾农作物等探索活动。 (2)活动结束后幼儿能否收拾整理各种物品。
	人际交往	(1)幼儿能否与其他幼儿协商进行自然探索活动。 (2)幼儿在遇到矛盾时是如何应对与处理的。 (3)幼儿与其他幼儿是否能合作进行探索活动。 (4)幼儿在与他人共同探索时担当了什么角色，如组织者、跟随者等。

表 3-33 是教师对幼儿在一次沙水区的活动中进行的连续观察记录，在这个系列记录中教师捕捉到了幼儿在活动中的学习品质及社会领域发展的支持信息。

表 3-33　沙水区观察记录

观察例举	分析	运用评估工具进行评估
2016 年 6 月 21 日，孩子们在桐桐、园园、峰峰、晨晨几个小朋友的带领下在沙池中挖水渠，全班孩子齐上手。有的用铲子，有的用盖子，有的操作挖土机。十几分钟之后，孩子们在沙池内挖了近 6 米长的水渠。	幼儿一直在挖水渠，持续进行了十几分钟。	学习品质领域 评估项目 2 主动性与做计划 级别 4：幼儿花一定的时间来完成他们的计划。
有人喊道："水不流啦，这儿堵住了。"凯园跑过去看了看说："继续挖，这儿太高了。"孩子们动手继续往深挖。	当出现水不流的情况时，凯园通过观察找到问题原因，预测出地势太高水就不流的结论，并提出解决方案。	学习品质领域 评估项目 3 解决问题 级别 4：幼儿在游戏过程中会预测问题，并确认可能的解决方案。
第二次放水，几个孩子发现水往进口的地方倒流："水又流回去了。"凯园说："唯一的办法就是把它(水)弄到高处。"抱抱指着倒流的水说："把这儿堵住。"大家又尝试用"堵"的方法开始建	在这个环节中，针对水倒流的情况，凯园找到了解决的办法，并协调指挥多个幼儿通过建水坝、堆小山、用铲子挖水渠等办	学习品质领域 评估项目 3 解决问题 级别 5：幼儿能协调多个资源(物品或人)来解决一个复杂问题。

141

续表

观察例举	分析	运用评估工具进行评估
水坝，孩子们用沙子堆成小山状，再用铲子和双手把小山状的沙子往中间聚集直到成功截住水，并让水向指定的方向流去。	法成功地解决了这一问题。	社会领域 评估项目17 与同伴交往 级别3：幼儿与两个或更多的幼儿合作，他们会贡献自己的想法，并把他人想法纳入正在玩的游戏中。

自然区和养殖区可引发幼儿观察动、植物的行为，培养幼儿亲近自然、爱护环境、积极探索的科学精神。表3-34是教师对幼儿在户外养殖区活动的观察记录，对照评估工具，这段观察记录体现了幼儿在科学领域中有关"认识自然和物理世界"这一项目的发展。

表3-34 自然养殖区观察记录

观察例举	分析	运用评估工具进行评估
2016年6月23日，户外活动时间，环环发现地上有一条蚯蚓便叫了起来，"快来看呀，地上有一条虫子！"博涵说："这是蚯蚓，刚下了雨，蚯蚓就会爬出来。"	户外活动，博涵立刻认出了蚯蚓，并能指出蚯蚓的生活方式。	科学领域 评估项目24 认识自然和物理世界 级别2：幼儿知道动物的生活、生长环境。

三、户外活动中观察与记录的方法

在运用评估工具进行户外活动观察与记录时，由于户外环境的空间较大，活动内容比较丰富，有大肌肉动作、小肌肉动作、社会交往、观察探索等，教师如何更好地捕捉幼儿多方面发展的信息，在进行观察与记录时需要运用不同的方法，主要包括定向观察、群体观察和连续观察。

(一)定向观察

定向观察是指教师确定了观察的目标、范围、对象，并预先做好观察的准备，设置相应的观察表格等。

在观察幼儿户外活动时，教师需要特设一定的情境，提供游戏材料，才能看到幼儿某些方面的发展。例如，健康领域中评估项目6"大肌肉动作发展"的级别4是"幼儿用桨、球拍、球棒击打一个移动的小球"。要想看到幼儿的典型表现，就需要教师创设一定的游戏情境，提供相应的材料，才能看到幼儿的发展情况。在下面的案例中，教师就设计了这样一个运动游戏，并对幼儿的表现进行了记录（见表3-35）。

案例 3-10　幼儿空中击球观察记录

2016 年 11 月 18 日，户外操场上坤坤、静静、俊俊等 10 名幼儿在玩空中击球的游戏。首先是幼儿一个人将自己的球抛向空中，并用球拍去击打。然后，幼儿两人一组，一个幼儿向空中抛球，一个幼儿击打，过一会儿互换角色，继续游戏。

表 3-35　空中击球观察记录

观察内容	幼儿姓名	击中自己抛出去的球（次）	击中别人抛出去的球(次)	分析 评估项目 6 级别 4
幼儿击打移动的小球	坤坤	2 次	2 次	达到
	静静	0 次	0 次	未达到
	俊俊	2 次	1 次	达到
	……			

(二)群体观察

群体观察就是通过对幼儿户外群体活动中的行为进行观察记录，教师可以获得在某一项运动中群体幼儿的发展信息。在案例 3-11 中，教师对本班幼儿的一次户外拍球活动进行记录，以了解本班幼儿拍球活动技能的发展状况。

案例 3-11　幼儿拍皮球观察记录

观察时间：2017 年 3 月 31 日 16：00。

观察地点：户外操场。

观察对象：中八班全体幼儿(共 34 人)。

观察目的：了解本班幼儿对拍皮球活动技能的掌握及身体素质发展状况。

观察记录：

幼儿人数	动作表现	图示
1	幼儿能够连续一手拍球，将皮球从腿下弹过，另一只手接球继续拍球，再从腿下弹过 5 个左右(见图 3-5)。	图 3-5

续表

幼儿人数	动作表现	图示
8	幼儿能够跟着音乐节奏,双手拍双球20个以上,球拍得高且稳(见图3-6)。	 图3-6
7	幼儿能够站在原地不动,单手连续拍球80个以上,甚至更多。并能跟着音乐节奏拍,球拍得高且稳(见图3-7)。	 图3-7
16	幼儿能够连续拍球50个以上,有个别时候来回走动控制皮球,有时候跟不上节奏(见图3-8)。	 图3-8
2	幼儿能拍10个左右,不会使用手臂和手掌的力量,皮球越拍越低(见图3-9)。	 图3-9

(三)连续观察

连续观察是指按照事物的变化发展进行观察记录,了解事物发展变化的方式。有些活动内容的观察需要长时间的观察记录,多则几天甚至几个月,如幼儿动作发展、植物的生长等,就需要进行连续性的观察,记录一段时间内的行为片段。

案例 3-12　幼儿种植活动观察记录

开始:认识植物种子,制作植物标志牌。

(1)告诉幼儿我们将要建造一个小花园。分发给他们不同的植物种子,利用图片介绍每种植物种子的名称,让幼儿观察不同种子的外观,如大小、颜色、形状等。

(2)和幼儿一同统计植物种子的种类。

(3)为每种植物制作标志牌并塑封,便于户外长久保存。

过程:了解并体验植物种植过程。

(1)鼓励孩子们分享关于图片上所示植物种植的过程,和孩子们谈论如何播撒种子——将种子埋入地下,将种子种成一排,在种子与种子之间留出空隙,这样种子才会有空间生长。

(2)发给每个幼儿一把铲子,带他们到事先准备好的花园中。和幼儿一起决定每种种子分别种在什么地方,然后将植物标记牌插入地里。

(3)和幼儿一起在对应区域种上不同种类的种子。

幼儿的话:

"这里种草莓,它的牌子在这里。"

"最大的种子是豆子的种子。"

"把种子往下推,这样它们才会全都被土盖住。"

结束:讨论照顾植物的计划。

讨论需要多长时间浇一次水——是需要每天浇还是隔天浇?和幼儿一同清理并收拾种植工具。

延伸:观察花园里的变化,并记录下幼儿对这些变化的描述。

(1)幼儿一起画一张花园植物种植的布局图,用图画标明每一排都种了哪些植物。

(2)制作一张浇水人员安排表,这样幼儿就可以轮流给园子里的植物浇水,并在浇完水后在表上自己的名字旁边画个对钩。

(3)每周拍摄几张(花园)的照片,并张贴出来,以便幼儿跟踪植物的生长过程。让孩子们讨论哪些种子最早发芽,以及不同类型的种子的相对生长速度等。

案例3-13 足球"踩单车"过人动作学习观察记录

观察对象: 志超,宇丹

片段1: 两位小朋友在看完老师的示范后开始练习,在原地有球徒手练习开始阶段,志超出现身体重心移动速度慢、动作幅度小、四肢不协调的现象。宇丹出现上肢没有明显动作,腿在绕球时出现脚尖上翘、左右脚动作衔接不上等现象。

片段2: 两位小朋友做动作时身体重心左右移动幅度有了明显变化,左右脚衔接速度与节奏有了明显改善,不协调和多余动作逐渐消失。志超带球向前做动作时把握动作节奏不到位。宇丹对于标志桶和自己的距离感掌握不到位,做动作过早或过晚。

片段3: 两位小朋友经过前两个阶段的练习后,可以基本熟练地通过固定位置的障碍物,并且动作准确、协调、优美。

片段4: ……

最后需要注意的是,户外活动的内容很多,除了本节提到的体能活动、自然探索类活动和角色扮演类活动之外，还有户外积木建构活动、艺术创作活动等，在此不一一列举。教师应根据不同的内容，运用不同的观察记录方式，捕捉幼儿发展信息，回应并支持幼儿的发展。

第四章 观察记录的整理与评估

运用评估工具在实践中进行观察记录，获取信息之后，如何更有质量地整理完善并进一步形成系统的反馈结果，为教师、家长及不同层次的幼儿园管理者提供可靠的支持策略和参考信息，是评估工具使用中一个重要的环节。本章将针对在实践中依据评估工具获得的观察记录探讨如何进一步整理完善观察记录，并进行评估级别判断和系统整理，以及在此基础上，撰写各类评估报告及幼儿成长档案等问题。最后介绍与评估工具配套的、可实现上述功能的 3—6 岁儿童发展观察评估数据分析平台。

第一节 观察记录的初步整理与完善

教师在每日进行观察记录的过程中，可能会由于现场出现行为信息比较多、记录时间比较紧张等原因，只记下一些情境片段或关键词，记录不够完整，信息不够详细，书写也比较凌乱。这样的信息如果不进行及时的整理和分析，就会变成简单的堆积，很难为教师提供有效的借鉴。因此，在现场观察记录之后，教师应对原始记录进行整理，使其中所包含的信息更加清晰、有条理，并进行初步的分析。

一、初步整理观察记录

对于许多教师，尤其初期接触观察记录的新手教师，当观察和记录下幼儿的某一个行为时，只是模糊地感觉到这与幼儿在某一方面的发展有关，但并不能立刻准确地在头脑中对其进行精确的分析。这就需要教师对观察记录逐层分解，从粗到细地进行分析，逐步使所观察的信息清晰呈现，具体包含以下几个步骤。

(一)寻找记录中所反映的关键信息

在一段观察记录的文字中，往往会记录许多幼儿的行为与语言，教师首先需要对这些信息进行分解，找到一些关键点，分别形成简短、聚焦的记录片段，以便有针对性地对这些信息进行分析。在操作中，教师可以将这些具体信息圈画或标注出来，或者单独将这些信息提取出来，以便随后进行更加深入的分析。

案例 4-1　学用透明胶[①]

2016年4月19日下午3:00—3:30,小宇使用透明胶切割器,扯下一定长度的透明胶,开始按上、下、左、右的顺序固定,他把小的红色卡纸贴在紫色大卡纸内页。红红用的胶带头粘不到一起,小宇开始处理,欢欢想要帮忙,小宇拒绝,独立完成。

在案例4-1中,虽然有百余字的具体描述,但其实涉及的关键信息只有几处:一是小宇用透明胶切割器扯胶带,二是固定卡纸,三是遇到胶带头粘不到一起的问题,独立解决。教师在进行整理时应当首先标注这些关键点,以便后面的分类整理。

案例 4-2　搭城堡[②]

9:15—9:25,建构区,三名小朋友一起搭积木,天天说:"咱们搭城堡吧!"他用4根圆柱体当立柱,用两根4倍积木平行架在立柱上,之后将4倍长方形积木在平行架好的积木上平铺,说:"看我搭的城堡,用架高方式搭的,一会儿还要延伸到那边搭隧道。"边说边用手指着旁边的空地,说完接着搭建城堡第二层。

案例4-2虽然提到了三名小朋友,但其实反映的是天天一个人的语言和行为,其行为主要就是选用不同积木进行搭建。而其语言则反映了不同的信息:一是邀请小朋友共同进行城堡搭建,二是描述自己的搭建作品,三是对尚未进行的搭建活动进行设计与规划。教师可以在记录中予以标注,以便进一步分析这些行为和语言与幼儿发展的关系。

(二)分析记录中所包含的领域

《指南》中将幼儿的学习与发展的关键经验相对分为健康、社会、语言、科学、艺术5个不同的领域。但是,幼儿的行为往往都是综合性的,一个简单的行为可能包含了许多不同领域的信息。例如,幼儿之间交往的语言既反映了幼儿的语言表达能力,也反映了幼儿的交往能力;建构区搭建行为,既包含动作的协调,也包含思维的发展,很难绝对地判断是哪个领域。因此,教师需要依据评估工具先判断出幼儿行为中包含了哪些领域的表现。

例如,在案例4-2中,教师截取了建构区中三名小朋友进行搭建的片段,从天天的搭建行为可以看出,他主要是在进行立体造型,在选择积木搭建的过程中,需要对空间、距离、高度进行判断,反映了幼儿数学领域的能力发展;而从天天的语言中,可以看出他是在发起和推动与另外两名小朋友之间的游戏,因此,记录反映了幼儿语言和社会交往两个领域的能力。同时从语言记录中还可以看出他在对游戏的开展进行设计与规划,这反映了幼儿的学习品质领域的发展情况。而在案例4-1中,小宇对透明胶

---

① 该案例由太原市育杰幼儿园刘桂英老师提供。
② 该案例由太原市迎泽区三晋幼儿园井芳老师提供。

切割器的操作与利用胶带进行固定反映了科学领域的探索情况与健康领域的小肌肉动作发展情况，因此涉及了科学与健康两个领域；而他对问题的解决则涉及科学探究与学习品质两方面的经验，因此，涉及科学与学习品质两个领域。为了更为准确地分析和判断观察中所涉及的领域，教师在分类前需要仔细阅读评估工具每个领域开篇所呈现的核心内涵，分析观察记录中所包含的领域。

(三)识别与分析观察记录中包含哪些关键经验

在初步判断观察记录所包含的领域之后，教师往往只能大概判断记录所涉及的范围，但究竟是体现了哪种能力的发展，还需要进一步分析，找到行为背后所指向的关键经验。与领域的识别相比，关键经验的识别更加困难一些。因为现实中的行为千差万别，教师需要把握各个关键经验的核心内涵。建议教师在运用评估工具的时候一定要仔细阅读关于关键经验的描述。比如评估工具中每个领域都分为不同的评估项目，在项目开始的地方用一小段文字详细描述了该项目与《指南》的对应关系、该项目所包含的主要核心经验、发展线索，教师在评估过程中必须理解与把握核心内涵。例如，评估工具项目4"反思与解释"，其核心是强调幼儿能够回忆已经发生过的事情，而不是看着摆在眼前的事物进行陈述。当教师观察到幼儿在回顾环节，指着搭建的作品说，"这是一座宫殿，它一共有三层"，并不能称其为反思与解释，因为作品就在眼前；但是，当幼儿陈述其在搭建这件作品时的思考过程、遇到的困难、解决的方法时，就可以称其为反思与解释了，因为这些并非在眼前发生。因此，教师在对观察记录进行评估的时候一定要注意把握细节。

二、完善观察记录

在对观察记录进行基本的梳理之后，教师要及时完善信息，从而保证最后形成的记录信息更加完整、清晰，更符合评估的要求，具体包括以下几点。

(一)补充基本信息

一个完整的观察记录，首先要求所包含的基本信息是完整的，这些信息包括时间、地点、人物、幼儿的语言和行为。如果原始记录的信息有缺项，教师需要在整理过程中补充完整。

案例 4-3　两个观察记录的比较[①]

记录一：2016年5月5日（日期），虎宝面馆（地点），云（人物）对蓝说："你做面条，我做馄饨。"（语言）蓝说："不行，我要做馄饨。""那你做馄饨，我做面条。""OK！"

[①] 该案例由太原市育杰幼儿园于涛老师提供。

蓝从始至终都在做馄饨，云做的是面条(行为)。

记录二： 主动问好，并介绍自己的名字。搭好后，向同伴借一辆汽车。同伴不借，他说"小气鬼"。

案例 4-3 的第一个记录信息包括时间、地点、人物、幼儿的语言和行为，相对较为完整，只是时间段不够具体，可以加上"区域活动时间"；记录的人物涉及两名幼儿，教师全部用简称，应当在完善过程中补全他们的姓名。第二个记录非常简略，记录中似乎发生了一个冲突事件，但看不出什么时间、什么地点，谁发生了事情，究竟说了什么、做了什么。这就需要教师及时补充基本信息，语言应该用原话，行为要有具体的细节描述，因为这些正是我们评估幼儿行为的依据。

(二)补充重点信息

有的时候，一段记录可能会涉及多个领域、多项关键经验。但是，作为有目的地进行评估的教师，在整理这些观察记录时需要根据自己的目的对观察记录中不同的信息加以取舍，更加清楚地突出所要评估的细节。比如，幼儿在建构区中的建构活动，可以表现幼儿的小肌肉动作，也可以表现幼儿的艺术创作、空间感知能力，还可以表现幼儿解决问题的能力。教师在记录时根据评估目的的不同，可以在不同方面着重加强细节描写，如果重点是要突出幼儿的小肌肉动作，就应多描述幼儿两只手的配合情况；若想突出幼儿的艺术创作，则突出作品的结构特征。对于需要突出的信息，教师必须有非常细致准确的细节描写，而不是简单的陈述，仅提供一般性的信息。

案例 4-4　强强的饺子

2015 年 12 月 22 日，区域活动时间，在美工区，强强对老师说："这是我包的饺子，很像妈妈的头发饺子。"

在案例 4-4 中，如果作为语言领域的案例可以说达到了记录要求，但如果作为一条表现幼儿艺术领域行为表现的记录，则没有清晰地表现出艺术领域的特征，教师需要对幼儿的艺术作品进行详细描述，如造型、线条、着色等。

案例 4-5　瑶瑶串珠

记录一： 2015 年 12 月 22 日，益智区玩串珠时，瑶瑶选择了一筐玩具，里面有绳子和珠子，她将珠子一颗颗地串进去，直到把绳子串满。

记录二： 2015 年 12 月 22 日，瑶瑶选择了串珠玩具，她一手拿两颗珠子，将珠子串进去之后向里推，然后将珠子和绳子放在桌上，一颗一颗串珠，这头串满了又串另一头。

记录三： 2015 年 12 月 22 日，益智区玩串珠时，瑶瑶左手捏珠子，右手大拇指、食指捏住线串珠子，左手捏线头，右手向上拨珠子，依次串过 29 颗珠子。

案例 4-5 为三名教师对同一名幼儿的观察记录。可以看出，三个观察记录虽然描述的是同一个情境，也都是为了突出幼儿的小肌肉动作，但记录详细程度却大不相同。记录一只是提到了幼儿在进行串珠的行为，并不能看出双手的不同动作，记录比较简单；记录二虽然更为详细，也提到了手上的动作，但并不能看出左右手的动作；记录三非常清楚地描述了左右手的动作，可以看出两只手中只有一只手在做动作，另一只手是不动的，而对于幼儿小肌肉动作发展水平评估中非常关键的一点就是两只手的配合程度，教师只有记录清楚这样的信息才可以进行准确地分类，进而确定发展级别。

(三)修正不客观、不准确的信息

观察记录的一项重要要求就是要客观，但是在记录过程中，教师可能会临时用一些模糊、概括的语言，还经常会加入一些个人主观的想象，如"高兴""伤心""不愿"等词语来表示被观察者的心理状态，较为主观。在完善记录的过程中，教师要及时甄别，用具体的语言进行白描式的描述。

案例 4-6　瓜瓜为何打人

区域活动时间，瓜瓜又进入玩具区，看到有一个小朋友选了他喜欢的玩具，于是他动手去抢小朋友的玩具，还打了小朋友。

在案例 4-6 中，教师在没有与幼儿进行交流的情况下主观认定瓜瓜打人的原因是看到有一个小朋友选择了他喜欢的玩具。同时，这段记录对于两个小朋友之间的互动描述非常概括，缺乏原始的语言描述，也缺乏具体细节的描述，我们无法根据这样的主观性记录来判断幼儿之间发生冲突的原因、过程和结果。

案例 4-7　荣荣玩小熊

区域活动时间，荣荣拿着自己的进区卡对老师说："我想去玩具区玩。"老师说："去吧，记得挂好进区卡。"荣荣选择了小熊的玩具，他拿了几个黄色小熊，又拿了几个红色小熊，嘴里说着："一个黄小熊，一个红小熊，一个黄小熊，一个红小熊，一个黄小熊……"然后他一直都在玩小熊的玩具。

在案例 4-7 中，相对于案例 4-6，这段观察记录描述得更为客观、具体，只是单纯地记录了教师和幼儿的言行，但是在对幼儿游戏时间的记录上还是略有主观的感觉，"一直都在玩"中所说的"一直"究竟是多长时间，无从判断。例如，改成"然后他整个活动时间都在玩小熊，大概持续 20 分钟"，就更为具体清晰。

第二节　观察记录的评估级别判断与系统整理

观察记录的整理与完善，最终目的是了解幼儿的发展水平，从而为教师制订教育方案、支持幼儿的学习与发展提供准确的信息和依据。因此，在初步的整理与完善之后，教师需要对照评估工具将涉及幼儿不同发展水平的观察记录进行项目匹配与发展级别判断，并在此基础上从不同的角度系统整理观察记录。

一、选择适合进行评估级别判断的观察记录

我们常常发现一段简单的记录可能会包含多个领域，每个领域又包含着多个关键经验，但是在评估级别判断的时候并不需要对所有涉及的关键经验进行评级，而是要找到典型、有价值且又符合评估目的的记录内容进行进一步评估定级。事实上，在完善观察记录的过程中，教师已经有了初步判断，需要进一步分析、选择、确定真正有价值的记录，因为每一项评估都代表着幼儿的发展水平，判断的依据主要包括以下三个方面。

(一)是否符合评估目的

教师在进行观察记录之前一般都是有目的的，比如了解幼儿在某一领域关键经验的发展情况，或对某个活动区材料使用情况的观察。教师在进行评估之前需要再次确定该记录是否符合观察目的。

案例 4-8　角色分配

2016 年 1 月 7 日，区域活动时间，在表演区，孩子们想表演《小兔乖乖》这个故事，文文说："我想当兔妈妈，晨晨你当大灰狼。"晨晨说："可是我想当兔爸爸。"文文说："这个故事里没有兔爸爸，你就当大灰狼，去吧，赶紧躲起来，记着，大灰狼唱歌的时候是这样唱的。"说完立刻用粗粗的声音学大灰狼唱歌，然后又对晨晨说："记着，大灰狼第二次才出来。"

在案例 4-8 中，可以看出两名幼儿在讨论角色的分配。对照评估工具，可以发现这段记录能体现不同领域、不同评估项目中儿童的发展情况：两名幼儿相互讨论角色的分配，正是艺术领域中角色扮演行为的具体表现；当说到大灰狼的角色时，文文有意识地改变声音去刻意表现，又体现了艺术领域中艺术表现这一评估项目；同时两名幼儿相互讨论问题，其中晨晨的语言较少，文文的语言较多；最后，这段观察记录还表现了游戏中两名幼儿交往的情境，体现了社会领域中与同伴建立社交关系的能力发展。因此可以说涉及 2 名幼儿、3 个领域、4 个项目的评估。那么究竟应当对谁、从什么方面进行评估就要根据教师的评估目的来进行选择，然后对应评估工具进行进一步的评级和分析。

(二)是否属于评估级别判断的范围

当我们选择了符合评估目的的观察记录之后，需要借助评估工具对其进行评估定级。由于任何评估工具的评估项目都是有限的，不可能与日常观察到的幼儿行为全部

一一对应。因此，当教师运用评估工具进行级别判断的时候就会发现好像有的行为难以纳入任何一个评估项目中。比如，有的教师观察到幼儿有很好的想象能力，但评估工具中没有，非常困惑。事实上无论是哪一种评估工具都不可能涵盖幼儿所有行为，应根据评估工具中所提出的评估项目进行评估级别判断，以反映幼儿各个领域的发展状况。教师在对观察记录进行初步整理的时候，要清楚这种关系，对于能够进入评估系统的内容进行保留，而对于评估范围之外的信息另行处理。

案例4-9　幼儿对时间的记录①

2015年9月11日，晨间活动时，自然角，虎头观察了自己的白菜花后回到活动室，他拿起笔，先在记录本上写下"9.11"，然后开始记录他今天的发现。

2015年9月15日，区域计划时间，活动室，天劢拿出自己的计划本，先在最上面记下"9.15"，然后画了计划内容，完成后就和阳阳去积木区了。

从案例4-9中可以看出，教师出于《纲要》中对幼儿时间概念发展的要求，专门关注了幼儿与时间观念有关的行为并进行了记录，这是很好的。但是在所使用的评估工具中并未有专门的项目对幼儿的时间概念发展进行序列的评估，因此不适合进行进一步评级，但可以保留下来，作为了解幼儿全面发展和与家长交流的资料。

(三)是否具有评估级别判断的价值

对于符合评估目的、又属于评估定级范围的幼儿行为来说，并非所有行为都有进一步评估定级的价值，其判断的依据在于是否具有典型性。一是看是否属于幼儿经常出现的行为，因为某个单一行为的出现具有偶然性，但如果是幼儿经常出现的行为，就能够代表该幼儿的一般性表现，教师可以将这样的记录留下，作为幼儿的评估依据。但如果只是偶然出现的，低于幼儿日常发展水平的表现，则不需要。二是看是否能代表幼儿发展的标志性记录。如果一名幼儿在观察记录中出现的某种信息明显高出其他幼儿在同一领域的表现，或者高出该幼儿平时的表现，教师可以保留这一记录，因为这可能代表幼儿成长过程的一个里程碑。

案例4-10　能说会道的丰丰②

2016年3月8日，"三八"主题活动中，丰丰对妈妈说："妈妈，祝您节日快乐，您辛苦了。"

2016年3月28日，离园时，丰丰说："老师，我明天要晚点来，不吃早饭。"我说："为什么呢?"他说："因为明天我要去打预防针，所以不能早来园。"

2016年3月31日，离园前整理环境时，丰丰拿着小数棒过来对我说："老师你看，

---

① 该案例由太原市育杰幼儿园李永琴老师提供。
② 该案例由太原市三晋幼儿园于美玉老师提供。

这个材料里缺了一个'2'的数棒。可能是他们去玩的时候把它弄丢了，我再去找找。"

案例 4-10 中的三个观察记录都涉及了语言领域项目 11"口语表达"，但是从第二个和第三个观察记录中可以看出，幼儿已经能够运用简单的复合句，有条理地进行表达，而且是经常出现，但第一个记录中幼儿语言表达的句式结构相对比较简单，无法体现幼儿现有的发展水平，因此无须再进行评估分析。

二、观察记录的评估级别判断

在确定了需要评估级别判断的观察记录之后，我们需要借助评估工具，找到该观察记录所对应的评估项目，然后选择恰当的评估级别，为幼儿的发展水平做出适宜的评价，教师应当关注以下几个方面。

(一)对评估工具中每一个项目级别核心的把握与理解

在使用评估工具对幼儿进行观察评估，尤其是对观察记录进行评估级别判断的时候，教师一定要对各项目级别的核心进行把握。因为评估工具的每一个项目、每一个发展级别的确定都是围绕幼儿的一项关键经验，而这个关键经验在发展的过程中也一定有标志性的行为表现，教师只有真正理解了这些核心经验与标志性的行为表现，才能很好地把握评估幼儿发展的关键性信息，从而给予较为准确的评估。而评估工具中的每一发展级别代表幼儿发展的顺序，教师需要清晰地把握每一个发展级别的典型表现。比如，对于评估工具评估项目 7"小肌肉动作发展"的级别 4"幼儿能用两只手做相反动作，配合完成精密的动作"，这里强调两只手起到不同的作用，如一只手转动纸，一只手剪。如果是一只手不动，而另一只手在动，如一只手扶着，另一只手用锤子钉，就不能判定为达到级别 4 的发展水平。

(二)对照查找适合的发展级别

在充分理解评估工具各个发展级别的基本内涵之后，教师需要寻找观察记录与各个级别之间的相互联系，为每一条记录找到对应的项目级别。这中间会出现几种情况。

1. 观察记录与典型表现的解释基本吻合

教师在将观察记录与评估工具对应的过程中，有些记录能够非常明确地呈现出与某一级别的对应，教师需要再仔细阅读典型表现的解释，参照观察记录，然后确定级别。我们再来看一个观察记录：

2016 年 3 月 4 日，区域活动时间，家庭区，当琪琪的刷子被拿走时，她大声说："不行，别动我的东西!"然后她从小朋友手中拿回刷子，并说："人家要做家务。"

可以看出来这条观察记录主要呈现的是幼儿冲突的场景，所以我们可以对照评估工具找到冲突解决项目，然后查看级别。不难看出，琪琪在项目 18"冲突解决"上是级别1——"幼儿尝试用简单的方式解决冲突"。

2. 观察记录与典型表现的解释部分吻合

教师在将观察记录与评估工具对应的过程中，有些记录只是部分地呈现出与某一级别的对应，这时教师需要进一步分析该级别的评估要求。比如，语言领域项目15"书面表达"级别5的典型表现为："幼儿能运用一些常见的正确的汉字、数字、符号等表达自己的想法或记录一些事情，并能做到书写姿势正确。"在这条记录中，前半句表达提到"表达自己的想法"或"记录一些事情"，两者只要具备其一即可，但后半句还提到"并能做到书写姿势正确"，说明幼儿无论做到前面哪一点，都必须有"正确的书写姿势"，否则就不能达到这个级别的要求。

3. 观察记录与典型表现的解释不能吻合

若观察记录与典型表现中的解释不能吻合，教师需核实一下观察记录是否有缺失的信息。如果有，教师需要搜集更多的证据做出正确的评级判断。遇到这种情况，教师还需要看看其他项目，可以先不给这个观察记录评级，再多收集些该项目的观察记录，更多的信息会帮助教师做出正确的评级。如果教师仍有疑虑，在适当的情况下，可以先选择犹豫不决的两个级别中较低的级别。当然，这些不符合的观察记录也并非完全没有价值，可以收集在成长档案中，作为幼儿成长中的一个小坐标。

三、评估结果的整理

经过对观察记录的完善与评级之后，教师需要根据自己的目的对这些观察记录与评估结果再次进行整理，了解哪些幼儿在哪些领域或哪个项目上还没有观察记录，这样就可以有目的地收集资料。可以用电子表格来记录和整理幼儿的观察记录，也可以从最初的记录开始就采用与评估工具匹配的数据分析平台（详见本章第五节）来进行。经过一段时间，会积累大量的观察记录数据，为随后生成相应的幼儿发展报告和成长档案提供内容。具体可以有以下几种不同情况。

(一)针对幼儿个体发展情况的评估整理

1. 个体横向评估

对于一个幼儿的发展，教师如果需要了解幼儿在不同方面的发展情况，就需要将观察记录和评估结果加以整理，形成对幼儿个体的横向评估，即针对在相对较短的一段时间（一般不超过一个月）内对幼儿不同方面能力发展情况的综合评估，可以是对某一领域内幼儿不同核心经验的评估，也可以是对不同领域的评估。教师可以根据评估结果发现幼儿在这段时间内哪些方面发展水平较高，哪些方面发展水平偏低；哪些方面有明显高于或低于一般水平的表现，从而为教师及时采取有针对性的教育支持提供依据，也可以为幼儿长期的发展留下可以对比的记录。需要强调的是，并非随便一条记录就可以代表幼儿的真实发展水平，一定要选择级别多次出现的、相对稳定的记录。这是因为一次记录存在偶然性，不能完全客观地确定一个幼儿的发展水平。

表 4-1　幼儿个体发展横向比较观察记录整理列表①

幼儿姓名：　小辉　　　　性别：　男　　　　出生日期：2012 年 3 月 7 日
观察者姓名：　任老师　　　班级：　小班

领域	幼儿行为观察记录	项目	级别
健康领域	9月21日，早晨入园后，小辉对我说："我可高兴了，妈妈过几天带我坐飞机，去台湾旅游去呀。"	5 情绪管理	2
	10月30日，户外活动玩走轮胎时，小辉走着走着，双腿一起跳进圆环中心，然后再跳出来，很开心的样子。	6 大肌肉动作发展	1
	10月14日，早晨来园后，小辉选择了动手区的"夹夹乐"材料，他一只手扶着盘子，一只手拿着夹子，按颜色把水果夹到相应颜色标记的分类盒里。	7 小肌肉动作发展	2
	9月25日，在教师讲述完挂衣服的方法后，幼儿自己尝试挂衣服。小辉速度较快地挂好了衣服，而且挂在了衣架上。	8 生活自理与健康生活习惯	2
	9月29日，户外活动时，玉儿从滑梯上倒着往上爬，我对玉儿说："玉儿，滑梯是从上面往下滑的，不能倒着往上爬。"这时，小辉说："这样往上爬危险，上面的小朋友就踢着你了。"	9 安全自护	5

从表 4-1 中可以看出，小辉作为一名小班幼儿，在健康领域的发展水平还是比较正常的，因为多数项目的发展都在 2 级，这正是小班年龄段幼儿比较良好的发展水平。其中"大肌肉动作发展"一项，小辉的发展水平只达到了级别 1，说明他在这个方面的发展略弱一些，需要教师格外加以关注。同时他在安全自护方面被评为 5 级，因为他已经能够解释安全规则背后的原因，这对一个小班幼儿来说是很不容易的。

2. 个体纵向评估

除了横向了解幼儿个体发展的情况之外，教师还需要深入了解幼儿个体在某一项关键经验或领域持续发展的情况，这就需要将这个方面相关的观察记录和评估结果加以整理，对其进行纵向的评估。个体纵向评估主要是指针对幼儿持续一段时间（一个月以上）某一方面纵向发展水平的评估，这里的某一方面既可以是一项关键经验，也可以是一个领域的整体发展。例如，如果教师希望了解班上的某名幼儿数学能力的发展情况，就可以将该幼儿某一项数学关键经验持续一段时间的典型观察记录集中在一起整

---

① 该案例由晋中市第二幼儿园任丽芳老师提供。

理，从而了解幼儿在这个关键经验方面的发展情况。

表 4-2　幼儿个体发展纵向比较观察记录整理列表

幼儿姓名：　朵朵　　　　性别：　女　　　　　　出生日期：2012 年 6 月 20 日
观察者姓名：　刘老师

时间	观察例举	分析	级别
9月	9月6日，区域活动时间，动手区的朵朵拿着自制穿线板说："我的美羊羊穿线板有好多小圆点，1、2、3、4……8。"	幼儿能一一对应数出10以内的数，但还不能报出总数。	级别1，儿童连续（一一对应）数出10个物品。
10月	10月29日，小组活动时间，朵朵边数数边拿着瓶盖对他们组的小伙伴说："我们组有6个人，已经拿够瓶盖啦。"	幼儿虽能报出总数，但范围未超过10，不够级别2。	级别1，儿童连续（一一对应）数出10个物品。
11月	11月8日，工作时间，朵朵数着她放的材料说："1、2、3……我放了13个马赛克。"	幼儿点数范围达到10以上，同时能报出总数，属于级别2。	级别2，儿童能数出10个以上物品，并说出最后一个数字代表总数。
12月	12月21日，户外活动之前，小朋友们都去排队了，朵朵也往教室外走，边走边数着教室里的椅子："1、2、3……20，这排有20个椅子。"	幼儿点数范围达到10以上，同时能报出总数，属于级别2。	级别2，儿童能数出10个以上物品，并说出最后一个数字代表总数。

在表 4-2 中，教师通过整理将朵朵 9 月至 12 月的有关项目 28"数字与数的关系"的典型观察记录集中在一起。可以看到该幼儿在 9 月、10 月的观察评估级别以 1 级为主，11 月、12 月观察评估级别以 2 级为主，这说明朵朵在"数字与数的关系"方面能力是有所发展和提高的。同时，在同一级别内，朵朵在"数字与数的关系"发展水平上也呈现递进趋势。例如，同为级别 1，朵朵在 9 月还不能报出总数，但到 10 月时已经可以报出总数，这也是非常关键的差别。因此，对幼儿某一领域或某一项目的典型观察记录进行纵向整理之后，就可以看出幼儿在这方面的发展趋势，从而为教师进行个别化指导以及对家长进行专业反馈起到很好的支持作用。

(二)针对幼儿群体发展情况的评估整理

1. 针对某一核心经验对幼儿群体的纵向或横向评估

在了解幼儿个体发展情况的基础上，教师还需要了解幼儿群体的发展情况。这种了解分为两种情况：一为横向，即针对同一关键经验、同一领域、项目的发展情况进行比较；二为纵向，即幼儿整体在不同阶段的发展情况，大数据可以更好地说明幼儿群体在这一关键经验上的发展水平分布状态以及发展趋势。为了更加全面、客观地了解幼儿群体的发展状况，有时还需要将这两种发展合并在一起进行整理。

表 4-3　幼儿群体综合发展观察记录整理列表

姓名	好奇心和内驱力		主动性与做计划		解决问题		反思与解释	
	学期1	学期2	学期1	学期2	学期1	学期2	学期1	学期2
尧尧	2	3	3	4	2	3	3	4
明明	2	3	2	2	3	4	3	3
籽言	3	4	4	5	3	4	3	4
子璇	3	5	3	4	3	3	4	4

本案例中的这个列表是将不同幼儿、不同时间、不同项目三个评估因素进行叠加而形成的一个综合性列表：首先，包括了学习品质领域的不同项目，可以进行幼儿个体和群体在不同项目之间发展情况的横向比较；其次，列表中包含不同的幼儿，可以针对学习品质领域中单个项目与整个领域上不同幼儿的发展进行群体横向比较；最后，这个整理列表还分了学期1和学期2两个阶段，可以看出幼儿个体与群体在学习品质领域整体及每个项目上的发展趋势。

2. 针对特定教育目的的群体评估

除了针对某一方面的核心经验所进行的观察与评估之外，教师还可以针对某一特殊目的进行专门观察与评估，并将观察记录和评估结果进行整理。比如，针对某一活动区游戏开展中幼儿的发展情况、某一种游戏材料投放后体现的幼儿发展情况等。教师可以根据自己的需要记录或选择恰当的观察记录与评估结果，针对目的进行有效的分析，从而为下一步的教育活动提供依据。

案例 4-11　数字棒冰[①]

案例背景："数字棒冰"的操作材料是这个学期刚刚投放的新材料，在开学前我们也对材料进行了玩法预设及分析，认为可以发展幼儿数学领域的关键经验，还有可能进行角色扮演游戏，促进幼儿语言表达、人际交往等能力的发展，还能锻炼幼儿的动手能力。

观察时间：2016年3月14日上午区域活动。

观察对象：豆豆。

出生日期：2012年6月26日。

观察记录：2016年3月14日上午区域活动时间，思维区，豆豆将"数字棒冰"一个一个摆在引导卡的数字圆圈上（如图4-1所示），说："高老师，看我摆的。"我看了一眼，发现她只是随意摆放的，没有按棒冰上的点数与引导卡上的数字对应摆放，我指着一

[①] 该案例作者为太原市三晋幼儿园高洁丽老师。

个棒冰说："豆豆，数数上面有几个点？"豆豆手口一致点数完，说："8个。"我问："哪个是数字8呢？"豆豆看了片刻，指着引导卡上的"8"说："这个。"之后把这个棒冰放在数字"8"的圆圈上。

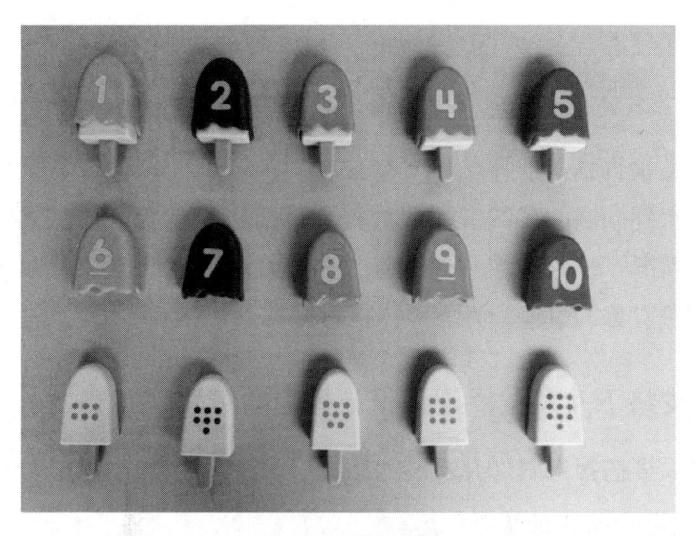

图 4-1　数字冰棒

教师分析：今天豆豆的操作已经有了创新，她拿了一张其他材料（数数饼干）的任务卡来玩"数字棒冰"的游戏，豆豆主动向老师发起互动。当教师介入后，她当时的回应很积极，并很快按照老师的引导完成了操作，把八个点的棒冰放在数字"8"的圆圈上。但是她毕竟还是个小班的孩子，并没有真正理解老师的意图，没有去调整其他棒冰的位置，之后还在玩着自己"卖棒冰"的游戏。如果接下来我继续引导她按我的思路操作，也许她会失去兴趣，更换材料，所以我没有继续引导，至少通过刚才的引导让我知道了不是孩子们没有点数的能力，而是他们没有发现数量对应游戏的快乐。对照评估工具数学领域，这里体现了幼儿在项目28"数字与数的关系"上能够发展到级别2，即能识别4个或更多的个位数字。

案例4-11中虽然只有豆豆一个人，但教师观察的目的是了解"数字棒冰"这一材料投放后幼儿群体的操作情况，从而判断这个材料对幼儿的适宜程度与支持程度。教师还会继续观察与记录其他幼儿的操作情况。之后将所有与这一材料有关的记录综合在一起，用大数据形成对这一材料使用情况的整体判断，从而为该游戏材料投放与指导的适宜性提供依据。

此外，在完成基本的整理之后，教师并不能将其束之高阁，而是要继续观察幼儿正在出现的行为与语言。因为在幼儿的成长过程中，各种关键经验的发展水平是不断变化的，教师要保持一个时刻观察与客观对待的心，用最新的观察记录来捕捉幼儿当前的发展进程。对于一些没有进入评估系统的观察记录，教师仍需要保留或存档，因为未评级的观察记录在做活动计划或与家长分享信息时，仍然能够从不同的方面进行补充，从而形成对每个幼儿更加全面和客观的评估。

第三节　儿童发展评估报告的撰写

儿童发展评估报告是基于评估工具生成针对不同幼儿个体或群体的，指向幼儿发展的全部领域或个别领域的系统分析报告。其目的在于结合评估工具客观真实地反映评估对象的发展状况，从而为教师和家长提出建设性的教育建议，为课程实施提供科学的反馈，为评价对象的可持续性发展提供良好的支持。

一、评估工具支持下儿童发展评估报告撰写的意义

(一)儿童发展评估报告对幼儿发展的意义

1. 更全面地评估幼儿的发展

发展评估报告中呈现的评估内容关注所有领域，不仅关注幼儿知识技能水平和各领域评价要点，更关注幼儿的思维过程、问题解决、学习品质等重要项目。评估工具所呈现出的各领域等级式评价，清晰体现了7个领域、38个项目(含6个子项目)的具体发展轨迹和脉络，使教师能够全面客观地了解幼儿的发展优势和不足，通过不同形式评估报告的呈现，可以了解个别幼儿、部分幼儿、全班幼儿前后期发展的级别差异，从而帮助教师明晰现状、寻找原因、形成策略，促进幼儿在原有水平上全面发展。

2. 更长远和可持续地指导幼儿的发展

儿童发展评估报告具有连续性、真实性、过程性的特点，教师通过使用评估工具，在儿童真实情境下进行观察、记录，之后进行发展级别甄别，使教师对孩子的评估更自然、更真实。同时教师对幼儿的观察是一个阶段性的连续观察过程，对幼儿的观察是反复的、有对比的，往往更为具体和准确，所形成的评估报告是幼儿发展过程的清晰呈现，会引导教师更为关注幼儿在成长过程中的行为表现，对幼儿的发展具有长远的、可持续性的指导意义。

(二)儿童发展评估报告对教师发展的意义

1. 促进教师专业反思能力的发展

儿童发展评估报告让教师更客观、全面地了解幼儿的发展状况，为教师进行日常活动设计、调整教育策略提供依据，促进教师反思能力的发展。教师应掌握全面正确的儿童发展知识和了解儿童发展的能力，积极、适宜地把握儿童发展进程及特点，这

是教师对儿童进行有效教育、取得良好教学效果的首要前提。① 因此，通过儿童发展评估报告所呈现的典型性表现、评价级别、观察列举、分析措施都是教师全面客观了解幼儿发展的第一手资料，能够帮助教师掌握幼儿发展规律，形成动态的评价过程，更多地将关注点放在幼儿行为的变化和发展上。通过评估工具支持下的评价，教师可以分析每一领域、每一项目下儿童发展的情况，在设计具体的日常活动的过程中有意识地"扬长避短"并利用不断调整的教育措施和策略，引导幼儿在各领域、各项目向更高级别的发展推进。与此同时，教师还会在报告形成和撰写的过程中对照评估报告进行自我反思和评价，发现自身教育行为的优势与不足，帮助教师在日常的评估过程中建立反省意识，提升自身专业水平，以获得更具价值的专业发展途径与策略。

2. 促进幼儿教师教育观念和行为的转变

儿童发展评估报告的撰写对教师的专业发展提出了更高的要求，促进了教师观念、行为的转变。在新的时期，随着学前教育事业的不断发展，对幼儿教师的专业素养也提出了新的要求，观察、记录、甄别、分析幼儿在发展进程中的行为表现，适时地调整自己的教育行为已经成为幼儿教师基本能力结构中的重要内容之一。在儿童发展评估方案的形成和撰写过程中，教师要先对幼儿进行观察和记录，之后运用评估工具进行科学的甄别和整理，再利用相关理论与实践经验进行分析并提出解决策略。在这样的过程中，教师必须树立"以儿童发展为中心"的理念，尊重儿童发展的差异性与多样性，关注教育过程性评价，关注幼儿发展的真实需要，不断提高自己的理论与实践能力，才能不断适应学前教育发展所提出的新要求。这样的评价过程对于教师的观念与行为的转变及个人专业发展都有着重要的意义。

(三)儿童发展评估报告对促进课程发展的意义

1. 促进"以儿童发展为中心"课程观的形成

"以儿童发展为中心"的课程观要求无论是何种课程模式，在其进行课程目标、计划、组织与实施的过程中都必须将尊重幼儿的真实发展需要放在首位。同时，"以儿童发展为中心"课程观的确立，会使教师更关注幼儿发展的本质和过程，并不仅仅考虑课程实施的结果。在儿童发展评估报告形成的过程中，始终应坚持"尊重儿童现实发展需要"的原则，评估工具所呈现出的典型性表现和记录，都是从课程实施过程中幼儿的实际发展水平中来的。在各类评估报告中所关注的幼儿现有发展水平，如何进一步形成幼儿可接受的支持和帮助，使幼儿获得更为全面和谐的发展，这个过程与"以儿童发展为中心"的课程观一脉相承。另外，在儿童发展评估报告的形成过程中体现的其他重要

---

① 教育部基础教育司：《〈幼儿园教育指导纲要(试行)〉解读》，170页，南京，江苏教育出版社，2002。

原则，如基于幼儿在真实情境中的观察、幼儿发展评估连续性和整体性的体现、关注幼儿学习过程的过程性评价等都清晰地体现了"以儿童发展为中心"的课程观。

2. 促进课程实施的"最优化"

教师评估儿童的目的是了解他们的发展状况，并测量课程对儿童成长的作用。[①] 儿童发展评估报告为教师提供了更多的幼儿发展的真实信息，这些内容使课程在组织与实施的过程中能够有所效验。例如，在"中一班儿童发展评估报告"中，通过项目数据呈现的各领域全班幼儿发展对比中，发现幼儿在艺术领域项目 34 的评估与其他领域各项对比级别较低，在语言领域项目 10 的评估中与其他项目对比级别又较高，其他领域项目级别分布则较为平均。通过这样的真实报告分析，可以让教师、管理者看出在课程实施过程中各领域之间存在的差异，了解课程的设置是否平衡，是否符合幼儿全面发展的需要。也就是说，在多种数据下的幼儿发展评估报告可以真实呈现课程背景下幼儿发展的优势与不足，为课程管理者与制定者提供修订与调整的真实反馈，从而在下一步的课程实施过程中从目标的制定、内容的选择、课程的组织与实施进行与幼儿发展需要相匹配的调整；也使教师在日常的课程实施过程中能够针对各领域均衡全面发展的要求，及时调整课程中的具体活动目标、内容和方法策略，支持幼儿向更高级别的水平全面均衡发展。通过这样的评估过程，有助于幼儿园课程达到促进幼儿发展的"最优化"。

二、评估工具支持下儿童发展评估报告撰写的原则

"教育评价是幼儿园教育工作的重要组成部分，是了解教育的适宜性、有效性，调整和改进工作，促进每一个儿童发展，提高教育质量的必要手段。"在《纲要》与《指南》全新教育理念的指引下，如何对幼儿发展进行科学、客观、动态的记录与评估，成为教育者必须要面对和解决的问题。

遵循《纲要》与《指南》的教育理念与架构，评估工具的运用使得教育者在观察、记录以及评估幼儿方面有了更为具体、明晰的参照标准。科学的评估过程不再是对幼儿发展进行测量和评分，而是在整理分析信息的过程中，发现幼儿发展水平与现状，为下一步教育计划与策略的实施提供更具针对性的标准和依据。为此，在幼儿发展评估报告的形成过程中，需要遵循以下原则。

(一)数据真实，描述客观

《纲要》指出：教育评价应自然地伴随着整个教育过程进行。评估报告中所有数据

---

① ［美］安·S. 爱泼斯坦：《学前教育中的主动学习精要——认识高宽课程模式》，318 页，北京，教育科学出版社，2012。

与观察内容的来源都是教师在实际教育场景中真实客观的观察与记录,所有数据和内容的表述都必须客观。评估报告中所有记录并非独立于日常活动之外,无论是随机记录还是有目标的观察,都来自幼儿一日各项活动自然真实的情境。在评估报告资料积累的过程中,教师可以结合评估工具对班级幼儿一日生活中所涉及的各个领域进行有计划或随机的观察记录。在此过程中,教师不进行过多的干预,让幼儿有更多的机会去思考和表达,教师可以用视频、照片、记录表等形式将观察到的内容进行真实和及时的记录。

除此以外,评估报告数据和内容表述还要符合客观实际。结合《指南》各领域的子领域目标中幼儿可能出现的一些典型性表现,评估工具对幼儿行为进行了更为具体化的解释和观察记录。因此,教师在对幼儿观察记录时更多采用的是客观性较强的观察记录方式,它要求观察者在日常生活情境下,对幼儿自然表露的行为进行原始、真实的记录,以便了解幼儿的发展需要,为幼儿提供更适宜的帮助与指导。观察记录方式本身的客观性要求教师在记录时做到以下几点:关注幼儿所说所做、遵循事实、内容具体、表述简洁。同时在记录的格式上注意:每个观察记录需要在开头部分明确时间、地点、参与人;中间部分描述幼儿所做所说,如果可以的话,精准地引用幼儿的原话;结尾部分通常客观陈述结果。

(二)准确定位,分析科学

如果说真实、客观是撰写评估报告的首要原则和重要前提,那么评估内容的进一步分析则要求体现出定位的准确性和分析的科学性。这个原则体现在评估报告形成的不同阶段。

在评估报告形成前,教师应对评估对象、内容做认真的思考,明确评估的方向与定位。例如,明确"为什么要对该对象进行评估,应当收集哪方面的数据与信息,采用哪些评估手段或报告类型的确立"等,对评估报告及对象做科学的准备和规划。

另外,在评估过程中,教师不能凭直观感觉或主观印象评判评估对象,在进行数据分析整理的过程中要严格按照评估工具中的典型表现、解释和观察记录进行一一对应分析,再得出准确的级别。在此定位过程中可能会遇到以下一些问题,如幼儿行为在两个级别间无法定位、观察记录似乎与评估项目或级别不相符、观察记录符合多条评估项目、一条评估项目评完之后是否需要继续关注等具体问题,需要教师依据评估工具进行更加深入、客观的分析,做到有理有据、有的放矢。具体解决策略可参考第一、第二节相关内容。

(三)形成策略,具体可行

评估报告将对不同年龄段、不同发展水平、不同主体等发展现状做出较为客观、科学的解析，更为重要的是对下一步教师指导策略给出合理化、科学化的教育建议。

评估报告的结果及策略的形成，要综合各领域、各种因素之间的关系和作用，既有量化的评估指标，又体现质性评估手段的运用。评估结果的汇总通常是对评估对象现阶段发展水平和特点做不同维度的分析，例如，同领域同项目不同幼儿发展评估分析、不同领域同一幼儿评估分析、同时间不同年龄段幼儿发展差异的分析等。

在评估报告数据整理的过程中，评估工具除将幼儿典型表现科学定级外，同时对教育策略的形成也有很实际的指导价值。评估工具遵循并结合了《指南》的领域结构，各领域中反映了幼儿发展的关键经验，同时每个评估项目都与《指南》不同领域的子目标对照。正是评估工具与《指南》的这一点巧妙融合，使得教师在评估报告汇总过程中，可以逆向使用评估工具，将幼儿相关观察记录中的典型表现与评估项目、《指南》各子领域目标及教育建议结合使用，突出了评估工具在评估报告形成中的现实指导价值。

(四)整体发展，动态评估

评估报告的形成在评估对象确立、类型确定、内容选择等方面较以往的幼儿阶段性总结有了很多实质性的发展和变化，而这种变化正体现出《指南》关于幼儿评价"全面性、发展性、动态性、客观性"的原则。由此可见，评估报告的撰写不是为了对幼儿的发展进行标签式的阶段性总结，而是为了给幼儿后续的发展提供更为有效的支持依据。这也正是教师撰写评估报告的目的和初衷——关注幼儿发展，提供有效支持。这种有效性支持体现在如下几个方面。

评估报告的多样性决定了评估的视角要从只关注幼儿个体到同时关注幼儿整体。例如，幼儿学年度评估报告、班级幼儿年度评估报告，报告的形成为教师提供了下一步教育策略支持，让教师的视角不仅关注到幼儿个体差异，同时也关注到同年龄段幼儿整体需要。

评估报告的内容应同时注重幼儿社会性与情感的全面发展。改变以认知发展为目标的单一评估取向，体现各领域幼儿发展关键经验，包含幼儿社会性、情感、身体运动、语言能力、音乐能力等方面的全面发展。38个评估项目作为评估内容，对幼儿发展的关注点更加全面。

评估报告的形式应注重静态评估与动态评估相结合。《纲要》强调对幼儿发展状况的评价要体现多元化、综合化、个性化等特点。不仅关注幼儿表现的静态结果，更要关注幼儿动态发展的过程。如"同领域同幼儿不同项目评估报告""不同领域同幼儿学年度评估报告"等，在使用评估工具进行评估的同时，关注到幼儿横向、纵向的动态发展。

评估报告参与主体是教师、家长、管理者和幼儿。《纲要》在第四部分"教育评价"的第二条中明确规定,"管理人员、教师、幼儿及其家长均是幼儿园教育评价工作的参与者"。《纲要》运用全新的教育观念和思维方式,建立了新的教育评价体系,因此,家长、管理者、甚至幼儿同伴都可以成为重要的评估主体。充分吸纳所有参与教育过程的人们的评价,从多个方面、多个角度出发对教育活动进行更全面、更客观、更科学的评估。

"任何评价体系都是某种教育价值观的具体体现。"[①]幼儿的发展是一个整体、动态化的过程,运用评估工具对其现阶段发展进行记录、评估的同时,也是教师凝结教育智慧、发现幼儿发展差异、挖掘幼儿发展潜能的过程。评估报告不是为了评价而评价,而是为了诊断、改进教育教学,促进幼儿在原有水平上的提高和发展。评价的目的在于为发展而评价,在发展中评价。

三、评估工具支持下儿童发展评估报告撰写的步骤

为了使评估报告的撰写更科学高效,在进行儿童发展评估报告的撰写过程中应遵循一定的步骤。在儿童发展评估报告撰写过程中,通常通过以下四个步骤来形成评估报告内容。

(一)确定观察目的,选定研究对象,选择评估报告类型

在评估工具的使用过程中,通常会选定一些幼儿或领域进行整体的观察评估,根据评估工具的项目及级别,对幼儿进行发展水平评估,以便能够及时发现幼儿发展评估的空缺项以及需要近期跟踪发展的领域。教师需要在观察幼儿行为、语言、作品、表情和状态等方面的基础上,掌握不同年龄段幼儿的行为特点,用科学的方法解读幼儿的行为以及背后的原因。使用评估工具中的典型性行为表现及其解释部分,能够及时处理幼儿的个性化需求,科学地评价幼儿。观察幼儿的行为和指导技能,帮助老师和幼儿形成良好的互动,从而积极有效地实施教育,促进幼儿的发展。

1. 选择目标幼儿作为观察对象

在《指南》的实施与运用过程中,教育者要关注幼儿学习与发展的整体性,促进幼儿的全面发展。所以在选择观察对象时,我们可以有自己的预设目标:一种是教师不了解幼儿的某些情况而要观察;另一种是看到了幼儿的某些发展,预测幼儿会有更深层次的发展而观察。挑选好观察对象以后,根据评估工具项目以及典型性行为表现进行有目的的观察。

---

① 白爱宝:《幼儿发展评价手册》,9页,北京,教育科学出版社,1999。

2. 选择某领域作为观察对象

领域选择具有随机性，教师可以根据班级幼儿近期发展的需要、教师自身研究的方向或是幼儿发展的弱势领域进行针对性评估。领域评估报告作为一种单向评估，能够使观察者看到该领域儿童的发展水平。

3. 选定全班儿童作为观察对象

为了全面了解班级幼儿整体发展情况，我们通常会对班级幼儿发展水平进行整体性的评估。对班级幼儿进行综合的比较和分析，可以发现幼儿之间的个体差异，以支持和引导幼儿从原有水平向更高水平发展。

(二)收集整理教师观察记录，形成观察记录和典型性表现叙事说明

教师在日常生活中，多角度观察幼儿的典型行为，可以利用相机、录像、关键词记录等方式进行逸事描述。不论是简略速记的逸事还是使用规范格式的记录，都应条目清晰、有选择地记录，包含所有必要信息。

基于规范的逸事描述，教师可以每日或每周将观察到的逸事及时输入评估工具对应的平台，对幼儿的典型性表现进行日常的积累和分析，目的在于保留连续性的观察记录，从而为形成评估报告保留第一手丰富的资料。

参照这种描述方式，客观描述幼儿的真实行为表现及其体现的项目，再细化到典型表现，从而判断儿童所处的水平，然后结合评估工具和《指南》，以幼儿典型表现为参照，学习分析幼儿的典型表现与幼儿发展之间的关系，真正解读幼儿。

表 4-4　幼儿观察记录的对应项目

领域：数学领域
评估项目及级别：28"数字与数的关系"级别1。 与《指南》对应内容：《指南》科学领域"数学认知"子领域中的目标2"感知和理解数、量及数量关系" 观察记录：5月14日，区域活动时，杨杨到玩具区拿上纸杯和毛球，数一个毛球往纸杯里面放一个，1、2、3……连续数到10。

(三)进行各项目级别的对应及数据汇总和比对分析

评估工具中的级别范围是逸事评分的基本指导，教师在汇总幼儿逸事发生的过程中，需要将对应的级别与幼儿年龄段进行比较，要看收集来的观察记录是否全面客观，再去核对评级，判定是否与评估工具的项目与级别符合，通过评估平台对目标项目进行自动汇总和数据统计，将自动生成所汇总项目的数据及各类汇总图表，在此基础上生成评估报告，以支持幼儿后续的学习与发展。

表 4-5　不同幼儿同一项目发展评估级别对比

观察教师：赵老师　　　观察班级：大班　　　观察时间：2015 年 10—11 月

日期	幼儿姓名	观察例举	发展领域	评估项目	发展级别
10 月 9 日	涵涵	区域活动时，涵涵教乐乐折飞机，他边说边做："把长方形的两个边对齐，四个角也对齐、压平，就折出一个长方形，还有一条线。"	数学	项目 29.1 形状	级别 3
10 月 20 日	铭铭	区域活动时间，铭铭告诉我他用磁力棒做了一辆自行车。我说："你的自行车很漂亮啊！"他说："是啊，你看它的两个车轮是用六边形做的，车棒是用像字母 T 一样的做的，中间用一个这样奇怪的形状连接，就做好了。"	数学	项目 29.1 形状	级别 3
10 月 23 日	家葆	区域活动结束后，家葆拿来自己的插管玩具作品对我说："老师，你看我做的帐篷，是很多很多的三角形连起来的，就像一个蔬菜大棚一样，像吗？"我问："那个帐篷是什么形状呢？你知道吗？"他说："知道啊，它是三棱柱体呀！"	数学	项目 29.1 形状	级别 4
10 月 28 日	思娴	自由游戏时，思娴拿着他的作品给小朋友讲："我用 3 个三角形插了一个梯形！"	数学	项目 29.1 形状	级别 3
11 月 9 日	峻峻	区域活动结束后，峻峻拿来了两个插管玩具的作品给我看，拿起其中一个对我说："这是帐篷，和那天家葆的那个不一样，是住人的。"我问："那你的帐篷是什么形状的？"他说："它下面是圆柱体，上面是三角形的锥体。"我问："那另一个是什么？"他随之拿起另一个作品说："这是我的包，你看下面是月牙形状的，上面有一个长管是背的带子。"我说："真漂亮！"	数学	项目 29.1 形状	级别 5

在以上观察记录中，我们可以清晰地看到 5 名幼儿在数学领域中"形状与空间关系"这一项目的子项目"形状"中不同的发展情况：其中涵涵、铭铭和思娴还处在级别 3 的水平，能够描述出形状的组成；而家葆则能够达到级别 4，即能说出一个三维形状的名称；峻峻则可以达到级别 5，比较三维形状的异同。说明目前幼儿形状的发展处于 3—5 三个级别之间。

在一日生活中，教师做好观察记录，发现并捕捉到儿童正在学习的内容，并意识到这种学习是有价值的，是与一些学习和发展指标相符合的，可以进一步展开活动，为幼儿提供下一步的支持。教师可以结合本班儿童的年龄特点，选取评估工具中某一项目作为观察的重点,形成观察评价报告。例如,为了解班级部分幼儿数学领域形状与空间关系的发展情况,形成下列评估报告(大班幼儿数学领域某一项目发展报告)。

案例 4-12　同一项目不同儿童观察评估报告

年龄阶段:5—6 岁。

观察项目:数学领域—项目 29"形状与空间关系"的子项目 29.1"形状"。

观察时间:2015 年 9—12 月。

观察教师:赵老师。

9 月 17 日区域活动时间,医院区,奕昕告诉徐某某说:"药丸是先做一个球一样的圆球,然后压扁就可以了。大小要均匀。"

对应发展级别 4　幼儿说出一个三维图形的名称(球体、正方体、长方体、圆柱体或圆锥体)。

10 月 9 日区域活动时间,景怡对我说:"老师,我用长方体的积木拼成一座桥,并用圆柱体的积木作为桥的支撑,你看漂亮吗?"

对应发展级别 3　幼儿能描述一个形状是怎么组成的(即说出形状的属性)。

10 月 15 日区域活动时间,思雨说:"老师,这里的两个扇形是刚才计划时间我看到的图形,两个扇形可以变成一个半圆形,就和一座桥一样,真好玩。"

对应发展级别 3　幼儿能描述一个形状是怎么组成的(即说出形状的属性)。

12 月 1 日区域活动时间,玩具区,帅帅利用彩色多米诺骨牌盖起一座楼房,他说:"每个格子都是房间。这边是左边,有个门,可以从这里走进去。"

对应发展级别 4　幼儿说出一个三维图形的名称(球体、正方体、长方体、圆柱体或圆锥体)。

比对性分析:

通过对不同幼儿在 9 月至 12 月的数学领域项目 29.1 形状的阶段性观察记录,进一步分析解读评估工具解释部分,我们把抽象的数学知识与幼儿喜欢的游戏与材料结合起来,让幼儿通过与游戏材料进行互动,获得抽象的数学经验。幼儿在游戏中有了空间结构和图形的感知,这样由平面到立体的过渡也相对容易理解一些,让儿童通过"感知—体验—提升"来提高游戏水平。

比对分析后提出几点建议如下。

(1)引导幼儿注意事物的形状特征,尝试用表示形状的词来描述事物,体会描述的生动形象性和趣味性。

(2)和幼儿交谈或读书、讲故事时,适当地运用一些有关形状的词汇来描述事物。

(3)收拾整理积木时,引导幼儿体验图形之间的转换。

从以上案例可以看出,评估工具的使用不仅可以让我们对幼儿与同伴个体阶段性发展有具体的了解，而且还让我们对整个领域幼儿的发展现状有了纵向、清晰的发展评价。所不同的是，这种评价区别于以往一些仅仅来自观察者主观的、简单的、随机的观察记录，评估工具的使用让观察记录与评价变得更加客观、科学，并为幼儿发展提供了整体、可参照的评价标准以及个性化的发展方向。

数据形成后，可以依据评估工具的级别内容，结合《指南》幼儿发展大致水平，将幼儿行为进行横向与纵向、个别与整体、相同与差异等多维度的对比分析，科学定位评估报告，分析幼儿发展。

(四)利用评估工具提出教育建议与措施，形成报告

教师根据评估工具中幼儿发展的大致情况，挖掘相应的教育价值，实施有效的教育策略。教师要分析该幼儿或该领域大致水平是什么、为什么、今后要怎么做，根据幼儿的年龄特点、大致发展水平、发展到这个水平的原因等提出相应的教育策略。

一篇有质量的报告的形成，是教师通过学期或学年的幼儿观察记录，通过横向与纵向比较、幼儿与同伴之间的比较、领域与同年级幼儿发展的比较进行系统的整理与分析才能形成。报告一般会分成以下几个部分：观察记录、对应评估工具进行评估、教师分析、教育措施等。

评估报告的形成是《指南》和评估工具的有机结合，教师必须在熟悉《指南》和评估工具的前提下才能客观真实地做出评估报告。不论是独立评估者还是教师、家长都能解读幼儿的发展状况，并对缺失项目和级别较低的项目进行特定的跟踪研究与评析。

在儿童发展评估报告的撰写与形成过程中，教师要树立客观的、发展的、灵活多样的观念。"儿童发展评估报告"远远不止本节所呈现的三种类型与方法，希望在运用评估工具的实践过程中，可以呈现出更为丰富、多样的"儿童发展评估报告"以指导我们的实践。

四、评估报告举例

在本节的最后，我们将通过三个真实的评估报告案例来呈现幼儿发展情况。其中包括幼儿个体发展评估报告、班级幼儿领域发展评估报告以及班级幼儿总体发展评估报告。

(一)幼儿个体发展评估报告

幼儿姓名：诚诚(4岁，男)。

幼儿班级：中三班。

观察起始日期：2019年2月15日。

观察结束日期：2019年6月30日。

报告教师：赵崇艳。

指导教师：安慧霞、王艳。

1. 报告背景

《纲要》指出：幼儿园教育评价是幼儿园教育活动的基本反馈制度，是提高教育质量的有效手段。对幼儿发展进行客观的观察与评价是教师一日工作的重要组成部分，更是教师了解幼儿现有发展水平以及对下阶段发展采取相应教育策略的有效依据。本报告形成依托于评估工具对幼儿个体进行的学期观察与评价，并在此基础上形成学年阶段汇总分析，对幼儿发展阶段进行了科学、客观的评估与反思。

本评估报告以诚诚在 2019 年 2 月至 6 月（即一学期）内学习品质、健康、语言、社会、科学、数学、艺术不同领域自然状态下的观察记录为评价依据，结合评估工具对其现有发展状况进行分析、汇总，对诚诚整体发展水平以及领域间的差异性进行了具体评价与分析，为下一步教师与家长工作的配合提出了相应的指导建议。

2. 报告内容

以下案例均为在每个项目呈现 1 条观察记录。

(1) 学习品质领域。

观察记录：

项目 1 "好奇心和内驱力" 级别 2

1 月 9 日，户外活动时，诚诚对着地面看了很久，说："天冷了，雪都变成冰了。"

项目 2 "主动性与做计划" 级别 2

5 月 13 日，计划时间，诚诚说："我想在娃娃家当爸爸。"然后，他走进娃娃家里穿上了"爸爸"的服装。

项目 3 "解决问题" 级别 1

6 月 11 日，个体工作时间，诚诚拿着假发套对老师说："老师，你能帮我把假发套戴上吗？这个太难戴了。"

项目 4 "反思与解释" 级别 1

5 月 13 日，回顾时间，诚诚分享他刚刚做过的事时说："我今天搭了一座楼房，和我去过的老家一样的楼房。"

(2) 健康领域。

观察记录：

项目 5 "情绪管理" 级别 2

5 月 21 日，午睡时间，诚诚对着旁边的小伙伴说："我睡不着也要安静地躺着，要不会打扰到其他人的。"

项目 6 "大肌肉动作发展" 级别 1

5月8日，离园时间，下楼时，诚诚走在最后一个，他快速交替双脚下楼梯，并快跑着追上了队伍。

项目7"小肌肉动作发展"级别2

6月24日，区域活动时间，诚诚把好多积木拼成长长的一排，然后又拆开。

项目8"生活自理与健康生活习惯"级别4

4月26日，诚诚来园时间，一进教室，他就主动脱了外套并挂好，还告诉旁边的小伙伴："教室里温度高，进教室就得脱外套。"

项目9"安全自护"级别4

3月4日，区域活动时间，家庭区，诚诚拿电话说："是110中心吗？这里好像有坏蛋，请你们快点来帮忙！"

(3)语言领域。

观察记录：

项目10"倾听与理解"级别3

4月9日，回顾时间，诚诚给大家讲述他在读写区里读过的一本书："那本书上有青蛙和它的好朋友，他们开始闹矛盾，后来大家想办法又变成了好朋友……"

项目11"口语表达"级别3

5月19日，喝水时间，诚诚对老师说："我今天因为肚子有点儿不舒服，所以不能喝太多的水。"

项目12"文明的语言习惯"级别4

6月14日，语言教学活动，请小朋友回答问题时，诚诚没有抢着回答，始终举着手等别的小朋友说完轮到自己才回答。

项目13"阅读能力"级别3

3月18日，大组活动时间，诚诚看完了《三个和尚》的故事后说："我记住这个故事了。一个和尚的时候挑水喝，两个和尚抬水喝，三个和尚的时候，没水喝了。"说着无奈地摊开了双手。

项目14"阅读习惯"级别3

4月29日，晨读时间，诚诚到书架上找到自己的阅读书，一页一页地翻着读了起来。

项目15"书面表达"级别2

4月18日，区域活动时间，艺术区里，诚诚在纸上画出了两个圆形的脸，并画上了不同的表情，"这个是生气的我，这个是高兴的我"。

(4)社会领域。

观察记录：

项目16"与成人交往"级别2

5月13日，户外活动时间，诚诚拉着老师的手说："老师，我们一起滚轮胎吧！"说完，把他的轮胎推向了老师。

项目17"与同伴交往"级别3

5月19日，户外活动排队时，老师要求每个人找一个小伙伴，诚诚对子麟说："你和我拉手做我的伙伴吧！"然后回头告诉后面的小朋友，"大家都要两个两个拉手"。

项目18"冲突解决"级别3

6月10日，喝水时间，诚诚和乐乐争抢起了同一把椅子，诚诚大声喊着："老师，快来看，乐乐抢别人的椅子了！"说完他又告诉乐乐："谁先来就应该归谁。"

项目19"自尊、自信、自主"级别2

4月18日，区域活动计划时间，诚诚说："我最喜欢用颜料画画，我今天要去艺术区工作。"

项目20"关心他人"级别3

6月6日，晨间来园时间，诚诚的同桌宁宁一直哭着要回家，他主动走过去对宁宁说："别哭了，妈妈要上班，下午就能见到了。"

项目21"适应集体生活"级别3

2月25日，区域活动回顾时间，整理音乐响起时，诚诚告诉旁边的小伙伴："该收工作了，不要再玩了。"

项目22"认识自我与他人"级别2

3月7日，区域活动时间，家庭区里，诚诚穿着医生的衣服拿着听诊器给"病人"诊断病情。

项目23"归属感"级别2

3月15日，晨间来园时，诚诚拉着爸爸的手，指着门口幼儿园的园标，大声地说："爸爸，你看这是我们兴华礼仪幼儿园的标志。"

(5)科学领域。

观察记录：

项目24"认识自然和物理世界"级别3

3月24日，户外活动时间，诚诚指着天空的云朵说："今天没有雾霾，天空好漂亮啊！"

项目25"实验、预测、验证"级别2

6月11日，个体工作时间，玩具区里，诚诚拿着玩具汽车对小路说："我觉得我的车肯定跑得比你的车快，因为我的车是警车！"说完，他和小路比试起来。

项目26"观察分类"级别2

5月23日，整理时间，诚诚看到一把椅子上贴着桃心标志，说："这是区域里的椅子，应该放到区域里。"

项目27"工具与技术"级别1

6月25日，个体工作时间，诚诚拿着手电筒对着神秘箱的小洞洞说："用手电看得会更清楚。"

(6)数学领域。

观察记录：

项目28"数字与数的关系"级别2

5月19日，离园时间，诚诚看着小朋友摆放的椅子，一个一个点数："1、2、3……15，这排一共有15把椅子。"

项目29"形状与空间关系"29.1形状级别3

4月4日，区域活动时间，积木区里，诚诚把几个长的积木摆成了长方形，又把几个纸盒子摆成了正方形，随后又加了几块积木把正方形的造型变成了长方形，说："这样它俩就都是长方形了。"

项目29"形状与空间关系"29.2空间关系级别3

5月14日，户外活动时间，诚诚对正在搬梯子的毛毛说："把梯子拿过来，放在这两个凳子的中间。"

项目30"比较和测量"级别2

5月9日，建构室活动，诚诚把三个积塑玩具按从大到小摆成一排，边指边说："这个是最大的，这个是最小的。"

项目31"模式"级别2

6月14日，个体工作时间，玩具区里诚诚把许多麻将块和积木按"麻将、麻将、积木"(这样共重复了5次)的方法排成了一行。

项目32"数据分析"级别2

3月22日，区域活动计划时间，诚诚拿着笔在自制地图的积木区位置画了一个正方形，"这是我待会儿要建的设计图"。

(7)艺术领域。

观察记录：

项目33"感受与欣赏"级别2

6月19日，个体工作时间，艺术区里，诚诚发出了"滴答、滴答"的声音，说："下小雨了。"

项目34.1"歌唱"级别3

2月22日，排练合唱歌曲时，诚诚大声并完整地唱出了《蜗牛》这首歌。

项目 34.2"律动"级别 3

3月18日，音乐活动时，诚诚跟着音乐《我学小动物》做出了不同的动作，双手放到头两侧，变成大耳朵状，说："我在学小狗。"

项目 34.3"绘画与造型"级别 2

6月7日，区域活动时间，艺术区里，诚诚用不同颜色的橡皮泥搓成球，并连接在一起，说："这是我做出毛毛虫。"

项目 34.4"角色扮演"级别 2

6月17日，个体工作时间，娃娃家里，诚诚拿着两根吸管假装当筷子给娃娃夹菜。

3. 发展评估

诚诚各领域发展评估情况如图 4-2 和表 4-6 所示。

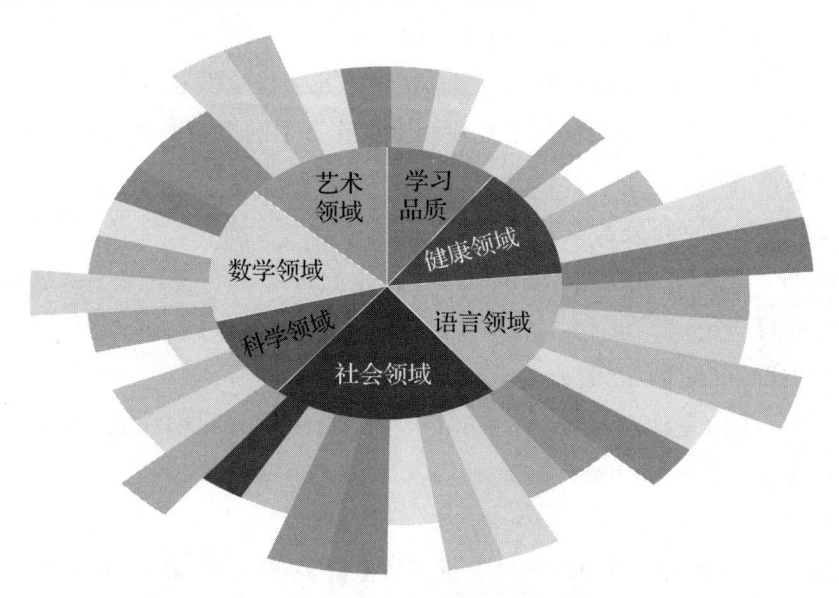

图 4-2　诚诚各领域发展状态评估

表 4-6　诚诚各领域发展评估统计表

领域	项目	评估数量	当前级别（最高）
学习品质领域	项目1 好奇心和内驱力	3	2
	项目2 主动性与做计划	2	2
	项目3 解决问题	3	1
	项目4 反思与解释	1	1

续表

领域	项目	评估数量	当前级别（最高）
健康领域	项目5 情绪管理	2	2
	项目6 大肌肉动作发展	4	1
	项目7 小肌肉动作发展	3	2
	项目8 生活自理与健康生活习惯	3	4
	项目9 安全自护	2	4
语言领域	项目10 倾听与理解	3	3
	项目11 口语表达	4	3
	项目12 文明的语言习惯	3	4
	项目13 阅读能力	3	3
	项目14 阅读习惯	2	3
	项目15 书面表达	2	2
社会领域	项目16 与成人交往	5	2
	项目17 与同伴交往	4	3
	项目18 冲突解决	3	3
	项目19 自尊、自信、自主	2	2
	项目20 关心他人	2	3
	项目21 适应集体生活	3	3
	项目22 认识自我与他人	2	2
	项目23 归属感	1	2
科学领域	项目24 认识自然和物理世界	2	3
	项目25 实验、预测、验证	2	2
	项目26 观察分类	2	2
	项目27 工具与技术	3	1
数学领域	项目28 数字与数的关系	2	2
	项目29.1 形状	3	3
	项目29.2 空间关系	2	3
	项目30 比较和测量	2	2
	项目31 模式	4	2
	项目32 数据分析	2	2

续表

领域	项目	评估数量	当前级别（最高）
艺术领域	项目33 感受与欣赏	3	2
	项目34.1 歌唱	3	3
	项目34.2 律动	2	3
	项目34.3 绘画与造型	4	2
	项目34.4 角色扮演	3	2

4. 分析与教育建议

（1）幼儿学年汇总分析。

结合评估工具的使用，从诚诚一学年的观察评价及发展汇总来看，他在学习品质、健康、语言、社会、科学、数学、艺术这几个领域的发展基本是趋于平衡的，发展水平主要为2~3级，但存在一些级别之间的差异，如健康领域项目8、9，语言领域项目12，级别定位为4级，而学习品质项目3、4，健康领域的项目6以及科学领域的项目27级别定位均为1级。可见诚诚在部分领域发展水平具有差异性。

（2）给教师与家长的建议。

①知其然必知其所以然。

针对诚诚在领域间的发展水平差异，我们可以对其进行更为深入的分析。在健康领域评估项目8生活自理与健康生活习惯、项目9安全自护方面诚诚表现为4级，这与我们对其家庭教育方式的了解相吻合。诚诚父母对该幼儿生活习惯的养成教育比较关注，在日常行为方面给予幼儿很多正面的引导，有利于幼儿良好生活习惯的养成。同时，幼儿安全自护能力比较强，离不开家庭教养，更离不开园所教育。园内对幼儿日常自护方面的安全教育比较关注，也经常会进行相关安全演练，因此，幼儿在安全自护这方面的表现也比较突出。同时，语言领域项目12文明的语言习惯方面，幼儿级别为4级。在日常生活中，诚诚属于语言表达能力较强的幼儿，平时与同伴或老师交流时表现比较积极主动，且有良好的文明习惯，这是幼儿家庭和园所共同关注和努力的结果，在日常交往习惯的养成方面，给予了幼儿很多正面的影响，可见言传身教真的很重要。

②知不足然后知进步。

从汇总表中我们不难看出，诚诚发展级别较低的评估项目是健康领域项目6大肌肉动作发展，科学领域项目27工具与技术，学习品质领域项目3解决问题、项目4反思与解释这几个方面。分析其原因，诚诚入园前随年龄已长的爷爷奶奶生活，因此对体育运动不够感兴趣，日常户外活动或体育活动时表现也不够积极。教师应该更多地给予该幼儿运动方面的激励，通过多种方式的户外活动，鼓励幼儿积极参与运动，从而提高幼儿的运动以及动手操作能力。

(二)班级幼儿领域发展评估报告

观察幼儿：18位大班幼儿。

观察起始日期：2016年3月1日。

观察结束日期：2016年6月22日。

报告教师：贾海蓉。

指导教师：张梅、田永莉。

1. 报告背景

数学是比较抽象的、逻辑性强的知识，幼儿对于数学的学习是在游戏与生活中通过材料建构的数学关系。幼儿在游戏中学习一些基本的知识并运用于生活中解决实际问题，体现数学游戏的快乐。

本报告将一个学期范围内，班级中18位幼儿在数学领域的典型行为进行分析，以呈现班级幼儿在数学领域发展的整体状况及特点。数学领域包括项目28数字与数的关系、项目29形状与空间关系(分为子项目29.1形状和29.2空间关系)、项目30比较和测量、项目31模式、项目32数据分析。

《指南》中指出幼儿的数学学习应注重在生活和游戏中感知数学的有用和有趣，初步理解数量关系、形状与空间关系，培养初步的逻辑思维能力。幼儿通过与游戏材料互动，经过"感知→操作→形成经验→运用经验"的过程来进行数学学习，通过对相关记录梳理，整理出数学领域5个项目的幼儿观察记录以及分析。

2. 报告内容

(1)评估项目28数字与数的关系。

在日常生活中，"数"是常见的概念，与日常生活有着密不可分的联系，教师通过日常生活练习，激发和培养幼儿的专注力、手眼协调能力以及独立思考能力，从而使幼儿的一些内在特质得以发展。

• 引导幼儿感知和理解事物"量"的特征。

• 结合日常生活，指导幼儿学习通过对应或数数的方式比较物体的多少。

• 利用生活和游戏中的实际情境，引导幼儿理解数的概念。

• 通过实物操作引导幼儿理解数与数之间的关系，并用"加"或"减"的办法来解决问题。

【凯博、语歌、帅霖、煜杰等幼儿能说出一组物品比另外一组多多少个或少多少个。（级别4）】

观察记录：

3月22日，区域活动时间，玩具区，凯博利用数字进行游戏，他将数字1～10分别放到百格板后说："你看这边的数字是连着的。"

4月20日，"盒子总动员"的游戏中，语歌说："老师，我今天用的盒子比前几天小朋友用的盒子少了4个。"

4月26日，区域活动时间，帅霖用百格板将数字进行拼摆游戏，这时候他说："下面的数字总是比上面的数字大10。"

6月2日，区域活动时间，玩具区，煜杰两个两个地数，然后说："外边的点比中间的点多很多。"

【语歌、梓童、熙萌、浩然、柄逸等幼儿能用两种或两种以上的方式组合或拆分一个10以内的数字。（级别5）】

观察记录：

3月10日，区域活动时间，语歌和奕欣在玩凑十游戏，语歌负责记录，奕欣负责扔果壳，奕欣随机扔好后，语歌数了数说："4＋3＝7。"

3月17日，区域活动时间，玩具区，梓童用骰子进行游戏，第一次数字是6，第二次数字是4。她将两次骰子投的不同数字进行记录并写出6＋4＝10。

3月18日，小组活动时间，熙萌用手中的数字3和梓欣手中的数字7找到朋友，说："3和7合起来是10。"

3月24日，区域活动时间，玩具区，浩然在玩分数小人的游戏时发现，四个合起来是一个小人。

4月17日，区域活动时间，玩具区，炳逸用扑克牌与骰子进行游戏，投骰子两次分别是3和6，然后他从扑克中找到9。

分析：

根据儿童数数的发展特点，教师使用真实的物体来帮助幼儿解决数学问题，设立幼儿感兴趣的挑战。儿童数数能力的发展经历了从口头数数到按物点数到说出总数再到按群计数的过程，评价体系里除点数的方法以外，幼儿还学会了两个两个数，五个五个数，但十个十个数还需进一步加强。同时幼儿通过游戏对于多多少和少多少以及数字的拆分和组合也能熟练掌握，到6月底幼儿水平处于评估工具项目28级别4到级别5。

(2)评估项目29"形状与空间关系"。

《指南》中指出，发展幼儿的数学认知，可以用多种方法帮助幼儿在物体与几何形体之间建立联系。

• 用多种方法帮助幼儿在物体与几何形体之间建立联系。

• 丰富幼儿空间方位识别的经验，引导幼儿运用空间方位经验解决问题。

【柄逸能够通过拆分和组合将一个形状变成另一个形状，并说出最终的形状。（子项目 29.1 级别 2）】

观察记录：

4 月 27 日，区域活动时间，柄逸对煜杰说："这个桥好搭，用两个半圆形拼起来就可以了。"

【城毓、浩然、艺璇等幼儿能描述一个形状是怎么组成的（即说出形状的属性）。（子项目 29.1 级别 3）】

观察记录：

3 月 25 日，区域活动时间，玩具区，城毓用一些长方体的木板，拼成一些组合体，说："这是幼儿园的楼房。"并指着一个椭圆形的搭建说"这个椭圆形是幼儿园的滑梯"。

3 月 20 日，区域活动时间，积木区，浩然用 4 个四分之一圆形的积木搭成一个圆形后，又用圆柱体进行再加工，组合成一个"鸟巢"说："这个鸟巢是圆柱体和圆形组成的，有点不稳，你们不要挨它太近了。"

5 月 25 日，区域活动时间，读写区，艺璇用五边形的嵌板进行五边形的描写，并说："五边形有 5 个角，5 条边。"

【敬儒、瑾轩等幼儿说出一个三维形状（立方体、圆柱体或圆锥体）。（子项目 29.1 级别 4）】

观察记录：

3 月 27 日，区域活动时间，敬儒用白色 PVC 管和弯头拼成一个立体图形，并对梓桐说："这像大门，你钻过来试试。"

4 月 5 日，区域活动时间，积木区，敬儒用四分之一圆形搭成一座桥，说："这是北中环桥，桥面有很多立体的半圆形。"

4 月 15 日，区域活动时间，玩具区，瑾轩用多米诺骨牌与渊心进行游戏，瑾轩说："咱们摆一条长长的路吧。"然后他们利用小的多米诺连成一条长长的路。语歌说："咱们把长方体形状的多米诺的长边对齐，一直排下去，这样路就会长点。"

5 月 11 日，区域活动时间，积木区，敬儒将四分之一圆形架在用圆柱体和长方体搭成的桥面上说："这是北中环桥，它是立体的。"

【书赫能够根据自己区分左右。（子项目 29.2 级别 4）】

观察记录：

3 月 2 日，区域活动时间，玩具区，书赫用圆形管状插塑与条状管状插塑拼成一个老爷车，并说这是左边的门，可以司机来开门，这是右边的门，乘客可以从这里上去。

【湛清等幼儿能描述三维形体，并比较它们的异同。（子项目 29.1 级别 5）】

观察记录：

5月6日，区域活动时间，湛清在选择磁力棒玩具后，煜杰说："你拼的是五角形的蛋糕吗？"湛清说："不是五角形的，是五角星体吧？因为有很多五角星叠放在一起了。"

分析：

以游戏为主要向导的活动，幼儿可以在游戏中获得不同的数学经验。基于幼儿对形状的探索，教师应当明确将幼儿的注意力集中到形状的特征以及形状的功能上，并提供描述这些特征的词汇，幼儿需要结合具体经验和想象来掌握这些概念。形状与空间项目里，由平面发展到了立体，是幼儿视觉探索与触觉探索的结合。通过实际操作，幼儿基本能够认识立体形状。但对于级别4与级别5的幼儿来说，三维立体的形状以及区别有些难度，需要教师鼓励幼儿表达与证实自己的预想。

(3) 评估项目30"比较和测量"。

《指南》中数学认知目标1为初步感知生活中数学的有用和有趣。教育建议4中提出：鼓励和支持幼儿发现、尝试解决日常生活中需要用到数学的问题，体会数学的用处。

- 拍球、跳绳、跳远或投沙包时，可通过数数、测量的方法确定名次。
- 讨论春游去哪里玩时，让幼儿商量想去哪里玩，每个想去的地方有多少人，根据统计结果做出决定。
- 滑滑梯时，按照"先来先玩"的规则有序地排队玩。

大班幼儿能够理解标准单位的概念，他们借助于老师精心设计的学习经验，开始能够通过系统的测量来辨别数量方面的不同。幼儿会使用与数字相关的知识来做比较。首先使用非标准单位，如走几步、有几个小盒子等。在老师的帮助下，幼儿会明白常规单位和测量工具是很有用的。

【旭东、凯博、语歌、瑾轩等幼儿基于测量属性，使用"一样的、相同"或者与比较相关的词语对物体直接进行比较或排序。（级别2）】

观察记录：

3月30日，区域活动时间，玩具区，旭东拿到带插座圆柱体后说："这个大的圆柱体比小的圆柱体大很多。"

4月15日，小组活动时间，凯博与语歌在画"真人一比一"。语歌说："这张纸是不是太小了，不够我躺。"凯博说："你躺上去试一试就知道了。"

【瑾轩等幼儿使用标准的测量方法和程序对物体进行比较。（级别3）】

观察记录：

3月23日，早晨餐后时间，瑾轩在测量自己的体重，并进行记录。

【丽弘能使用两种不同单位测量某个物体，并解释结果不同。(级别4)】

观察记录：

4月29日，区域活动时间，玩具区，丽弘用常用替代物测量毯子的长度，她说："毯子长4根毛根。"又用彩笔进行测量，3根半彩笔的长度，"毛根比彩笔长"。

【奕辛能独立使用标准计量单位进行正确测量，并说出使用的单位是对什么进行测量。(级别5)】

观察记录：

5月5日，区域活动时间，生活区，奕辛用100克面粉和2颗鸡蛋，准备制作蛋糕。这时，瑾轩说："还需要50克白糖呢。"她俩一起用天平称了50克的白糖加进去进行搅拌。

分析：

通过以上观察记录可以看出，在大班适当地安排一些测量活动既符合幼儿的年龄特点，又能不断地提高幼儿的操作能力和发现问题、解决问题的能力。学习一些用非科学测量工具测量的活动，让幼儿通过游戏对物体进行非标准测量，但精确的测量程序还需进一步加强。由于班级投放有准确的测量工具，如身高尺、体重秤等，班级大部分幼儿能够通过实际操作来进行准确的测量并进行记录。但幼儿们对于使用软尺进行准确测量、0刻度的认识还是不够。

(4)评估项目31"模式"。

《指南》中数学认知目标1为初步感知生活中数学的有用和有趣。教育建议3中提出：引导幼儿观察发现按照一定规律排列的事物，体会其中的排列特点与规律，并尝试自己创造出新的排列规律。

• 和幼儿一起发现和体会按一定的顺序排列的队形整齐有序。

• 提供具有重复性的旋律和词语的音乐、儿歌和故事，或利用环境中有序排列的图案。

• 鼓励幼儿尝试自己设计有规律的花边图案、创编有一定规律的动作，或者按某种规律进行搭建活动。

• 引导幼儿体会生活中很多事情都是有一定顺序和规律的，如一周七天的顺序是从周一到周日，一年四季按照春夏秋冬更替等。

在日常生活中我们发现幼儿能够发现简单的规律，但复杂的规律更多时候需要别人指出来，他们才能意识到。所以，教师可以帮助幼儿发现包含多部分重复和顺序的规律。

【燕雯、梓欣等幼儿创造(而非模仿)一个至少有三次重复的简单模式。(级别2)】

观察记录：

3月17日,区域活动时间,玩具区,燕雯把玩具按绿色、蓝色的规律拼在一起成一个圆形,并说:"这个圆形的好像是太阳。"

6月15日,区域活动时间,玩具区,梓欣用彩色多米诺骨牌进行游戏,按照"白绿白绿白绿"的规律排列。

【彦博、景瑶、语歌、丽弘等幼儿能够创造(而非模仿)一个至少有三次重复的复杂模式,如 AABAABAAB 或 ABCABCABC。(级别3)】

观察记录:

3月12日,区域活动时间,玩具区,彦博用彩色多米诺骨牌进行游戏,他用多米诺骨牌按照蓝色—绿色—黄色—蓝色—绿色—黄色—蓝色—绿色—黄色的顺序排列,并在旁边搭了一个建筑说:"这是城堡。"

3月14日,区域活动时间,积木区,景瑶说自己在做围墙,按照一个黄色圆形、一个红色圆锥,一个黄色圆形、一个红色圆锥,一个黄色圆形、一个红色圆锥,一个黄色圆形、一个红色圆锥的顺序排列,一共8个。

3月22日,区域活动时间,玩具区,语歌用低结构材料进行随意拼摆,她按照2个白豆、2个开心果壳,2个白豆、2个开心果壳,2个白豆、2个开心果壳的排列方式进行游戏。

5月12日,建构游戏时间,丽弘利用小棒与彩色塑料圆球按照红色—黄色—绿色—蓝色—红色—黄色—绿色—蓝色—红色—黄色—绿色—蓝色的顺序制作了一个圆形转盘,并说:"这是我做的摩天轮。"

【熙萌独立地把一个模式转换成声音、符号、动作或物品。(级别4)】

观察记录:

6月17日,小组活动时间,熙萌在音乐游戏中看到老师提供××|×××的图谱,就用拍手、拍腿、点头的方式打着节奏。

【柄逸、梓童、梓欣等幼儿能够解释增加模式、减少模式。(级别5)】

观察记录:

4月19日,区域活动时间,炳逸将串珠按照1白2红3绿4黄的顺序一直排列下去。

5月6日,区域活动时间,梓童利用台球进行游戏,她选择了台球后按照4个蓝色—3个紫色—2个红色—1个黄色—4个橘色—3个红色—2个黄色—1个黑色逐渐递减的规律进行游戏。

6月17日,区域活动时间,积木区,梓欣将轨道按照一个比一个少的方式搭建起来。

分析:

模式是由幼儿在游戏中通过观察来发现规律，从而进行模式的创造，幼儿有处理单个物体到排列多个物体的能力后，排列规律在逐渐增强。从级别 4 到级别 5 之间的过渡，一般需要教师的指导。例如，在搭积木的过程中对于坡度的设计，就可以支持幼儿递增递减模式的建立，教师有目的的组织加上同伴之间的学习，幼儿的模式水平自然达到了级别 5。

模式的创建，是孩子们在游戏中发现规律并进行探索的一项活动，级别波动比较大的原因是级别 4 与级别 5 是在教师有目的的情境创设中才能出现的。

(5)评估项目 32"数据分析"。

在幼儿园阶段统计就是用曲线图或者其他的方式记录和展示数据。幼儿有目的地表达数据分析的信息，意味着使用数字、图标、图形、曲线图、计数器和其他符号记录种类和数量。这些活动包含数学活动和科学探究。对数据分析的解释和运用主要涉及做出预测并检验预测，得出结论，利用研究得出的结论说明事实，制订计划或解决问题。

【柄逸、政汐、敬儒等幼儿解读图示或图表上的信息（数据）。（级别 3）】

观察记录：

3 月 4 日，区域活动时间，柄逸和旭东在玩具区进行跳棋游戏，每结束一盘他们给自己记录，回顾音乐响起后，柄逸说："哈哈，我赢了，因为我赢了两次，你赢了一次。"

3 月 16 日，区域活动时间，玩具区，政汐与佳怡在玩沙子寻宝游戏，政汐负责找寻物品，佳怡负责进行记录。

4 月 12 日，吃早饭时间，敬儒看到值日生挂牌中有 4 名值日生，然后对老师说："老师，昨天政汐已经当过值日生了，今天怎么还当啊？"

【奕辛等幼儿应用图示或图表上的信息（数据）。（级别 4）】

观察记录：

4 月 7 日，区域活动时间，奕辛将各种盒子摆放到区域中，并将盒子进行分类点数，然后进行记录。

【文博、奕辛、语歌等幼儿提出一个感兴趣的问题，然后自己收集并解读信息（数据）来找出答案。（级别 5）】

观察记录：

3 月 15 日，区域活动时间，玩具区，文博和梓童利用石头、剪刀、布的形式来轮流进行扑克牌的记录，文博找到一张牌便记录在纸上。

3 月 25 日，区域活动时间，玩具区，奕辛在玩"盒子总动员"的游戏，她和瑾轩商量这块需要多少盒子呢？她将盒子放到地面的线圈范围后开始统计，一共需要 10 个巧克力脆脆鲨的盒子。

4月5日，区域活动时间，玩具区，语歌将家庭区的物品按照不同的类别（水果、衣服、玩具）摆好后，进行点数并记录。

分析：

结合《指南》中能从生活和游戏中感受事物的数量关系并体验到数学的重要和有趣的要求，教师根据大班幼儿的兴趣适时增加一些统计类的材料，鼓励幼儿预测结果，记录他们的预测并与结果进行比较，给幼儿提供探索与反思的机会，让他们通过数据来解读，体会到或多或少的乐趣。本班级幼儿通过各类游戏的开展，已经基本能够达到级别5。

3. 整体分析与教育建议

依据上述数据，结合班级区域活动的开展状况，综合分析得出影响幼儿数学领域发展的原因主要有以下几个方面。

(1)操作材料的多样性及挑战性。例如，模式级别3，班级内提供了台球，既有数字也有颜色，这样对于级别的完成是比较容易的。

(2)幼儿在操作过程中，教师的支持和引导是否及时、适宜。

(3)教师对幼儿的观察是否到位，从而引导幼儿通过小组活动提升游戏水平，引导幼儿进一步发展。

(4)幼儿自身的发展敏感性。

(5)家庭中幼儿家长对孩子的引导是否适宜。

追随幼儿的课程是为全体幼儿服务。每个幼儿都是独一无二的，都是一个独立、独特的个体。在自主探索的过程中，教师要考虑到幼儿的个体差异，倾听幼儿、观察幼儿，了解幼儿的"最近发展区"，体察幼儿的需求，让幼儿在游戏中能够更好地发展，家园互动时可以用以下方法。

(1)教师提供一些促进幼儿数学领域发展的材料。

(2)教师选择适当的时机和鹰架策略指导幼儿，及时挖掘材料的价值。

(3)教师对幼儿的观察要有目的性和持续性，以便更好地了解幼儿的发展水平。

(4)鼓励家长搜集材料，利用家长会的时间与家长交流幼儿每月的观察记录以及学期综合幼儿发展水平现状，使家长了解游戏给孩子们带来的促进作用，以便家长能及时提供一些低结构的游戏材料。

(三)班级幼儿总体发展评估报告

观察对象：小二班全体幼儿。

观察起始日期：2016年3月1日。

观察结束日期：2016年6月22日。

报告教师：张莉群、张爱荣、赵静。

指导教师：郭伟、王美蓉。

1. 报告背景

在每日观察中，教师通过对教学活动、区域游戏、生活活动、户外活动等一日环节中幼儿的所有领域典型行为和表现，进行了全面、客观、真实的观察与记录，结合评估工具进行级别评定。在每日观察记录的基础上形成月观察记录和学期观察记录，并以此为依据在学期末对全班幼儿进行7个领域38个项目（含子项目）的分析整理，形成班级幼儿学期评估报告。这样做的目的是便于教师掌握全班幼儿的已有经验与能力，了解他们的兴趣与需要，明晰他们的学习结果，为下一阶段提供更加适宜的教育支持。

2. 报告内容

(1)小二班幼儿学习品质领域发展分析。

学习品质领域

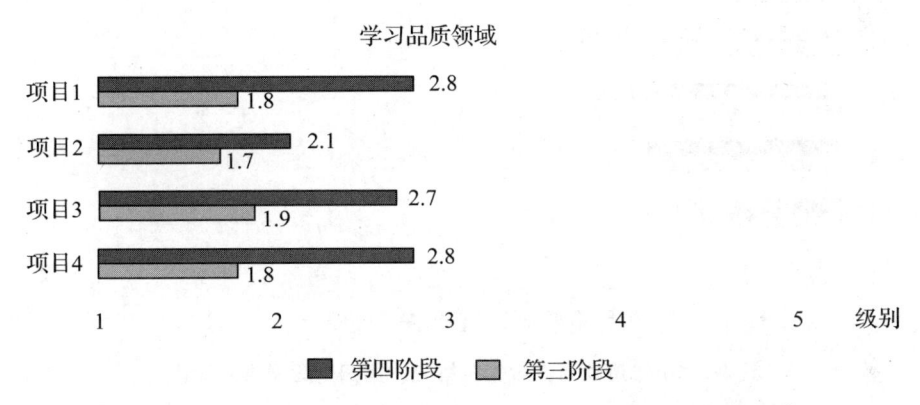

项目	第四阶段	第三阶段
项目1	2.8	1.8
项目2	2.1	1.7
项目3	2.7	1.9
项目4	2.8	1.8

图4-3　小二班幼儿学习品质领域第三、第四阶段发展对比图[①]

在图4-3中，我们看到幼儿学习品质领域评估项目1至项目4的数据呈现，可以看出第三阶段所表现出的典型性行为的平均发展水平都低于级别2。持续一段时间学习之后，到了第四阶段，幼儿的行为表现有了很大进步，平均发展水平在级别2以上，其中项目1好奇心和内驱力和项目4反思与解释进步最明显。

分析：

①好奇心是人的天性，对于幼儿来说，面对新奇、神秘的人、事、物时，有进一步学习、探索的兴趣。幼儿园游戏材料丰富，材料更换速度快，这便于幼儿好奇心和内驱力的提高。

[①] 本案例中，"第三阶段"是指小班下学期前两个月，"第四阶段"是指小班下学期后两个月。图表中的数据均为平均值，下同。

②三四岁左右的幼儿，属于无意识记忆，对感兴趣、印象鲜明的事物容易记住。回顾是每天进行的活动，幼儿在这个环节积极性高。因此，幼儿项目4反思与解释在第四阶段的进步非常大。

措施：

①教师层面。加大对项目2主动性与做计划的指导频率，让项目2在幼儿日常的活动中都有所呈现。

②家长层面。养成良好的学习品质可使幼儿终身受益，在家中也要和孩子多探讨提升学习品质的方式方法，在和孩子互动时，有效激发幼儿的探索欲望和兴趣，帮助幼儿集中注意力。

(2)小二班幼儿健康领域发展分析。

健康领域

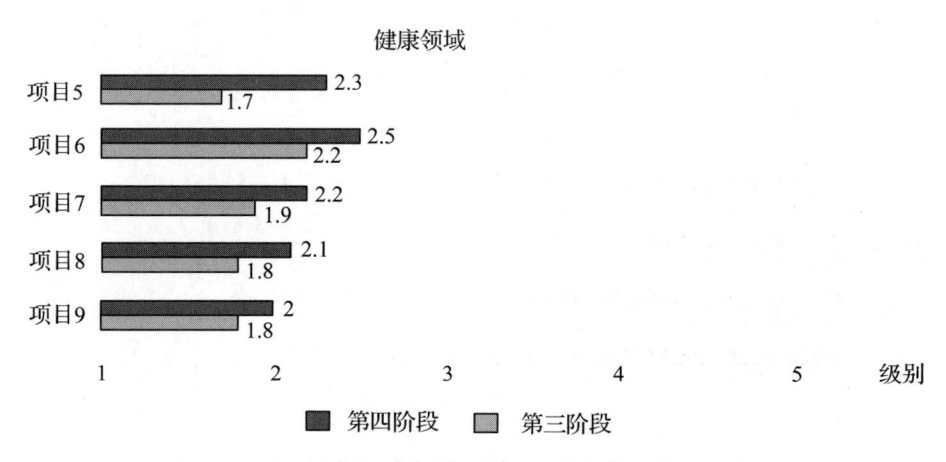

项目	第四阶段	第三阶段
项目5	2.3	1.7
项目6	2.5	2.2
项目7	2.2	1.9
项目8	2.1	1.8
项目9	2	1.8

图 4-4　小二班幼儿健康领域第三、第四阶段发展对比图

图4-4是幼儿健康领域中项目5至项目9的数据呈现，其中第三阶段的平均发展水平大都低于级别2（除项目6以外），第四阶段的平均发展水平都在级别2及以上。项目5情绪管理进步最明显。项目6大肌肉动作发展平均发展水平最高。

分析：

幼儿阶段是儿童身体发育和机能发展极为迅速的时期，也是形成安全感和乐观态度的重要阶段。发育良好的身体、愉快的情绪、强健的体质、协调的动作、良好的生活习惯和基本生活能力是幼儿身心健康的重要标志。

①幼儿脱离了分离焦虑，渐渐适应幼儿园的生活，他们的情绪控制能力在学期末得到极大的提高。

②平均水平高的原因在于幼儿喜欢跑跳等大肌肉运动，因此，项目6"大肌肉动作发展"在第三、第四阶段，幼儿的发展水平都很高，并且进步也很大。

措施：

①教师层面。开展丰富多彩、适宜于幼儿的体育活动，增强幼儿体质。

②家长层面。在日常生活中多为幼儿提供身体运动的机会，吸引幼儿参与其中，鼓励和支持幼儿主动练习、体验，并在此过程中给予适当的帮助和指导。

(3)小二班幼儿语言领域发展分析。

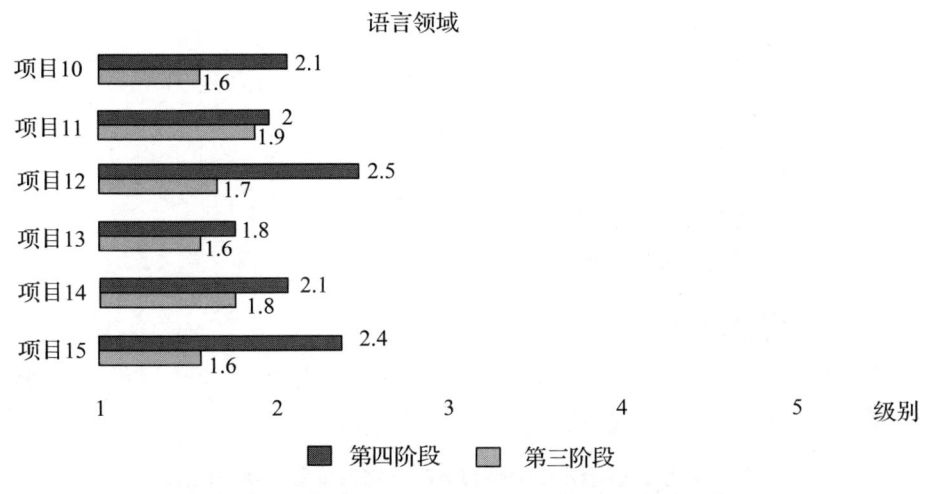

语言领域

项目	第四阶段	第三阶段
项目10	2.1	1.6
项目11	2	1.9
项目12	2.5	1.7
项目13	1.8	1.6
项目14	2.1	1.8
项目15	2.4	1.6

图 4-5 小二班幼儿语言领域第三、第四阶段发展对比图

图 4-5 是幼儿语言领域中项目 10 至项目 15 的数据呈现，其中第三阶段的平均发展水平都低于级别 2，第四阶段的平均发展水平大都在级别 2 及以上，项目 12 文明的语言习惯进步最明显，项目 11 口语表达进步不明显。

分析：

语言是交流和思维的工具。儿童语言的发展对其他领域的学习与发展有着重要的影响。幼儿每天的生活中，无论是在家中还是幼儿园，都存在着大量语言交往和学习的机会。

①幼儿适应了幼儿园生活，随着年龄的增长，在成人提醒下，能主动以基本适宜的方式与人交流。因此，项目 12 文明的语言习惯有明显进步。

②幼儿开始学习书面语，他们希望把自己的想法画出来，在这个过程中幼儿随意地涂涂画画，有意用一些图画进行表达。因此，项目 15 书面表达在第三阶段和第四阶段进步很大。

措施：

①教师层面。幼儿的口语表达有待提高。一日生活中多给予幼儿表达机会，并鼓励幼儿与同伴交流，提高幼儿的口语表达能力。

②家长层面。多和孩子交流，多与孩子一起看图画书，并和他一起谈论、辩论故事内容。

(4) 小二班幼儿社会领域发展分析。

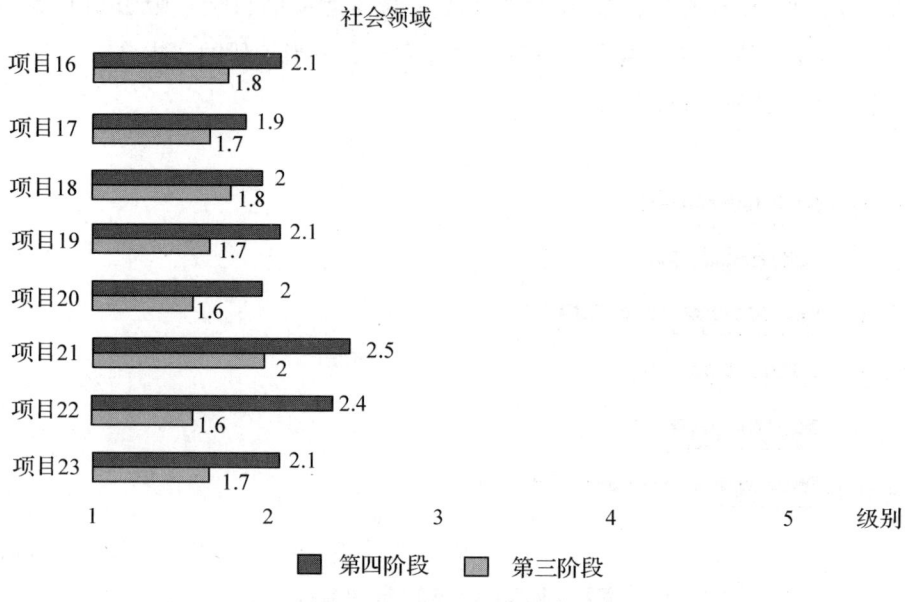

社会领域

项目	第四阶段	第三阶段
项目16	2.1	1.8
项目17	1.9	1.7
项目18	2	1.8
项目19	2.1	1.7
项目20	2	1.6
项目21	2.5	2
项目22	2.4	1.6
项目23	2.1	1.7

■ 第四阶段　　■ 第三阶段

图 4-6　小二班幼儿社会领域第三、第四阶段发展对比图

图 4-6 是社会领域中项目 16 至项目 22 的数据呈现，其中第三阶段的平均发展水平都低于或等于级别 2，第四阶段的平均发展水平大多在级别 2 及以上，项目 22 认识自我与他人进步最明显，项目 18 冲突解决进步不明显。

分析：

幼儿社会领域的学习与发展过程是其社会性不断完善并奠定健全人格的过程。良好的社会性发展对幼儿身心健康和其他各方面的发展都具有重要影响。

①幼儿通过一年的集体生活，逐渐从自我走向社会，随着生活空间的扩大，能获得更丰富的自我体验，因此，项目 22"认识自我与他人"从第三阶段到第四阶段进步最明显。

②幼儿从家庭来到幼儿园，他们开始学习融入集体中，并从"我"过渡到"我们"，集体意识增强。因此，项目 21"适应集体生活"从第三阶段到第四阶段，有了很大的进步。

措施：

①教师层面。在幼儿园一日生活中多为幼儿创设一起游戏、互相合作的环境，让他们在互动交往中学习交往的技能，实践交往的规则，体验交往的乐趣，形成对人对己的正确态度，克服以自我为中心的思想。

②家长层面。家长要放手让幼儿独立解决问题，减少包办代替和直接干预，尽量通过环境影响、感染幼儿。

(5)小二班幼儿科学领域发展分析。

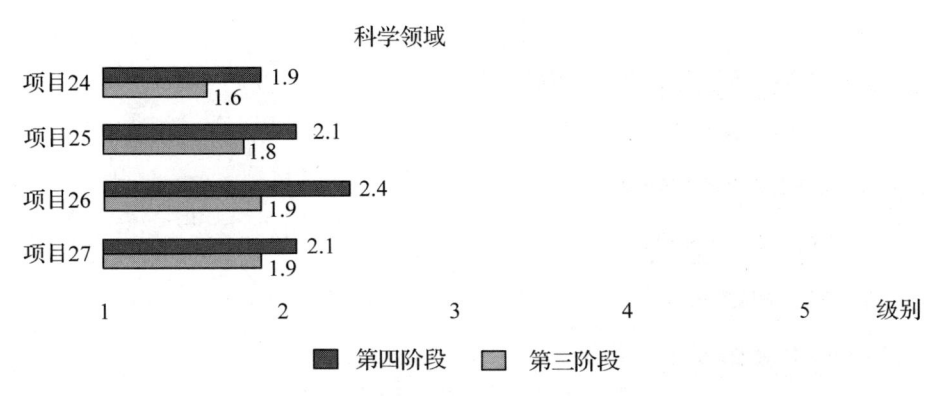

科学领域

项目24　1.9 / 1.6
项目25　2.1 / 1.8
项目26　2.4 / 1.9
项目27　2.1 / 1.9

■ 第四阶段　■ 第三阶段

图 4-7　小二班幼儿科学领域第三、第四阶段发展对比图

图 4-7 是幼儿科学领域中项目 24 至项目 27 的数据呈现，其中第三阶段的平均发展水平都低于级别 2，第四阶段的平均发展水平大多在级别 2 及以上，项目 26 "观察分类"进步最明显，项目 27 "工具与技术"进步较小。

分析：

①儿童有着与生俱来的好奇心和探究欲望。大自然和生活中真实的事物与现象是幼儿科学探究的生动内容，在此过程中幼儿不仅获得了丰富的感性经验，也充分发展了逻辑思维能力。本班幼儿在科学领域方面的发展进步较快，总体发展水平与该年龄段相吻合。

②幼儿喜欢探究，并且在一日生活中，经常通过多种感官对物体进行细节观察。因此，项目 26 "观察分类"从第三阶段到第四阶段有了很大的进步。

措施：

①教师层面。教师为幼儿提供适当的实践操作材料，为幼儿提供有助于其发现并有助于建立科学思维的多方面经验。

②家长层面。家长要经常带幼儿接触大自然，为幼儿提供一些有趣的探究工具，在安全的情况下，放手让幼儿自主观察、探究、交流。

（6）小二班幼儿数学领域发展分析。

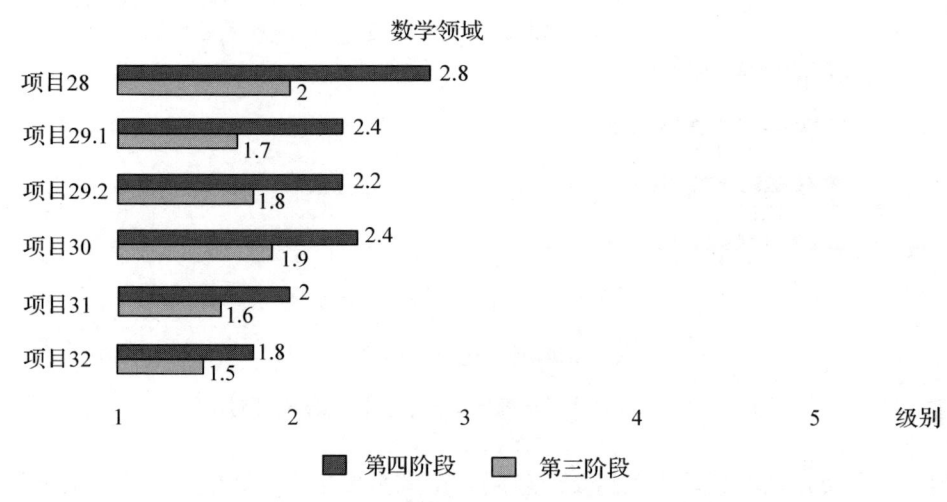

数学领域

项目28　2.8 / 2
项目29.1　2.4 / 1.7
项目29.2　2.2 / 1.8
项目30　2.4 / 1.9
项目31　2 / 1.6
项目32　1.8 / 1.5

■ 第四阶段　■ 第三阶段

图4-8　小二班幼儿数学领域第三、第四阶段发展对比图

图4-8是数学领域中项目28至项目32的数据呈现，其中第三阶段的平均发展水平都低于或等于级别2，第四阶段的平均发展水平大多在级别2及以上，项目28数字与数的关系进步最明显，项目32数据分析关系进步较小。

分析：

幼儿通过在日常生活中数物品和人，逐渐产生数感，感知和理解数的能力逐渐提高。3岁左右的幼儿，多数能点数到10。接近4岁，点数时不对应的情况明显减少，多数幼儿能数20以内的数。因此项目28"数字与数的关系"在第三、第四阶段发展水平都很高，并且进步也很大。

措施：

①教师层面。日常互动中，教师多与幼儿进行数数游戏，通过游戏让幼儿理解数的概念，在具体的实物和抽象的数字之间建立起联系，发现数字、几何图形、空间、方位、测量等数学概念与生活的联系。

②家长层面。帮助幼儿发现数学和日常生活之间的联系，可以从分享食物和玩具、比较和测量、数数等实际问题情境感知数学，让幼儿在感性经验和兴趣中喜欢上数学。

(7)小二班幼儿艺术领域发展分析。

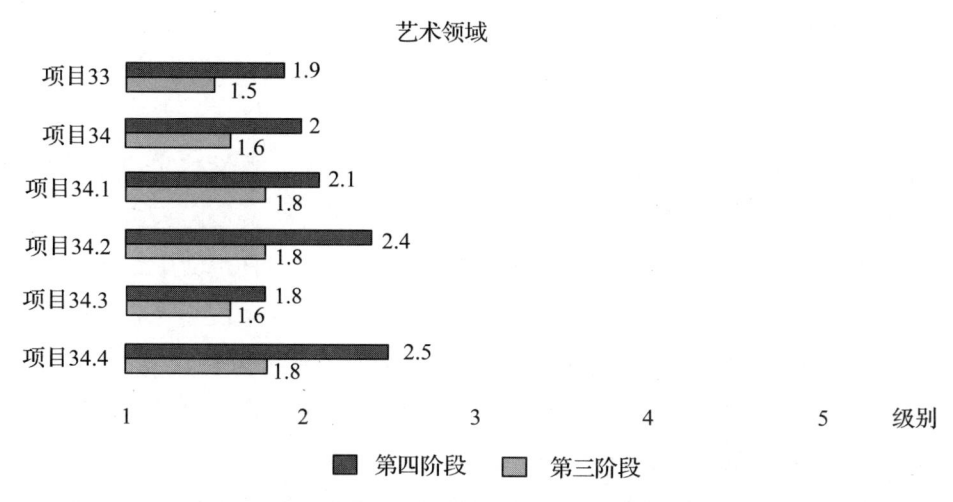

艺术领域

项目	第四阶段	第三阶段
项目33	1.9	1.5
项目34	2	1.6
项目34.1	2.1	1.8
项目34.2	2.4	1.8
项目34.3	1.8	1.6
项目34.4	2.5	1.8

■ 第四阶段　　□ 第三阶段

图 4-9　小二班幼儿艺术领域第三、第四阶段发展对比图

图 4-9 是本班幼儿艺术领域中项目 33 至项目 34.4 的数据呈现，其中第三阶段的平均发展水平都低于级别 2，第四阶段的平均发展水平大多在级别 2 及以上，项目 34.4 "角色扮演"进步最明显，而项目 34.3"绘画与造型"进步较小。

分析：

①艺术是人类感受美、表现美和创造美的重要形式，也是表达自己对周围世界的认识和情绪态度的独特方式。每个幼儿心里都有一颗美的种子。

幼儿喜欢学习简单的动作或跟着音乐做动作，无论有没有听到音乐，都会尝试移动身体。在学习了各种不同类型的律动后，项目 34.2"律动"有了明显的进步。

②幼儿的社会性来自观察与模仿，他们喜欢通过语言或动作假装扮演一个角色和声音，并尝试从独自扮演游戏到和别人合作游戏，而且变得更丰富更有想象力。因此，项目 34.4"角色扮演"从第三阶段到第四阶段有了很大的进步。

措施：

①教师层面。幼儿是从无意识的创作发展到有意识的创作，因此教师不仅要关注幼儿创作的艺术作品，还要多关注幼儿在艺术创作中的思维过程、表现形式以及对材料工具的探索，给予适时适宜的引导。

②家长层面。日常生活中，家长多让幼儿欣赏身边美的艺术作品，让幼儿自由观察、探索作品，丰富幼儿生活经验。欣赏、观察的过程中，家长可以通过提问、暗示、创设环境等方法进行启示和引导，开阔幼儿的创作思路，引发他们的思考，以培养幼儿的艺术思维能力。

3. **建议**

(1)给教师的建议。

根据班级幼儿总体发展评估报告的分析，教师在今后的教育中应从以下几方面努力。

①提供更多不同层次的操作材料，重视将幼儿的科学、数学感知和操作经验相结合，促进幼儿在科学、数学领域方面的发展。

②教师对7个领域的内容及级别要继续熟悉，便于在一日生活中给予幼儿适宜的支持。

③对于幼儿发展水平相对较低的项目，教师应把注意力放在幼儿的日常操作上。比如，提供相关操作材料，有意识地设置一些情境或组织一些预设活动，引发幼儿相关行为从而进行深入的观察与评价。

④注重幼儿操作材料的丰富性、可操作性和趣味性，并要根据幼儿的实际操作情况和发展水平及时更新。

⑤对于不爱探究材料的幼儿，要关注幼儿的心理状态，及时与家长沟通，并找到突破点，从点到面鹰架支持。

(2)给家长的建议。

幼儿家长可从以下几方面配合教师指导幼儿。

①创造条件让幼儿在实际生活中多动手、动脑，鼓励幼儿提出问题，支持幼儿反复观察、实验与验证，从而发现真相，巩固或调整自己的认识，主动自我建构知识与经验。

②给幼儿选择的机会和权利。

③随时关注幼儿的进步，并让幼儿知道自己的进步，懂得赏识幼儿，帮助幼儿坚持下去。

④积极收集一些日常生活废旧物品，如贝壳、石头、雪糕棍、扣子、瓶盖、坚果壳、松果、一次性手套等，支持幼儿用多种材料创造性地探索。

第四节 幼儿成长档案的建立

幼儿成长档案是通过有计划、有目的地收集与选择幼儿作品和记录典型的言行与情绪表现，展示幼儿在一段时间内的成长变化经历，以有效促进幼儿在情感、态度、能力、知识与技能等方面协调发展的评价方式。[1] 在实施幼儿发展评价的过程中，幼儿

---

[1] 姚伟、崔迪：《当前幼儿园档案袋评价存在的问题与解决对策》，载《学前教育研究》，2007(2)。

成长档案的建立可以使评估工具的运用更细化、更扎实，也使幼儿的发展痕迹和路径更清晰和饱满。

评估工具支撑下的幼儿成长档案，参照其中涉及的 7 个领域、38 个评估项目（含 6 个子项目），有针对性地收集和整理相关资料，呈现幼儿在 7 个领域中具有代表性的表现。在此基础上，运用评估工具对幼儿的发展进行科学评价，有利于家园有效沟通、携手共育，促进幼儿发展。

一、评估工具支撑下的幼儿成长档案的价值

（一）成长档案是分析评价幼儿发展的依据

幼儿成长档案不仅能够作为幼儿园管理者、幼儿教师对幼儿进行评价的依据，同时也可以作为幼儿进行自我评价和同伴互相评价的依据，能够帮助幼儿积极进行自我评价，逐渐学会正确看待自己与他人，体验成功，感受到成长的进步与快乐。

传统的幼儿成长档案，虽然能够收集大量的幼儿成长过程中逐渐积累起来的真实记录，形式内容也较为丰富，但教师的主观评价较多，欠缺对档案资料的专业分析和整理。评估工具支撑下的幼儿成长档案，能够更全面、更多样地收集到体现幼儿发展阶段的典型表现及案例资料，运用评估工具对幼儿发展水平进行科学、系统的分析，并将它们作为科学评价幼儿发展水平的事实依据。

（二）成长档案是记录幼儿发展轨迹的载体

幼儿成长档案的建立是一个长期的、动态的过程，不同幼儿在不同阶段会表现出不同特点。幼儿成长档案的建立，能够充分体现出幼儿自身的发展轨迹。

传统的幼儿成长档案，能做到有意识地将幼儿的表现及作品收集起来，但收集目的不够明确，缺乏后续整理及跟踪式、连续性的资料收集。评估工具支撑下的幼儿成长档案，更注重档案资料的目的性、连续性和发展性。评估工具有助于教师根据幼儿的实际发展情况，有目的地收集整理能真实反映幼儿发展水平、成长轨迹的资料。收集到的资料多为幼儿在不同阶段的表现和作品，能够呈现出幼儿在成长过程中心理及行为的变化。同时，通过运用评估工具对照进行研究分析，形成幼儿个人发展评估报告，能够发现幼儿自身发展的速度、特点和倾向等。

（三）成长档案是家园有效沟通的媒介

幼儿的成长离不开家园共育，幼儿成长档案的建立，同样需要家庭和幼儿园的共同参与。

传统的幼儿成长档案，以教师整理建立为主，家长协助反馈为辅。家长参与的主动性较低，教师对家长的专业引领体现不足，难以真正达到家园共育的目的。评估工

具支撑下的幼儿成长档案，强调家园共同参与，鼓励并引导家长参与成长档案的建立过程。通过收集整理幼儿在家庭和幼儿园的活动资料，家园互相交换信息，彼此了解幼儿在园和在家的行为表现，从而全面了解幼儿的发展。同时，建立幼儿成长档案，能够有效帮助家长进一步了解自己的孩子，实施科学的家庭教育。

(四)成长档案是促进幼儿教师专业发展的平台

评估工具支撑下的幼儿成长档案，能够有效地帮助教师了解幼儿的发展特点、家庭教育方式，从而树立系统观察和科学评价的意识。幼儿成长档案的建立过程，也是幼儿教师实施教育的过程，有助于教师及时反思自己的教育行为，根据幼儿的发展状况制订有针对性的教育计划，开展后续教育活动，促进幼儿教师专业发展。

二、幼儿成长档案的形式和内容

(一)幼儿成长档案的形式

幼儿成长档案可以有实物成长档案、电子成长档案和网络成长档案三种形式。随着教育信息化的发展和教育评价需求的变化，网络成长档案的开发及应用必将成为未来发展的趋势。

1. 实物成长档案

通常以文件夹、活页夹、图册、文件盒等形式呈现，包括图画作品、照片、文字、表格、手工作品等。

案例 4-13　蓝月小朋友 2016 年 3—6 月纸质成长档案

幼儿姓名：蓝月　　性别：女　　出生日期：2012 年 1 月 9 日

记录整理：高洁丽、郭晓芳　　单位：太原市迎泽区三晋幼儿园

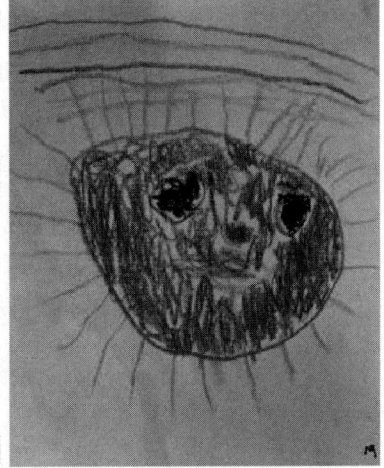

图 4-10　实物成长档案示例

2. 电子成长档案

电子成长档案是以多媒体形式收集整理资料内容，包括音频、视频、图片、文本等。电脑、U盘、光盘均可作为存储介质，它们存储的文件具有易于备份、便于修改、可长时间保存的特点。运用评估工具，可以为每个幼儿建立一个电子档案，包括反馈表、个人发展评价报告、观察案例、录音、视频、照片、作品等文件夹，在每个文件夹中，将幼儿的相关资料整理保存。

案例 4-14　蓝月小朋友 2016 年 3 月电子成长档案

幼儿姓名：蓝月　　　性别：女　　　出生日期：2012 年 1 月 9 日

记录整理：高洁丽、郭晓芳　　　单位：太原市迎泽区三晋幼儿园

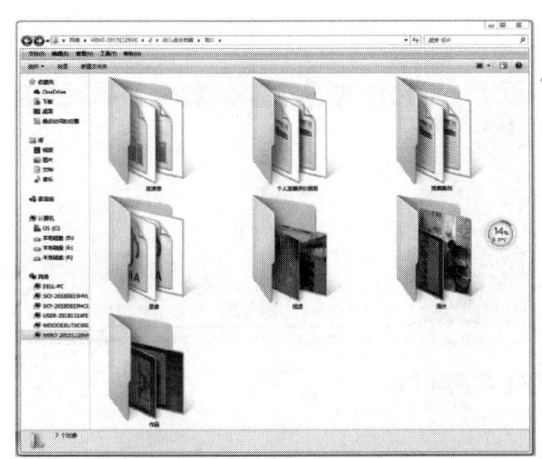

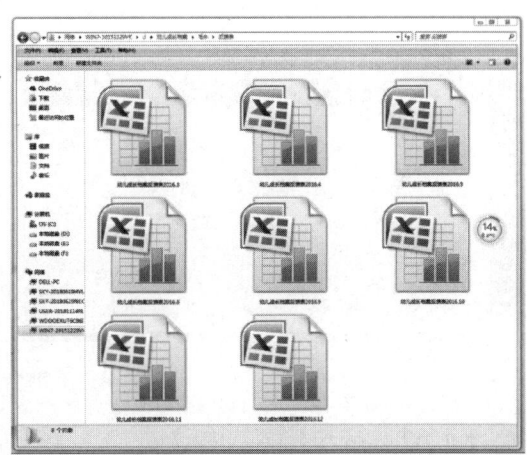

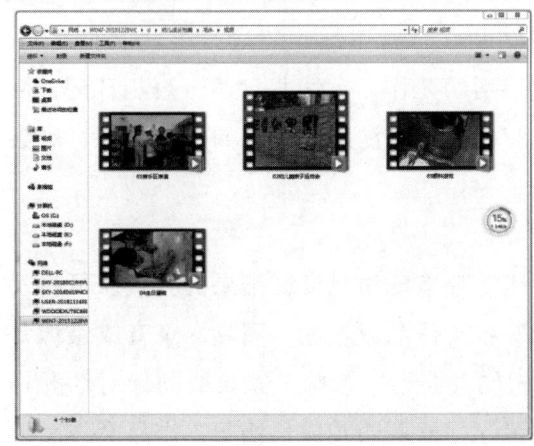

图 4-11　电子成长档案示例

3. 网络成长档案

"3—6 岁儿童发展观察评估平台"（详见本章第五节）可以为幼儿建立网络成长档案，能上传幼儿每日观察记录、幼儿作品、幼儿活动照片及视频。网络成长档案系统功能完整、运行稳定，具备自动汇总观察记录、快速生成评估报告、智能分析评估结果的功能。

案例 4-15　月月小朋友网络成长档案

幼儿姓名：月月　　性别：女　　出生日期：2014 年 8 月 25 日
记录整理：张钰、郭晓芳　　　　单位：太原市迎泽区三晋幼儿园

图 4-12　平台成长档案示例

(二)幼儿成长档案的内容

幼儿成长档案的内容非常丰富，应涵盖幼儿在日常生活、游戏、学习中的行为、表现、语言、情绪等过程及结果性的资料，包括幼儿作品、幼儿自述、幼儿日记、活动照片、活动视频、活动记录等。同时，还应有相关备注和分析，如作品点评、观察记录、案例分析等。

1. 幼儿作品及作品评价

在幼儿成长档案中，幼儿作品是最直接和直观呈现幼儿发展结果的方式。可将幼儿的绘画、各类手工作品、搭建成果、表演等各类作品以实物、图片、录音或录像等形式留存下来，纳入幼儿成长档案，也可以把幼儿自己、教师、家长或同伴对幼儿作品的评价以文字、图画、录音、录像等方式留存，放入幼儿成长档案。作品及作品评价的收集可以由家长在家庭中支持幼儿完成，也可以由教师在幼儿园支持幼儿完成。

案例 4-16　幼儿日记及泥塑作品

教师分析：

在图 4-13 中，幼儿能写出一些正确的字符，用字与图、符号相配合的方式记录和爸爸妈妈一起做的事情。

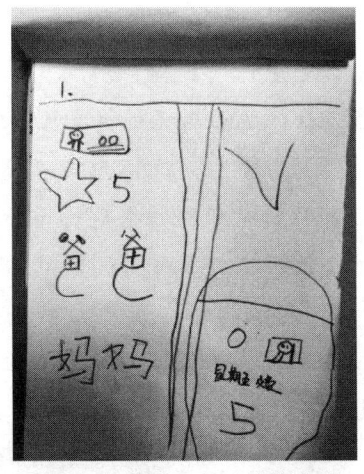

图 4-13　幼儿日记＋家长备注　　图 4-14　幼儿作品＋教师备注

语言领域：评估项目 15"书面表达"，级别 4。

分析评价：

蓝月创作的泥工作品《妈妈的脸》(图 4-14)，包含很多细节：睫毛、耳环、发卡、项链，有显著的个人特征。

艺术领域：评估项目 34.3"绘画与造型"，级别 3。

以上案例中的两幅作品分别由幼儿完成，家长和教师用文字进行备注和记录，再由教师结合评估工具对幼儿的发展水平进行分析评价。

2. 幼儿行为观察记录及评价

幼儿行为观察记录及评价可以由教师在幼儿园完成，也可以由家长在家庭中开展。

(1)教师的观察记录及评价。

教师对幼儿的观察具备专业、系统的特点，教师对幼儿活动和表现的观察记录及评价是幼儿成长档案的重要构成部分。教师可以运用评估工具对每位幼儿发展的不同领域进行相对系统的观察，捕捉幼儿发展过程中的关键信息，并分析幼儿发展特点或发现幼儿发展中优势与不足，为幼儿成长档案提供框架性的资料和支撑。教师对幼儿的观察记录及评价可以分为随机观察和持续观察。

① 教师的随机观察记录及评价。

在一日生活中，教师随机捕捉幼儿不同领域发展的表现，对幼儿的活动和表现进行记录，并将其纳入幼儿成长档案。

案例 4-17　金豆的建构作品[①]

幼儿姓名：金豆。

记录整理：高洁丽。

---

① 案例由太原市迎泽区三晋幼儿园高洁丽老师提供。

单位：太原市迎泽区三晋幼儿园。

观察记录：

2017年2月20日上午，区域活动导入环节，教师请幼儿观察长城的图片，引导幼儿发现长城的特点，并说说怎样用建构区的积木来表现，鼓励幼儿在建构区搭建长城。金豆在接下来连续两天的活动中，持续选择在建构区进行长城的搭建。

2017年2月21日下午，区域活动小结时间，教师组织小朋友欣赏金豆的搭建作品（见图4-15），教师先请小朋友猜猜他搭的是什么，和以前的作品相比哪里不同，甜甜说："是长长的路。"锴锴说："两边有围栏，汽车就掉不下来了。"这时，金豆做出解释："这不是车走的路，是人走的路，我搭的是长城，是站在上面看的。"

(1) 2017年2月20日搭建作品　　　　(2) 2017年2月21日搭建作品

图4-15　金豆的建构作品

通过金豆的表现，可以对其发展水平做出以下分析评价。

学习品质领域：项目2"主动性与做计划"，级别5，幼儿制订一个两天以上才能完成的活动计划并按照计划来实现意图。项目4"反思与解释"，级别1，幼儿能说出某件他刚做过不久的事情。

数学领域：项目31"模式"，级别1，幼儿识别、复制或扩展现有的简单的模式。

艺术领域：项目34.3"绘画与造型"，级别3，幼儿创作出一个复杂的有很多细节的成品。

这是一个关于幼儿区域活动的观察记录，教师以文字记录了幼儿在区域活动时间持续搭建作品的过程及幼儿自己对作品的介绍，用照片记录了幼儿两天的建构作品，并对幼儿在这一过程中表现出的不同领域发展水平进行了全面的分析评价。

案例4-18　喷泉实验

幼儿姓名：卢山。

记录整理：范俊平。

单位：太原市迎泽区三晋幼儿园。

观察记录：

区域活动时间，卢山取了根吸管问："老师，我能不能将这个吸管剪断做实验？"得到允许后卢山将吸管剪成一长一短两根，插入空饮料瓶，打开饮水机冷水开关，在饮料瓶中接了三分之二的水，又取来彩泥将瓶口封住，嘴对着长吸管吹，吸管没反应；又对着另一根短的吸管吹，吸管也没反应；接着又对着短吸管吸，瓶中的水吸入嘴里，卢山停下来看看材料，又对着长管吸，瓶中的水又吸入嘴里，卢山自言自语"不是这样"，接着又拿来彩泥在瓶口重新密封了一遍，重复上次的实验，同样的结果；接下来卢山将瓶中的水倒掉，重新接了些热水，用彩泥将插有吸管的瓶口重新密封，同样对着长短管吹、吸，出现与上次实验相同的结果，卢山又反复对着两根吸管吸、吹了几次，并加大了力度，结果相同；卢山停了停，将吸管往上提了提，短管离开了水面，卢山对着长管吹了几下，吸管没反应，又对着短管用力吹，长管有水喷出。卢山看着镜中的自己开心地笑了，并对老师说："实验成功了。"整个实验探究过程大概用了20分钟。

指导策略：

整个实验中，教师作为观察者做好观察记录并保证幼儿的安全。在区域小结活动时，教师请卢山为小朋友介绍并演示自己的实验。对卢山提出几个问题：(1)如果两根吸管都插入水中(或都离开水面)，喷泉会形成吗？(2)如果瓶口没有用彩泥密封，喷泉还会形成吗？(3)吹哪一根吸管会产生喷泉？如果换成吸的话会发生什么现象？

分析评价：

实验中卢山小朋友对已有图书中的实验(巧虎书上的实验)产生了兴趣，通过改变水温、不断密封瓶口、调整吸管的吹吸方式及吹吸力度，最终验证了自己的想法：水从另一根吸管中喷了出来。可见，卢山能够对自己感兴趣的实验不断进行操作、探索，神情专注、认真，达到了学习品质领域中好奇心和内驱力项目级别4。

卢山在不断的实验操作探究过程中，感知和发现了"喷泉"这一物理现象，验证了自己的猜想。达到了科学领域中实验、预测、验证项目级别2。

后续观察及分析评价：

在接下来几天的区域活动中，卢山根据教师的问题反复改变条件进行实验，找到了问题的答案：吸管要有一根插在水里，一根离开水面；瓶口要密封好；水位不能太低，喷泉才能形成。至此，卢山由大胆探究发现喷泉这一物理现象发展到大胆探究并发现了喷泉这一物理现象产生的条件及影响因素。在科学领域中"实验、预测、验证"项目级别由2上升到3，能解释实验为什么会出现这样的结果；在学习品质领域中"好奇心和内驱力"项目级别由4升到5，利用多种资源，想方设法找到问题的答案。

这篇观察记录，是教师在视频记录的基础上进行的整理和分析。教师不仅记录了幼儿在活动中的表现，而且还把自己对幼儿的指导也记录下来，体现出教师引导的专业性。同时，教师对幼儿进行了后续观察，进一步分析出幼儿的发展情况。

② 教师的持续观察记录及评价。

幼儿成长档案还可以收集教师针对幼儿某一方面的发展状况进行的持续性的观察记录及分析评价，这种记录和评价能够对幼儿在某一方面的发展进行持续性追踪，从而呈现出幼儿在某个项目的发展历程。

案例 4-19 悠悠的情绪表达

幼儿姓名：悠悠。

记录整理：王文英。

单位：太原市迎泽区三晋幼儿园。

观察记录：2016 年 10 月 28 日，区域活动时间，娃娃家，晨晨在娃娃家操作玩具"切切乐"，悠悠走过去拿起一个玩具苹果，晨晨说："这是我的，你不能拿。"悠悠用手去推晨晨的肩膀，晨晨被推倒后大哭了起来。

分析评价：悠悠还不会用语言来表达自己的感受，通过身体接触——"推"来表达自己的负面情绪。情绪管理处于最初阶段，级别 1。

观察记录：2017 年 3 月 22 日，晚间回顾时间，活动室，悠悠说："我今天和小宝一起玩了'穿大鞋'的游戏，我很开心。"

分析评价：悠悠能够用简单的词语"开心"来表达自己的情绪，并能说出自己产生这种情绪的原因，情绪管理水平有了提升，发展至级别 2。

观察记录：2017 年 5 月 18 日，区域活动时间，图书区，悠悠在看书，当宁宁大声说话时，悠悠对宁宁说："在图书区要保持安静。"宁宁并没有停止说话，悠悠用自己的头使劲撞了一下宁宁的头。

分析评价：当悠悠产生负面情绪时，她能够首先尝试控制自己的情绪，通过语言与宁宁沟通让对方停止说话，但最终还是使用了身体接触的方式——"撞头"，来阻止对方的行为。情绪管理级别进一步提升，发展至级别 3。

观察记录：2017 年 11 月 25 日，户外活动后，盥洗室，睿睿对悠悠说："你是个胆小鬼。"悠悠走到老师面前对老师说："老师，睿睿说我是胆小鬼。"说完对着睿睿说："我不是胆小鬼，我很勇敢。"

分析评价：悠悠在产生负面情绪时，能够控制自己的情绪表达，通过"告知老师"和"对睿睿解释"的方法来表达并缓解自己的情绪，情绪管理级别已上升到 4 级。

观察记录：2018 年 2 月 23 日，区域活动时间，图书区，悠悠独自在图书区看书，看完一本书后，她离开图书区来到科学区，对玩磁铁游戏的浩明说："我们一起玩，好吗？我一个人看书觉得好孤单。"

分析评价：悠悠通过"向小伙伴提出合作游戏意愿"的方式，来缓解自己的负面情绪，并准确使用了"孤单"这样一个具体的词汇来表达自己的情绪，情绪管理呈现出由4级向5级发展的趋势。

在上述案例中，教师收集了一年时间里幼儿在情绪管理这个项目上的表现，通过记录、分析，清晰地呈现出幼儿情绪管理发展水平逐渐提升的过程。在幼儿成长档案中呈现这些资料可以用事实清晰地呈现幼儿情绪管理能力发展的历程，更充分地体现了基于评估工具的成长档案的系统性。

（2）家长的观察记录。

由于家长对幼儿行为表现的观察记录缺乏规范性和系统性，因此，可以由教师为家长设计相关的记录表格及工具，引导家长先在家中进行观察记录，教师再对此进行相应的分析和评价。同时，应鼓励家长自行将幼儿在家中的行为表现随机记录下来，纳入幼儿成长档案中。

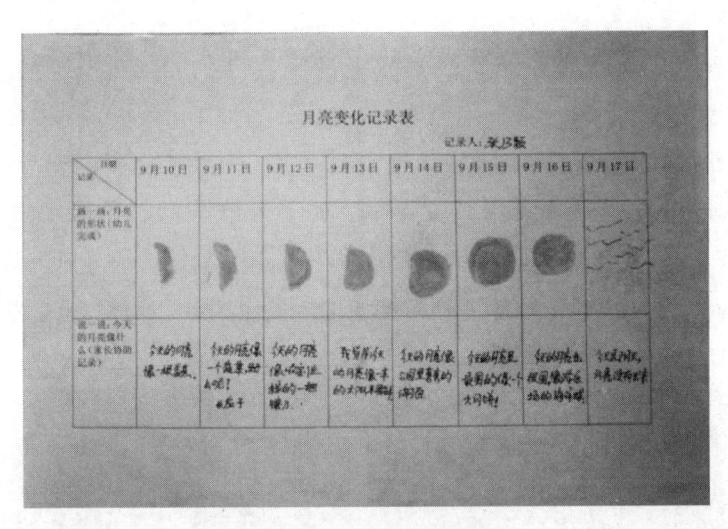

图 4-16　月亮变化记录表

以上档案袋内容（见图 4-16），是结合我国传统节日"中秋节"，组织开展的"观察月亮"亲子活动中收集到的。在教师设计的"月亮变化记录"表上，幼儿以图画的形式记录自己的观察结果，家长配合将幼儿的语言描述以文字形式记录。在记录表完成之后，教师针对幼儿和家长的记录和表现，对幼儿的发展进行了评价："毛牛（3.5 岁）能够专注并坚持观察月亮的变化，并用语言、图画进行简单的表达，科学领域评估项目 26'观察分类'达到级别 3。"

三、幼儿成长档案的建设途径

基于评估工具的幼儿成长档案的建设应遵循"儿童中心"和"家园共育"的原则,鼓励和支持幼儿自身在成长档案的建设过程中发出自己的声音,做出自己的选择,同时也支持家长在建设幼儿成长档案过程中发挥主动性。教师作为幼儿成长档案的管理者,除了收集基本信息以外,还要综合整理各类信息,提出幼儿发展的建议,从而最大化地实现幼儿成长档案的价值。

(一)幼儿选择

教师和家长应鼓励并引导幼儿积极参与成长档案内容的收集和整理,可以请幼儿自由挑选、自主决定成长档案中的作品内容。同时,教师应在幼儿自主选择档案内容的基础上,及时补充和完善,保证档案资料的全面性和完整性。

案例 4-20　幼儿自选作品

幼儿自述:

因为我没有给小鱼涂颜色,所以我的小鱼就更明显了,你们就能看清楚它的花纹了!

教师评价:

这幅作品(图 4-17),是小妮自己选择装入成长档案中的。她能运用简单的复合句"因为……所以……"有条理地表达自己的创作意图,语言领域评估项目 11 口语表达达到级别 3。同时,她还能解释自己是如何运用艺术元素(色彩对比)创造艺术效果的,艺术领域评估项目 34.3 绘画与造型已初步达到级别 5。

图 4-17　幼儿作品

在以上案例中，幼儿自主挑选了这幅小鱼作品放入成长档案中，教师及时记录了幼儿选择这幅作品的原因，并依据幼儿语言和绘画的表现对幼儿在语言和艺术领域的发展进行了分析评价。

(二)家长参与

1. 文本记录

教师可以设计调查表、记录表等文本记录材料，引导家长对幼儿行为进行观察和记录，积极参与成长档案内容的收集。

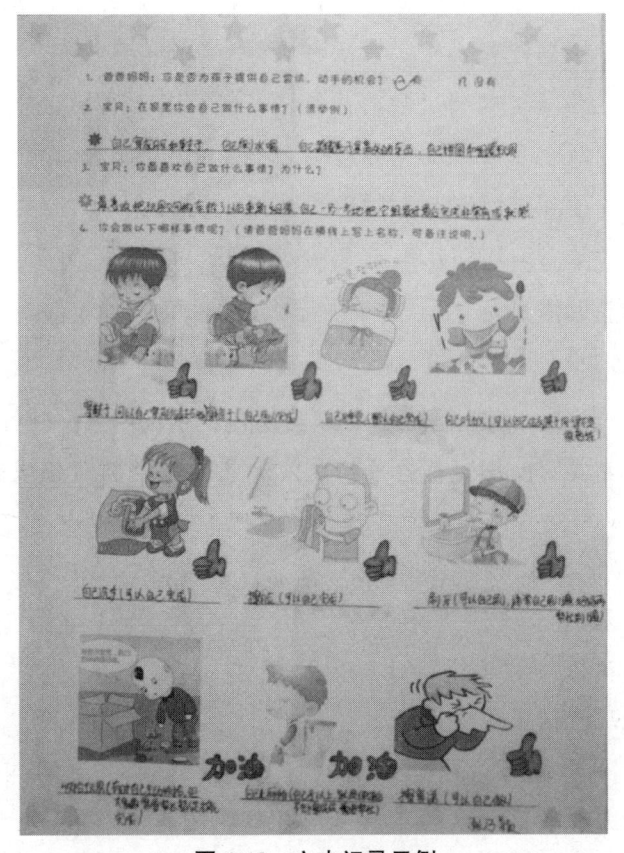

图 4-18　文本记录示例

教师评价：

上述档案袋内容，是教师为了进一步了解小班幼儿在"生活自理与健康生活习惯"项目的发展情况，设计了"可爱的我"调查表，请家长配合根据幼儿在家庭中的实际表现完成调查任务。依据调查结果，教师能够更加准确地对幼儿进行项目评价。在表格完成之后，教师又针对幼儿的表现对幼儿在健康领域的发展进行了评价："毛牛（3.5岁）能够独立完成多个自理任务，健康领域评估项目 8'生活自理与健康生活习惯'达到级别 2。"

2. 口述记录

家长提供资料的方式除了可以提供书面资料外，还可以采用口述记录的方式。这样不仅能够挖掘出幼儿与家长日常交流中有价值的信息，进一步充实成长档案，还能激发家长主动观察幼儿、了解幼儿的意识，引导家长逐渐树立科学的教育观念，学习正确地评价幼儿。

案例 4-21　迟到

家长口述记录：豆豆（4 岁）今天起床晚了，她对妈妈说："快点快点，我要迟到了，我不能迟到，因为今天我是值日生，我迟到了我们班早晨就少一个人做值日了。"豆豆和妈妈一路跑着来到了幼儿园。

教师评价：幼儿担心迟到错过晨间值日，表现出愿意为班级服务的强烈意愿。社会领域评估项目 23"归属感"呈现出高于级别 2，向级别 3 发展的趋势。

在以上案例中，家长来园时与教师口头交流了幼儿在家的行为表现，教师从中提取出值得关注的典型行为，对幼儿相关领域的发展进行记录、分析。

（三）教师收集整理提升

1. 整合分析资料

在资料的收集过程中，教师除了收集来自幼儿、家长及自己的各类资料之外，还要综合整理各类资料，并对此加以整合分析，使幼儿成长档案真正发挥记录、评价、促进发展的作用。

案例 4-22　餐前营养介绍

幼儿姓名：果果。

记录整理：高洁丽。

单位：太原市迎泽区三晋幼儿园。

案例背景：

班上总会有一些孩子有挑食的不良习惯，尤其是不吃葱、蒜、青椒、胡萝卜的孩子会比较多一些，升入大班，为了纠正幼儿的挑食，让幼儿了解食物的营养以及对身体的好处，主动爱上吃饭，同时增强幼儿的任务意识，我们会给幼儿布置小任务，请他们回家后与家长共同查找自己值日当天的食谱中食物的营养，以及对我们身体的好处，记录下来，并在自己值日当天与大家分享，为大家做"餐前营养介绍"。

果果带来的"今日食谱营养介绍（图 4-19）"，是她前一天晚上在家用一个小时自主完成的记录，在这一过程中，她查阅了百科全书，并上网查找相关资料。

教师分析：

通过这个案例，可以看出果果的任务意识很强，有意识、有目的地做出选择，决

图 4-19　今日食谱营养介绍

定和计划，体现出学习的主动性。

在这一过程中，幼儿对早餐的营养表现出刨根问底的精神，能够利用图书和技术（电脑）来找到答案，学习品质领域：评估项目 1"好奇心和内驱力"，级别达到 5。科学领域：评估项目 27"工具与技术"，达到了级别 5。

在记录过程中，果果能够控制书写工具，能有意识地用点、线、图画来表达自己的想法，并乐意写字和自创字形，具有书面表达的愿望和初步技能，级别达到 5。

她花费 1 个小时来完成这个工作，学习品质领域：评估项目 2"主动性与做计划"，达到了级别 4。

作品说明：

一、早饭（妈妈写的文字）

①牛奶（妈妈的文字＋孩子的画）：含钙（画了一个盖子），有助于我们长个子（让妈妈帮忙写文字），有丰富的蛋白质（画了一个圆圆的鸡蛋代表"蛋"，妈妈帮忙写的"白"字，画了一个圆，里面有很多点是饼子上的芝麻，代表"质"），有助于我们长头发（妈妈帮忙写的文字）、长指甲（画了一根手指，上面有指甲）、长肌肉（画了一只小鸡的头，又画了一块儿肉）。

②果仁酥（文字＋图画）：为我们提供热量（画了三条垂直的曲线，代表"热"，画了一个晾衣架，代表"量"）、脂肪（画了一张爸爸备课时用的空的备课纸，代表"脂"，又

画了一座房子，代表"防"）。

③火腿（文字＋图画）：富含蛋白质（画法同上），有助于我们长力气（照着妈妈的字模仿写）。

二、午饭（孩子写的文字）

①大米（文字）：富含丰富的蛋白质（画法同上）、氨基酸（用三个图案间的动作、联系表示，画了一架飞机，下面画了一个零件，要安装在飞机上，表示"氨基"，后面画了一个小女孩吃了一个樱桃，酸得不得了，表示"酸"）。

②清蒸鲽鱼（图画）：富含丰富的卵磷脂（画了很多小圆圈鱼卵，代表"卵"，画了两棵树，是树林，代表"磷"，画爸爸的备课纸，代表"脂"），长大脑（文字记录"长大"，画了一个小女孩的头，代表"脑"）。

③胡萝卜大骨汤（分别画了胡萝卜、骨头、一碗汤代表）：含有丰富的钙（画了一个盖子），有助于我们长个子（文字）。

三、午点（文字）

酸奶（画图）：有助于消化（画了一把刀是削水果的意思，代表"消"，画了一张纸、一支笔在画画，代表"化"），含有丰富的维生素（两个同心圆是围起来的意思，代表"维"，最后画了一棵树，谐音"素"）。

以上案例中，幼儿和家长合作完成一份"食谱营养介绍"，被教师整理成案例的形式放入幼儿成长档案。在案例中，教师对幼儿作品的产生背景进行了介绍，并对幼儿作品进行了详细的文字说明，之后还进行了专业的分析。这个案例可以作为孩子成长过程中里程碑式的一个证明资料，它记录并见证了幼儿独立完成一个较为复杂的书面作品的过程，同时，也记录下了父母、教师对孩子成长的支持与帮助。

2. 提出教育建议

教师在幼儿成长档案建立的过程中，起着主导作用，教师应对幼儿成长档案的建立有深入的思考，在资料的选择和分析基础上，能够具有目的性、典型性，并针对教师或家长提出一些对幼儿发展有促进作用的园内教育或家园共育建议。

案例 4-23　磁铁实验

幼儿姓名：蛋蛋。

记录整理：张钰。

单位：太原市迎泽区三晋幼儿园。

 图 4-20 摇晃磁力棒	蛋蛋在科学区选择章鱼哥数数分类板进行游戏，他对照游戏任务卡游戏一段时间之后，用手抓住磁力棒的连接线将磁力棒左右摇晃（见图 4-20），之后磁力棒碰到装游戏任务卡的盒子，并吸在盒子上，蛋蛋当时说："哦！怎么吸住啦！"他用手再一次拉绳子，磁力棒仍然吸在盒子上，蛋蛋说："真的吸住啦！为什么会吸住呢？是因为磁力吗？"
 图 4-21 移动磁力棒	蛋蛋用磁力棒吸住盒子在桌面上进行移动，一边游戏一边自言自语："你知道为什么吗？我知道，是因为有磁力，这个盒子是铁的，所以能吸住。"（见图 4-21）蛋蛋继续游戏，嘴里不时发出"嘀嘀嘀"的声音。
 图 4-22 找来竹节棒	游戏一段时间之后，蛋蛋说："啊，对啦，它还能吸住什么呀？"说完，蛋蛋离开座位，找来竹节棒，与磁力棒挨在一起（见图 4-22），吸住了，蛋蛋说："这个也能吸住。"
 图 4-23 马蹄磁铁与磁力棒挨一起	蛋蛋又拿来马蹄磁铁，与磁力棒挨在一起，试了一下，吸住了（见图 4-23），说："这个也能吸住。"

案例分析：

游戏中，蛋蛋小朋友在无意识的游戏行为中突然发现磁力棒和盒子能吸在一起，他紧紧抓住这一有趣的游戏现象进行不断地尝试。蛋蛋小朋友先运用磁力棒吸住盒子这一现象玩拉汽车的游戏，接下来进一步探索磁力棒还可以吸住哪些东西，他找来不同的物体进行尝试，而且在这一游戏过程中，蛋蛋小朋友可以认识到这一现象是由磁力引起的，具有一定的认知经验。

结合评估工具中科学领域的相关项目，对照幼儿在游戏中表现出的游戏行为，可以初步判断：幼儿在游戏中观察到磁力棒吸住盒子这一游戏现象，并能够为他观察到的结果做出解释，他说"是因为有磁力"，幼儿达成科学领域项目25"实验、预测、验证"中的级别3幼儿解释他的实验为什么会出现这样的结果。其次在游戏中，幼儿为了满足自己的游戏想法，即磁力棒还能吸住什么，有目的地找来不同的物体进行尝试，以支持、实现自己的游戏想法，开展了初步的探究和尝试，幼儿达到科学领域项目27"工具与技术"中的级别1幼儿使用工具来支持游戏。

家园共育：

①与幼儿通过网络、图书等途径了解磁力现象，加深幼儿对磁力科学现象的了解。

②与幼儿共同玩游戏磁力吸铁，探索更多的能够与磁力互动的物体，发现物体的特性。

③与幼儿阅读科学探索类的图书，丰富幼儿的科学探究知识，激发初步的科学探究兴趣。

以上案例中，教师以照片和文字的方式，完整记录了一名幼儿的游戏过程，并对幼儿现阶段水平进行了比较全面的分析。为了支持幼儿更进一步的探索，教师还向家长提出了具体的家教建议，有效地保护并激发孩子的探究兴趣，推动其进一步发展。

第五节　3—6岁儿童发展观察评估平台

为方便评估工具的使用，最大程度地发挥其价值，在评估工具的基础上，依据该工具的逻辑架构和整体思路，配套开发了"3—6岁儿童发展观察评估平台"。其主要目的是帮助广大园长、教师及家长全面了解幼儿发展，使评估工具的使用更加便捷、可操作。

一、评估平台的作用

(一)减轻幼儿教师观察评估压力，提高工作效率

幼儿教师在使用评估工具过程中主动关注幼儿的行为活动，从观察、记录到确认评估领域、评估项目和发展级别，再到持续性的记录，继而形成幼儿在某一阶段的发展评估报告，并做出适宜的教育决策，流程较复杂，工作量很大。评估平台通过合理

的逻辑架构和功能模块的设置，为幼儿教师提供专业引领、信息技术支持，减轻教师的工作负担，促进教师与家长的沟通合作，提高家长的科学育儿水平，切实提高教师的工作效率。

（二）支持幼儿发展性评价，提升幼儿教师观察评估能力

评估平台不仅能够及时反馈幼儿成长历程中的关键信息，也能为园长、教师们提供及时统计的功能，包括统计每一名幼儿在评估工具中的 7 个发展领域、38 个评估项目（含 6 个子项目）的所有评估记录。可以看到每名幼儿在不同项目中的当前发展级别、评估次数，也可以看到不同项目距上一次评估的时间，教师可以通过统计数据发现哪些幼儿长时间在该级别没有发展，以确定跟进的教育策略。同时，评估平台可以快捷生成每名幼儿的阶段性发展评估报告，帮助教师了解幼儿阶段性的发展状况，为幼儿学习与发展和教与学的决策提供依据，提升幼儿园课程质量。在观察—评估—反思的螺旋式循环过程中，教师观察评估幼儿发展的能力也会逐步得到提升。

（三）为宏观层面提供科学依据，促进学前教育管理模式变革

平台系统不仅包括园所版和家长版，还提供了管理版系统。该系统提供了多个应用场景及权限分级，包括省级管理权限账号、市级管理权限账号、县区级管理权限账号、园级管理权限账号、幼儿教师权限账号及家长权限账号，能够从各个层面为学前教育工作进行统筹管理和工作督导提供参考。

二、评估平台的结构与权限

为了方便快捷地支持教师、园长对评估平台的使用，平台提供了多元化的应用场景，包括了平台管理端（网页端）、各级别管理端（网页端）、园所端、教师端以及家长端（手机端）。平台整体结构及权限如图 4-24 所示。

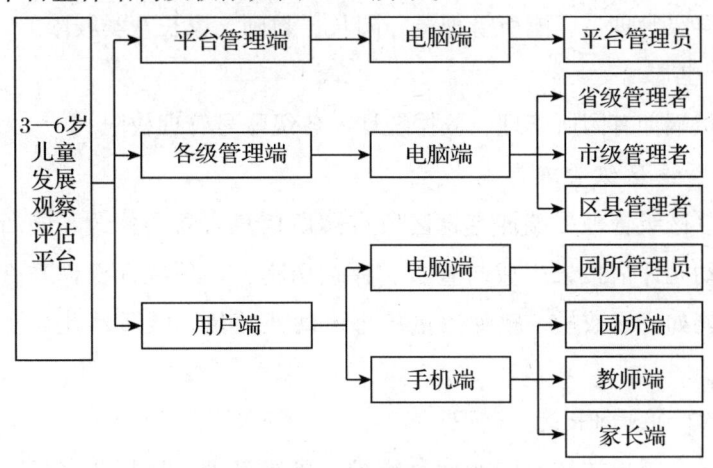

图 4-24　评估平台整体结构与权限

(一)评估平台的结构

1. 评估平台管理端、园所端

评估平台管理端和园所端在电脑端的应用场景为：北师大出版社幼儿园课程服务平台门户网(www.bnu101.com)与一起长大网站(www.kid17.com)。各级管理者可以通过登录电脑端平台，了解辖区范围内幼儿整体发展水平以及园所教师使用系统的情况。园所管理者可以通过平台管理全园信息并可导出不同班级、不同领域和每位幼儿发展报告，也可随时了解全园幼儿的发展和教师观察评估幼儿状况。

2. 评估平台园所/教师端

评估平台园所/教师端的手机端平台与网页端平台数据共享、配套使用，更在网页端的基础上拓展了平台的功能，可以更快捷地帮助教师进行评估记录和评估级别判断等操作，教师可以随时随地进行观察评估，并添加文字、图片及视频等内容。

3. 评估平台家长端

评估平台家长端的应用场景为手机端，作为"儿童发展评估模块"集成于北师大出版社幼儿园课程服务平台"京师爱幼"微信服务号和"一起长大"微信服务号的家长端。家长也可以通过登录手机端平台，方便、快捷、全面地了解孩子在各个领域的发展状况。同时可以通过应用评估平台对自己孩子进行观察评估，记录孩子的点滴成长及幼儿自我评估，家园携手，形成孩子较为完整的专属成长历程。

4. 评估平台智能硬件

未来"3—6岁儿童发展评估平台"计划引入智能终端，通过识别并记录幼儿参与活动的行为，大数据自动完成数据分析和专业评估，形成幼儿发展模型。

(二)评估平台权限层级

评估平台采用分级分权限的用户结构，目前共分为平台管理员、省级管理员、市级管理员、区县级管理员、园所管理员、园长、教师、家长八类权限。

1. 平台管理员端

平台管理员端拥有园所管理、数据统计、各级账号管理权限。

2. 省、市、县区级管理员端

省、市、县区级管理员端拥有辖区所有园所信息查看与修改、园所评估报告、班级评估报告及幼儿评估报告生成与查看、评估历程、评估统计操作与查看等权限，以及各类统计功能如班级数量、教师数量、每班幼儿数量，园所幼儿男女比例、评估历程数量等信息。

3. 园所管理员、园长端

园所管理员、园长端拥有园所信息维护、班级管理、教师及家长账号管理、园所评估报告、班级评估报告、幼儿评估报告、评估历程生成与查看、评估统计等权限。

4. 教师端

教师端拥有班级信息维护、班级幼儿管理、评估历程生成与查看、评估统计、幼儿评估报告、班级评估报告生成与查看等权限。

5. 家长端

家长端拥有查看自己孩子的评估报告、成长历程及观察评估自己孩子的权限。

三、评估平台的功能

(一)管理端功能

管理端评估平台为各权限层级的管理者提供全面的数据监控及数据汇总功能,包括使用系统的园所、班级、教师数量等基础信息的统计以及每日/每周/每月的评估历程数量统计等信息(见图 4-25)。

图 4-25 管理界面具体数据

各省、市、县/区级别管理后台为定制化开发的功能,管理者查看的基本信息及个性化信息会根据实际需求进行定制与调整。

管理端系统能够查看权限层级范围内的所有园所信息,以园所管理端系统为例,它包括各幼儿园的基础信息,如班级数量、教师数量、幼儿数量等,还能动态掌握幼儿园教师每日评估数量,包括今日、本周、本月以及累计的评估历程数等。同时,还提供园所幼儿发展情况雷达图,管理者可对全园幼儿的发展情况一目了然。

(二)园所端功能

评估平台园所端主要包含观察评估、评估历程、评估报告、信息管理等功能。功能结构及所属用户权限如图 4-26 所示。

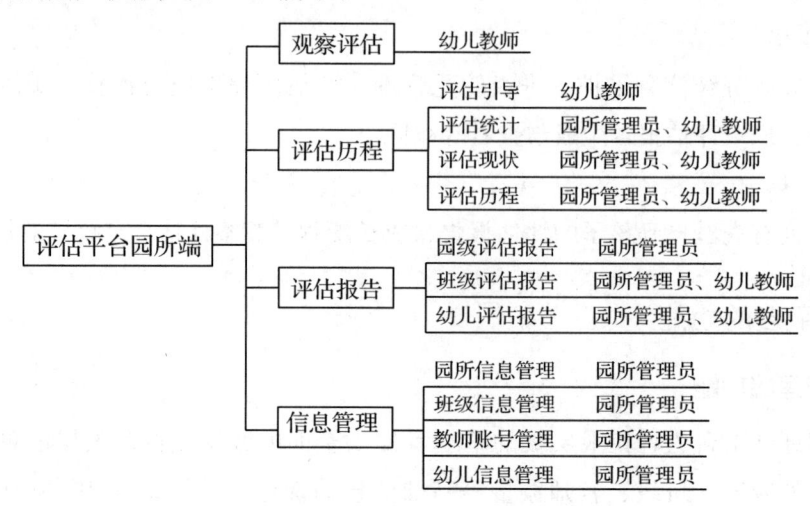

图 4-26　评估平台功能结构及所属用户权限

1. 观察评估

应用权限：幼儿教师。

使用评估工具进行观察评估的方法是先观察和记录，再确定评估项目，最后确定评估级别。在观察评估功能模块，幼儿教师可以方便、快捷地对幼儿进行行为记录和发展级别评估。观察评估的记录使用手机端 App 或其他配套硬件设备，记录的形式有多种，包括文字、图片、视频等（见图 4-27）。

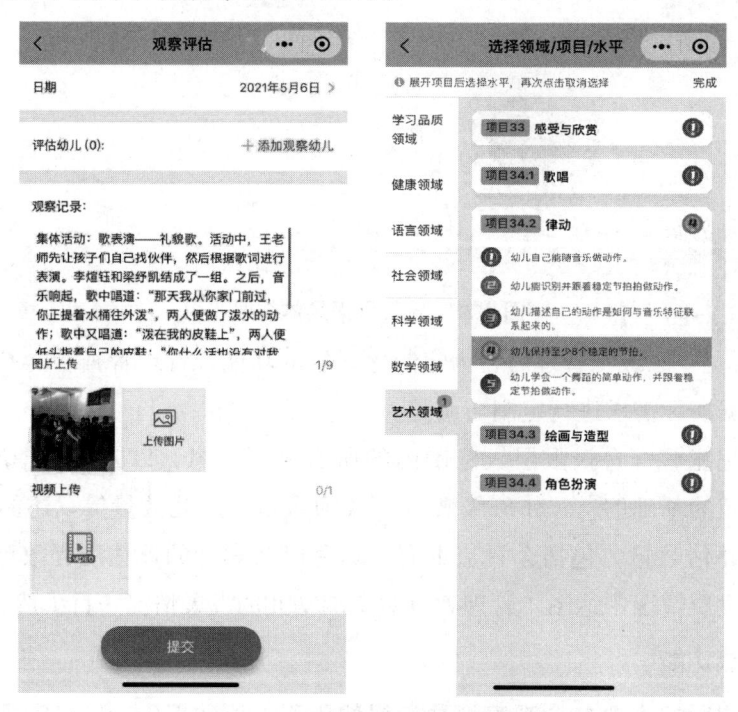

图 4-27　评估平台观察记录页面

2. 评估历程

应用权限：园所管理员、幼儿教师。

评估历程记录了园所或班级内全部幼儿所有的评估记录，记录的内容包括观察记录、评估教师、评估时间、评估领域、项目和级别。评估历程功能首先是评估统计，用于统计该幼儿评估工具中的 7 大领域、38 个评估项目（包含 6 个子项目）的所有评估记录，其目的是帮助教师汇总整理幼儿的观察记录是否全面。其次，统计时能针对不同条件进行筛选，如从评估年龄班、发展领域和评估项目进行筛选等，也能对该条评估历程进行点评、修改和删除。其界面如图 4-28 所示。

图 4-28　评估历程浏览与查看详情页面

另外，评估平台还具备批量导入功能，方便教师在电脑上将一日、一周观察记录一键导入。

3. 评估报告

(1)当前发展状态报告。通过图 4-29 可以看到评估平台采用雷达图的形式展示出设定时间周期内，园所或班级幼儿在各个领域的发展状况。目的在于帮助教师清晰地了解班级或个体幼儿在该时间周期内发展的整体状况，为教师有效推动幼儿的发展并设计不同的活动提供真实可信的参考依据。其界面如图 4-29 所示。

213

（2）幼儿发展趋势报告。平台通过评估发展曲线（见图4-30）和评估统计表等各种手段、多维度地汇总整理幼儿的成长，并以图形化的方式进行输出，帮助教师更清晰地定位不同幼儿发展的趋势与规律，为后续的幼儿发展提供适宜的支持。

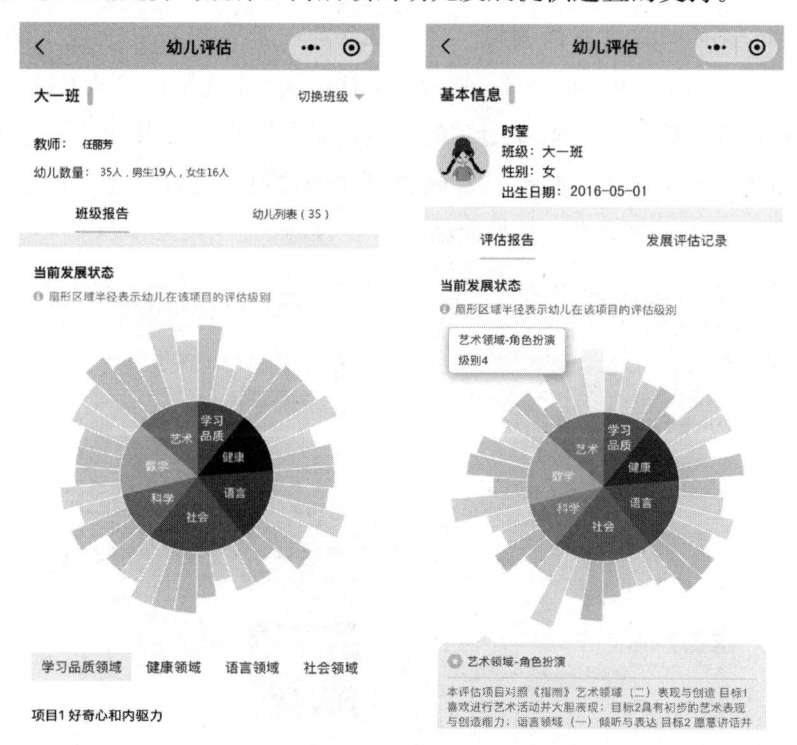

图4-29　班级和幼儿当前发展状态报告

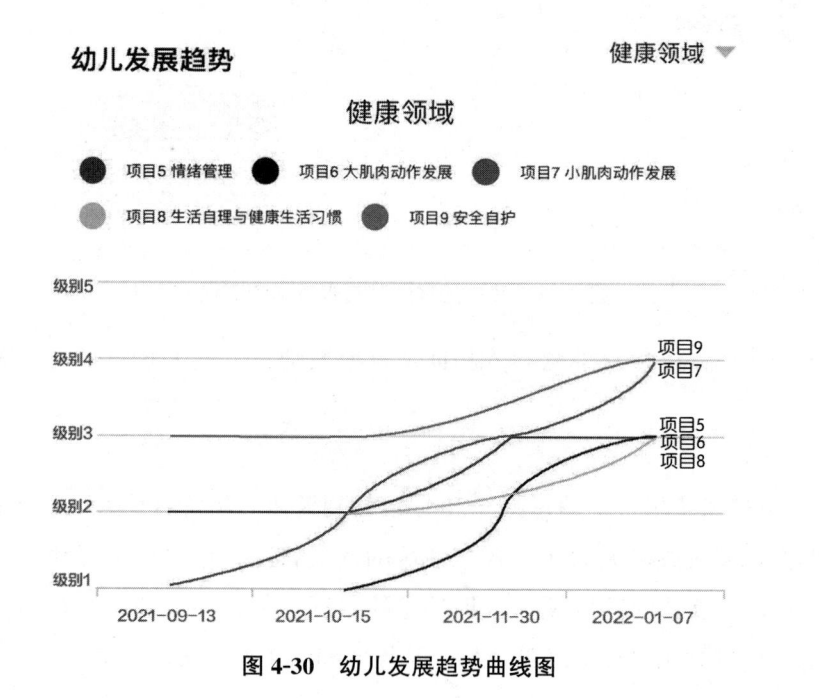

图4-30　幼儿发展趋势曲线图

（3）阶段性评估小结报告。平台可以在线浏览或从后台导出园级发展评估报告、班级发展评估报告，其目的是从多维度汇总整理整个班级的发展状况以及整个幼儿园的发展状况，同时也可提供班级内各幼儿以及园内各班级等维度的明细表（见图 4-31）。

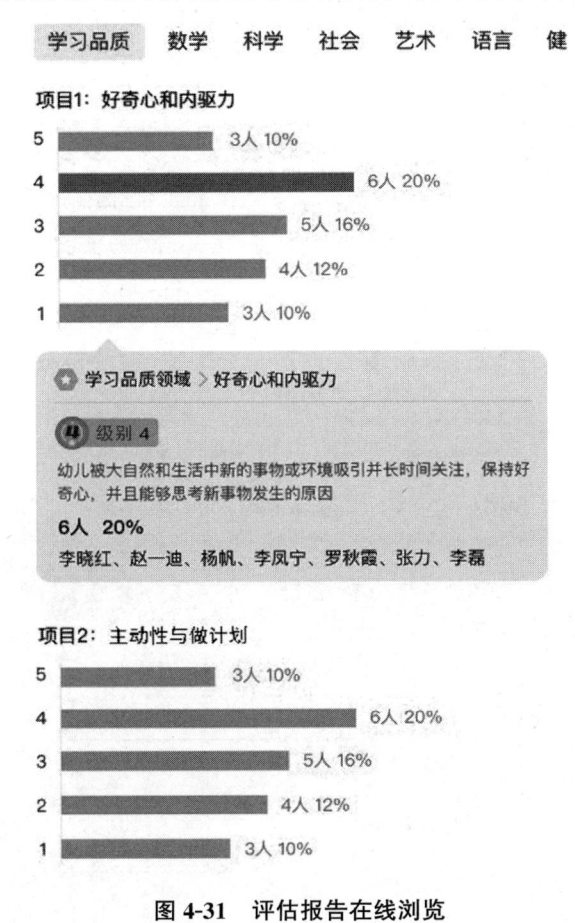

图 4-31　评估报告在线浏览

4. 信息管理

应用权限：平台管理员、园所管理员、幼儿教师。

该功能主要是用于对各类信息进行管理，如账号管理与设置、本班信息、本园信息、幼儿信息等。幼儿毕业、幼儿更换班级等设置，由幼儿教师进行操作；教师更换班级等设置，由园所管理员进行操作。幼儿信息的管理支持批量导入功能，幼儿教师可以将录有幼儿信息的 Excel 表直接导入平台。

(三)家长端功能

平台家长端可帮助家长们通过评估平台与自己的孩子进行绑定，以方便、快捷、全面地了解孩子在各个领域的发展状况。目前平台家长版主要包含评估历程、评估报告等功能。

1. 评估历程

应用权限：幼儿家长。

幼儿教师的观察评估记录会形成孩子的成长历程。家长可以整体查看或记录孩子的成长历程，也可以分领域、分项目地查看或记录，见证孩子在各个领域、各个项目中的点滴成长（如图4-32所示）。

图4-32　家长界面评估历程

2. 评估报告

应用权限：幼儿家长。

家长可以查看孩子的阶段性发展评估报告，全面了解孩子的发展状况（如图4-33所示）。图中展示了幼儿全部被记录项目的级别数，未被记录的项目不做展示，如项目2和项目8。

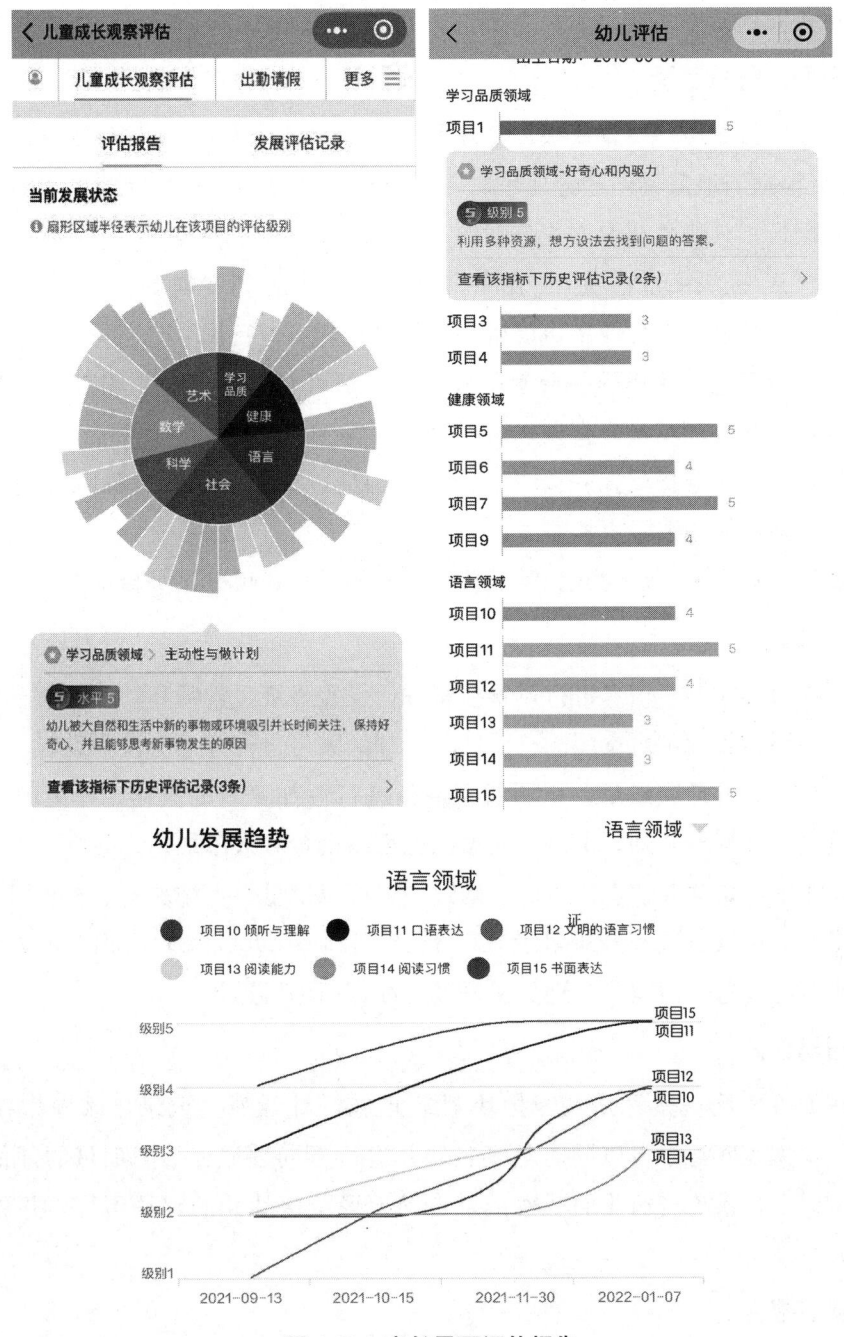

图 4-33　家长界面评估报告

四、平台的使用方法

平台的使用简便易行，只需要将账号权限及园级、班级、教师、幼儿信息设置完成，就可以进行日常的观察评估操作。若需要进行阶段性评估，可一键生成评估报告。

217

平台从账户获取到使用，有以下几个步骤。

(一)账号设置与登录

首先，要取得账号，设置权限，登录平台。平台账号按照应用权限进行分类：省、市、县/区级根据当地需要创建管理账户。各级平台管理员、园所管理员、园长、幼儿教师和幼儿家长，其账号获取方式分别如下：

省、市、县/区级平台管理员：由平台负责人/平台运营者创建。

园所管理员：签订平台使用协议后，由平台管理员进行账号开通与发放。

园长：园所管理员在获得平台使用权限后，即可对园级领导的账号进行开通及权限设置，园级领导可使用账号直接登录平台。

幼儿教师：园所管理员在获得平台使用权限后，即可对幼儿教师账号进行开通及权限设置，教师可使用账号直接登录。

幼儿家长：幼儿家长从幼儿教师处获得幼儿账号后，可登录平台，绑定幼儿账号。

(二)信息管理

园所管理员可对园所信息进行设置与管理，设置班级、教师和幼儿的信息。

首先，由园所管理员对本园园长、幼儿教师的账号进行开通与权限设置。

其次，当账号开通完成后，由园所管理员进行添加班级的操作，并为班级指定相应的班级负责人和配班教师，可以手动添加也可以批量导入添加。

最后，添加本班幼儿信息。可以手动添加也可以批量导入添加。

幼儿毕业、更换班级、升班等设置，由幼儿教师在幼儿管理页面进行操作。幼儿教师更换班级等设置，由园所管理员在班级管理页面进行操作。

(三)日常评估

幼儿教师可使用观察评估功能模块对幼儿进行日常观察记录，该操作在手机端App进行。一次观察记录可以同时对多名幼儿进行不同领域、不同项目的评估。确认评估结论生成后，系统将幼儿的观察记录自动记录至该幼儿的评估历程，并用于评估报告的生成。

(四)评估报告

在设置好需要生成评估报告的时间后，园所管理员可以生成对于权限层级的评估报告，只需填写好报告名称及报告周期，即可一键生成在线版评估报告。同时园长、班级教师、家长都可以随时查看在线版本的评估报告。

(五)报告导出

各级评估报告及评估历程皆可导出，幼儿教师、园长、园所管理员都可以导出报告，平台将自动生成对应的文件，用于妥善保存、存档。导出报告的格式为 word 文档。幼儿发展评估报告、班级发展评估报告、园级发展评估报告，其目的是从多维度了解班级内每位幼儿发展评估明细表，汇总整理整个班级的发展状况以及整个幼儿园的发展状况。

1. 评估结果在幼儿园中的运用

评估结果能够即时反映幼儿成长历程中的所有信息，也能为园长、教师提供即时统计的需要，并依据当前发展状态、发展曲线和评估统计表等功能模块，提供全面的幼儿发展信息及分析，支持幼儿成长过程中的发展性评价。

2. 评估结果在辖区中的运用

管理版系统能够从各个层面对学前教育工作进行统筹管理和工作督导，可为各权限层级的幼教工作者提供全面的数据监控及数据汇总功能，包括使用系统的园所数量、班级教师数量等基础信息的统计，以及每日/每周/每月的评估历程数量统计等信息。同时，管理版系统可深入每一位辖区内幼儿的发展情况，支持辖区管理者全面了解辖区内每一位幼儿的发展状态，也可深入了解每所幼儿园中每位教师与每位幼儿的发展，并能了解教师、园所和区域的工作状态。数据汇总报告反映辖区内幼儿发展整体状况，为管理者分析判断、统筹管理、工作督导和提高保教质量提供科学依据。

当然，作为互联网平台，"3—6 岁儿童发展观察评估平台"需要根据用户的使用反馈，不断地升级迭代，丰富内容，优化功能，大数据智能化提升。因图书的修订和平台的升级频度并不同步，所以升级后的平台可能与以上描述在细节上有所区别。

| 评估平台园所/教师端 | 评估平台家长端 | 一起长大观察评估系统 |

我们正处在人工智能飞速发展的时代，随着互联网技术的进步，数字校园的建设和应用，教师信息素养的提升，未来"3—6 岁儿童发展观察评估平台"计划引入智能终端，通过识别幼儿参与活动的行为，自动记录幼儿在班级中表现出的对应领域发展并上传数据库；同时大数据自动完成数据分析和专业评估，形成幼儿的发展模型，为教师科学保教、家长亲子活动提供专业的解读和建议。

第五章　评估结果的运用

3—6岁儿童发展观察评估体系的开发和使用，其最终目的是提升幼儿园保育教育质量，发现与跟进幼儿发展，支持教师，反哺课程，服务学前教育决策。因而，需要整体和系统地看待评估结果，最大化地运用评估工具推进幼儿园保育教育质量提升。基于此，本章将探讨评估结果在支持幼儿发展、促进教师专业成长、家园共育及学前教育管理中的综合运用。

第一节　依据评估结果支持幼儿发展

评估的最终目的在于支持幼儿的成长与发展。当观察到幼儿的实际表现后，我们可以对幼儿在各领域的发展现状进行评估，从而采取相应的措施，通过发起有目的的师幼互动、设计小组或集体活动、调整环境或材料等方式支持和促进幼儿的学习与发展。

一、对幼儿个体发展的支持与促进

适宜、有效的师幼互动是教师支持幼儿学习与发展的重要方式。教师发现班级中某个幼儿在一些领域的评级相对较低时，可以在师幼互动的过程中有意识地关注幼儿在这方面的表现，探索如何创设情境与之发生互动，并在互动的过程中支持幼儿的发展。在支持和促进幼儿个体发展的过程中，教师对评估结果的应用需要注意以下几点。

（1）关注互动过程中幼儿的表现，了解其性格与学习特点，及时记录有效的互动方式。

（2）鼓励每位幼儿在原有的基础上发展，不要求全部幼儿在同一时间达到相同的发展水平。

（3）避免以相同的策略对待处于不同级别的幼儿。

（4）注意幼儿的情绪情感体验，通过培养幼儿兴趣的方式促进幼儿的自主学习与发展。

（5）不能按照级别中的具体要求，以"训练"的方式促进幼儿发展级别的提升。

（6）对于幼儿排斥、拒绝发展的项目，需要多方面了解原因、耐心等待。

（7）创造机会和环境让幼儿在期待发展的领域和项目中有所表现。

（8）在关注幼儿某一领域发展水平的过程中，保护幼儿的自尊心。

（9）注重与幼儿家长的沟通，努力与家长达成一致。

例如，中班的熙熙（4岁）在社会领域"与成人交往"项目中评级为级别1，幼儿请求一个成人和他/她一起参与同一个活动。教师关注到了这点，在与家长沟通后，决定通过以下支持策略对幼儿在这一项目上的发展进行干预。

• 积极参与到熙熙主动发起的活动中，在游戏中用语言与她交流，探讨与活动相关的话题。

• 找机会与熙熙一起阅读绘本，讨论故事中的内容及彼此的看法。

• 关注熙熙离园后的生活，发起有关幼儿家庭生活的谈话。

• 去熙熙家里家访，了解她熟悉的环境、玩具，寻找与幼儿的共同话题。

• 在户外活动期间，向熙熙介绍其他班级的教师，请她帮忙去和其他教师沟通（如借一个篮球）。

• 利用班级开放日，鼓励熙熙与好朋友的家长沟通交流，介绍幼儿园里发生的事。

• 适当设置一些环节（如布置班级环境），让熙熙能够参与成人的工作，与成人共同完成某项事务。

一段时间后，老师发现熙熙似乎更愿意参与到成人的工作中，如与老师们共同完成一些班级环境创设的工作，但不愿意坐下来交谈家庭生活或自己的兴趣爱好。因此将策略改为，增加与熙熙有关班级工作内容的探讨，并主动分享一些自己生活中的趣闻趣事，以此增加与熙熙的互动，引导熙熙在与成人互动的过程中获得该领域的发展。

在不同领域、不同项目上，对处于不同级别的幼儿来说，可选择的支持方式与策略会有所不同，我们难以逐条给出最适宜的支持策略，教师需要在实践过程中不断尝试、斟酌与反思自己选用策略的适宜性和有效性。

二、以小组形式支持幼儿发展

若发现几个幼儿同时在某些项目上表现较弱，可以以小组活动的形式支持幼儿的发展。在小组中，教师能够关注到组内每一个幼儿在这一项目中的状态和表现，在支持幼儿发展的过程中，教师对这些项目内涵的理解与认识也会进一步深入。对于师幼比相对较低的班级，小组活动的形式一方面可以帮助教师在同一时段促进多个有相同需要的幼儿在该领域的发展，另一方面可以为幼儿提供向同伴学习的契机，鼓励幼儿在同伴互动的过程中学习和发展。在以小组形式支持和促进发展的过程中，教师对评估结果的运用需注意以下几点。

(1) 支持并鼓励幼儿在小组中的同伴学习。

(2) 避免"标签效应",避免使小组内幼儿认为自己在某些领域不及他人而产生消极情绪。

(3) 重视家园协作,鼓励小组内幼儿的家长关注到孩子在具体项目上的行为表现,鼓励家长之间进行交流沟通。

例如,在语言领域"阅读能力"项目中,乐乐、然然、强强的评级为级别2,幼儿知道生活中或图画中的符号、文字是有意义的。教师可以以小组活动的形式,借助以下策略支持幼儿的发展。

• 在过渡环节中,让三位幼儿围坐成一圈,出示有趣的图片,请幼儿用自己的语言描述图片上的内容,鼓励幼儿倾听彼此的讲述。

• 在区域活动时间,为这些幼儿提供书画材料,鼓励幼儿创作自己的作品,引导幼儿用图形、符号表达自己的想法等。

除了将同等水平幼儿分为一组的方式外,教师还可以根据需要将在某一领域所处级别较高和较低的幼儿融合分组,鼓励同伴之间模仿学习的发生。

三、以集体形式支持幼儿的发展

教师可以以班级为单位分析评估结果,通过解读相关数据了解本班幼儿在各领域的发展现状,并在课程设置中干预和调整。幼儿园秉承的是"大课程观",课程包括幼儿的游戏活动、生活活动及教师的教学活动三大类。教师可以从上述三个方面入手对班级幼儿的发展进行支持和推进。

(一) 调整环境与材料

环境是幼儿的"第三任老师",教师发现班级中的幼儿在某一领域评级水平普遍较低时,应首先关注评分相对较低的项目出现在哪些情境下,是否与环境的设置与所提供的材料相关。教师应考虑教室内的材料是否足以支持相关学习经验的发生,或在环境评估创设过程中可提供哪些材料来支持幼儿的学习与发展。

例如,教师发现中班幼儿在12月健康领域项目8生活自理与健康生活习惯中的得分普遍较低,无法达到级别4具有良好的生活习惯,并表现出一定的自我照顾能力。针对这种现象,教师对评估项目中记录的内容进行了回顾,发现得分较低的项目集中在来园时的自理活动中,多数幼儿不能将自己的衣服叠放整齐后放置在指定位置。教师在观察整理架后发现:由于冬季衣物较厚重,整理架的空间相对较小,有时幼儿即使能够将衣服叠整齐,在放置时仍旧会变形并容易被他人触碰后掉落,因此便造成了无法整齐摆放而评级较低的结果。基于此,教师调整了储物柜,基于冬天衣物厚重的特点安置了落地的小型整理箱。在此之后，多数幼儿能够独立自主地取放衣物，表现出了一定的自我照顾能力，发展水平得到了提升。依据相同的经验，教师对区域中材料的放置也进行了检查和调整，降低储物架的高度，保证每一名幼儿在活动时都能够通过自我服务的方式满足自己的需要，促进了幼儿自主性与独立性的发展。

在游戏和生活活动中，教师要尽可能尊重幼儿的主体性，充分发挥环境的教育作用，让幼儿在与环境、材料互动的过程中主动学习。

例如，在中班上学期期末的整体评估中，教师发现本班幼儿在数学领域评估项目28数字与数的关系中的评级与上一学期相比没有明显提升，因此决定通过调整材料与环境的方式支持班级幼儿在这一评估项目上的发展。

• 设置"签到牌"，在入园环节，请幼儿将自己的头像贴在签到牌上，并请幼儿通过点数确定自己是第几个来园的小朋友。

• 在数学—科学区域投放一些支持点数的玩教具（可自制）。

• 与幼儿共同点数班级中各个区域中易点数的部分材料数量，并用数字标识，引导幼儿在收玩具时根据数量清点是否全部回收。

（二）有目的地开展集体活动

教师还可以通过有目的地组织相关集体活动来支持班级中幼儿的发展。

例如，若班级幼儿整体在艺术领域评估项目34.2律动中较长时间停留在级别3，即幼儿始终停留在描述自己的动作是如何与音乐特征联系起来的，却不能根据音乐创造自己的舞蹈或动作，且在一段时间内无法自发出现对律动活动的兴趣，则教师应适时组织相关集体活动支持幼儿的发展。例如，组织一次"欢乐舞会"的音乐活动，培养幼儿对音乐的兴趣和感受力，分步骤启发和引导幼儿结合音乐旋律中的四个小节，创造自己的四个动作。之后，还可以将这个活动引申到过渡、离园环节中，从班级整体层面支持和推进幼儿在本项目中的发展。

从上述案例中可以看出，"集体活动"不仅仅是指在专门时间进行的教学活动，还可以充分利用过渡环节、离园环节等，将幼儿学习与发展融入一日生活中。

第二节　以评价促进教师专业发展

《幼儿园教育指导纲要（试行）》中指出：教育评价是幼儿园教育工作的重要组成部分，是了解教育的适宜性、有效性，调整和改进工作，促进每一个幼儿发展，提高教育质量的必要手段。通过悉心解读、合理使用评估结果，教师能够加深对幼儿在各领域发展现状的了解；及时调整并选择适宜的支持策略，提升师幼互动质量和家园共育质量，并促进教师自我反思与研究能力的提升。

一、解读评估结果，加深教师对幼儿各领域发展现状的了解

"掌握不同年龄幼儿身心发展特点、规律"，"了解幼儿在发展水平、速度与优势领域等方面的个体差异"是每位幼儿教师都应具备的专业知识。通过对本班幼儿阶段性评估结果进行分析与解读，教师能够了解本班幼儿在不同阶段的发展现状，继而不断积累对本年龄段幼儿各领域的发展状况与规律的深入认识与理解。

例如，某中班教师分析了自己在9—10月收集到的本班幼儿在社会领域评估项目18"冲突解决"的16个观察记录后发现：观察记录中的幼儿在此项的评级多集中在1—2级别上，并发现以下两个主要特点。

(1)刚进入中班的幼儿在解决冲突的策略上整体发展更加成熟，同时在问题解决和求助策略的使用频率上存在差异。问题解决策略使用频率随着年龄的增长呈上升趋势；而求助策略的使用频率随着年龄的增长呈下降趋势。

(2)幼儿在解决冲突的策略上存在显著的性别差异，女孩评估级别略高于男孩；男孩比女孩更倾向于使用肢体攻击的手段解决问题。

与此同时，通过持续关注评估结果，教师能够从评估级别的变化中看到每个幼儿的独特之处，更加客观、全面地看待每一个幼儿——既能够发现幼儿的闪光之处，也能够看到需要进一步支持的部分，更加有依据地支持幼儿的发展，做到眼里有幼儿，心里有发展。

二、基于评估结果选择支持策略，提升师幼互动质量

"有效运用评价结果，指导下一步教育活动的开展"是《专业标准》中对教师专业能力的基本要求。幼儿真实的行为表现和发展变化应成为教师改进工作、调整指导策略的重要依据。教师应基于评估结果有意识地调整班级环境、课程计划并尝试多种干预策略，有效地支持幼儿的成长与发展。

此外，在尝试使用相关策略后，还能够从幼儿当下的反应及一段时间的发展变化上了解干预效果，对于有效、适宜的经验可加以总结，对效果不理想的干预策略可在日后工作中进一步反思。在日复一日的尝试与经验总结过程中，教师有针对性地支持幼儿发展的能力必然有所提升。长此以往，教师创设教育环境、合理利用资源、对幼儿进行随机教育等《专业标准》中所要求的基本能力也会得到一定程度的发展与提升。

例如，教师运用评估工具对苗苗进行观察记录，刚开始发现在社会领域"冲突解决"项目中，他总是用"抢""推"和"打"的方式得到自己想要的，属于冲突解决的级别1。面对这种现象，教师与苗苗进行了个别谈话，并且在日常生活中进行教育。一周后，

苗苗在和同伴发生冲突后会请求教师帮助解决，在该项目中发展到了级别2，有了明显的进步，教师对他的进步及时表扬。随后，只要苗苗在处理同伴问题中有一点进步，教师就及时给予表扬和鼓励。学期末，苗苗在这一项目中发展到了级别4，能够在没有成人帮助的情况下，和其他幼儿独立协商出一个解决冲突的方法。

三、合理运用评估结果，提升沟通与合作能力

沟通与合作是人类生存和发展的重要条件，也是教育的重要途径和手段，在幼儿园教育中尤其重要。因此，专业的幼儿园教师必须具备沟通与合作的能力，善于与幼儿、与同事、与幼儿家长乃至社区相关人员进行有效沟通与合作。

在沟通过程中，若能够正确、恰当地使用评估结果，教师就能够有据可依，在面对家长的疑问与困惑时能够给出更专业、有依据和针对性的解答；在与同事交流本班幼儿发展情况、进行阶段性评估和反馈时，能避免笼统的评估与报告，给出更加客观、具体的内容，提升沟通及研讨的质量。

例如，在某幼儿园举办的以"玩"为主题的教研活动上，教师们对"玩"的意义与价值仍存在困惑和误区。保教主任请班级教师各选择一名自己认为在班级中比较"贪玩"的孩子，与大家分享自己对这个孩子的评估结果。大一班的张老师分享了本学期乐乐在户外游戏中的评估结果，发现他的学习品质（好奇心与内驱力、解决问题）、社会（自尊、自信、自主）、科学（认识自然和物理世界）等领域有一定的成长与发展。结合具体描述，教师们看到了这一学期内，乐乐在一个个相似情境下各方面评估级别的逐渐提升，切实感受到了"玩是幼儿学习最重要的途径"，认识到幼儿在玩的过程中所表现出来的优秀的品质以及自身发展的优势。在此基础上，大家进一步研讨了如何观察和捕捉幼儿玩的行为，怎样提供有效的帮助等。教师们通过倾听彼此的分享并参与研讨，提升了自身观察和指导幼儿游戏的水平。

四、利用评估结果，促进教师自我反思

《专业标准》中提出：教师应当"主动收集分析相关信息，不断进行反思，改进保教工作"。这就要求教师要始终坚持"实践—反思—再实践—再反思"的工作和思考方式。在日常工作中，教师除了借助撰写案例、教育笔记等途径开展反思工作之外，对自己撰写的观察记录和评估结果进行总结与分析的过程同样可以支持自我反思。

例如，一名教师在反思自己使用评估工具的效果时提出，"通过分析观察评估结果，教师还能够了解到自己平时会较多关注哪些领域——哪些项目的记录条目较多？为什么我会特别关注这些内容，是否因为这些内容是自己的优势所在？而哪个项目的记录条目较少？是不是我们对该项目不够熟悉，是否需要更加深入地学习？通过分析，

我们可以确定自己的优势及弱项，从而给自己设定学习目标，参加更加有针对性的培训和教研活动"。

除了对领域知识的反思与回顾外，教师还可以总结和整理在各个环节中的观察记录，分析在一日生活不同环节中，幼儿主要发展的领域和项目分别是什么。例如，在户外活动时，较普遍被记录的是健康领域的大肌肉动作发展、安全自护，科学领域的认识自然和物理世界等项目，说明户外活动为幼儿提供了在上述领域锻炼和发展的条件与环境，能够有针对性地促进幼儿的发展。

此外，教师若对幼儿发展的某些问题进行深入研究，则可以在一段时间内有目的地进行观察并收集相关数据，基于对数据的分析整理开展研究，并在研究过程中进一步加深对该领域的理解与认识，努力成为一名"研究型幼儿教师"。

第三节　以评估促进家园共育

家园共育是幼儿园教育的重要组成部分，是促进幼儿健康成长的重要途径。幼儿园作为专业的教育机构，不仅要实施高质量的幼儿教育，还要起到良好的教育导向作用，尤其要对家庭教育进行专业的引领与指导。

评价在教育实践中起着重要的杠杆作用。科学地使用评估工具，一方面能有效地促进教师专业素质与幼儿园教育质量的提升，指导家庭提高教育水平与教育能力；另一方面，正确的评价观、适宜的评价方式也在引领着家庭和社会的教育观、儿童观、发展观的转变，促进家长主动参与教育。

伴随着评估工具的使用，教师会积累过程性评估资料，包括对幼儿的日常观察实录、作品取样、图片视频、对话录音等，这些资料可以直接呈现幼儿在多方面的真实发展表现。通过阶段评估、全面评估、专题评估、成长档案等不同方式，教师可以分析幼儿在不同方面的发展状况，并制定有针对性的支持策略。将这些评估结果合理运用到家园交流中，有助于促进高质量的家园共育。

一、引导家长树立正确的评价观，合理看待幼儿发展

家园交流的主要意义在于让家长了解幼儿园教育并形成共识，从而为幼儿提供适宜的家庭教育，促进幼儿的良好发展。教师要根据幼儿的发展需求，通过不同形式与家长进行交流，帮助家长了解幼儿的发展，建立合理的期许，引导家长形成正确的评价观。

(一)运用评估结果进行有重点的日常交流与引导

评估工具强调观察的客观性、真实性，所以教师要在幼儿一日生活的各个环节对

幼儿进行观察。观察过程中，教师要收集大量多种形式的有关幼儿行为发展的记录，这些记录包含幼儿在不同活动中的真实表现，体现出幼儿在不同领域的关键经验。

在日常交流中，教师可以运用观察记录内容与家长进行细致的沟通。通过日常观察评估记录呈现幼儿在园的活动轨迹，帮助家长了解幼儿参与活动的兴趣和方式，让家长关注到孩子在幼儿园不同活动环节中获得的不同发展，全面了解幼儿园一日活动的意义，理解"一日生活皆课程"的现实意义；通过单一领域的全面评估记录呈现幼儿在某一领域范畴的纵向发展轨迹，尤其是直观地呈现教育策略对幼儿发展的影响；通过某一项目的连续评估记录呈现幼儿在该项目中不同级别的发展轨迹，便于及时反思相应的支持策略的有效性。

在与家长进行沟通时，可以用文字记录进行书面交流，也可以通过讲述与家长进行口头交流，还可以利用图像、录影等方式引导家长观察。通过交流感受，引导家长理解评估的方法与意义，帮助其在家庭中对幼儿进行观察。

科学的家园交流应该是建立在双方平等的基础上的，每次交流应该是有重点、有针对性的，教师选择的交流内容应体现幼儿的发展水平或需求。如果只是简单地与家长分享幼儿的观察实录，很容易让家长只对幼儿的表面行为进行评判，而不去思考幼儿行为背后的发展需求。因此，在选择与家长的沟通内容时，教师首先要选择能代表幼儿发展的典型案例或能体现交流主题的评估结果，帮助家长了解幼儿发展的实际表现，同时也要善于运用观察数据，减少教师的主观判断，科学地帮助家长分析幼儿在相关方面的发展状况，力求让家长感受到真实性与客观性，从而增加对教师的信任，减少为幼儿"贴标签"的评价思维，逐渐用发展的眼光看待幼儿。

例如，教师针对幼儿在科学领域数字与数的关系项目的发展情况与家长进行沟通时，可以针对性地选择体现儿童该项目发展情况的观察记录与家长沟通。玩具区活动时，阳阳在玩做饭的游戏，他将塑料链条放入数字套碗中，边放边说："我是看数字放的，这是9，就放9个。"他拿出了一串链条，数了数说："这是7个，还缺2个。"还可以通过现场采集的图片、视频作补充。在家长了解了幼儿的行为表现后，可以进一步与家长交流孩子在家庭的相关表现并进行对比。最后参照评估工具，与家长一同进行幼儿发展水平评估，确定幼儿发展的级别为该项目的4级，即"幼儿能说出一组物品比另一组物品多几个或少几个"。这样基于事实与家长分享交流，会让家长更容易接受教师对幼儿的评价，家长也更能理解幼儿发展所需要的支持。

一位家长在交流中表示：看过老师对孩子的详尽记录，百感交集，有感动，有惊喜，还有敬佩。感动的自然是老师的这份用心，扪心自问，即便是我们做父母的也很难做到对孩子观察这么细微，更何况如此琐碎的点滴片段都一一记录详尽，让人不得不对老师对孩子的这份真情实意肃然起敬；惊喜自然源于这份详尽的记录，将孩子在幼儿园生活学习的情况真实地展现在我们面前，将我们想知道又很难了解到的孩子的另一面生动地复制到我们眼前，很多事例都跳出了我们对孩子日常的认知范畴，令我们惊讶之余还有一丝惊喜；敬佩的是老师的专业能力已超出我们的想象，孩子的行为点滴都能成为老师研究的内容，并能进行科学的分析。可见，老师一天的工作都是用专业的态度、专业的能力进行的，孩子们能有这样的老师陪伴，是他们的幸福，这让我们对孩子的发展充满信心！

(二)运用评估报告和成长档案进行阶段交流引导

教师通过对幼儿典型行为的评价，获取其在不同项目中的发展轨迹，对其发展状况进行及时、科学的评估，并通过阶段性的评价反思汇总，对幼儿的不同活动进行分析评价，取中位水平值，确定其最近发展区，这样可以帮助家长客观了解孩子在某些领域的发展水平，从而确定合理的教育期望，制定相应的家园支持策略，帮助幼儿持续发展。

在收集阶段性数据时，教师对幼儿个体进行整体分析，可以帮助家长全面了解孩子的发展状况；进行班级整体评估成果的对比，可以帮助家长了解孩子在同年龄段中的发展水平；进行幼儿个体的个别领域数据分析评估，可以帮助家长了解幼儿在该领域不同项目的不同发展水平；进行幼儿个体个别项目的发展评估，可以帮助家长细致地了解幼儿在某一项目的发展曲线，同时意识到教育策略对幼儿发展的影响。通过成长档案的收集与分享，还可以让家长关注幼儿作品的收集取样，深入理解评估结果的客观性及其对幼儿发展的价值。通过这样的专业交流，家长不仅会对教师产生专业信任，还会引发其教育观的变革，更加关注孩子的全面发展。

例如，一位家长在看到老师为孩子做的38项全面观察评估记录与分析时，曾这样向老师反馈：以前我们对孩子的关注容易停留在学习的范畴，还喜欢和别的孩子比较，在老师的观察记录与分析判断建议中，我看到了孩子在幼儿园的不同方面，尤其是在游戏的时候，老师依然能发现并引导孩子学习不同内容，孩子在幼儿园的进步是随时随地的。这让我们明白，孩子不仅仅是在课堂中学习，幼儿园的一日生活都是教育。我们不需要和别的孩子比对，不能仅仅以孩子学会了什么内容来衡量他有没有进步，还要看他会不会学习，他的能力、品质有没有提高，这才是他人生路上最重要的基础。

需要注意的是，评估工具中的评价是以幼儿发展水平来分级别的，而不是以幼儿的年龄来分级别的，这样的级别确定方法提醒我们：幼儿的发展不是统一的，也不是同步的。我们必须知道，同一年龄段的幼儿发展水平不同，同一幼儿在不同项目中的发展水平不同，不同幼儿在相同项目中的发展曲线也不同，幼儿的不同发展与教育环境、幼儿已有经验等很多因素有关，单纯地对孩子进行某一项目级别的横向比较，显然是断章取义，不科学的。教师要避免这样的做法，同时还要指导家长避免这样的做法。

评估工具可以为教师与家长评价幼儿提供方向指引与级别参考，帮助教师与家长准确地了解幼儿学习与发展的实际水平，并通过阶段性评估发现其全面的、某一领域或某一项目的纵向发展曲线。虽然我们也做集体评价，对幼儿进行相对性的发展评估，但在运用评估结果与家长沟通时，要慎用横向比较评价幼儿，同时更要引导家长正确看待幼儿的发展，避免对幼儿横向比较。教师要通过灵活运用阶段性评价结果与幼儿行为记录相结合，通过幼儿发展水平的纵向比较，帮助家长清晰地了解幼儿的发展变化，引导家长对比体会不同的教育方法对幼儿发展不同的促进作用。

例如，与家长交流幼儿在语言领域"口语表达"项目的发展情况时，可以给家长展示观察记录或录像：2015年11月2日区域活动时间，活动室，全全拿彩笔端坐在桌子旁，在本上画了许多图案，画完后，他对老师说："老师，我给你讲吧！"他边讲边指着刚才在本上画的对应的图案："一个阳光明媚的早晨，我和爸爸、妈妈，还有姥姥一起开着车，走高速路，钻过山洞，到了三姨姥姥家。我见到了我的弟弟，还有三姨姥姥和大西哥哥，我在三姨姥姥家住，在三姨姥姥家我还喂了小狗，刨花生，吃玉米，开心极了！"

通过记录，我们分析出孩子在"口语表达"项目的发展水平为4级"幼儿能用不同类型的词汇和句式，有条理地进行表达"。同时还体现了他在"书面表达"项目的发展级别为5级"幼儿能运用一些常见的正确的汉字、数字、符号等表达自己的想法或记录一些事情，并能做到书写姿势正确"。家长通过案例可以了解幼儿现阶段的发展情况。

对比前一段的记录：2015年9月23日来园时间，活动室，全全一看见老师就说："老师，我昨天和爸爸下跳棋了，爸爸比我晚了一步，我又赢了，哈哈！爸爸第一次就输了，他不服气，还皱眉头！"体现了孩子处于"口语表达"中的3级"幼儿能够讨论不在场的人或物，或自己的兴趣、真实的见闻及经历，包含主要细节"。家长能发现孩子口语表达水平的提高，在语汇和句式及表达的合理性、完整性方面都有提升。通过这样纵向的比较发现孩子的发展变化，家长就会从对比中反思教育支持的作用，有反思就会继续接受教师指导，为孩子提供新的发展支持。

二、指导家长改进家庭教育策略，合力促进幼儿发展

评价是一把双刃剑，评价的理念、目的以及评价的方法、技术等都影响着评价对教育的导向。使用评估工具不仅可以让教师与家长的交流更加具体专业，而且更重要的是能够通过基于观察后的评估建议帮助家长提升家庭教育质量，调动家长主动参与家园共育的积极性。

由于每一个孩子的发展情况不同，他们在同一阶段的发展需求也不同，所以在使用评估工具时，我们首先要通过观察分析对幼儿进行科学的评估，了解其需求，然后才能针对其不同需求制定发展支持策略。同理，要获得家庭教育的配合，首先要让家长了解幼儿的发展情况与需求，帮助家长学会解读幼儿行为背后的发展水平，提升教育策略的有效性。

评估工具中每个项目、每个级别都是具体可见的幼儿能力发展水平，教师收集的记录要包含幼儿在园的一日生活，从学习品质、健康、语言、社会、科学、数学、艺术7个领域范畴，进行38个项目5个级别的观察评估，对幼儿的全面发展进行具体详细的说明和指导。由于评估项目涉及幼儿一日生活中的各个环节，通过阶段性评估可以向家长呈现幼儿在某一段时间内的发展状况，并分析在这一过程中家庭教育与幼儿园教育的不同作用，对下一阶段幼儿的发展做出合理期许；通过对幼儿个体的全面评估交流，可以让家长全面了解孩子的各方面发展，在此基础上帮助家长发现孩子在某些方面的兴趣潜质及发展需求，及时对幼儿进行引导与支持。只有家长建立正确的评价观，才会在家庭教育时不拘泥于教育内容和形式，在生活、游戏、阅读、交流等各种活动中，有目的、有计划地引导支持孩子的成长。

正如一位老师根据记录：午睡起床了，田田在床上慢慢地将裤子穿好，听到老师夸奖其他小朋友叠被子，她也把自己的被子铺了铺，并用手把它抹平。评价为"生活自理与健康生活习惯"项目的2级。针对孩子的发展，我们建议家长鼓励幼儿的自理行为，并为幼儿提供在家庭中进行自我服务甚至为家人服务的机会，帮助孩子提高自理能力，引导其养成良好的生活习惯，学会自我照顾。通过科学使用评估工具与家长交流，教师不仅要提升自己的评价观，还需要帮助家长树立正确的评价观：由过去的甄别性评价转变为发展性评价，关注孩子的个体成长；从横向比较转化为纵向观察，注意从孩子的角度发现他的发展轨迹；与老师交流幼儿的家庭行为时能进行细节性描述，期待老师对幼儿的行为分析；学会对幼儿进行多维度评价，注重孩子的全面发展。教师要注重交流内容的全面性与针对性，只有家园保持一致的评价观，才更容易做到家园教育的一致。

实践中，我们发现家长对孩子的行为表现越来越关注，在家庭教育中也开始主动观察，并将观察到的现象与老师进行分享讨论。有的家长还会将幼儿的前后行为进行纵向对比，对家庭教育做简单的反思，对"老师建议"的期待更加明显。一位家长这样反思道："看到老师对孩子的观察评价记录后，我非常羞愧，我们做父母的平日里似乎对孩子的关怀好像还比较妥帖，但对比老师的观察，我们才发现孩子虽然已长大，但我们仍然待她像小宝宝一样，孩子在发展，我们的教育却没有跟着她而发展。我们的关怀几乎是吃喝拉撒等生活起居方面，对于孩子在成长过程中更为重要的性格塑造、习惯培养、心理发展等方面似乎关心较少，对孩子的了解仍停留在自己的感觉中，经常忽略她表现出的不同行为。孩子变得不像原先那样主动，归根结底是我们不能为她提供宽松而有引导性的成长空间，剥夺了她的成长机会。听了老师的建议，我们必须转变思想观念，相信孩子是有能力的人，调整教育方法，关注孩子更多的发展，宽松而不能剥夺自理，关爱而不能剥夺自主，提高要求而不能急于求成！在以后的日子，我们会切实抓好以上三方面，让孩子未来可以在一个身心健康、充满欢笑、充溢关爱的环境中成长！"

在坚持改变家庭教育策略后，这位家长又主动向老师反馈道："距离上次关于孩子的沟通交流也已过近半年时间，正如我所许诺的那样，我们在这段日子里加强了对孩子的性格塑造、习惯培养，还有一些心理建设方面的关心和帮助，发现孩子的变化挺大的，变得更加愿意与我们交流在幼儿园里的点点滴滴了，考虑问题似乎也更加成熟和细致，某些好的习惯也开始形成了。在这里我们还要感谢老师，是老师让我们警醒，适时适度调整家庭的教育理念和方法，尤其是上次关于记录的交流，非常宝贵，毫不夸张地讲，会让孩子终身受益，再次万分感谢！"

三、调动家长主动参与幼儿园教育，深化家园合作活动

《纲要》指出："家庭是重要的合作伙伴，应本着尊重、平等、合作的原则，争取家长的理解、支持和主动参与，并积极支持、帮助家长提高教育能力。"可见，家庭作为幼儿教育的重要资源，对幼儿的教育起着重大的作用。我们必须调动家长主动参与幼儿园教育的热情，让家长资源价值最大化。家园合作需要合作双方有积极主动的态度，它包括家长对孩子的爱心与责任感、对幼儿园乃至整个教育的信任与支持。在与家长沟通时，我们要始终把握"以评价促发展"的原则，将评价的目的真正地落实到双方合力促进幼儿发展的共同理念上。

在家园交流的过程中，可以通过幼儿发展报告、成长档案、班级发展报告、领域发展报告等评估结果，让家长了解幼儿发展的需求，逐渐认识到家园合作的价值，在此基础上接受教师的专业指导，愿意全力以赴配合幼儿园教育。当家长的教育需求与教师的教育理念一致时，他们不仅会调整家庭教育策略，还会主动参与幼儿园教育，发挥自身优质资源的作用，真正形成家园教育合力。例如，一位大班教师通过班级幼儿发展报告，发现全班幼儿在科学领域的"工具与技术"一项的评级大部分是 3—4 级，竟没有一个幼儿能达到 5 级"幼儿使用技术查找他/她感兴趣的信息"。分析原因，发现幼儿在家庭及幼儿园中接触到的科技工具有限，利用这些工具来解决问题的经验很少。教师结合此评估报告与家长进行了交流，让家长了解幼儿的发展水平并反馈幼儿在家使用工具技术的情况。通过这种方式，家长意识到了对幼儿相关的引导较少，需要在

家庭中多为幼儿创造机会，提升他们使用科技工具的水平。有一些家长主动提出为幼儿进行校外支援，带幼儿参观他们的信息技术公司，了解新技术办公的方式及新的科技工具的作用；志愿者家长来园为孩子们做讲解，帮助幼儿学习电脑等工具的使用方法，并为幼儿提供打印纸等材料；班级中开展了相关的主题活动，从多个方面让幼儿感受到科学技术与生活息息相关，科技工具提升了人们生活工作的效率；幼儿园为班级幼儿提供使用办公工具的机会，幼儿在生活中主动应用科技工具解决问题的水平也逐渐提升。在家园的通力合作下，幼儿的相关经验不断丰富，许多幼儿在该项目的发展评估都提升为级别5。因此，发现幼儿的发展需要，展开针对性的家园合作，为幼儿提供相应的园内外支持，是帮助幼儿发展进步的重要手段。

总之，要让评估工具成为家园沟通的共同支点，争取让家长变成主动的参与者，通过评价促进他们养成反思性教育思维，帮助其改善家庭教育方式，从而优化幼儿的发展环境。

第四节　评估结果在管理中的运用

2020年，教育部出台的《深化新时代教育评价改革总体方案》指出：儿童是接受教育的主体，儿童发展评价是教育评价的基础环节，应着眼于促进德智体美劳全面发展，创新过程性评价办法，完善综合素质评价体系。随着学前教育公共服务体系的完善，"高质量"发展成为今后学前教育的重要任务。高质量意味着幼儿园保教过程的高质量和保教结果的高质量，儿童发展过程和结果的质量是"高质量"的重要标志。教育行政部门、幼儿园管理者及教师也开始认识到儿童发展评价的重要性，并积极探索如何科学评价儿童发展的问题。评估工具及其应用探索顺应了这个发展趋势，集过程评价与结果评价为一体，将质性评价与量化评价相结合，在各级各类管理者和教育者中发挥着越来越强大的管理功能。

一、评估结果在幼儿园管理中的运用

运用评估工具，通过科学有效的教育评估形成对幼儿发展、幼儿园管理、幼儿园课程、保教质量、教师队伍建设等方面的客观认识与评价，是幼儿园优化办园品质和提升保教质量的重要手段和途径。形成的评估结果，能够呈现幼儿园近期或本学年幼儿个体和全园幼儿整体发展的状况，并将反馈的信息通过与幼儿园管理目标、管理内容等一一对照，综合分析、系统思考，从中总结管理过程的优势与不足，发现管理中的问题，并有的放矢地解决问题，为优化幼儿园管理提供依据，最终为幼儿园的科学保教和幼儿的全面发展及教师的事业发展提供重要保障。

(一)评估结果在幼儿园日常工作管理中的运用

幼儿园保教工作的运行离不开科学管理。高质量的幼儿园日常工作管理要通过连续的教育评估来促进管理模式的优化。优化途径主要通过两方面来实现。

一方面，充分利用评估结果，为幼儿园日常管理工作形成科学、全面、系统的认识提供有效的支持。幼儿园可以运用评估工具形成的结果，及时获得关于本园教育现状的信息反馈，帮助管理者理清思路、形成共识，为正确决策提供可靠依据，为幼儿园日常工作管理提供参考，为提升管理水平提供支持。在日常工作管理过程中，评估结果的运用可以从多个角度发挥作用。首先，可以运用评估结果形成目标管理，将评估结果与日常管理中的目标、内容、要求、考核细则相联系，保障幼儿园日常工作管理以螺旋上升的态势朝着管理目标方向不断提升。其次，可以在运用评估结果进行日常管理工作时及时总结、反思、调整，形成"目标管理＋过程管理"的动态管理模式，帮助幼儿园在管理中秉承科学管理的态度，以发展的眼光优化幼儿园日常工作管理模式。最后，幼儿园管理者在运用评估结果优化管理的过程中，能进一步树立科学的教育管理理念，夯实自身专业基础，正确解读评估结果，不断提升组织协调能力，学会用辩证思维发现和解决问题，形成系统辩证的思维方式和善于总结规律的能力，在潜移默化中提升自身领导力。

另一方面，将评估结果运用于幼儿园制度建设。幼儿园管理制度的制定和实施是幼儿园进行常规管理、科学保教、课程建设、队伍建设、文化建设的前提。优质幼儿园的制度建设必须是规范的并与时俱进的。评估工具的评估结果，体现了幼儿园多个方面的发展现状，如幼儿的发展、教师的专业水平、课程实施的科学性与均衡性等。评估结果所呈现出的幼儿发展现状，可以反映出幼儿园多种制度是否有效支持幼儿的发展，如《幼儿园一日活动常规制度》《幼儿园课程建设与实施制度》《幼儿园教科研工作制度》《幼儿园教师培养制度》等。幼儿园首先可以根据评估结果，对照现有的各类管理制度，保留与评估需求相适应的、能够促进评估工作正态成长的制度并予以优化。同时，总结幼儿发展的短板进行分析，对制度中不能真正对幼儿发展起支持作用的内容进行修订、完善，使各项制度的制定和实施与幼儿的发展和需要、评估的要素和内容相适应，最终形成"制度建设与科学评估"共同促进和相互支持的机制。

(二)评估结果在幼儿园课程建设中的运用

幼儿园课程建设是幼儿园内涵发展的重要途径和根本保障。幼儿的发展离不开具有科学性、教育性、适宜性、创新性和发展性的课程，离不开具有生命力的课程建设。在幼儿园课程建设过程中，科学、有效的评估能够对课程的建设起到导向、反馈、诊断的作用，对修订、调整、完善和推广课程起到重要的支撑作用。运用评估工具进行评估的过程和结果与《3—6岁儿童学习与发展指南》五大领域的目标、典型表现紧密联系，领域评估发展级别评价也是在最近发展区理论基础上形成的。因此，评估工具可以支持幼儿园在课程建设过程中，从幼儿个体、不同年龄幼儿、全园幼儿的发展趋势出发，对幼儿发展进行真实、客观的评估。通过评估结果，对本幼儿园课程建设目标、内容、实施途径等进行反思和分析，以此评判课程建设的各个要素是否能够为不同年龄、不同能力、不同需要的幼儿提供适宜的、均衡的课程设置和组织实施，由此达成对课程建设实行动态管理、灵活修订课程的最终目的，完善课程的建构与实施。一些教师之所以在集体教学活动和区域游戏活动中，出现"教"不符合幼儿"学"的情况，或者无法根据幼儿的表现动态生成课程，就是因为缺乏对观察现象的分析评估，未将观察评价信息应用于课程设计，未能分析和把握本班儿童发展的整体水平，未能对每一具体发展领域及其关键经验与全班幼儿表现出的几种现实的发展水平进行分析评估，因此造成了对幼儿发展水平不了解而无法完成教育目标、计划的教育"失误"。教师只有通过教育评价，对本班幼儿总体发展情况做到心中有数，才能在头脑中不断形成一个个活生生的、以具体幼儿为主体所制订的，既符合儿童发展的基本规律和一般年龄特点，又适应本班幼儿总体发展水平和发展需要的教育计划，才有可能根据幼儿的兴趣与需要、经验与能力来设计和调整活动过程，包括设定课程目标、选择课程内容、设计课程方案及组织实施，进而提高课程的适宜性和有效性。[①]

总之，评估工具中蕴涵着"科学评估与幼儿发展及课程建构一体化"的思路，有利于将评估工具项目内容引入幼儿园课程建设，形成评估项目与课程建构的融合，促进幼儿园课程的科学建构。

(三)评估结果在幼儿园教师队伍建设中的运用

幼儿园教师队伍建设是幼儿园管理工作的重要内容，幼儿全面发展和园所品质提升都与高素质的教师队伍息息相关。在运用评估工具对幼儿进行全面评估的过程中，教师常常对照评估项目观察幼儿，有利于教师建立科学的儿童观、教育观与评价观，影响着教师队伍素质的整体提升和幼儿园办园方向的把握。幼儿园教师是幼儿发展评价的实施者，也是评价结果的使用者。在幼儿园管理工作中，可以将幼儿发展评价工作与教师队伍建设工作相联系，将评价工作纳入对教师工作的考核中。为了有效利用评估结果，使教师树立科学的评价观，保障教师评估结果的运用能够体现正确的价值观和导向，首先应该处理好以下三种关系。

1. 正确处理幼儿发展评价与教师工作评价的关系

教师以何种动机、态度进行这项工作，决定评价结果的真实性与客观性，而评价

[①] 潘月娟：《学前儿童观察与评价》，6页，北京，北京师范大学出版社，2015。

结果是否真实、客观，又决定了评价的目标能否实现。过去，幼儿园将幼儿评价结果与教师工作质量评价挂钩，导致教师在对幼儿发展进行评价时不能完全将关注点放在孩子身上，而是较多考虑自身利益。于是，有的教师在学期初给幼儿较低的评价、学期末给较高的评价来显示一个学期工作的成效，严重影响了幼儿发展评价工作的真实性和客观性，直接对幼儿的发展造成危害。因为非真实的评价结果，对改善教育过程无任何实际的指导意义。教师是影响幼儿发展的重要因素，但不是唯一因素，幼儿的发展是多种因素相互作用的结果。因此，无论幼儿发展程度如何，都不能否定教师的工作。教师教育因素作用在幼儿身上的外在表现，短时间是无法看到的。将教师工作与幼儿发展视作因果关系，并以幼儿发展水平当作对教师进行奖惩的依据，不仅可能导致评价失实，还可能误导教师利用评价内容训练幼儿，以求获得明显的短期效益。这样，幼儿发展评价就完全失去了其应有的意义。所以，建立科学管理的运行机制，正确认识并处理幼儿发展评价与教师工作评价的关系，才能调动教师观察了解幼儿发展的积极性和主动性，保证教师以认真、严谨的态度进行幼儿发展评价工作，也才能将重点真正放在了解幼儿发展上。教师能否做好评价，有三个关键点可把握：一是真实可靠的信息。也就是教师能认真、严肃地开展幼儿发展评价工作，能通过多种途径了解幼儿的发展而获得评价信息；二是切合实际的分析。也就是教师能根据幼儿的发展情况制订教育工作计划，在此基础上认真分析影响幼儿学习与发展的因素，特别是对自身工作中问题的分析，有针对性地调整教育过程，并对幼儿进行个别指导；三是及时有效的沟通。也就是教师能及时向家长反馈评价信息，与家长共同分析影响幼儿发展的因素，做好家园共育。[①]

2. 正确处理评价标准与尊重幼儿个体差异的关系

儿童发展评价的最终目的是使教师了解每个幼儿，因人施教，给予幼儿适宜的教育。也就是教育者根据每个幼儿的发展水平、个性特点、兴趣爱好、学习方式等方面的个人独特性，运用评估结果，分析每个幼儿发展的个别特点，从而提出不同的教育要求，为采取不同的教育方法促进儿童发展提供依据。教师的评价需要遵循基本的评价原则，这就要求教师要根据评估工具，对从不同情景中观察获得的、丰富的儿童发展信息进行梳理，随之对照相应的评估项目，确定每个儿童在各个发展领域的发展状况。评价须重点关注幼儿在发展速度和认知结构方面的特点和水平，将评估工具与幼儿个体差异相结合，最终在此基础上制订个别指导计划，在教育过程中针对不同幼儿采用不同的教育指导方式和策略。

---

① 白爱宝：《幼儿发展评价手册》，10页，北京，教育科学出版社，1999。

3. 正确处理真实情境评价与特设情境评价的关系

不同情境对幼儿的发展会产生不同的影响，幼儿的表现也各不相同。过去，我们评价幼儿的学习与发展，常采用特定情境中测验的方式。测验内容难以反映幼儿的全面发展，同时也往往会造成幼儿心理过度紧张，导致结果偏差、不准确。而且，用一次测验的结果来界定幼儿的发展水平也是不科学的。当前，我们更强调在真实、有意义的情境中观察幼儿，这个真实的情境既包括非特定环境，又包括特定环境。非特定环境评价指的是教师在幼儿日常生活和学习的环境中，对幼儿在活动中的表现自然而然地进行观察评价；特定环境评价指教师根据教育目标在特定的教育活动中，对幼儿在活动中的能力表现进行集中观察评价。两种情境中的评价因任务、时间、人物、情境、场地等的不同而不同，且有利有弊，相辅相成，教师可在不同的情境中灵活切换，通过多次观察更准确地研判幼儿的学习与发展水平。两种评价方式的结合使得评价更科学，也更能探索出适合幼儿发展的教育方法。

处理好以上三种关系有助于教师树立科学评价观、课程观，更重视一日生活中对幼儿的观察和有效记录，准确运用评估工具进行分析，最终为幼儿发展提供支持策略。通过评估工具形成的评估结果，也能从幼儿发展的角度反映教师的保教水平和业务素养。因此，从教师运用评估结果的水平、幼儿的发展评估级别和促进教师队伍建设的角度来衡量评估工具的价值是非常有意义的。一是评估结果反映出了教师队伍专业水平状况。管理者可据此结果制订相应的培养计划，帮助教师补齐短板，发挥优势。二是评估结果可以作为教师日常保教工作考核的依据，纳入学期、学年教师考核，使教师通过考核客观认识自身专业水平，明确下一步发展目标和专业发展路径。三是评估结果本身也是一种教学成果。幼儿园可以定期为教师提供针对评估结果的专场分享教研，展现评估成果，形成互学互鉴的专业成长激励机制。

(四)评估结果在家园共育中的运用

家园沟通是教师开展家长工作、实现家园共育的重要基础。有意义的家园沟通，应侧重交流幼儿学习与发展的信息，而非仅仅停留在简单的吃喝拉撒等生活需求和身体照料等方面的信息。幼儿个体学习发展信息的获得，是在教师观察评价基础上实现的。教师以恰当的方式向家长反馈幼儿发展信息，可以帮助家长正确认识幼儿能力和发展水平，提升家庭教育水平。运用评估工具获得的评估结果，为家长提供了有关幼儿学习与发展的客观资料，是家长了解孩子的重要专业性资料。因此，评估工具呈现的评价结果在家园共育方面的作用不可小觑，也在一定程度上解决了幼儿园和家庭之间在教育观点上的分歧和矛盾。[1]

---

[1] 潘月娟：《学前儿童观察与评价》，6页，北京，北京师范大学出版社，2015。

二、评估结果在辖区管理中的运用

为方便评估工具运用，减轻教师观察、记录、评估幼儿的工作量，研发了评估平台。评估工具与评估平台形成了评估系统。评估工具与大数据处理相结合，教师可以非常方便地运用手机或电脑登录平台，输入幼儿逸事记录及评估级别，评估平台会自动汇总、处理和分析评价信息，最终生成"儿童发展评估报告"。评估报告的主体、时间和范围有多种可选择性。主体可以是一名幼儿，也可以是一个班级幼儿，还可以是全园幼儿，甚至可以是全县(区)、全市、全省幼儿，使用者范围有多大，评估结果运用的范围就有多大。评估报告的时间也可以灵活选择，从一天到一周、一月、一学期、一学年都能够实现。评估的范围可以是幼儿学习与发展的一个项目，可以是一个领域，也可以是多个领域。

评估系统使用的基本单位是幼儿园，幼儿园教师是第一使用者，教师可以根据评估结果了解幼儿发展，设计和生成课程。通过观察评估幼儿，能促进教师教育观念质的转变，促使教师以发展的眼光去看待幼儿的个体差异和发展水平，更关注观察和理解幼儿的发展需要。每一个班级和每一名教师对幼儿的评估结果绝不仅限于班级教师使用，幼儿园管理者同样可以根据评估工具对本园各个班级幼儿的发展情况进行整体了解和比较，也可以对教师观察评估幼儿的情况进行再评价，从而使评估系统发挥其在园所管理中的重要作用。评估工具中先进的、科学的评估理念不仅起到了对教师教育观念和行为的改善作用，同时，也发挥了幼儿园管理的功能。而各级幼教行政管理者，也可以通过评估系统，从另一个侧面了解本辖区内科学保教、课程建设、教师队伍发展、幼儿园管理等多方面情况，对于及时调整辖区内保教管理决策、采取适宜的课程指导策略、形成良性的保教管理监督与考核机制等都有一定促进作用。各级幼教行政部门可以通过评估平台获得的大数据，宏观地了解辖区内幼儿园的情况和区域间的情况，采取有效措施，带动辖区内幼儿园整体保教质量的提升，缩小区域之间的差距，促进学前教育均衡发展。

(一)评估结果在市、县(区)级保教管理中的运用

评估工具形成的评估结果具有重要的导向作用，对于市、县(区)级保教管理部门来说，运用评估结果具体指导辖区内幼儿园保教工作的开展可以从四个方面入手：一是通过评估结果，明确辖区内幼儿园幼儿发展状况，寻找发展短板，结合相关的保教工作要求，有针对性地形成市、县(区)联动的保教指导与管理指导团队，实实在在解决评估结果中反映的问题。二是充分利用实验园或其他幼儿园的优质资源，将他们在评估过程中的成果与经验及时分享，通过观摩、经验交流、实地查看等多种方式，以

优质幼儿园带动周边幼儿园形成"优质课程＋管理资源"共享模式，以点带面提升辖区内幼儿园整体保教水平。三是市、县（区）级保教管理部门可以通过评估结果中反映出的教师专业能力状况，有的放矢地指导与引领教师队伍建设，通过教研、培训等多种形式，带动幼儿园加强教师培养。四是引导各级管理部门树立正确的评价观，依据评价结果对管理中出现的各种问题和现象进行诊断和甄别，注重评估结果所呈现的过程性评估特点，以此营造支持的、服务的管理氛围，带动各类幼儿园向管理要效益，以评估促发展。

（二）评估结果在省级保教管理中的运用

评估系统形成的评估结果反映了全省幼儿的发展状况，为统筹管理和督导提供了参考。对于省级学前教育管理部门来说，可以从评估工具平台上了解到全省各市幼儿的发展状况。在管理过程中可以考虑以下几个方面：一是结合评估结果获得的大数据，从理念和教育行为上引领下一级辖区幼儿园开展好科学保教。二是及时获得下一级辖区内幼儿发展的状况，并进行发展状况对比，了解形成差异的原因，制定具有针对性的保教管理决策与指导策略。三是通过评估结果的内容与幼儿发展信息的反馈，制定合理的幼儿园保教管理考核与指导细则，构建适宜的地方课程建设指导。四是出台幼儿园教师队伍建设的指导要求，最终在省级层面形成保教管理顶层设计，引领全省幼儿园保教质量提升。五是通过省级幼儿发展观察评估情况的大数据分析和研究，形成有价值的研究性成果，为学前教育科学研究提供有力的数据支持。

总之，依照现代评价理念，现代学前教育中的评估，既不是要进行督促和警示，也不是要完成评判和选拔，更多的是通过过程性的评估来衡量教育效果和管理效果的达成情况。评估结果的运用就是强调通过获得有效的科学评估信息，及时调整幼儿园管理方式和保教方法，选择适宜有效的教育管理措施，提高保教质量，促进幼儿健康成长。

附录　3—6 岁儿童发展观察评估工具

说　明

一、幼儿发展评价的意义

幼儿发展评价是幼儿园评价的重要组成部分，也是反映幼儿园教育质量水平的核心标志。通过评价，教师能够了解幼儿的兴趣、需要与已有经验，做出适宜的教育支持，有效促进幼儿的学习与发展。2012 年，教育部颁布了《3—6 岁儿童学习与发展指南》(以下简称《指南》)，对 3—6 岁儿童应该学什么、怎么学、大致可以达到怎样的发展水平提出了合理期望。为了更好地贯彻落实《指南》，山西省学前教育中心前主任、正高级教师、特级教师李志宇老师在多年探索研究幼儿园教育评价的基础上，2014 年申报立项了山西省教育科学"十二五"规划课题"山西省 3—6 岁儿童发展评价的研究"，研究采用文献法、调查法、观察法、行动研究法等，在太原、晋中、长治、晋城、运城 5 市 18 所实验园 145 个实验班开展实验研究，通过"前期准备与文献研究""工具研制""实验园试用""信效度检验""工具修改与完善"等阶段，历时近 8 年，研制并初步形成了重要的研究成果——3—6 岁儿童发展观察评估工具。"《3—6 岁儿童发展评估工具》及其应用探究"于 2018 年 3 月获山西省教学成果(基础教育)特等奖。该成果目前一直被幼儿园使用，对于提升老师专业水平、提高保教质量有很好的促进作用。在当前建设高质量教育体系的时代背景下，对于幼儿教师能够客观、真实、全面地记录幼儿的游戏过程，科学解读幼儿在游戏中获得的学习和发展提出了更高的要求，本评估工具则能为广大幼教工作者提供专业的支持和帮助。

二、评估工具简介

3—6 岁儿童发展观察评估工具(以下简称"评估工具")基本遵循《纲要》以及《指南》的领域结构，借鉴国内外儿童发展评价成果，尤其是进行了《指南》目标体系与美国高瞻课程中《学前儿童观察记录量表》(COR)的对照分析。基本框架结构层次为：3—6 岁儿童发展的 7 个领域——各领域中反映幼儿发展关键经验的 38 个评估项目及子项目——各评估项目中儿童发展水平的 5 个发展级别。为了让教师更好地理解和掌握评估工具，课题组还在每一领域开篇做了与《指南》各领域目标、教育建议的对照，诠释了该领域幼儿学习发展的基本价值；每一个评估项目的开头都加注了项目的定义、幼儿在这个项目上可能出现的典型表现以及发展趋势的说明；项目下又分为典型表现、解释、观察例举三部分，解释中进一步诠释和扩展了幼儿在此级别的主要动作、语言、表情或状态等。

三、使用评估工具时的注意事项

第一，评估工具中的评估项目与《指南》的目标和教育建议并不是一一对应的关系，并不是幼儿的所有发展都能用本评估工具进行评估，希望幼儿园在使用本评估工具时注意结合其他的评价方式对幼儿全面发展进行评价，如儿童生长发育测评和记录学习故事等。

第二，评估工具具有一定的专业性，使用者需要熟悉《指南》，具备一定的学前教育理论基础，同时具有在真实情境中客观观察和记录幼儿典型表现的能力。在使用前应仔细研读、领会评估工具每个领域的核心理念、项目说明与解读，了解幼儿在每一项目上的发展趋势。

第三，评估工具中的每一个评估项目是从儿童发展水平划分为5个发展级别，代表了幼儿该项关键经验的大致发展进程，该进程具有个性化差异，使用者不应将级别与幼儿年龄进行对应。

第四，评估工具所提到的代表幼儿发展水平的典型表现并不能全部在自然状态下观察到，教师可以根据观察与评估的需要，有意识地设置情境或预设活动，以引发幼儿行为表现，支持教师进行深入的观察与评估。

第五，使用者在对幼儿评级的过程中，应仔细对照典型表现和解释，不要简单对应观察例举。如遇到介于两个级别之间的幼儿行为时，应当按照较低级别进行评级，若不够级别2则可以记为级别1。

第六，为贯彻落实教育部《教育信息化2.0行动计划》文件精神，推进学前教育信息化发展，将"互联网＋"、大数据、新一代人工智能等先进技术应用于幼儿园保教工作实践中，以有效支撑评估工具的实施与应用，还研发了"3—6岁儿童发展观察评估平台"，将专业工具与技术支持相结合。教师每日或一周可直接在评估平台上输入对幼儿的观察记录，平台具备自动汇总观察记录、快速生成评估报告、智能分析评估结果等功能。教师可依据评估分析结果调整课程方案，改进教育策略，使评估工具成为可落地、可执行、可操作的较为完整的评估体系。使用者借助3—6岁儿童发展观察评估平台，可有效减轻观察记录评估幼儿的工作量，提高专业能力和工作效率。

第七，评估工具虽然从研发、实验到应用已有近8年的时间，但因为水平的局限，评估工具中还有诸多不完善之处，希望各地、各园在使用过程中提出宝贵的意见和建议，您的建议是我们进一步完善评估工具、优化评估平台的重要依据。

学习品质领域

幼儿在活动过程中表现出的积极态度和良好行为倾向是终身学习与发展所必需的宝贵品质。要充分尊重和保护幼儿的好奇心和学习兴趣，帮助幼儿逐步养成积极主动、认真专注、不怕困难、敢于探究和尝试、乐于想象和创造等良好学习品质。

评估项目1 好奇心和内驱力

本评估项目对照《指南》科学领域(一)科学探究目标1"亲近自然，喜欢探究"；艺术领域(一)感受与欣赏目标1"喜欢自然界与生活中美的事物"等。

好奇心是人类的天性，好奇、好问、好动是人与生俱来的，对于幼儿来说，一旦面临新奇的、神秘的事物或处在新的外界条件下，就会由内而外地产生一种动力，在这种内在需要的驱动下会产生三种形式的探究行为：感官探究、动作探究和言语探究。正是通过这些探究行为，幼儿有选择地了解周围事物，并积累大量生活经验。成人应鼓励儿童提问，认真倾听和回应他们的问题；赞赏儿童对问题答案的猜测、推想，可能的话，和儿童一起翻阅图书、做科学小实验，验证他们的猜测，激发他们继续探索的兴趣。要善于发现和保护幼儿的好奇心和内驱力，充分利用大自然和日常生活机会帮助幼儿积累经验，引导幼儿运用多种方式发现问题、分析问题和解决问题。欣赏、接纳儿童的好奇心和探究行为，不论其探索中发生什么错误，结果是对是错，都给予积极的鼓励和肯定。

级别 1

典型表现	幼儿被大自然和生活中新的事物或环境所吸引并长时间关注。
解　释	当幼儿看到或听到新鲜的事物时，能够用 1 分钟以上的时间去关注，并伴有表情或行为的变化。
观察例举	3 月 20 日，户外活动时间，种植区，小泽看到地上有一只灰色的虫子，于是他蹲下盯着虫子看了一会儿，捡了一片树叶盖在虫子身上，一会儿虫子爬了出来，他手指着虫子扭仰着头对身旁的老师说："它爬出来了！"

级别 2

典型表现	幼儿用多种感官探索事物和所处环境。
解　释	幼儿能够主动通过看、听、闻、动手等方式，探索自己所感兴趣的事物与所处环境。
观察例举	11 月 16 日，区域活动时间，娃娃家中，有一个布娃娃破了，露出里面的棉花。露露把棉花拿出来问老师："这白白的是什么呀？"老师对她说："这是棉花。"她闻了闻、捏了捏，在自己的脸上蹭了蹭，说："这棉花软软的，好舒服！"

级别 3

典型表现	幼儿就一个问题不断深入询问成人"为什么"。
解　释	幼儿表现出对不同内容的学习兴趣，喜欢问问题，对于新的内容有学习热情，如想知道为什么小宝宝用尿不湿裤子就不会湿，龙卷风是什么样子的等，并能够去进行简单的探索。
观察例举	11 月 9 日，下午加点时间，小朋友都在安静地吃蛋糕，小雅喊我："老师，这个蛋糕做的时候要放油吗？为什么我摸着这个蛋糕这么油啊？"我说："对啊，蛋糕在烤的时候都要放油的。"她又问："为什么要放油啊？"我说："厨房的叔叔在做蛋糕时，要把蛋糕放在盘子上，放进烤箱里烤，如果烤盘上不抹油，蛋糕就粘在盘子上了，放了油就粘不住了。"她说："哦，这样啊。"边说边看看自己有点油的手，接着吃起了蛋糕。

级别 4

典型表现	幼儿表现出对学习不同主题或验证不同想法的热情。
解　释	能够对自己感兴趣的事物不断进行操作、探索，神情专注、认真。例如，尝试用不同的方法实验小车在哪种情况下（不同坡度、光滑程度等）滑行得快。
观察例举	9 月 15 日，区域活动时间，积木，童童将小汽车放在斜坡积木上，小汽车很快滑了下来，于是他不断把积木斜坡堆高（坡度加大），将汽车一次次往下滑。 10 月 15 日，区域活动时间，积木区，童童要做房顶，他用两倍积木搭不住，又用两个两倍积木试着搭还是不行，最后用四倍积木试着搭，搭上去正好，最后他完成了房顶的搭建。

级别 5

典型表现	幼儿利用多种资源，想方设法去找到问题的答案。
解　释	幼儿对自己感兴趣的内容表现出了刨根问底的精神。例如，幼儿对飞机感兴趣，想知道飞机为什么可以飞上天，他可能会采用阅读相关图书、看相关视频、去参观航空航天博物馆等多种方式来找到自己需要的答案。
观察例举	5 月 23 日，户外活动时间，冰冰看到一只黑色的小蝴蝶，她去问老师蝴蝶的名称，老师说不知道。于是她跟老师说："老师，我今天回家要让爸爸帮我上网查查蝴蝶的品种。我想知道今天看到的蝴蝶叫什么。"

评估项目 2　主动性与做计划

本评估项目对照《指南》社会领域(一)人际交往目标 3"具有自尊、自信、自主的表现";科学领域(一)科学探究目标 2"具有初步的探究能力"及其教育建议"鼓励和引导幼儿学习做简单的计划和记录,并与他人交流分享";艺术领域(二)表现与创造目标 1"喜欢进行艺术活动并大胆表现"。

幼儿生来就是主动的学习者,他们越来越有意识和有目的地做出选择、决定和做计划,这是他们学习主动性的重要体现。成人要保护幼儿主动做事的愿望与参与的积极性,尽可能给他们提供选择、表达愿望的机会。如去哪里玩,玩什么,和谁玩,怎么玩,可让幼儿表达意见,可和他们商量,倾听他们的想法,给他们自己做决定的机会,并帮助幼儿理解计划的重要性,让他们愿意配合执行计划。在生活中,有意识地让幼儿感受到有计划的好处或缺少计划的坏处。同时,成人养成做事有计划的好习惯,会潜移默化地影响幼儿。随着幼儿的成长,他们想做的事情越来越多,所制订的计划也越来越复杂,有时会需要几天的时间才能完成,并能从中得到成功的体验。

级别 1

典型表现	幼儿用肢体语言或一两个词汇表达自己的活动意图。
解　释	幼儿会用动作或简单词语来表达自己的意图,如指向某个区角或玩具,或者跑过去拿需要的东西,或用眼神、点头等非语言的方式,也可以是"玩积木""去娃娃家"等简单词语。这个级别要求幼儿必须在接下来的活动时间中执行自己的计划。(注:这可能发生在一天的任意时间,而不只是在计划时间里。)
观察例举	3 月 25 日,户外活动时间,当当说:"我想玩球。"于是他到球筐里拿了一个篮球。

级别 2

典型表现	幼儿用一个短句来陈述自己的计划,并且遵循计划。
解　释	幼儿可以用一句话陈述自己的计划,说出他想去哪儿,想干什么,或者想和谁一起玩,然后开始做这件事。这个计划可以是一个包括三个或者更多步骤的计划。(注:这可能发生在一天的任意时间,而不只是在计划时间里。)
观察例举	4 月 20 日,计划时间,果儿告诉老师:"我想和妙妙一起去娃娃家给娃娃做饭吃。"然后,区域活动时间果儿一直在娃娃家玩。

级别 3

典型表现	幼儿制订以及实施两个或者更多彼此不相关的计划。
解　释	幼儿表达出想进行两个或者更多互相独立的计划,接着就实施他所设想的每一个计划。

续表

观察例举	5月12日，在活动区时间，天天说："我要用拼插玩具拼出一个机器人，然后我要到图书区读《鳄鱼怕怕 牙医怕怕》。"天天在活动区按照自己的计划拼了机器人，然后到图书区读了这本书，时长25分钟。

级别 4

典型表现	幼儿花费一定的时间（至少20分钟）来完成他或她的计划。
解　释	幼儿在活动区时间或自选游戏时间，能够花至少20分钟来实行或者完善自己的初始计划。例如，幼儿可能会把材料从一个地点拿走放到另一个地点，或者转移活动的区域来更好地实现想法，这个计划可能会发生改变或因为其他幼儿的建议发生变化。（注：在记录时要表明幼儿花费的大概时间长度。）
观察例举	10月23日，活动区时间，彬彬说："我要去积木区搭一个大大的城堡。"彬彬在活动区按照计划开始搭城堡，搭建好后，童童说："城堡里应该有个公主啊！"于是彬彬看了看四周，来到娃娃家把一个公主娃娃拿到积木区放到城堡里面说："这样就有公主啦！"整个活动持续时长25分钟。

级别 5

典型表现	幼儿制订一个两天以上才能完成的活动计划并按照计划来实现意图。
解　释	幼儿制订了一个更详细的计划，需要花两天以上的时间才能完成。在接下来的几天里，他会继续完善和扩展之前的工作，直到最终的目标或者结果达成。在这个级别，这个评估项目不同于一个基于兴趣的简单计划，比如一个喜欢乐高玩具并且每天使用这些玩具的幼儿，如果游戏没有拓展加深就不属于这个级别。
观察例举	5月23日，活动区时间，美工区，莎莎计划搭建一个鸟窝。第一天，她把很多冰棍棒粘在一起。第二天，她把它涂上了红色和蓝色的颜料。第三天，她用记号笔画上"窗户"并且说："现在完成啦。我要把它放在我家窗台，让小鸟来住。" 11月3日，活动区时间，积木区，鹿鹿计划搭一个动物园。第一天，他做好了动物园的围墙；第二天，他给动物做了不同的房子；第三天，他从玩具区拿了很多的动物放到了房子里，并且在动物房子间铺了路、加了树。

评估项目3　解决问题

本评估项目对照《指南》科学领域（一）科学探究目标1"亲近自然，喜欢探究"；目标2"具有初步的探究能力"及其教育建议"支持和鼓励幼儿在探究过程中积极动手动脑寻找答案或解决问题"。

在活动的过程中，幼儿与材料、他人互动时会遇到各种各样的问题。发现自己的行为能产生结果并解决问题，可以帮助幼儿培养独立性和自信心。在从尝试一个想法到多个想法直至他们找到一个有效方法的过程中，幼儿获得发展。面对的问题越复杂，幼儿的解决方法也变得更加复杂。幼儿在仅仅是被动地对问题做出反应到能够预期并采取行动预防问题发生的过程中，不断地提升解决问题的能力。

级别 1

典型表现	幼儿寻求他人帮助来解决问题，并能识别出问题所在，同时用语言表达出来。
解 释	幼儿指出一个问题或口头回答一个成人的问题。（例如，成人问："怎么了？"幼儿回答："我想把这个盖子粘到纸上，但是胶水不粘了。"）（注：这个级别要求幼儿必须要明确指出问题是什么。）
观察例举	12月26日，活动区时间，娃娃家，小艾把围裙系在腰上，但它掉了下来，于是她把它交给老师，然后转过身去说："帮我系一下好吗？我系上它就掉下来了。"

级别 2

典型表现	幼儿不断尝试一个或多个想法，直到他成功解决一个简单的问题。
解 释	有些时候幼儿可能会在尝试第一个方法的时候就成功解决了一个问题，有些时候可能要尝试很多方法才能解决。这里说到的问题，必须是因情况不同，解决的方法也有所变化的问题（例如，把两个物体连在一起或修剪东西让形状变得合适），而不是那种有一个标准的或者固定解决方法的问题（如完成拼图）。
观察例举	11月28日，户外活动时间，浩程看到地面上有积雪结冰，他很兴奋，便玩起了滑冰的游戏。可是，他怎么滑也只能滑很短的距离。后来，他请艺恒帮忙拉着他的手，他蹲在地上滑，这一次他滑得很远，他很开心。

级别 3

典型表现	幼儿帮助同伴解决问题。
解 释	幼儿看到其他幼儿遇到问题时，他会针对这个问题，根据自己曾经试过的有效方法做出演示或者给出解决方案。这个级别评分要求，幼儿必须是主动帮助别人解决问题，而不是在另一个幼儿或者成人的要求下提供帮助。
观察例举	11月13日，区域活动时间，美工区，可可看到妙妙挤不出来胶水，于是她过去告诉她："你要把里面的盖子打开，这样胶水才能出来，我的胶水瓶就是这样打开的。"

级别 4

典型表现	幼儿在游戏过程中预测到一些潜在问题，并确认可能的解决方案。
解 释	在这个级别上，幼儿不只是会解决遇到的问题，而且能实际预测可能出现的问题。然后，他会想出杜绝问题发生的可能办法。
观察例举	10月25日，在区域活动时间，大宝、二宝和浩浩在积木区搭火车道，二宝看到积木连接不整齐说："我们的火车道必须连接得很紧，不然火车在上面走会翻车的。我们不能把火车道建在中间，那其他小朋友就会在上面走来走去给弄乱了。如果我们把它建在那个角落里，他们就不会过来捣乱了。"

级别 5

典型表现	幼儿能协调多个资源(物品或人)来解决一个复杂的问题。
解 释	当幼儿遇到一个复杂的问题时(即这个问题的解决方案涉及多个步骤),他会描述需要的多个资源并协调这些资源来解决它。这里的资源包括其他人或物。在这个级别,幼儿向其他人求助时不能只是说"帮帮我"或"你这样做!"他必须要说明自己需要什么样的帮助,并详细说明其他人如何提供帮助。
观察例举	12月11日,区域活动时间,积木区,涛涛正在和其他幼儿一起搭火车,可是把四倍单元积木放在圆柱形积木轮子上时,轮子就滚走了。他又试了试,轮子还是滚走了。于是他对慧慧和朵朵说:"你们两个过来帮帮我吧!""朵朵你抓住前面的轮子,慧慧你抓住后面的轮子,等我把积木放上去,你们再松手。"

评估项目 4 反思与解释

本评估项目虽然与《指南》中目标没有直接对照,但在《指南》教育建议中多处渗透。例如,科学领域(一)科学探究目标2"具有初步的探究能力"及其教育建议4"帮助幼儿回顾自己的探究过程,讨论自己做了什么,怎么做的,结果与计划目标是否一致,分析一下原因以及下一步要怎样做等";目标3"在探究中认识周围事物和现象"及其教育建议2"引导幼儿在探究中思考,尝试进行简单的推理和分析,发现事物之间明显的关联等。"

引导幼儿思考自己的言行,用多种方式来表达自己的想法与意见。当幼儿完成活动后,对一些事情或想法表现出较长时间的记忆,成人可以帮助他们回想做了什么、怎么做的、为什么那样做等,让幼儿对记忆中的事情或想法能够描述或表演出来,引导幼儿利用和提升自己的或他人的经验,以进一步理解问题;当幼儿碰到不会做的事情时,引导他们回忆过去类似的经验或观察别人的活动,启发他们想出可行的方法来。通过和幼儿一起分析、讨论做过的事情,让他们能够发现一些方法或规律性的经验。

级别 1

典型表现	幼儿能说出某件他刚做过不久的事情。
解 释	幼儿能记得较短时间内他做过的事情或玩过的物品。幼儿通常记得最近发生的事件或行为,而不是之前或之后的事。(幼儿在园的任何时间都可以回顾,不仅仅只在区域活动小结时间。)
观察例举	5月13日,户外活动结束后的过渡时间,老师问沫沫:"你刚刚在户外时间玩什么了?"沫沫说:"玩荡秋千。"

级别 2

典型表现	幼儿能够回忆起三件或者更多他做过的事或发生过的事的细节。
解 释	幼儿自主想起或在成人开放性问题的提示下，能讲述三件或三件以上他做的事，这件事可以是一天中任何时间发生的。幼儿也可能会叙述一件事的三个或更多的细节，比如，描述他所用过的材料，用这些材料做了什么以及都有哪些人参与了。（注：如果幼儿只能列出三种材料和/或三个参与者，那他不能被评为这个级别。）
观察例举	5月4日，集体活动时间，老师问："你们放假去哪里玩了，都玩了什么啊？"琪琪说："我和爸爸妈妈去迎泽公园玩了，我们去坐了旋转木马，还吃了冰激凌，还开小船啦！"

级别 3

典型表现	在没有提示的情况下，幼儿能回忆起三件或更多他做过的事情或事情发生的顺序。
解 释	在没有任何问题提示的情况下，幼儿能回忆起不少于三件他做过的或发生过的事情的顺序。这个顺序可能是一个游戏场景内的一系列动作或事件。到这个级别，幼儿能在其脑海中构建日益复杂的表征，这时的回忆已经超越短时记忆。（注：幼儿能在一天的任何时间里进行回忆。）
观察例举	6月20日，早餐后含含才由奶奶送进活动室，我问他："你来得怎么这么晚？"他说："今天起床晚了。昨晚睡得太晚了。我吃完饭画画了，还做手工，还让妈妈讲故事，还洗脸刷牙，睡得就晚了。"

级别 4

典型表现	幼儿能说出事件发生在自己身上的原因，以及如果这件事再次发生，他会怎么做。
解 释	幼儿的进步体现在从详细记忆某件事到实际分析发生的事件的过程。这个级别幼儿能反思什么做法有用，什么做法没用以及下次遇到类似事件或情境时该怎么做。这样一来，幼儿就利用反思来"计划"未来的活动。
观察例举	3月12日，区域活动结束后，玲玲说："今天我花了很长的时间收拾娃娃家的餐具，根本没有时间去美工区画画。明天我一定要和佳佳一起收拾，收快点，就能去画画了。"

级别 5

典型表现	幼儿回忆别人的经历，并能够将他人的经验运用在相似的情境中。
解 释	幼儿回想起发生在别人身上的行为或事件，并以此为依据调整自己的行为。
观察例举	5月24日，喝水时间，皮皮对小嘉说："你两个手端着杯子，不然会洒水的，上次家豪就是一个手端杯子，凡凡碰了他一下，他就把杯子掉地下了，洒了一地的水。"

健康领域

健康是指人在身体、心理和社会适应方面的良好状态。幼儿阶段是儿童身体发育和机能发展极为迅速的时期，也是形成安全感和乐观态度的重要阶段。发育良好的身体、愉快的情绪、强健的体质、协调的动作、良好的生活习惯和基本生活能力是幼儿身心健康的重要标志，也是其他领域学习与发展的基础。

评估项目5　情绪管理

本评估项目对照《指南》健康领域(一)身心状况目标2"情绪安定愉快"；及教育建议"营造温暖、轻松的心理环境，让幼儿形成安全感和信任感""帮助幼儿学会恰当表达和调控情绪"。社会领域(一)人际交往目标4"关心尊重他人"。

从婴儿时期开始，幼儿就能够感受和表达各种情绪，比如，看到熟悉的面孔而高兴，听到很大的声音而害怕，自己喜欢的玩具被拿走而感到焦虑。婴儿用面部表情、手势、声音以及他们的身体来表达自己的情绪。随着语言能力的提高，幼儿在成人的支持下开始学习用语言来表达自己的情感。对自己情绪的觉察和理解并且能够用语言来表达自己的情绪，对于幼儿的情商发展至关重要。这种能力不仅能够帮助幼儿觉察和理解自己的情绪，也能够帮助幼儿觉察和理解其他幼儿的情绪。

级别 1

典型表现	幼儿通过与其他人之间的身体接触等方式来表达自己的情绪。
解　释	在幼儿还没有学会用语言表达自己感受的时候，会通过身体接触，例如，用亲吻、咬人、拥抱、打人等方式来表达情绪。情绪可能是正面的也可能是负面的。
观察例举	3月27日，活动区时间，玩具区，明明和妍妍争抢玩具，明明生气地举起拳头朝着妍妍的头打过去。

级别 2

典型表现	幼儿用简单的语言表达一种情绪，并且能够说出产生这种情绪的原因。
解　释	幼儿学会用简单的语言来表达或描述自己或他人的一种情绪。至少能说出一个原因。
观察例举	4月1日，活动区时间，娃娃家，露露一边哄娃娃睡觉，一边对小白说："我太高兴了，我的娃娃终于睡着了。"

级别 3

典型表现	幼儿首先尝试调节自己的情绪，但最终还是使用了身体接触的方式来解决问题。
解　释	幼儿首先尝试调节自己的情绪，例如，通过语言（而不是身体接触）和另外一个幼儿沟通让对方停止做一件事情。但这个幼儿最终还是无法控制自己的情绪，选择了用身体接触的方式来停止对方的行为。
观察例举	4月2日，活动区时间，积木区，子墨告诉乐乐说："乐乐你不要碰倒我的城堡，过的时候小心点！"但当乐乐继续向城堡走去的时候，子墨站起来把乐乐推倒了。

级别 4

典型表现	幼儿能够用适宜的语言和行为调节自己的情绪。
解　释	幼儿能够控制如何表达自己的情绪。幼儿通过使用合适的词语或行为练习自控能力，而不是通过不适当的语言或身体接触来表达自己的情绪。
观察例举	4月10日，活动区时间，图书区，彤彤对着旁边说话的几个同伴做出小声说话的手势，并说："嘘，安静！"但几个孩子还是在继续大声说话，彤彤就走到我旁边说："老师，你看他们真是吵死了！"

级别 5

典型表现	幼儿能调节自己的情绪并用更具体和准确的词汇来表达自己的情绪和感受。
解　释	幼儿能够用适宜的语言和行为调节自己的情绪，不仅仅会用难过、生气、害怕等相对简单的词汇来表达自己的情绪和感受，还会用更丰富的词汇如失望、兴奋、烦恼等来更加具体和精准地表达自己的情绪和感受，并能理解和愿意清楚表达他人的情绪影响。
观察例举	4月15日，集体活动时间，当老师讲完绘本《鼠妈妈的生日礼物》时提问："鼠小弟把自己所有的钱都拿去蛋糕店给妈妈买蛋糕，可蛋糕店的老板却告诉它钱不够时，它的心情怎么样啊？"小馨回答说："它一定很沮丧！"

评估项目 6 大肌肉动作发展

本评估项目对照《指南》健康领域(二)动作发展目标 1"具有一定的平衡能力,动作协调、灵敏";目标 2"具有一定的力量和耐力"。

对于幼儿来说,运动在其早期学习的各个方面都起着主导作用。他们对自身能力的掌控让他们有条件、有信心去探索环境,并且在没有成人帮助的情况下能够自主地运动。按照动作发展的基本规律,幼儿的大肌肉动作首先发展起来,包括爬、走、跑、跳、投掷、抛接等动作技能。随着各种基本动作能力的增强,幼儿的动作会变得更加协调,其肌肉的力量和耐力也会随之增加,并会表现出更强的控制力和平衡力。当幼儿大肌肉运动技能发展到一定程度的时候,他们喜欢尝试更复杂、更有序的动作。

级别 1

典型表现	幼儿能双脚交替上下楼梯,双脚跳离地面,或跨步走。
解 释	幼儿双脚交替地上下楼梯;他可能会借助扶手来保持平衡。跳起来时,能双脚离地。跨步时可能不太稳。
观察例举	4月20日,户外活动时间,乐乐一遍一遍地双脚跳起落下、跳起落下。

级别 2

典型表现	幼儿用手击打或者脚踢一个大的移动的物体。
解 释	幼儿击打或者踢一个朝自己飞来或者滚来的物体,例如,排球或者足球(直径 25 厘米以上)。
观察例举	4月22日,户外活动时间,王老师把球滚向思哲,思哲说:"王老师,接球!"说完将球踢给对面的王老师。

级别 3

典型表现	幼儿能重复跳跃至少 8 次(连续跑跳)。
解 释	这里的跑跳涉及一个跨步(身体重心从一只脚移到另一只脚)和跳跃(单脚跳跃)地向前运动。这个级别的幼儿可以连续跳 8 次或 8 次以上。
观察例举	5月5日,户外活动时间,景尧跑跳上一座小山堆(小山堆有 10 多层阶梯)。

级别 4

典型表现	幼儿用桨、球拍、球棒击打一个移动的小球。
解 释	幼儿用桨、球拍、球棒等击中一个移动的小球(直径小于 13 厘米)。
观察例举	5月6日,户外活动时间,雯雯左手将羽毛球抛向空中,右手挥拍将球击中。

级别 5

典型表现	幼儿能够平稳、有序地完成一系列动作。
解　释	幼儿平稳有序地完成一系列动作，这些动作要求有较好的上肢和/或下肢力量（例如，翻筋斗、跳绳、行走间运球、双手交替过单杠，等等）。（注：跟着音乐完成一系列连续的动作不包括在此级别。）
观察例举	5月16日，户外活动时间，芳语练习跳绳，她一会儿双脚齐跳，一会儿双脚交替跳，一会儿搭花儿跳。 11月8日，户外活动时间，宇伯助跑几步，手压上鞍马，双腿打开跳过鞍马落到垫子上，顺势翻了一个跟头，然后站立。

评估项目7　小肌肉动作发展

本评估项目对照《指南》健康领域（二）动作发展目标3"手的动作灵活协调"；语言领域（二）阅读与书写准备目标3"具有书面表达的愿望和初步技能"。

幼儿早期是学会灵活使用手和手指的关键期。通过弯曲自己的手指抓住物体，然后以各种方式摆弄这些物品，幼儿的小肌肉随之得到锻炼。随着幼儿能够操作的物品和使用的工具越来越多或越来越复杂，其手部的力量、灵活性和手眼协调能力也随之增强。幼儿能逐渐完成越来越复杂的精细动作，并将其应用到自理活动和学习活动中，比如系鞋带、搭建复杂的结构、书写等。

级别 1

典型表现	幼儿能适度控制自己的小肌肉运动。
解　释	幼儿能用手上的小肌肉进行剪纸、捏橡皮泥，使用简单的工具，如用勺子吃饭。这些动作需要一些控制力，但可能不太精准（例如，用剪刀沿着直线剪时，还不能达到边线吻合）。
观察例举	3月10日，户外游戏时，小小在沙坑右手拿着铲子，把土铲到小桶里。

级别 2

典型表现	幼儿灵巧准确地操作小物品。
解　释	幼儿能用较大的力量和灵巧性精确地控制他的小肌肉，如串小珠子或使用小镊子。（注：在这个级别，幼儿用到两只手，一只手不动，另一只手动。如果幼儿的两只手进行不同的活动，请参见级别4。）
观察例举	3月12日，活动区时间，垚垚在玩具区用线把珠子串起来，做成项链戴在脖子上。

级别 3

典型表现	幼儿能用三指握姿（大拇指和两个手指）书写或画一个数字或封闭的图形。
解　释	幼儿用他的拇指、食指和中指（呈三指握姿）握着一支铅笔、记号笔画或写数字、封闭的图形等。［注：用三指握姿（拇指、食指或中指）捡起物品或涂鸦不属于该级别。］

续表

观察例举	10月10日，活动区时间，雨涵在美工区画画，她用三指握姿握住水彩笔，画了很多封闭的圆形，说这是小鱼吹出的泡泡。

级别 4

典型表现	幼儿能用两只手做不同动作，配合完成精准的动作。
解　释	幼儿有更多的手部动作控制力，能使用自己的双手相互配合做动作，也就是说，在一个任务中两只手起到不同作用（如在剪图片时，一只手转动纸片，另一只手剪；或一只手固定住拉链，另一只手拉拉链）。
观察例举	3月18日，活动区时间，苹果在美工纸上画了一把雨伞，然后她一手拿着手工纸，一手拿着剪刀，按照她画的线剪出一把雨伞。

级别 5

典型表现	幼儿利用手指的灵巧性和力量，完成一个多步骤的任务。
解　释	幼儿有足够的技能协调手指动作来完成一个复杂的、多步骤的任务，如绑鞋带。
观察例举	3月26日，户外活动中，怡凡的鞋带开了，桐瑜主动帮助他系好鞋带。她先把两根鞋带交叉系了一下，然后又把两根鞋带往回折了两个兔耳朵的形状，最后，又将两个"兔耳朵"交叉一系，她说："这样用力一系就好了。"

评估项目 8　生活自理与健康生活习惯

本评估项目对照《指南》健康领域（三）生活习惯与生活能力目标 1"具有良好的生活与卫生习惯"；目标 2"具有基本的生活自理能力"；目标 3"具备基本的安全知识和自我保护能力"。

幼儿从开始在成人的帮助下满足其基本的生理需求到渐渐地学会自己解决自己的需求。随着年龄的增长，幼儿会更加胜任生活自理活动。同时在成人的榜样作用和引领下，他们会学着健康饮食、自我服务，逐渐养成健康的生活习惯。

级别 1

典型表现	幼儿在他人帮助下完成一项自理任务。
解　释	幼儿在成人、同伴帮助或提示下完成一个自理任务，例如，根据图片上的洗手步骤洗手。
观察例举	10月15日，早餐前，小宇坐在桌旁。李老师说："没洗手的小朋友去洗手了，马上开饭了。"小宇站起来，走进盥洗室洗了手。

级别 2

典型表现	幼儿独立完成一项自理任务。
解 释	幼儿独立完成洗手、洗脸、穿衣、上厕所等活动。在没人帮助的情况下，他能完成这个任务的所有步骤。
观察例举	12月30日，户外时间之前，小鑫自己穿上了棉鞋和大衣，自己戴上了帽子和手套。

级别 3

典型表现	幼儿做一个有利于健康的选择，并能解释这样做的益处。
解 释	幼儿不仅有健康的行为，而且能解释健康行为的好处何在。（注：不能只是说"这对我们来说是很好的"，幼儿必须要具体说明这个选择同个人健康的关系。）
观察例举	1月15日，活动区时间，宇佳在图书区看书，她对圣铱说："我们不能吃零食，应该多吃饭和蔬菜，才会长得高高的。"

级别 4

典型表现	幼儿有健康的生活习惯，并表现出一定的自我照顾能力。
解 释	幼儿已养成良好的生活习惯，如养成每天按时睡觉和起床的习惯，能主动参加体育活动等。同时，幼儿在日常生活中能表现出一定的自我照顾能力，例如，能根据冷热增减衣服，能按类别整理好自己的物品等。
观察例举	11月8日，升入中班以来，楠楠每天都能按时来园，自己脱下外套，在桌子上叠整齐，然后放到自己的柜子里。

级别 5

典型表现	幼儿解释如何以及为何人们必须要照顾好自己的身体。
解 释	幼儿明白人们需要照顾自己的身体才能让身体健康，换句话说，良好的健康状态不是必然的。他能说出为何不健康的行为会导致身体受伤、生病或无法正常生活/工作。（注：这个解释必须广泛适用于人群。如果只涉及个人选择或幼儿自己的身体，那么他还属于上一级别。）
观察例举	12月28日，集体活动时间，小月听了胖猫咪咪的故事后说："要锻炼身体，不要吃太多甜的东西，这样身体就不会胖，就不会生病了。"

评估项目 9 安全自护

本评估项目对照《指南》健康领域（三）生活习惯与生活能力目标 3"具备基本的安全知识和自我保护能力"。

幼儿身心发育尚未成熟，需要成人的精心呵护和照顾。但幼儿不能总在成人的保护和照顾下生活，还需要树立安全意识、学习安全知识、遵守规则并学会自护方法。随着年龄的增长，幼儿会从由成人提醒逐步发展到自觉地遵守规则，并明确其背后的意义。幼儿的安全自护能力是保证自身生命安全、维护自身健康必备的基本能力。

级别 1

典型表现	幼儿在成人提醒下能注意安全，不做危险的事。
解　释	这个阶段幼儿不能自己区分所做行为是否安全，当成人提醒时能够听从。
观察例举	10月23日，户外活动时间，明明正要头朝下从滑梯滑下，老师说："不要头朝下，危险！"明明立刻纠正过来。

级别 2

典型表现	幼儿了解周围环境中不安全的事物，知道不做危险的事。
解　释	幼儿能够区分环境中不安全的事物，如不动热水壶，不摸电源插座，不攀爬窗户或阳台。
观察例举	11月28日，计划时间，晓宇指着插座说："老师，电源插座亮了说明有电，我们小朋友不能去摸它。"

级别 3

典型表现	幼儿认识常见的安全标志，能遵守基本的安全规则，并有初步的自护意识和行为。
解　释	幼儿认识常见的安全标志，如"小心触电""小心中毒""紧急出口"等，并能在游戏中进行运用，在生活中自觉遵守，如不跟陌生人走。
观察例举	11月12日，区域活动时间，小明把一个禁止通行的标志放在他搭的高架桥上，说："这个斜坡还没搭好，现在不能过。"

级别 4

典型表现	幼儿知道简单的自救和求救的方法。
解　释	幼儿能够记住自己家庭的地址、电话号码、父母姓名和单位，一旦走失时知道向成人求助，并能提供必要信息；遇到火灾或其他紧急情况时，知道要拨打110、120、119等求救电话。
观察例举	5月23日，谈话时间，晓晓说："如果在外面和妈妈走散了，可以找警察叔叔打妈妈的电话。我妈妈电话是159×××123。"

级别 5

典型表现	幼儿能够遵守安全规则，并能解释安全规则背后的原因。
解　释	这个阶段的幼儿能够说出人们要遵守安全规则的原因。（注：不能只是说"我们不能那样做"，而是必须说出规则的安全理由或合理性。）
观察例举	5月8日，消防演练后，娜娜对老师说："下一次我们要记住走出大门，因为如果我们跑的话，可能会跌倒，不能及时逃离。"

语言领域

语言是交流和思维的工具。幼儿期是语言发展，特别是口语发展的重要时期。幼儿语言的发展贯穿各个领域，也对其他领域的学习与发展有着重要的影响：幼儿在运用语言进行交流的同时，也在发展着人际交往能力、理解他人和判断交往情境的能力、组织自己思想的能力。通过语言获取信息，幼儿的学习逐步超越个体的直接感知。

评估项目10　倾听与理解

本评估项目对照《指南》语言领域（一）倾听与表达目标1"认真听并能听懂常用语言"；目标3"具有文明的语言习惯"；（二）阅读与书写准备目标2"具有初步的阅读理解能力"。

倾听与理解是幼儿语言能力发展的重要方面。幼儿从能注意听并做出简单回应，到能够结合情境感受不同语气、语调表达的意思，再到能够理解较为复杂的对话或故事的意思，乃至能够主动通过提问澄清对话中的问题，倾听能力不断提升，逐渐由简单被动的倾听，发展到分析性、理解性地倾听。

级别1

典型表现	幼儿注意到对方和自己说话，并对日常用语做出动作或口头回应。
解　释	幼儿能够注意到对方和自己讲话，并用动作、一个词语或简单的短语进行回应，例如，"是"或"不是"，"牛奶"或"都做完了"。
观察例举	3月6日，户外活动时间，小瑞正从斜坡上往下跑，张老师大声说："小瑞，回来啦！"小瑞走向张老师。

级别 2

典型表现	幼儿在群体中能听取与自己有关的信息，并有所反应。
解　释	在日常活动中幼儿能听懂老师或其他幼儿所谈到的与自己有关的内容或自己感兴趣的内容。
观察例举	4月5日，早晨谈话时间，张老师说："今天早晨参加早锻炼活动的小朋友请举手。"亮亮立刻举起手，还微笑着看看其他小朋友。

级别 3

典型表现	幼儿能够结合情境理解对方语气语调表达的不同意思；或能重述（回忆）一个听过的故事3个以上的细节；或完成3个以上的指令。
解　释	幼儿听别人对话，能够感受一些明显的语气、语调的变化，知道对话中对方表达的情绪和情感；在与一个成人或其他幼儿谈论一个故事或一本书时，幼儿能分享3个或3个以上其中的细节（图像、人物、动作或事件）。幼儿可能会自发地提供信息，和/或回答一个追问的问题。
观察例举	4月18日，区域活动时间，表演区，磊磊和帅帅在玩大灰狼和小羊的游戏。磊磊说："我是大灰狼，要吃掉你这个小羊！"帅帅立刻双手抱头、身体蜷曲。

级别 4

典型表现	幼儿结合情境理解一些表示因果、假设等相对复杂的句子。
解　释	幼儿结合情境理解一些句子，如表示因果关系、假设关系，或其他类型的复合句。
观察例举	3月3日，在"我爱妈妈"的主题活动中，老师提问："假如当你长到像妈妈这样大的时候，你想象一下妈妈会变成什么样子呢？"甜甜想了想说："妈妈的头发会变白，脸上还会有皱纹。"

级别 5

典型表现	幼儿通过提问或回答来澄清日常对话中呈现的重点问题，表明他对内容信息（即主题）的理解。
解　释	通过回答或询问澄清口头或书面形式的信息，幼儿传达他对内容信息的兴趣以及理解，比如在消防员活动中，当大家讨论消防员勇敢行为的时候，幼儿会询问"消防员的衣服防火吗"或"消防员是如何救出这些人的"。
观察例举	3月19日，王老师正在读一本关于海洋的书，娜娜问道："在大海中游泳安全吗？海里有鲨鱼的话是不是不安全？"

评估项目 11　口语表达

　　本评估项目对照《指南》语言领域(一)倾听与表达目标 2"愿意讲话并能清楚地表达";目标 3"具有文明的语言习惯"。

　　口语表达是幼儿与他人进行交流的主要形式之一,是其语言能力发展的重要标志。3—6 岁幼儿在与他人的交往中,从简单表达自己的需要,到能够语音清晰、用词准确、语句完整地表达,再到能够注意表达的逻辑性、语气的适度性、内容的深刻性,口语表达的程度不断提高。

级别 1

典型表现	幼儿能够用简单句进行表达。
解　释	幼儿能够将词语按照主谓、主谓宾、主谓补语等方式组成简单句式进行基本表达。
观察例举	3 月 8 日,区域活动时间,家庭区,小洋对天忆说:"娃娃要吃饭。"天忆说:"好的!"

级别 2

典型表现	幼儿能够谈论不在场的人或物,或自己的兴趣、真实的见闻及经历,包含主要细节。
解　释	这个级别的幼儿可以谈论不在现场的真实的人或物,也就是说,被谈论的人或物目前不在现场(这被称为非语境化语言),幼儿的描述有结构,如提到时间和地点,有具体的人物和事件。
观察例举	2 月 20 日,在阅读活动中,当老师讲到《鳄鱼怕怕 牙医怕怕》时,东东说:"我奶奶的牙也坏了,她去拔牙,现在她就用假牙了。奶奶说,吃糖多了,牙就坏了。"

级别 3

典型表现	幼儿能用简单的复合句,有条理地进行表达。
解　释	幼儿能运用简单的复合句表达事物间的并列、因果关系。如"一边……一边""先……然后……""因为……所以……"等。
观察例举	3 月 26 日,区域活动时间,娃娃家,小童对南南说:"星期天,妈妈先带我去公园玩了有趣的旋转木马,然后又去吃了草莓冰激凌。我好开心呀!"

级别 4

典型表现	幼儿能比较生动地描述一件事情或表达自己的观点。
解　释	幼儿能运用 3 个以上常见的形容词、同义词进行描述,并且表情、语气比较生动。
观察例举	4 月 7 日,敏敏指着自己的绘画作品对老师说:"星期天我和妈妈去公园玩儿,打扮得漂漂亮亮,我穿着一件红彤彤的衣服,妈妈穿着一件绿莹莹的衣服。路上我们遇到了一只非常奇怪的狗,逗得我们哈哈大笑……"边说还边假装弯腰模仿。

级别 5

典型表现	幼儿能够使用推测性的语言谈论某种有可能发生的事,继而能够就这个话题谈论自己的观点及看法。
解 释	幼儿与他人进行讨论,可以是在游戏中、小组活动或集体活动中进行,讨论可能包括很多沟通来回,涉及倾听、语言表达、要求澄清问题、提供信息等。谈话内容必须是一个特定的主题,换句话说,不只是角色扮演或谈论幼儿正在做的事(要求非语境化语言)。在表达中,幼儿能用合成结构句式来表达更为复杂的周围事物的关系,如"如果……就……""假如……就……""虽然……但是……"等。
观察例举	5月15日,区域活动时间,在数学区,小威和小康讨论了如何一起解决一个数学问题(拆分和组合数字"7"的所有途径)。他们谈到使用白板、纸条、数学日记或立方体。分享了各自的想法后("虽然白板方便,但是可以擦掉""如果选纸条会被吹走"……),他们决定用立方体并把解题方法画到他们的数学日记里。

评估项目 12 文明的语言习惯

本评估项目对照《指南》语言领域(一)倾听与表达目标 3 "具有文明的语言习惯"。

文明的语言行为方式是现代人语言交往的重要方面,应当从小培养幼儿养成文明礼貌的语言交流习惯。3 岁刚入园的幼儿应能在成人的提醒下,以基本适宜的方式与人交流,并能够在成人提醒下使用礼貌用语。随着年龄增长,幼儿能逐渐主动遵循这些交往的方式、使用文明用语,并逐渐发展到能够根据情境采用恰当的语言和语气。

级别 1

典型表现	在与别人讲话时,幼儿知道眼睛要看着对方并有所回应。
解 释	在沟通中,幼儿眼睛看着对方,并能够用简单的动作或词语做出回应。
观察例举	6月9日,区域活动时间,雯雯把积木摆成一长条,老师问:"雯雯,你搭的这是什么?"雯雯扭过头看着老师说:"这是马路。"

级别 2

典型表现	幼儿在成人的提醒下,能够使用日常礼貌用语。
解 释	幼儿能在成人的提醒下使用恰当的礼貌用语(如"早上好""请""您好""谢谢""再见"等),但在这一阶段幼儿还不能完全理解这些礼貌用语的确切含义及使用场合。
观察例举	12月12日,早晨入园时间,陈陈和妈妈来到活动室门口,妈妈说:"陈陈,问老师好。"陈陈停下来对老师说:"张老师早上好!"

级别 3

典型表现	幼儿能有意识地根据场合调节自己说话声音的大小。
解 释	幼儿知道在不同场合应当注意说话音调的高低(如在图书馆或其他安静场景中,小声说话)。

| 观察例举 | 1月30日，阅读区，小刚和小强小声地阅读讨论自己喜欢的恐龙系列图书。 |

级别 4

典型表现	幼儿在交谈或集体讨论中能积极主动回应别人讲话，并懂得按次序轮流讲话，不随意打断别人。
解 释	幼儿会认真倾听别人谈话，愿意参与讨论，且在讨论过程中懂得按照规则轮流讲话、不打断别人讲话的礼仪。
观察例举	3月6日，语言教学活动时，老师与小朋友一起看绘本《爷爷一定有办法》，老师问："小朋友猜一猜，衣服还能变成什么？"小朋友纷纷回答，鹏鹏举着手等到老师请他时才说："衣服小了可以变成马甲！"

级别 5

典型表现	与他人沟通时，幼儿能够主动、经常性地使用礼貌用语，并能够根据谈话对象的需要使用恰当的语言并调整语气。
解 释	幼儿与他人沟通时，能积极主动地回应，并能依据所处情境使用恰当的语言（如在别人难过时会用恰当的语言表示安慰。）
观察例举	2月13日，区域活动时间，在娃娃家，熙熙当妈妈，她轻声对当爸爸的天天说："天天，请你帮我给宝宝煮点粥吧，她有点发烧。"天天说："好的。"熙熙说："谢谢你啦。"

评估项目 13　阅读能力

本评估项目对照《指南》语言领域（二）阅读与书写准备目标2"具有初步的阅读理解能力"。

阅读是人必须具备的基本能力，也是一个人获得成功的基础。幼儿期是阅读能力发展的关键期。随着阅读理解能力的提高，幼儿从读单幅画面的内容到逐渐理解连续画面之间的联系，到能够理解、复述整本童书的内容，再到能够根据故事中的线索进行猜测与创编，阅读的复杂程度不断增强。

级别 1

典型表现	幼儿通过语言描述书中画面的意思。
解 释	幼儿会看画面，能根据画面说出图中有什么、发生了什么事等。
观察例举	3月2日，区域活动时间，茜茜和婷婷一起读故事书《连衣裙》，茜茜说："你瞧，这条裙子真好看！上面有花朵。"

级别 2

典型表现	幼儿理解生活中或图画书中简单的符号、文字的意义。
解 释	幼儿知道符号、文字是表示一定的意义或在述说故事,并能理解图书中的文字是和画面对应的,是用来表达画面意义的。
观察例举	12月2日,生活活动时间,小明指着酸奶盒子上的垃圾桶标识说:"喝完要扔到垃圾桶里。"

级别 3

典型表现	幼儿能根据连续画面提供的信息大致说出故事的情节,并能随着作品的展开产生相应的情绪反应。
解 释	幼儿能根据连续画面提供的信息大致说出故事的情节,并能随着作品的展开产生喜悦、担忧等相应的情绪反应,体会作品所表达的情绪情感。
观察例举	4月5日,玲玲和老师一起阅读《爷爷一定有办法》,当翻到衣服小了那一页,她伤心地说:"约瑟的衣服已经小了,不能再穿了。"……当翻到爷爷有了新办法的时候,她激动地说:"还可以变成一件背心!"

级别 4

典型表现	幼儿能说出文学作品的主要内容,并能说出其中的一些细节。
解 释	幼儿能记住故事或书中至少4个情节的发生顺序,并按正确的顺序讲述出来。能明白故事的逻辑进展和这些情节是如何一个一个衔接起来的,并能说出其中一些细节。
观察例举	4月6日,故事分享时间,听了故事《我要去看海》后,娜娜说:"卡梅拉要去看海,但是爸爸妈妈不同意,所以她偷偷地跑出去看大海,她逃跑的时候还是从墙上跳出去的,后来认识了很多好朋友,最后她看到了大海。"

级别 5

典型表现	幼儿能根据故事的部分情节或图书画面的线索猜测故事情节的发展或续编、创编故事或对看过的图书发表自己的看法。
解 释	幼儿能根据线索合情合理地推测故事情节发展或进行创编,或者对故事中的人物、情节等元素发表自己的意见。
观察例举	5月13日,故事分享时间,老师讲完《母鸡萝丝去散步》,问小朋友:"如果第二天母鸡萝丝又去散步会发生什么事?"亮亮说:"第二天,狐狸感冒了,跟在萝丝后面,正准备抓住母鸡的时候,突然打了一个喷嚏,把萝丝给吓跑了!"

评估项目 14 阅读习惯

本评估项目对照《指南》语言领域(二)阅读与书写准备目标1"喜欢听故事,看图书"。

阅读对于刚刚入园的幼儿已经不再陌生,在幼儿园的教育环境中他们的阅读兴趣可能会逐渐增强，从需要在成人提醒下进行阅读，到逐渐形成自发阅读的行为，再到每天都能阅读，成为幼儿生活的一部分；同时幼儿还能逐渐遵守阅读规则，并以自己的方式做简单的笔记等，逐渐养成良好的阅读习惯。

级别 1

典型表现	在成人提议下，幼儿与成人一起阅读或自己取书阅读。
解 释	幼儿可能在成人提议下与成人一起阅读，也可能经成人提醒自己去取书阅读。
观察例举	2月16日，阅读时间，王老师说："苗苗，我们来一起看书吧。"苗苗点点头，从书架上取下一本《好饿的小蛇》，和老师一起阅读。

级别 2

典型表现	幼儿自己拿取图书要求成人讲述或独立阅读。
解 释	在没有成人提醒的情况下，幼儿自己拿取图书要求成人为其讲述或独立阅读，但是不能保证每天都阅读，也不能遵守阅读的基本规则（基本规则解释见级别3）。
观察例举	3月5日，活动区活动时间，玲玲从书架上选择了《地上一百层房子》开始阅读，读完之后将书放到桌子上。听玲玲妈妈说她在家并不是每天都读书。

级别 3

典型表现	幼儿能自觉拿取图书进行阅读，并且能够遵守一些基本的阅读规则。
解 释	这里基本的阅读规则是指不撕书、不扔书，按照正确的顺序一页一页地翻书；坐姿正确；看完书能放回原处。在这个级别幼儿不能保证每天阅读。
观察例举	3月5日，活动区活动时间，咪咪选择了《丑小鸭》坐在沙发上开始阅读，她一页一页地翻，边看边自己讲，看完后又将书放回书架。

级别 4

典型表现	幼儿每天都自觉拿取图书进行阅读，并且能够遵守基本的阅读规则。
解 释	幼儿每天都自觉拿取图书进行阅读，即使区角活动时间没有读，也会在来园时间、过渡时间或回家之后进行阅读。
观察例举	6月18日，活动区活动时间，晓晓一直在阅读区看书。 6月19日，早晨来园后，晓晓又来到阅读区读书……连续一周他都在看书。

级别 5

典型表现	幼儿每天都自觉拿取图书进行阅读，并且能够以图画或文字的方式进行简单的记录或评价。
解 释	幼儿每天都自觉拿取图书进行阅读，并且愿意以图画或文字的方式进行简单的记录或评价，如根据自己的想象画出接下来的故事，画出书中的人物等。
观察例举	5月23—26日，每天活动区活动时间，童童都到阅读区看"小火车托马斯"系列图书，回家后他自己画出托马斯，并且讲给妈妈听，说这是接下来发生的故事。

评估项目 15　书面表达

本评估项目对照《指南》语言领域(二)阅读与书写准备目标 3"具有书面表达的愿望和初步技能"。

一旦幼儿将口语和书面语联系起来，他们会希望把自己的想法写出来与大家分享。在这个过程中，幼儿会经历从随意地涂涂画画、有意用一些图画进行表达，到能够运用一些抽象符号表达，再到运用文字进行表达，其抽象程度逐渐增加；同时表达内容的丰富程度也有所增加。

级别 1

典型表现	幼儿喜欢操控书写工具，并愿意随便涂涂画画表达一定的意思。
解　释	幼儿尝试使用不同的书写工具，如水彩笔、蜡笔等，幼儿随意涂鸦，无格式、无规律，当被问及时，能够说明涂鸦的含义。
观察例举	1月31日，活动区时间，美工区，红红指着几个圆圈说："这是我送给妈妈的花。"

级别 2

典型表现	幼儿能控制书写工具，能有意识地用点、线或图画表达自己的想法。
解　释	幼儿能够控制笔，并能有意识地运用点、线或图画表达自己的感受和想法。
观察例举	3月20日，区域活动时间，圆圆画了一个高一点的小人和一个低一点的小人。她在高一点的小人头上画了很多圈圈，说："这是妈妈，这是我，妈妈生气了！"

级别 3

典型表现	幼儿能够控制书写工具，乐意写字或自创字形。
解　释	幼儿自己写出一些类似汉字的符号。
观察例举	3月5日，浩浩端坐桌前写着一些没人认识的"字"，老师问他写的什么，他介绍说："我在给妈妈写信呢！"

级别 4

典型表现	幼儿已能写出一些正确的字形，用字与图、符号相配合的方式写出简单句子进行记录或表达自己的想法。同时，幼儿在成人提醒下能运用正确的姿势进行书写。
解　释	幼儿已经能写出一些正确的字形，如会正确书写自己的名字，并能将线条、符号、图形和一些文字、数字结合来记录简单的事情或表达想法。同时，幼儿在成人提醒下能表现出正确的姿势(脊背挺直、一手执笔、一手按桌子及纸、头部微倾等)。
观察例举	3月24日，"太阳日记"时间里，丁丁在老师的提醒下挺直脊背，在日记本上写上"我"字之后，又在旁边画了一块发光的物体及一条鱼和两条竖线，当老师问他写的什么时，他说："我今(金)天很愉(鱼)快(筷)！"

级别 5

典型表现	幼儿能运用一些常见的正确的汉字、数字、符号等表达自己的想法或记录一些事情，并能做到书写姿势正确。
解　释	幼儿能运用一些常见的正确的汉字、数字、符号等表达自己的想法或记录一些事情。知道正确的写画姿势，并在成人的提醒下，能保持正确的姿势，初步尝试掌握运笔技能，如由上至下、由左至右。
观察例举	4月3日，区域活动时间，美工区，阳阳挺直腰身端坐在桌旁，在纸上画了一张他和妈妈周日逛动物园的图画之后，在旁边用文字歪歪扭扭地写上"动物园""送给我最爱的妈妈""阳阳"等字样。

社会领域

幼儿社会领域的学习与发展过程是其社会性不断完善并奠定健全人格基础的过程。人际交往和社会适应是幼儿社会学习的主要内容,也是其社会性发展的基本途径。幼儿在与成人和同伴交往的过程中,不仅学习如何与人友好相处,也在学习如何看待自己、对待他人,不断发展适应社会生活的能力。良好的社会性发展对幼儿身心健康和其他各方面的发展都具有重要影响。

评估项目16 与成人交往

本评估项目对照《指南》社会领域(一)人际交往目标1"愿意与人交往"。

幼儿会与照顾自己、满足自己需求的照顾者建立依恋关系。学步期的幼儿会从主要照顾者那里获得可依靠的支持,3—6岁的幼儿会逐渐与其他成人,比如幼儿园的老师、同伴的父母等,建立社交关系,并维护这些关系。这些关系不仅有利于其身心健康,也能让其了解世界。虽然最初与成人建立的关系中,幼儿会更多地关注自己的需求,但是最终他们会发现成人不只是生活的照顾者,成人还会对他们感兴趣的事给予支持。成人也会在过程中得到成长,幼儿与成人变成了互惠的关系。

级别1

典型表现	幼儿请求一个成人和他一起玩或参与同一个活动。
解　释	幼儿直接口头请求一个成人和他一起玩。
观察例举	10月14日,区域活动时间,丫丫在娃娃家对老师说:"老师,你能和我一起玩吗?"

级别 2

典型表现	幼儿与成人交谈，并有两次以上的对话来回。
解 释	幼儿与成人的交谈过程中至少有两个对话来回。这个对话可以不是幼儿发起的，但是幼儿必须以来回对话的方式进行沟通。在这个级别，对话通常是从幼儿正在玩的东西或做的事展开（比如玩橡皮泥），也许之后可能转移到一个相关话题（如在家自制比萨）。
观察例举	4月22日，入园时间，博涵说："老师，我舅舅要结婚了。"老师："是吗，那你见过舅妈吗？"博涵："见过。"老师："你喜欢舅妈吗？"博涵："喜欢呀，她还给我买好吃的了。"

级别 3

典型表现	幼儿让一个成人在相当长的一段时间里参与一项活动，并给他分配任务或角色，然后同成人一起合作达到自己心中的目标，或引导成人参加一个复杂角色扮演游戏。
解 释	幼儿和成人作为合作伙伴在一起玩耍或工作。幼儿让成人在相当长的一段时间里参与一项活动。（注：这可以在一天的任何时间发生。）
观察例举	10月17日，活动区时间，小希叫老师与他一起玩葫芦棋，并与老师解说了他的玩棋规则，然后在整个区域活动时间内，他和老师都在一起玩葫芦棋，并由他来决定骰子的点数和行进的步骤。

级别 4

典型表现	幼儿问成人一个涉及成人知识或经历的问题，拓展其在区域活动或集体讨论所学到的知识。
解 释	这个问题可能是一个在集体活动中研究过的话题，幼儿感兴趣的另一个话题，或涉及教师自身的兴趣和活动。在这个级别，幼儿问的问题必须在小组或全班讨论的问题之上。例如，如果幼儿们一直在讨论自己有没有宠物，然后一个幼儿问老师有没有宠物，这种情况就不属于这个级别。但是，如果幼儿问到一些涉及宠物品种、宠物食品、宠物能听懂的命令等问题，那就属于这个级别。
观察例举	9月28日，集体活动时间，小朋友分组讨论自己的周日计划，小明问老师："老师，爸爸妈妈旅游也做计划，是不是我们长大了也要做计划呀？" 4月30日，集体活动中，大家都在讨论乘车的一些安全知识，小红问老师："老师，你开车的时候，来电话了怎么办？"

级别 5

典型表现	幼儿与成人继续之前的交谈以获取或分享更多的信息。
解 释	幼儿继续先前与成人的谈话内容来获得或分享更多的信息，通过交谈找出事实，讨论自己和成人对所学知识的看法或对某个事件的反应。
观察例举	10月8日，活动室，集体活动结束时，琪琪走过来对老师说："胡老师，这是我最后一次机会教你唱军歌了。"我问为什么，琪琪说："要裁军30万，也许明天我爸就不是军人了。"我问："你知道30万是多少吗？""就是一个3后面加5个零。"接着她就教我唱起了《在太行山上》。

评估项目 17　与同伴交往

本评估项目对照《指南》社会领域(一)人际交往目标 2"能与同伴友好相处";目标 1"愿意与人交往"。

同伴是年龄或成熟水平相仿的人,对幼儿社会化具有重要作用。3—6 岁的幼儿开始探索与其他幼儿进行互动、交往与合作。一开始,他可能会在其他幼儿身边玩,会给其他幼儿递玩具。接下来,他逐渐与特定的同伴建立友谊。这些同伴关系会让他们的情感、社会性、认知和创造力等多方面的发展获益,为其未来人际关系的建立奠定基础。

级别 1

典型表现	幼儿直接同另一个幼儿说话。
解　释	幼儿能用词、短语或句子对另一个幼儿说话。
观察例举	3 月 20 日,活动区时间,在家庭区,阳阳对妍妍说:"咱们玩妈妈和宝宝的游戏吧!"妍妍说:"好!我当妈妈,你当宝宝!"

级别 2

典型表现	幼儿对一个或多个朋友表现出喜爱之情。
解　释	幼儿自己选择和一个特定的同伴玩(不是因为大人建议他这么做或者大人把他们安排在一起玩)。幼儿可能会把另一个幼儿称为自己的朋友,通常会为这个幼儿留座,或反复制订与他一起玩的计划。当这个幼儿不在时,他可能会感到失望。(注:虽然观察记录可能只是针对一个符合上述情形的逸事,但只有这种关系持续了一段时间的幼儿才能在这个级别得分。)
观察例举	3 月 6 日,计划时间,思钦对小涵说:"今天我们一起去积木区吧!"小涵说:"好。"他们一起在积木区搭了一个车库和一座高架桥。在区域活动结束后,思钦又邀请小涵坐在他旁边。

级别 3

典型表现	幼儿与两个或更多幼儿合作,他们会贡献自己的想法,并把他人的想法纳入正在玩的游戏中。
解　释	幼儿必须自己与两个或两个以上的其他幼儿一起玩,而不是依靠成人的安排。幼儿必须贡献出自己的想法让游戏主题得以延续,比如,不能是一句简单的"我们都扮蝙蝠侠吧"。(注:逸事记录里必须包括这个幼儿以及两个或两个以上的其他幼儿。)
观察例举	5 月 24 日,活动区时间,皓文使用插塑建构,当他把小框中的材料使用完后,他对亮亮说:"老庞,咱们合伙吧!弄个最高的?"亮亮说:"弄个最大的房子吧!"都都说:"为什么不弄个最大最高的?连上我的材料。"皓文和亮亮都同意了他的意见,于是,三人一起搭建房子。

级别 4

典型表现	幼儿与一个朋友进行一段长时间的私人交谈。
解　释	幼儿与他的一个朋友正在谈论话题之外的东西，如各自的家庭，自己喜欢的活动，或旅行的经历。幼儿既要倾听对方的谈话内容，也要针对这个话题说出自己的经历或者观察内容。
观察例举	5月20日，活动区时间，玩具区，露露对旁边的洋洋说："洋洋你知道我昨天为什么没来？"洋洋说："为什么？"露露说："我周末和我爸爸妈妈去北京玩了，可好玩了……"洋洋说："我也去过，我在北京见过天安门，看过解放军叔叔升国旗，我还唱国歌了。"两人就这个话题谈了约20分钟。

级别 5

典型表现	幼儿继续谈论或者询问他的朋友他们之前分享的私人话题。
解　释	幼儿继续跟进一个朋友曾跟他说过的事。要在这个级别得分，这个话题不能仅限于幼儿自己的兴趣或者为了自己开心，还应涉及朋友的兴趣或者爱好。与朋友就之前问题的后续谈话传递的应该是其真实的兴趣，而不是随意或常规的问题。
观察例举	6月5日，活动区时间，在积木区，西西和露露说："你爸爸昨天带你去科技馆了吗？我已经去了好几次了都没遇见你。"露露说："没有，我爸爸昨天加班。"两人就这个话题进行了谈论，并约定这周日一起去。

评估项目 18　冲突解决

本评估项目对照《指南》社会领域（一）人际交往目标2"能与同伴友好相处"。

幼儿交往过程中，同伴冲突每天都在发生。若将这些冲突当成幼儿学习与同伴相处的良好契机，有效引导幼儿学会解决与同龄人的争端，幼儿会开始权衡自己的需求，理解并尊重他人的需求。当3—6岁的幼儿逐步摆脱以自我为中心的意识，开始学习换位思考的时候，会逐步明白在冲突中可能不只有一方是"对的"。在成人的支持下，幼儿学会识别冲突的问题所在，并会寻求一个让所有参与方都满意的折中的解决方案。但是，解决冲突是需要练习的。正因为这样，一些在解决冲突方面无经验的大龄幼儿一开始的时候可能处于较低的级别。

级别 1

典型表现	幼儿尝试用简单的方式解决冲突。
解　释	不管是动手（比如抢回玩具）还是动口（如说"不"或"我的"），幼儿试图解决与另一个幼儿间的冲突。
观察例举	3月26日，区域活动时间，娃娃家，小月抱起桌上的小熊，涵涵边抢边大声喊："这是我的！"说完大哭了起来。

级别 2

典型表现	幼儿请求成人帮忙解决自己与另一个幼儿的冲突。
解　释	幼儿寻求成人的帮助来解决自己和另一个幼儿之间的问题。
观察例举	3月17日，户外活动时，大宝骑着一辆蓝色小车，悦悦走近，推大宝下车，大宝坐在车上不走，大声叫："老师，她推我！"

级别 3

典型表现	幼儿在成人的支持下参与冲突解决的过程，他会提出一个解决方案，并最后同意一个问题解决方案。
解　释	幼儿在成人支持下参与冲突解决的几个步骤，例如，当被问及时，幼儿从他的角度陈述问题是什么，被提示的时候提供一个解决方案，并在成人的鼓励下同意尝试一个解决方案。
观察例举	3月25日，活动区活动时间，阅读区，晨晨拿了一本《大卫不可以》的图书，浩浩抢了过来，晨晨跑到老师跟前说："老师，他抢了我的书。"老师问："你们谁先拿到书的？"晨晨说："我先拿到的，应该我先看。"老师又问浩浩为什么抢这本书，浩浩说："我也想看。"老师说："浩浩也很想看这本书，你可以和他一起看吗？"晨晨点头答应了。

级别 4

典型表现	幼儿在没有成人帮助的情况下，和另一个幼儿独立协商出一个解决冲突的方法。
解　释	幼儿在没有成人帮助的情况下与其他幼儿独立解决一个争执。幼儿提供可能的解决方案，听取别人的意见（如有的话），并与其他幼儿一起决定采用哪种方法。
观察例举	12月16日，区域活动结束时，随着音乐，孩子们都在收拾自己的玩具，角色区的双豪和渝博一起把小汽车从卧室搬了出来，但是在放的时候都争着放。双豪说："好吧，我们石头剪刀布，谁赢了谁来放。"渝博说："好吧。"渝博赢了，双豪说："好吧，那你来放。"（针对双豪的观察记录）

级别 5

典型表现	幼儿预先考虑一个方案是否能有效地解决冲突，并解释原因。
解　释	在考虑一个问题的解决方案时，幼儿会考虑提出的想法是否可行。在解释为什么一个想法可行还是不可行时，幼儿的理由不仅仅是个人的需求和动机（例如，他不能简单地说："因为是我先要的。"）。
观察例举	3月27日，户外活动时，莎莎和小鑫用塑料板搭了个房子，两个人坐在里面，当小杰要进去时。莎莎对他说："我们搭的房子只够两个人住的，你要进来的话，还要重新搭。"

评估项目 19　自尊、自信、自主

本评估项目对照《指南》社会领域(一)人际交往目标 3"具有自尊、自信、自主的表现";艺术领域(二)表现与创造目标 2"喜欢进行艺术活动并大胆表现"。

自尊、自信是个体对自己的一种评价性和情感性的态度,属于自我系统中的情感成分。它的形成主要来自交往过程和各种活动过程中的"体验"。自主则是遇事有主见,能对自己的行为负责。3—6 岁的幼儿如果能感受到成人对其的关爱、肯定、信任、尊重的态度,便能在与同伴、材料、环境互动的过程中愿意并敢于表达自己的建议和想法,相信自己在群体中的作用,对自己的能力有一个正确的评价并不断得到成功的体验。在这样的过程中,幼儿的自尊、自信水平会得到提高,其自主性也会得到更好的体现与发展。

级别 1

典型表现	幼儿在成人的帮助或鼓励下选择并完成一项活动。
解　释	幼儿自己不能独立选择或完成一项活动,需要成人的帮助或陪伴,或在成人的持续鼓励下做完一项活动。
观察例举	10 月 10 日,户外活动时间,熙熙看着小朋友都在玩平衡木,她也站了上去,可是没有迈步向前。老师看到后,走到她身边对她说:"勇敢点,老师在旁边保护你。"听了老师的话,熙熙慢慢地通过了平衡木。

级别 2

典型表现	幼儿能根据自己的兴趣选择游戏或其他活动。
解　释	幼儿能够自己选择参与游戏或其他活动,不再需要成人的帮助。
观察例举	3 月 16 日,活动区时间,在积木区活动的泽泽跑来对老师说:"老师,我把积木收拾好以后,可以换一个区吗?我想去玩具区拼手枪。"老师回答:"可以。"

级别 3

典型表现	幼儿知道自己的一些优点或自己擅长的活动,同时敢于尝试对自己来说有一定难度的任务。
解　释	幼儿可能会经常选择自己做得好的活动,做好后展示给他人。幼儿也会去选择对自己来说相对有挑战性的活动且尝试去做。
观察例举	10 月 15 日,活动区时间,梓童在美工区用纸独立折了一件衣服,旁边的叶子看到后,说:"童童,你叠得可真好看呀!你会叠电话吗?"梓童说:"我试一试。"说完一边看图示一边折了一部电话。

级别 4

典型表现	幼儿能主动发起活动或在活动中出主意、想办法。
解　释	幼儿作为活动的组织者提出进行某一活动的建议，或者在与同伴共同活动的过程中能提出意见或建议使活动进行下去。
观察例举	3月19日，整理环节，孩子们正准备收拾积木，默涵说："我们应该不推倒积木，就这样把插在一起的积木搬走，这样又快又安静，不影响其他小朋友。"说完，大家都按照默涵的建议收拾起来。

级别 5

典型表现	幼儿主动承担任务，遇到困难能坚持完成或与别人的看法不同时敢于坚持自己的意见并说出理由。
解　释	幼儿主动承担任务，遇到困难能够坚持想办法解决而不是立即向他人求助。当与别人意见不同时，能通过说出自己的理由等方式尝试说服对方。
观察例举	3月20日，区域活动，收拾材料时间，渊超对老师说："我来负责收拾空心积木。"当进行三角的组合摆放时，必须两个三角形的直角边同时对齐才可放回柜中，他自己反复研究了好久。小雨在旁边说："要不就这样放着吧。"渊超说："不行，必须放好才整齐。"最终他将两个三角形成功放回积木柜中。

评估项目 20　关心他人

本评估项目对照《指南》社会领域（一）人际交往目标4"关心尊重他人"。

关心他人是一种被社会所期望的亲社会行为，这里主要是指幼儿同情心与同理心的发展。在人际交往过程中，幼儿从能够察觉到他人的不利处境、遭遇，到对他人表示关心；从在成人提醒下表示关心，到能够主动表示关心；从识别身边人明显的外在需要，到识别周围的人不明显的内心需要；从简单的安慰帮助，到能够体会与理解他人的处境，在情感上产生共鸣，这是一个逐渐发展与升华的过程。

级别 1

典型表现	幼儿能注意到身边人明显的困境或情绪变化。
解　释	发现身边亲人、小朋友摔倒、受伤等问题情境或大哭、呼救等明显的情绪变化时，幼儿能够停下注视但没有进一步的行为反应。
观察例举	9月10日，户外活动时间，涛涛听到身后"哇"的一声，连忙回头看，原来是天天摔倒在地上哭了起来，他站在原地没有动。

级别 2

典型表现	在成人提醒下，幼儿会对他们身边人的不幸遭遇或情绪变化表示关心。
解　释	当身边的亲人生病或遇到不开心的事情时，在成人的提醒下幼儿会表达自己的同情心。

续表

观察例举	9月10日，早晨入园，堆堆哭着站在窗户台前看着妈妈走出幼儿园大门，老师对在一边玩的辰辰说："看看堆堆怎么了？"辰辰走过去对堆堆说："别哭了！妈妈上班去了。下了班就来接你了！"

级别 3

典型表现	幼儿主动表现出对周围人不利境遇或情绪变化的关心，或提供帮助。
解 释	幼儿能够主动表现出关心或帮助的行为，这里的情绪变化仍然指比较明显的，如出现一些大哭大闹的行为。
观察例举	10月9日，午餐时间，琳琳的碗突然扣翻了，身上地上都是饭，她大哭起来。这时，旁边的彬彬一对琳琳说"没关系"，一边跑去拿了擦桌子的抹布，帮老师一起擦桌子。（针对彬彬的观察记录）

级别 4

典型表现	幼儿能识别他人不明显的需要或情绪反应，并给予力所能及的帮助。
解 释	当幼儿遇到一些不太明显的问题情境时，仍然能够识别，并给予帮助。比如，有的幼儿陷入困境时自身反应平淡，也未向他人求助，此时幼儿若表示关心则说明其具备了这一级别的能力。
观察例举	10月9日，户外活动时间，新来的琦琦面无表情地站在那里，没有选择任何活动。嘉琪走到她前面，拉着她的手说："琦琦，我们一起去拍球好吗？"琦琦点点头，笑了。

级别 5

典型表现	幼儿能体会到同一种情况他人可能会与自己有不同的理解或情绪反应，尽量做出有利于他人的一种行为。
解 释	幼儿知道每个人都有自己的特长、喜好，对于同样的事物可能会有不同的情绪体验，并能根据判断做出对他人有利的行为。
观察例举	4月15日，户外活动时间，熙熙说："我喜欢恐龙，所以今天我带了恐龙图片。果果怕恐龙，所以不给果果看。"

评估项目 21 适应集体生活

本评估项目对照《指南》社会领域(二)社会适应目标1"喜欢并适应群体生活"；目标2"遵守基本的行为规范"；健康领域(一)身心状态目标3"具有一定的适应能力"。

幼儿从家庭来到幼儿园是其社会生活的重要拓展，他们需要学习如何融入集体中，会慢慢地经历从"我"（着眼于自身需要）到"我们"（着眼于集体利益）的过渡。集体意识萌芽于幼儿对他人的关注，接着会产生遵守集体常规和社会期望的意识，进而将这些常规和期望落实到个人。幼儿会发现自己和别人的行为，不管是无意识的还是有意识的，都会影响到整个集体。

级别 1

典型表现	幼儿尝试独立完成一项与日常作息相关的简单任务。
解 释	幼儿尝试独立完成一项与日常作息相关的简单任务。任务完成与否不影响评分。
观察例举	10月9日，户外活动结束后，老师说："请大家把小木马、小车送回家，放回原处。"思哲把散乱的小车骑到了墙根，墨墨把小木马拉回了墙角。

级别 2

典型表现	幼儿自己从一日常规中的一个环节过渡到下一个环节。
解 释	幼儿知道下一项活动，能够完成一日作息中的活动过渡环节（包括来园活动、集体活动、区域活动、户外活动准备时间、餐点时间或午睡时间），他会主动或在听到活动提醒后进入下一项活动。
观察例举	12月18日，来园之后，果果自己脱下羽绒服挂在衣架上，进入活动室，当她看到保育员老师准备开饭时，她走进盥洗室洗了手，开始吃早餐。当她听到刘老师说区域活动时间到了时，便朝自己做计划的桌子走去。区域活动结束的音乐响起后，在家庭区活动的果果开始把锅、碗等玩具放回玩具柜，穿好鞋，进入卫生间如厕。

级别 3

典型表现	幼儿提醒别人遵守活动室常规或讲究公德。
解 释	幼儿提醒或帮助其他幼儿遵守一日常规。他们也会协助其他幼儿讲究公德，比如把地上的纸屑捡起放入垃圾箱。
观察例举	3月27日，户外活动中，潼潼把擦鼻涕的纸扔在了地上，小哲对她说："不能随便乱扔纸，垃圾桶在那里。"潼潼捡起卫生纸，扔进垃圾桶里。（针对小哲的观察记录）

级别 4

典型表现	幼儿自己做了一件对班级或者幼儿园有益的事情，但是并不是活动室规则、任务或者常规所要求他做的。
解 释	虽然规则、任务或者一日常规活动（如清理）中没有要求幼儿这样做，幼儿自觉地承担了爱护活动室的职责。幼儿自己爱护公物，包括室内外的设备、器械和材料。
观察例举	3月30日，户外活动结束时，可欣在收拾完本班户外活动用的器械后，将小班小朋友玩儿的皮球也收进了球筐。

级别 5

典型表现	幼儿能够区分他人的行为是有意的还是无意的。
解 释	幼儿知道故意行为和偶然行为之间的差异。虽然他可能很生气（如他正在做的事遭到他人破坏时），但他知道那个人不是有意要造成伤害的。

观察例举	3月24日，户外活动中，浩然向上抛球，砸在了宇伯的后背，宇伯大叫一声转过身来。浩然说："对不起，我不是故意的，我扔得太高了。"宇伯说："没关系。"（针对宇伯的观察记录）

评估项目 22　认识自我与他人

本评估项目对照《指南》社会领域（一）人际交往目标 3 "具有自尊、自信、自主的表现"。

儿童对自我的认识开始于个别化过程。儿童通过与人或生活环境中物品的最初互动，逐渐了解自己、认识他人。学龄前幼儿随着其生活空间的扩大，他们尝试探索的空间也从家庭扩展到幼儿园、居住区（社区）等，在其中感知和体验自己及家人与其他人的相同或不同之处，从而获得更丰富的自我体验。

级别 1

典型表现	幼儿能使用人称代词"我"来回答问题。
解　释	约在 2 岁末幼儿开始能使用物主代词"我的"，直到后来能使用人称代词"我"。"我"的使用具有相对性，例如，成人问幼儿："你饿不饿?"幼儿必须回答："我不饿。"而不能回答："你不饿。"
观察例举	9月12日，户外活动准备时间，老师问："谁愿意帮助妍妍拉拉链呢?"子政举着手说："我!"

级别 2

典型表现	幼儿能谈论、扮演家庭成员或自己熟悉的角色。
解　释	在角色扮演时或谈话中，幼儿扮演或谈论了一个熟悉的角色（如妈妈或爸爸、消防员、警察、医生、教师等），并谈论他的工作内容。例如，"医生会给你开药让你舒服些""爸爸会给我洗澡"。
观察例举	3月24日，上午区域活动时间，家庭区，喆喆捂着肚子躺在床上，果果走上前问："宝宝，你怎么了?"喆喆："肚子疼!"果果伸手把喆喆抱起来说："妈妈带你去医院看病，打一针就好了!"（针对果果的观察记录）

级别 3

典型表现	幼儿能用具体的措辞定义自己。
解　释	幼儿察觉并说出自己的特点，他们的自我介绍一般包括：性别、年龄、身体特征、能力、财产（如"我有一辆自行车"）、社会关系、喜好等。达到这一级别的幼儿的自我介绍应包含 3 个及以上特点。
观察例举	10月15日，户外活动时间，月月和春春对新来的小朋友说："你叫什么名字呀?你怎么才来幼儿园呢?"欣欣回答："我叫×紫欣，我已经 5 岁了，我家刚搬到路对面，所以我来到了这里。我非常喜欢你这件花花的衣服。"（针对欣欣的观察记录）

级别 4

典型表现	幼儿能够识别出每个人特点的异同。
解　释	幼儿注意到并说出个人特点与他人的相同之处或不同之处。这些个人特征包括性别、年龄、大小、残疾、肤色、五官、眼睛的颜色、头发的颜色和发质等。
观察例举	3月9日，自由活动时间，小畅和小烨在讨论着自己的头发。小畅说："我的头发和我爸爸的一样，是自然卷。小烨，你的头发怎么也是卷的？"小烨说："我的头发和我妈妈的一样，我们俩都是自然卷。"

级别 5

典型表现	幼儿能比较自己的家庭和他人家庭的特征。
解　释	幼儿发现并说出自己的家庭特征与其他幼儿和成人的家庭特征的相同或不同之处。家庭特征包括家庭组成（如数量、性别、年龄、关系）、种族或民族、语言、文化、房子类型、宠物、饮食、穿着、职业以及庆贺的节日。
观察例举	11月13日，中午吃完午餐，荣荣指着墙上自己的全家福照片对丹丹说："我家有三个人，爸爸、妈妈和我。我们全家都是小眼睛，不像你家，你看都是大眼睛。"

评估项目 23　归属感

本评估项目对照《指南》社会领域（二）社会适应目标 3 "具有初步的归属感"。

对于3—6岁的幼儿来说，归属感往往来自他们对群体生活的直接感受和体验。家庭是幼儿最早接触的社会群体，父母对幼儿无微不至的照顾会使他们对家庭产生归属感。进入幼儿园后，如果这个群体能像家庭一样给幼儿温暖、关爱、尊重、支持和鼓励，他就会对这个群体产生归属感。而幼儿对社会（家乡、祖国等）的最初看法和感受主要来自于父母和其他亲近的成人的态度和行为。

级别 1

典型表现	幼儿知道和自己一起生活的家庭成员与自己的关系，并表达其对家的归属感。
解　释	幼儿能说出家庭成员有几位以及自己与他们之间的关系，并表达对家人的亲疏关系。
观察例举	3月15日，活动区活动时间，在娃娃家，婷婷指着自己的家庭照片对老师说："这是我妈妈，她是医生，我现在好想妈妈。"

级别 2

典型表现	幼儿表现出其对自己所在的班级的归属感。
解　释	幼儿知道自己班级的名称，班级的老师和小朋友等。
观察例举	3月26日，户外活动，妍妍拿着皮球问旁边的小女孩："你是哪个班的？"小女孩说："小二班。"妍妍说："我是小四班的，那边那个长头发的老师就是我们的王老师。"

级别 3

典型表现	幼儿表现出对自己所在幼儿园的归属感。
解 释	幼儿能坚持来园，能和小朋友友好相处，并做了至少一件为幼儿园服务的事。
观察例举	3 月 29 日，户外活动结束后，小哲对小文说："咱们把呼啦圈、轮胎都收回来吧，这样下次小朋友们就好拿了。"小文说："我收呼啦圈，你收轮胎吧!"两个人把呼啦圈和轮胎都收到了相应的位置。

级别 4

典型表现	幼儿表现出对自己所在社区或家乡的归属感。
解 释	对自己所在的社区或家乡有初步的认识，并对社区或家乡的事物感到亲切和自豪，知道当地有代表性的物产或景观。
观察例举	4 月 13 日，活动区时间，诚诚一边玩山西省地图拼图一边对老师说："老师，我是太原人，太原还有晋祠、汾河公园呢。"

级别 5

典型表现	幼儿表现出对国家的归属感。
解 释	幼儿知道自己的民族，知道中国是一个多民族的大家庭，知道国家一些重大成就和事件。会唱国歌，认识国旗。
观察例举	10 月 11 日，语言活动中，孩子们都在讲述自己去过的地方，小涵说："无论你们去过云南、湖南、山东还是北京，这些地方都属于咱们中国。"

科学领域

幼儿的科学探究是在探究具体事物中，尝试发现事物间的异同和联系过程。幼儿在对自然事物的探究过程中，不仅获得丰富的感性经验，充分发展形象思维，而且初步尝试归类、排序、判断、推理，逐步发展逻辑思维能力，为其他领域的深入学习奠定基础。

评估项目24　认识自然和物理世界

本评估项目对照《指南》科学领域（一）科学探究目标1"亲近自然，喜欢探究"；目标2"具有初步的探究能力"；目标3"在探究中认识周围事物和现象"。

3—6岁幼儿开始对动、植物感兴趣并乐意照顾它们，甚至喜欢谈论野生动物及其生存环境。他们逐渐能注意到物体会发生变化，并思考发生变化的原因。幼儿了解到人类的一些行为对环境的影响以及人类怎样去保护环境。

级别1

典型表现	幼儿有主动照料或谈论植物或动物的行为。
解　释	幼儿有喂养动物、不踩昆虫、给植物浇水等行为。他可能会按自己想的做，也可能谈谈如何去做。（如果幼儿是值日生，其职责是喂养班级宠物等。那么，幼儿不能在这个级别得分。）
观察例举	3月5日，在来园活动时间，森森先在图书区里看有关宠物的书，然后说道："我想去喂乌龟。"于是，他走向饲养角。

级别 2

典型表现	幼儿知道动物和植物的生活、生长环境。
解 释	幼儿知道动物的生活环境和植物的生长环境。例如，说出鸟窝在灌木丛里，虫子生活在泥土里。（注：幼儿的说法不需要完全正确，例如，幼儿可能会说虫子生活在石头里，因为当你把石头翻过来时，会发现它们从石头下面爬出来。）
观察例举	12月6日，户外活动时间，妮妮和小朋友们围在花池边，妮妮说："小蚂蚁住在这个洞洞里边，他们正在准备吃好吃的呢。" 3月18日，在公共图书室阅读时，琪琪和好好在看一本关于植物标本的书。琪琪说："蘑菇不是长在水里，在大大的树林里才可以找到。"

级别 3

典型表现	幼儿注意到自然环境中某物或环境的变化，并说出一个可能导致变化的原因。
解 释	幼儿注意到自然环境中某物的变化，并说出一个可能的原因及对人们生活的影响。例如，他注意到今天没有昨天冷，因为今天出太阳了，小朋友们可以在户外活动的时间长一些。
观察例举	4月8日，户外活动时间，鹏鹏发现海棠树发芽了，他跑过来告诉李老师："老师，你去看看，海棠树发芽了，因为春天来了，暖和了，过几天我们又可以画海棠花了。"

级别 4

典型表现	幼儿能说出人类哪些行为对环境有危害，并能解释造成危害的原因。
解 释	幼儿能说出人们的哪些行为会伤到植物或动物，并设计一个解决方案（说出人们可以做什么来杜绝或纠正这类问题）。例如，幼儿说："如果我们用洗完衣服的水冲厕所，就能节省很多用水。"
观察例举	4月3日，活动区时间，在美工区，小乐炎在谈论小朋友们用来装胶水、勾线笔的酸奶盒："如果我们像这样将酸奶盒洗干净再来用，那么它们就不会被丢进垃圾桶。如果人们产生太多的垃圾，就会没有地方来处理这些垃圾。"

级别 5

典型表现	幼儿识别并描述一个生态循环或生态系统。
解 释	随着幼儿科学知识的增长，他学到一些关于自然循环和自然系统的基本事实。
观察例举	3月12日，积木区，老师问航宇："你们搭的是什么？"他说："这是一个水循环处理系统。"他一边说着，一边用手指着积木群："这个建筑物是废水池，水是从那边（圣迪搭建的建筑物）流出来的，这边是水循环系统的管道。"他用手指了指小房子说："这是处理器。"老师指了指圣迪搭建的积木问："这些是什么？"圣迪说："好水的管道。"航宇紧接着说："处理好水以后要输送到别墅群里，可以供那里的人使用。"老师点点头，指了指竖立在航宇与泓鉴搭建的建筑物旁的两个半圆，航宇说："这是好水的储藏池！"老师问他是不是自来水公司，他和圣迪点点头说："是，就是！"（针对航宇的观察记录）

评估项目 25　实验、预测、验证

本评估项目对照《指南》科学领域(一)科学探究目标 2"具有初步的探究能力"及其教育建议 2"支持和鼓励幼儿在探究的过程中积极动手动脑寻找答案或解决问题";目标 3"在探究中认识周围事物和现象"。

3—6 岁幼儿对各种事物都很好奇,会问很多问题,测试自己的想法,对可能发生的事做出预测(或假设),然后检测自己预测的结果对不对。幼儿会基于自己的逻辑,针对他们观察到的内容给出一些简单的说明。

级别 1

典型表现	幼儿用试误的方法研究某个材料或想法。
解　释	幼儿用不同方法探索一个材料,看看会发生什么。这种尝试是随意的,而不是有条理的。
观察例举	4 月 26 日,活动区时间,在积木区,东东将一辆小汽车放在斜坡上,汽车冲了下去;他又拿来一块圆柱体积木放在斜坡上,又滚了下去;再次拿了一块长方体的积木尝试,积木滑了下去……

级别 2

典型表现	幼儿能够描述一个物体或现象发生的变化或随意地做了一个口头预测,然后通过实验验证其是否正确。
解　释	幼儿需要描述出发生的变化或说出他认为接下来会发生什么,然后验证他的预测。这可以是自发的,也可能是为了回答一个问题。
观察例举	3 月 26 日,活动区时间,在数学区,东东拿着大沙漏对乐乐说:"你的沙漏漏得慢,我的大比你漏得快。"说完,他俩比试了起来。

级别 3

典型表现	幼儿解释他的实验为什么会出现这样的结果。
解　释	幼儿观察或测试一个想法后,会为他观察到的结果做出解释。这个解释应该是以幼儿的推理为基础的,但它不一定正确。
观察例举	5 月 7 日,工作时间,小颖和其他几个小朋友拿着气球在玩具区吹气球,吹到很大的时候,她把手一松,气球就在空中"跑起来",边"跑"边缩小,小朋友们都被逗乐了。小颖说:"老师,我知道这是为什么。因为气球里面有空气!"

级别 4

典型表现	幼儿将自己以前得出的结论应用到新的情境中。
解　释	在新的情境中,幼儿使用以前的经验预测结果或解决问题。例如,如果幼儿观察到车子从较陡的斜坡滑下去时更快,他可能会把操场上的管子垫高,让球在里面滚得更快。

续表

观察例举	6月15日，活动区时间，生活区里旺旺边剥花生，边对旁边的晶晶说："剥花生要使劲捏花生的大嘴巴，这样剥起来特别快！这是奶奶教给我的。" 6月16日，科学实验活动做"吹泡泡"的实验时，亚斯说："刷子也能吹出泡泡。"小敏说："真的吗？"亚斯说："是真的，我在洗澡的时候用刷子吹过。"

级别 5

典型表现	幼儿提出一个问题，并有条不紊地测试可能的答案。
解　释	幼儿提出一个问题，做出预测或设定一个假设，找出答案，然后通过多种可能的方式有条不紊地进行实验，并记录相关信息。例如，他们想知道植物摆在活动室的哪一处会长得最好，于是他们在活动室的不同位置撒下种子，每天观察发芽情况，两周后，他们得出结论——窗台附近的幼苗长得最好。
观察例举	3月27日，集体活动时间后，熙熙问老师："除了鸡妈妈，我可不可以帮蛋宝宝孵出来呢？"于是她在家连续一周，把蛋宝宝放在太阳底下晒，并把每天晒的时间记下来。

评估项目 26　观察分类

本评估项目对照《指南》科学领域(一)科学探究目标2"具有初步的探究能力"及其教育建议"有意识地引导幼儿观察周围事物，学习观察的基本方法，培养观察与分类能力"。

认真观察是幼儿了解自然和物质世界、探究工具和材料、获得发展的一项重要技能。幼儿通过多种感官对物体进行观察，找到事物的相似性并开始进行简单的分类，如大小、颜色、形状等。随着时间的推移，幼儿能按照自己的观察，根据物体更多的属性或特征进行分类。

级别 1

典型表现	幼儿能识别生物、物体或事件的简单特征。
解　释	幼儿主要观察一件事物(可以是无意观察，可以是有意观察)，但只能发现其一些外在、非本质的特征。
观察例举	6月22日，散步时间，小朋友们发现了一只蜗牛，张老师让小朋友们看看蜗牛是什么样子的，佳佳说："蜗牛是白色的，有硬硬的壳。"

级别 2

典型表现	幼儿能注意到不同事物之间的相同与不同，并能根据一个特征或属性给物品分类。
解　释	幼儿根据物品共有的一个特征(如大小、颜色、材质、声音、用途等)给物品分类，并能说出物品的相似点。幼儿偶尔也会出现分类错误，或幼儿分出的组里的某些属性与另一组的某些属性重叠(如"珠子"和"大珠子")。
观察例举	4月22日，区域活动整理时间，祥瑞指着放穿线板的盒子，对周围的小朋友说："这个穿线板很大，应该放到这个大穿线板的盒子里。"

级别 3

典型表现	幼儿专注地观察某物，能够根据两个特征或属性给物品分类，并能说明分类依据。
解　释	幼儿基于物体的两个特征或属性进行分类，并能说出分类的理由。
观察例举	5月7日，活动区时间，在玩具区，斯斯拿着他和爸爸妈妈去外地游玩时收集的好多白色的小贝壳，说："它们又白又小，我很喜欢它们。"

级别 4

典型表现	幼儿能够根据物体两个以上特征进行多角度分类，并能说明分类依据。
解　释	幼儿通过观察能够根据物体两个以上特征进行多角度分类，并能清楚地表达每一种分类是依据什么。
观察例举	5月18日，小组活动时间，教师让同组的孩子每人脱下一只鞋堆放在一起，然后提问："我们准备怎样将这一大堆鞋子分组呢？"小宇说："可以分成靴子、运动鞋、其他鞋子，还可以分成系鞋带的、搭扣的和不系带子的。"

级别 5

典型表现	幼儿将一个类别分为多个集合，再把集合分成子集，并能说出每个子集的特点、子集之间的关系以及子集与集合之间的关系。
解　释	幼儿能够按照事物的多种特性进行分类，将事物分成集和子集，并能详细描述子集之间的差异，以及每个子集与原来集合的关系、与其他子集的联系。
观察例举	3月23日，科学活动时间，老师给小朋友播放了一段关于动物的录像，然后请小朋友对这些动物分类。强强首先把动物分为家养动物和野生动物，然后将野生动物按照它们的生活环境分为天空、陆地、海洋，并说明鸭子可以家养也可以在野外养。

评估项目 27　工具与技术

本评估项目对照《指南》科学领域（一）科学探究目标 2 "具有初步的探究能力"；目标 3 "在探究中认识周围事物和现象"。

3—6 岁幼儿会在探究过程中有目的地使用工具，如剪刀、放大镜、手推车等。同时，互联网的发展，也为幼儿提供越来越多的机会使用交互式数字技术作为实践性学习的补充，如电子书、互联网、应用程序等。

级别 1

典型表现	幼儿使用工具来支持游戏。
解　释	幼儿有目的地使用一个工具来实现想法，制作东西或解决问题。这个级别常被用到的工具包括剪刀、胶带纸、订书机、手电筒、水桶或手推车。
观察例举	6月16日，户外活动区时间，琪琪用手推车将跑道一端的木块运到跑道的另一端。

级别 2

典型表现	幼儿用简单的方式解释如何操作工具。
解 释	幼儿用简单而具体的语言介绍某个工具如何操作，以及为什么会使用此工具。如使劲按订书机的这一边就可以把订针订下去；放大镜可以把你看到的小蚂蚁变大。
观察例举	9月17日，活动区时间，在积木区，果果拿着剪刀一张一合，告诉旁边的壮壮："跟我这样用剪刀就能剪东西了。"

级别 3

典型表现	幼儿用简单的方式解释如何使用这一项技术。
解 释	幼儿用简单的方式介绍如何使用一项技术，例如，幼儿可能会一边演示一边介绍如何使用平板电脑上的程序（"像这样滑动你的手指"）或使用鼠标的效果（"如果你点击这里，会让这个图案变大"）。
观察例举	3月16日，活动区时间，银行社会区的小朋友正研究他们的新电脑，东东走过来说："这个我知道，要用手点住鼠标，把箭头放在这个图案上，才能打开这个东西呢。"

级别 4

典型表现	幼儿解释工具和技术如何为日常起居服务。
解 释	幼儿知道工具和技术能帮助人们完成某件事，解决某些问题。他会介绍如何使用一种器材、电子设备或交互技术的作用（例如，轮椅能帮助腿脚不便的人移动；按下智能手机上的地图按钮，就可以找到方向），或比较不同工具和技术的使用效果（例如，电钻比螺丝刀更快、更好用；这个按钮可以添加图片，那个按钮不可以）。
观察例举	3月27日，活动区时间，在积木区，坤坤拿着一个螺丝和木板走到老师面前说："老师，咱们班要是有电钻就好了，电钻螺丝刀更好用，可以把螺丝拧得很紧。"

级别 5

典型表现	幼儿使用技术查找他感兴趣的信息。
解 释	针对幼儿自己想出来的问题或者由大人或其他幼儿提出的问题，幼儿使用交互式技术（如手机、电脑）来查找信息。要在这个级别得分，幼儿必须把设备或技术作为一种学习工具使用，而不是简单地玩游戏。
观察例举	5月18日，活动区时间，仔仔用电脑查找中国地图中的山西省在哪里。

数学领域

儿童早期的数学学习和发展强调幼儿能够发现生活中的数学，认识到数学和生活的联系，注重在日常生活中通过感知、体验和操作活动理解数的抽象关系，并在解决问题的过程中学习和运用数学知识，逐步发展抽象思维，促进逻辑思维的发展。

评估项目28　数字与数的关系

本评估项目对照《指南》科学领域(二)数学认知目标2"感知和理解数、量及数量关系"。

幼儿通过在日常生活中数物品、人和事件，逐步学会计数。幼儿数感的发展源于他们开始明白"1"的概念，并且开始学习同数字相关的词语，同时幼儿开始懂得数字1、2、3等是指数量，然后逐渐意识到最后一个数字代表总数。幼儿逐步学习对数量进行比较，对数字进行组合和分解。

级别1

典型表现	幼儿连续(一一对应地)数出10个物品。
解　释	幼儿形成一定的数感，并能一一对应地数出10个物品。有时幼儿可能会把一个数数两遍(如1、2、3、4、4、5)或跳过一个数(如1、2、3、4、5、6、8)。他可能不会意识到最后一个数是总数。(注：如果幼儿一直重复地数相同物品，那么他属于级别0。)
观察例举	5月14日，区域活动时，睿杨到玩具区拿上纸杯和毛球，数一个毛球往纸杯里面放一个，1、2、3……9、10，连续数到10。

级别 2

典型表现	幼儿能（一一对应地）数出 10 个以上的物品，并根据最后一个数字报出总数。
解 释	幼儿正确数出 10 个以上的物品，并知道他说的最后一个数字是总数，例如，幼儿从 1 数到 10，并说这儿有 10 个物品。
观察例举	10 月 12 日，户外活动时间，孩子们在种植园采摘山楂，乐乐摘一个往篮子里放一个，边摘边数 1、2、3、4、5、6、7、8、9、10、11、12，他高兴地告诉老师："我一共摘了 12 个山楂。"

级别 3

典型表现	能够正确排列一列数的顺序和位置。
解 释	幼儿能够正确排列 10 以内的数或超出 10 以内的一列数的先后，不仅要认识数，而且对"序"也要有所认识，即幼儿能把握每一个数同其前、后两数的关系。
观察例举	10 月 12 日，区域活动时间，婷婷在玩具区玩停车的游戏，按照"车牌"上画着的点数，从 1—10 将车排列停放。

级别 4

典型表现	幼儿能说出一组物品比另一组物品多多少个或少多少个。
解 释	幼儿数出两组物品的总数，并比较它们的总数是否相同，如果不同，能说出哪一组多了多少，或哪一组少了多少。（注：如果幼儿能说出哪一组数量多些，但他说不出多了多少，那就不能在这个级别得分。）
观察例举	4 月 20 日，早点时间，小雨将橘子剥开，并将橘瓣数了数，数完后告诉小朋友说："我有 8 片。"紧接着炳逸说："我有 9 片，比你多一片。"（关于炳逸的观察记录）

级别 5

典型表现	幼儿能用两种或两种以上的方式组合或分解一个 10 以内的数字。
解 释	幼儿将 10 以内的数量进行组合和拆分。例如，5 加 5，4 加 6，2 加 5 加 3 都等于 10（组合）。同样的，他也知道可以用同样的方法把 10 分解。
观察例举	3 月 13 日，活动区时间，角色扮演区，小朋友们在玩小超市游戏，收款台的彤彤对顾客青青说："你买的牛奶 3 块钱，面包 5 块钱，你一共要给我 8 块钱。"青青递给她 10 元，彤彤说："那我还要找给你 2 块钱。"

评估项目 29　形状与空间关系

本评估项目对照《指南》科学领域（二）数学认知目标1"初步感知生活中数学的有用和有趣"；目标3"感知形状与空间关系"。

形状和空间是几何数学的初级形态，它涉及对二维和三维图形的名称、特征、类别和简单的组合关系的理解，也涉及对空间概念、方位、运动方向和空间表征的理解。

评估项目 29.1　形状

形状是指物体的轮廓或外形。学龄前儿童从一开始不能够准确地区分形状，到能给形状做一般分类，然后开始分析和描述这些形状，最后形成一个关于形状及其部分，以及每个形状与其他形状区分的独特属性的整体理解。能够准确命名、描述和比较形状是学前期幼儿获得的重要能力。

级别 1

典型表现	幼儿能够识别并说出一些二维图形的名称（圆形、三角形、正方形或长方形）。
解　释	幼儿可以说出基本的二维图形的名称，并能说出活动室环境里日常用品的形状。
观察例举	3月16日，活动区时间，在玩具区，小川指着拼图里的王子的头像说："王子的头是圆形的。" 4月27日，回顾时间，雨泽说道："我在建构区用积木搭了一个三角形的房子。"

级别 2

典型表现	幼儿（通过组合和拆分）将一个形状变成另一个形状，并说出最终的形状。
解　释	幼儿组合、拆分形状，使其变成另一个形状，然后说出最终的形状名称。
观察例举	3月16日，工作时间，在玩具区强强用雪糕棍拼了两个三角形，然后把两个三角形放在一起说："我做了个正方形。"

级别 3

典型表现	幼儿能描述一个形状是怎么组成的（即说出形状的特征）。
解　释	幼儿能描述一个形状的特征，例如，三角形有三条边，长方形有四条边和四个角。
观察例举	3月16日，工作时间，艺术区中小雨教田田折飞机，他边说边做："把长方形的两个长边对齐，四个角也对齐、压平，就折出一个小的长方形，还有一条中线。"

级别 4

典型表现	幼儿说出一个三维图形的名称（球体、正方体、长方体、圆柱体或圆锥体等）。
解　释	幼儿能识别基本的三维形体。这些形体可能包括立方体、圆柱体或圆锥体等。

	续表
观察例举	3月17日，活动区时间，在积木区，萱萱对乐乐说："看我拼的金箍棒，用了好多的圆柱体积木。" 6月10日，活动区时间，小玉从家庭区拿了一顶生日帽过来对老师说："老师，看！这是圆锥体！"

级别 5

典型表现	幼儿能描述三维形体，并比较它们的异同。
解 释	幼儿能识别三维形体的特性，并说出它们的相同或不同之处。例如，幼儿会比较立方体和圆锥体的侧面的数量，或指出它们的侧面是"平的"还是"斜的"。
观察例举	3月18日，活动区时间，在艺术区，希文说："我的机器人的头是立方体的盒子做成的。"嘉馨说："我的火箭头是圆锥体做成的，你的是平的，我的是尖的。"

评估项目 29.2 空间关系

幼儿通过对物体和自己身体的观察和行动来探索空间。儿童空间感的发展不仅有助于他们理解自己所处的空间世界，还有利于学习数学的其他内容。空间感和空间概念的建构与儿童的生活有着密切的关系。

级别 1

典型表现	幼儿能够识别上下、里外的空间位置。
解 释	幼儿能够根据实际情境用语言或动作表明物体的上下、里外的空间位置。
观察例举	9月20日，喝水时间，强强流着鼻涕走到老师面前说："老师，我流鼻涕了。"老师连忙说："纸在小筐里。"强强从小筐里拿了一张纸擦鼻涕。 3月17日，活动区时间，浩浩用4块2倍积木围拢成一个正方形，然后把小兔子放到正方形的中间。甜甜说："带小兔到房子外边玩儿吧。"于是，浩浩把小兔拿到正方形外边。

级别 2

典型表现	幼儿能识别前后、远近的空间关系。
解 释	幼儿能够根据实际情境用语言或动作表明物体的前后和远近的空间关系。
观察例举	5月7日，午餐时间，小朋友正在排队取餐，壮壮对莎莎说："莎莎，你站到我的后面吧。" 3月19日，户外活动时间，小朋友在操场上玩皮球，乐乐从墙边抱起一个皮球走到老师面前说："老师，我从远处捡回来一个皮球。"

级别 3

典型表现	幼儿能使用基本的方位词进行描述。
解 释	幼儿能运用上下、前后、里外、中间、旁边等方位词描述物体的位置和运动方向。

续表

观察例举	5月6日，户外活动时间，东东将一个轮胎从斜坡滚下去，说："看，我的轮胎一直往前滚。" 4月4日，区域活动时间，积木区，萌萌指着搭好的建筑物说："这是医院，上边的楼顶可以停放直升机。中间是住院部，下面是停车场，旁边是马路。"

级别 4

典型表现	幼儿能以自己为中心判断左右。
解 释	幼儿既能辨别自己的左右，又能以自己为中心判断客体的左右。
观察例举	11月14日，来园时间，值日生冰冰说："老师，今天我是值日生。"老师说："那你把袖标戴在左胳膊上吧。"冰冰拿起袖标比画了一会儿，将袖标戴在了左胳膊上。

级别 5

典型表现	幼儿能按照方位语言指示或示意图完成任务。
解 释	幼儿能按照较复杂的方位指令做出相应的反应，如"用你的左手拍拍你的右腿"；或能够按照示意图(指能够表明空间关系的简单图示，如路线图、方位图等)完成一定任务。
观察例举	3月9日，户外活动时间，王老师和小朋友在玩藏宝游戏，老师说："孩子们，公主的宝石就藏在滑梯前边靠近沙池的一棵山楂树下。"婷婷按照老师的指令，找到红宝石。 6月1日，亲子活动时间，点点拉着妈妈站在幼儿园大厅，指着"幼儿园班级位置示意图"说："妈妈，我们今天是去三楼的多功能室活动，咱们从一层上到二层，左拐再往上走就到了。"然后，她领着妈妈找到了多功能室。

评估项目 30　比较和测量

本评估项目对照《指南》科学领域(二)数学认知目标 2"感知和理解数、量及数量关系"。

幼儿测量的动机来源于他们对事物进行比较的兴趣(例如，谁撕的纸长？谁接的水满？)，初期他们会自发地使用一些常见的术语(如大、更大、最大)，当幼儿在对两种物体或者两种以上物体进行比较时，会学习一些能对物体进行区分的测量属性，如长度、体积、重量、温度或时间等。随着幼儿生活经验的丰富，他们可以用语言来描述物体的不同，并且逐渐学会一些测量用语，探索运用测量工具。慢慢地，幼儿能按照自己的需求，正确地运用测量工具和测量方法，从而能对物体正确测量。

级别 1

典型表现	幼儿会使用测量用语。
解 释	幼儿使用测量用语描述一个物体,但没有把它和另外一个物体比较。这个术语只用于命名或识别一个具体的特性。例如,处于这个级别的幼儿可能会用大、更大、最大来描述一些大的东西,但却没有将它们与其他物体的大小进行比较。(注:如果幼儿使用某些比较性的词语来描述某些物体,你要判断他是否真的在进行比较,如果是属于级别2,如果不是属于级别1。)
观察例举	3月3日,午休后的餐点时间,天天举起手里的苹果对乐乐说:"我的苹果也是最大的。" 4月28日,户外活动时间,几名幼儿一起抬着一个轮胎,然后格格说:"这个轮胎好大呀,我们一起把它搬起来了。"

级别 2

典型表现	基于测量属性,幼儿使用"一样的""相同"或者比较性质的词语(例如,更大或者最大)对物体直接进行比较或排序。
解 释	幼儿通过直接比较对物体进行排序,并用"一样的""相同"或者比较性质的词语对物品进行描述。(注:如果幼儿使用某些比较性的词语来描述某些物体,你要判断他是否真的在进行比较,如果是属于级别2,如果不是属于级别1。)
观察例举	4月24日,工作时间,美工区,婧儿用红色手工纸制作了一个小筐子,她请旁边的佳瑶帮她用蓝色手工纸剪一个盖子。剪好后,婧儿说:"好大啊!"然后将它放在小筐上比较:"哈哈,正好呀!"

级别 3

典型表现	幼儿使用标准的测量方法和程序对物体进行测量。
解 释	测量时,幼儿遵循标准程序,即使用相同的单位测量,从基线开始测量以及测量时既未出现漏测也未出现重叠测量,但未使用像米、厘米这样的标准单位。
观察例举	4月21日,玩具区,小轩和博文拿着积木测量桌子的高度,小轩把一根4倍积木的一端接于地面,另一端竖直往上贴住桌面,边量边说:"小朋友的桌子和这根积木是一样高的,真好玩。"

级别 4

典型表现	幼儿使用两种不同的单位测量某个物体,并解释结果不同的原因。
解 释	在这一级别幼儿知道用两种不同的单位测量某物,会出现两个不同的结果,虽然物体的大小并没有发生改变。例如他可能预测到,对于同一物体,用较小的单位(回形针)测量出来的结果(单元数)要比用较长单位(铅笔)测量出来的结果大。
观察例举	4月20日,活动区时间,艺术区里,豆豆将一条彩色腰带平放在桌子上用铅笔测量,说:"有5支铅笔长。"后来又用尺子测量,说:"啊,只有3把尺子长,尺子就是比铅笔长。"

级别 5

典型表现	幼儿能独立使用标准计量单位进行正确测量,并说出其使用的测量单位。
解　释	幼儿使用标准计量单位进行测量,并能说出用于单位的测量类型。这些单位包括用于测量长度、重量和体积的单位,而且是在中国适用的(例如,中国使用厘米和米)。
观察例举	4月16日,工作时间,家庭区中小晋将废旧橡皮泥桶中的水倒入有刻度的奶瓶中,他说:"现在有150毫升水。" 5月14日,工作时间,家庭区,小逸拿出天平,找出100克的砝码放在托盘一端,在另一端不断添加面粉。我问:"小逸,你打算用多少面粉?"他说:"我只想要100克。我看到天平指针指向了中间。"

评估项目 31　模式

本评估项目对照《指南》科学领域(二)数学认知目标1"初步感知生活中数学的有用和有趣"。

幼儿通过自己的观察或在大人的提醒下开始意识到物体、动作、声音和事件中的模式规律的存在。随着幼儿处理单个物体到排列多个物体以及注意物体排列规律的能力增加,对于模式的意识也日益增强。例如,一些是重复模式,如串珠时会一红一蓝一红一蓝,而另一些规律的发生则是可预测的变化,如年龄的增长,身高也增加。使用模式和发现模式关系是以后在学校学习代数的基础。

级别 1

典型表现	幼儿识别、复制或扩展现有的简单的模式。
解　释	幼儿参与简单的交替模式(如 AB—AB—AB 或 AABB—AABB—AABB)或简单的对称模式(如 AACAA)。或幼儿说出一个模式:红—蓝—红—蓝—红—蓝,复制一个模式或扩展现有的模式,以表明他知道这个模式。
观察例举	4月1日,活动区时间,玩具区,小琪将瓶盖按红—黄—红—黄—红—黄的顺序排好。

级别 2

典型表现	幼儿创造而非模仿一个独特的至少有三次重复的简单模式。
解　释	幼儿创造出一个简单模式,至少有三次重复。这个模式可能是基于视觉的(如交替使用红蓝珠子),也可能是基于动作的(如交替拍腿和肩膀)。要在这个级别得分,这个模式必须是幼儿自己原创的,不能模仿。
观察例举	5月13日,区域活动时间,祺祺在玩具区串珠子。她先是仔细看了看自己手中已经串好的珠子,过了一会儿,她慢慢地将串好的珠子一颗颗地取下来有序放回托盘,然后看着托盘想了想,又开始慢慢地串起来,一颗蓝色、一颗粉色、一颗蓝色、一颗粉色、一颗蓝色、一颗粉色……然后她把串好的项链拿起来让我看。

级别 3

典型表现	幼儿创造而非模仿一个至少有三次重复的复杂模式。
解 释	幼儿创造出一个至少有三次重复的更复杂的模式(如 AAB—AAB—AAB 或 ABC—ABC—ABC)。同上一级别一样,这个模式可以是基于视觉的,也可以是基于动作的,但必须是原创,不能模仿。
观察例举	5月21日,区域活动时间,积木区,梓昕对我说:"老师,看我搭的房子,一层长方体,上面加两个圆柱体;然后,上面再盖长方体,再加两个圆柱体,一直这样子搭,好漂亮啊。" 4月29日,区域活动时间,梦馨在玩具区串珠子,穿好后看看自己手中的项链,一边看一边用手指着说:"粉色、蓝色、绿色、红色,粉色、蓝色、绿色……"突然停了下来,说少了一颗红色的,于是又都拆下来重新串好。

级别 4

典型表现	幼儿独立地把一个模式转换成声音、符号、动作或物品。
解 释	幼儿用一种形式的模式(如视觉模式)创造出一个另一种形式的模式(如声音模式)。例如,幼儿可能会将 122—122—122 的书写模式转换成低高高—低高高—低高高的声音模式。这个想法必须来源于幼儿,而且这个模式必须重复三次或三次以上。
观察例举	11月25日,在集体活动时间,思思根据教师黑板上图谱 ABABAB 的模式,拍手、拍腿,拍手、拍腿,拍手、拍腿地打着节奏。

级别 5

典型表现	幼儿能解释增加模式、减少模式。
解 释	增加或减少的模式(代数函数)中存在一个事物增加而导致另一个事物增加或者减少的系统关系(例如,随着年龄的增加,身高会增加;每舀一勺麦片到碗里,盒子里的麦片就会减少)。这个级别的幼儿能识别这些联系,为其以后对代数的进一步认识奠定了基础。
观察例举	12月12日,活动区时间,在玩具区,茜茜在玩舀豆子的游戏,并说:"我把豆子从红色的碗舀到蓝色的碗,红色碗里的豆子会越来越少,蓝色碗里的豆子会越来越多。红色的都舀完,蓝色的就装满了。"

评估项目 32 数据分析

本评估项目对照《指南》科学领域(二)数学认知目标 2"感知和理解数、量及数量关系"。

虽然幼儿在收集和记录定量(数值)信息的过程中不能像成人一样有体系,但是幼儿仍然很享受。和早期数学的其他领域一样,学步期幼儿会将物品分组聚堆,然后学会定量和比较。学龄前儿童开始会将这些信息呈现在简单的图表上,了解数据的意义。渐渐地,幼儿们开始问一些能通过数据收集和分析解决的问题。

级别 1

典型表现	幼儿以具体方式呈现信息（数据）。
解 释	幼儿利用具体物品，如一个玩具、一块积木，他自己来组织简单的信息以显示信息属于哪一类。
观察例举	10月12日，计划时间，在积木区，凡凡把自己的照片放到了积木区标志处表示工作时间在那里玩。

级别 2

典型表现	幼儿以抽象方式呈现信息（数据）。
解 释	幼儿以不那么直接的方式，如做个计数符号或写上他的名字等，将简单的信息记录在列表、图标或简易图上。
观察例举	5月20日，计划时间，明明在自己想去的艺术区表格中画了一个三角形标记。

级别 3

典型表现	幼儿解读图示或图表上的信息（数据）。
解 释	幼儿能够明白记录在列表、图表或简易图上数据的意义。例如，幼儿看着计数标记上的数字，总结出喜欢苹果的幼儿比喜欢梨的幼儿多。
观察例举	3月30日，回顾时间，逸群来到老师身边，看到记事板上统计的活动区工作人数说："今天没有人在语言区工作，积木区的人数最多，有7个人。"

级别 4

典型表现	幼儿应用图示或图表上的信息（数据）。
解 释	在解释完记录在列表、图表或简易图上的信息后，幼儿使用这些信息来回答问题或解决问题。例如，当幼儿看到"小朋友最喜欢的水果"图表上苹果的计数标记比梨的多时，他会得出结论"我们班应该从农贸市场上多买些苹果"。
观察例举	11月23日，午餐时间，值日生桐淑看了看记事板上的统计图表，说："今天有两位小朋友没来，碗可以少拿两个，勺子也少拿两把。"

级别 5

典型表现	幼儿提出一个感兴趣的问题，然后自己收集并解读信息（数据）来找出答案。
解 释	幼儿能识别可以回答他感兴趣的问题所需的数据（可计算的）类型。要在这个级别得分，幼儿不能只是提出问题，还必须要收集并解读信息。
观察例举	4月30日，工作时间，玩具区，佳怡指着统计表对我说："张老师，你看我搭了一个房子，还做了统计表，一共用了6块正方形板子、10个磁力珠、10个磁力棒，中间还被破坏了一次。"

艺术领域

艺术是人类感受美、表现美和创造美的重要形式,也是表达自己对周围世界的认识和情绪态度的独特方式。

每个幼儿心里都有一颗美的种子。幼儿艺术领域学习的关键在于充分创造条件和机会,在大自然和社会文化生活中萌发幼儿对美的感受和体验,丰富其想象力和创造力,引导幼儿学会用心灵去感受和发现美,用自己的方式去表现和创造美。

评估项目33 感受与欣赏

本评估项目对照《指南》艺术领域(一)感受与欣赏目标1"喜欢自然界与生活中美的事物";目标2"喜欢欣赏多种多样的艺术形式和作品"。

艺术感受是指幼儿被周围环境或生活中美的事物或艺术作品所吸引,从感知出发,以想象为主要方式,以情感的激发为主要特征的一种艺术能力;艺术欣赏是指幼儿的感官接触到艺术作品产生审美愉悦;是对艺术作品的"接受",即感知、体验、理解、想象、再创造等综合心理活动,是幼儿以艺术形象为对象的、通过艺术作品获得精神满足和情感愉悦的审美活动。欣赏是一种更深入的感受。3—4岁的幼儿还不容易理解艺术作品的性质,对形象、具体、浅显的内容比较感兴趣。随着年龄的增长,幼儿逐渐能够感受并愿意欣赏内容复杂、形象性强的艺术作品,并能直接用言语、动作表达自己的情绪情感、体验和感受。

级别 1

典型表现	幼儿看到或听到美的事物、艺术作品、声音时会有身体或表情的变化。
解　释	幼儿看到花草树木、日月星空等大自然中美的事物，各种形式的艺术作品或听到好听的音乐、鸟鸣、风雨声等声音，身体会有一些变化（如突然停下或放慢脚步，扭身、抬头、拍手等动作），面部表情发生变化（如微笑、睁大眼睛、发出声音等）。
观察例举	12月20日，户外活动时间，朵朵看到一只蓝色的蝴蝶落在花朵上，就停下来瞪大了眼睛看着。

级别 2

典型表现	幼儿能关注到自然界和生活中美的事物、声音、艺术作品，并能产生相应的情绪和动作反应。
解　释	这个级别的"关注"主要是指幼儿主动接近自然界和生活中美好的事物、声音和艺术作品（如形状特别的建筑物、色彩鲜艳的服饰、争奇斗艳的花草树木等和鸟叫声、水流声、音乐声等），幼儿在关注的过程中会出现与艺术作品相适应的情绪反应，如微笑、兴奋、悲伤等。
观察例举	5月8日，艺术活动中，小明看到琪琪在创作一幅关于海洋的画，跑过去观察了一会儿说："哇！这几条鱼的花纹真好看！"

级别 3

典型表现	幼儿在观看艺术活动及艺术作品时，能用简单的语言表达对色彩、声音等主要特征的理解。
解　释	幼儿能够描述出事物的特征，包括颜色、形状、形态，以及声音长短、高低、强弱的变化。
观察例举	6月1日，户外活动时间，小鹏看着天上飘过的朵朵白云，一会儿说"这片云朵像大马"，一会儿说"这片云朵像妈妈的卷发"。

级别 4

典型表现	幼儿收集美的物品或向别人介绍美的事物。
解　释	幼儿经常收集在自然界和生活中发现的美的事物，常常用语言、表情、动作向老师和同伴介绍自己所发现的美，并能讲出喜欢的理由，还常常会联想到其他事物。
观察例举	10月20日，户外活动时间，丽丽看到地面有一片红中透绿的树叶，跑过去捡起来正反面都看了看，然后跑到小朋友中间，手舞足蹈地说："快看，这片树叶太好看了！因为这片树叶像美丽的彩虹照在了碧绿的大树上。" 3月12日，户外活动时间，瑞瑞在地上发现了一块小石头，捡起来拿给老师看并说："这块石头的形状好像一只小狗的脑袋！"

级别 5

典型表现	幼儿能和别人分享、交流自己喜爱的艺术作品和美感体验。
解 释	幼儿能够在日常生活中将听到、看到的美好事物自如地与他人进行分享并能讲出自己对美的事物的理解和自己的感受。
观察例举	6月25日，过渡环节，老师播放一段歌曲，露露对西西说："我最喜欢这首歌了，一听到它我就很兴奋，还想扭来扭去地跳舞呢！"

评估项目 34 表现与创造

本评估项目对照《指南》艺术领域(二)表现与创造目标 1"喜欢进行艺术活动并大胆表现"；目标 2"具有初步的艺术表现与创造能力"；健康领域(二)动作发展目标 1"具有一定的平衡能力，动作协调、灵敏"；语言领域(一)倾听与表达目标 2"愿意讲话并能清楚地表达"；社会领域(一)人际交往目标 3"具有自尊、自信、自主的表现"；科学领域(二)数学认知目标 3"感知形状与空间关系"。

幼儿对事物的感受和理解不同于成人，他们表达自己认识和情感的方式也有别于成人。幼儿会通过歌唱、律动、美术、角色扮演等活动进行艺术表现和创造。

评估项目 34.1 歌唱

幼儿是通过聆听、探索声音、模仿、跟唱、哼唱等过程学唱歌曲的，3—4 岁幼儿比较喜欢歌曲中生动形象的象声词，且不能区别发音上的细微变化，肺活量小，常常在唱歌时变成"说歌"；随着年龄的增长，幼儿对嗓音的控制和听辨声音的能力不断增强，听觉和分化能力更高，音域不断扩大，对节奏、力度、速度的控制更细腻。

级别 1

典型表现	幼儿能够唱出自己感兴趣(熟悉)歌曲的一部分内容。
解 释	幼儿能唱他熟悉的歌曲中一小段或几句歌词。
观察例举	3月4日，集体活动时，张老师领唱："鱼儿鱼儿怎样游？"幼儿接唱："摇摇尾巴游啊游……" 3月8日，区域活动结束后，果果唱起了歌曲《粉刷匠》中的几句歌词："我是一个粉刷匠，粉刷本领强，我要把那新房子刷得更漂亮。"

级别 2

典型表现	在唱一首歌的某一部分时，幼儿会调整自己的声音。
解 释	幼儿在唱一首歌的某一部分时会调整自己的音调(高音或低音)、音量(大声或小声)或其他声音特性。例如，幼儿在唱歌时可能会用低沉的声音唱怪物或用吱吱的声音唱老鼠。

续表

观察例举	4月9日，在区域活动时间，艺术表演区，丽丽用低沉的声音唱大象来了，咚咚咚，接着又用细而小的声音唱小老鼠来了，吱吱吱。 4月6日，区域活动时间，丁丁在娃娃家表演唱歌，唱到"我的小鼓咚咚咚"时声音很大，还一边将鼓敲得很响，当唱到"妈妈睡着了"时，停下了手中的鼓槌，声音也变得轻轻的。

级别 3

典型表现	幼儿能唱出一首他熟悉的歌曲的所有歌词。
解 释	幼儿能唱出一首简单而熟悉的歌曲中的重复部分和主歌部分。例如，幼儿能唱出主歌部分里带各种动物的名字的歌词。
观察例举	5月5日，在积木区，妞妞用积木搭建了一个"动物农场"，然后唱出了《农场》这首歌里的所有歌词。

级别 4

典型表现	幼儿能用恰当的情绪情感表达歌曲的内容。
解 释	幼儿唱悲伤的歌曲时，表情难过，声音低沉；当唱快乐的歌曲时，表情高兴、微笑，声音欢快。对熟悉并有规律的歌曲能够创编简单的歌词。例如，根据大树是小鸟的家，大海是小鱼的家，幼儿可创编蓝天是白云的家……
观察例举	5月18日，区域活动时间，在表演区，琛琛为小朋友表演《小娃娃跌倒了》。在唱第一段表现小娃娃跌倒时，琛琛坐在地上，低着头，声音低沉、歌声缓慢；在唱第二段表现歌中小朋友得到帮助、喜悦的心情时，琛琛起身，又蹦又跳，面带笑容，高声地唱。

级别 5

典型表现	能用多种歌唱形式表演自己熟悉的歌曲。
解 释	幼儿能用多种歌唱形式，如对唱、领唱、接唱、二声部唱歌等形式演唱，能用1—2种即可。
观察例举	6月6日，区域活动时，娇娇和艳艳一起唱《谁会这样》这首一问一答的歌，娇娇问："谁会飞?"艳艳唱："鸟会飞，鸟儿鸟儿怎样飞?"娇娇答："扑扑翅膀这样飞。"

评估项目 34.2 律动

幼儿无论有没有听到音乐，都会尝试移动身体或不同的身体部位，喜欢学习简单的动作或跟着音乐做动作；随着年龄的增长，幼儿逐渐体验到各种不同类型的律动，能把特定的律动与不同的音乐类型结合起来，并能进行有序的律动和舞蹈。

级别 1

典型表现	幼儿自己能随音乐做动作。
解　释	幼儿随着音乐会扭动身体，前后移动、转动或抬胳膊、踏步、跺脚等。
观察例举	3月5日，活动区时间，表演区，冉冉听着《蜜蜂》的音乐原地转圈、左右摇摆。

级别 2

典型表现	幼儿能识别并跟着稳定节拍做动作。
解　释	这个稳定节拍可能是音乐中的，也可以是幼儿自己发起的动作节拍或别人创作的稳定节拍。
观察例举	3月20日，在集体活动时间，当《春天在哪里》的音乐响起时，欢欢跟音乐节拍一会儿拍手，一会儿拍打膝盖。

级别 3

典型表现	幼儿描述自己的动作是如何与音乐特征联系起来的。
解　释	幼儿通过动作反映他们听到一段乐曲的特点。例如，幼儿可能会说："我要慢慢舞动，因为音乐是舒缓的。"
观察例举	3月27日，表演区，若涵踮起脚尖说："这是芭蕾舞，我要踮着脚尖快快转一圈，因为音乐太快了。"

级别 4

典型表现	幼儿保持至少8个稳定的节拍。
解　释	幼儿创造出自己的(至少包括4个不同的动作)舞蹈或一系列动作，并按照顺序重复这一系列动作。幼儿创作一个系列动作，包括至少4个不同的动作，并重复这一系列动作。幼儿可能只移动身体的一部分(包括头、手臂、腿、脚)，也可能是移动位置。
观察例举	3月30日，在自由活动时间，珍珍和莎莎发明了一个拍手游戏，先左右拍手，然后上下拍手，接着是前后拍手，然后是两人对拍。她们一遍一遍地做着这个拍手的游戏。

级别 5

典型表现	幼儿学会一个舞蹈的简单动作，并跟着稳定节拍做动作。
解　释	幼儿能学会一个简单的舞蹈(例如民族舞蹈)，并在做动作时一直保持着稳定的节拍。根据不同的舞蹈，幼儿可以跳独舞、团体舞(如行列舞或圆圈舞)或双人舞。(注：只是跟着快速节拍蹦蹦跳跳的幼儿不属于这个级别，应更适合级别1或2。)
观察例举	3月24日，表演区，小朋友在一起跳舞，冉冉跟着音乐节拍跳起了自己的舞步，向左四步，向右四步，向前四步，向后四步，然后旋转，重复上述动作，她一边跟着音乐节奏跳舞，一边说："我编的是扭秧歌舞。"

评估项目 34.3　绘画与造型

幼儿会使用二维和三维材料进行绘画、涂色、捏泥等手工制作以及组装。在幼儿学着使用艺术材料和工具时，对艺术欣赏从感官体验逐渐发展到对形状、颜色和布局的探索。随着年龄的增长，幼儿会从无意识的创作发展到有意识的创作，而且加入更多细节，作品会变得更丰富、更复杂；同时，幼儿开始使用艺术元素进行创作。

级别 1

典型表现	幼儿在操作材料过程中，能无意识地做出某种东西，并说出它像什么。
解　释	幼儿无意识地做出某种东西，结果发现它酷似自己熟悉的一件物品。例如，幼儿可能会把橡皮泥捏成长方形，然后说它看起来像一辆汽车。也就是说，幼儿事先并没有想好做什么或者要表达什么，但当结果呈现时才能表达这个东西像什么。
观察例举	3月5日，活动区时间，在美工区，强强画了两个大圆和一个小圆，对同伴说："两个大圆是爸爸和妈妈，小圆是我。" 3月7日，活动区时间，在积木区，丫丫把几块积木竖着立了起来，然后看着它们说："它们看起来就像几棵高大的树。"

级别 2

典型表现	幼儿创造出一个简单的有一点细节的作品。
解　释	幼儿打算制作一件特定的物品。例如，幼儿画人时，用一个圆圈代表头，从圆圈向外画上一些线表示胳膊和腿，并用两点代表眼睛，用线代表嘴。
观察例举	6月12日，活动区时间，在美工区，一涵画了一个半圆形，之后，她在半圆形旁画了个长着圆脑袋、两条竖线当身体的小人，还说："这是我们家的车。" 9月14日，活动区时间，在美工区，然然用粉色橡皮泥团了一个圆，放在左手心里，用右手压扁，说："小兔子的脸圆圆的。"然后用黑色团了两个小小的球放在粉色泥上，说："这是小兔子的眼睛。"

级别 3

典型表现	幼儿创作出一个复杂的有很多细节的成品。
解　释	幼儿有意识地创作一个作品，作品中会包含很多细节。例如，如果幼儿要画一个人，他会画一个头，还有身体(包括胳膊、手、腿、眼睛、嘴巴、牙齿、头发还有发夹等)。他画的家庭成员可能包括高矮胖瘦不同的人，而且有显著的个人特征。
观察例举	9月18日，活动区时间，在美工区，垚垚在纸盘的边缘用紫色油画棒涂满，接着在圆形的红色卡纸上画上眼睛、鼻子，并用三角形的红色手工纸贴在鼻子下，然后将盘子边缘用各色三角形手工纸粘满，她说："我做的是向日葵，盘子边上各色三角形是花瓣。"最后，她把画有眼睛、鼻子的红色卡纸粘在盘子中间，她说："这是向日葵的脸。"

级别 4

典型表现	幼儿注意到艺术特征(如色彩、线条和纹理、质地)是如何与情感和想法相联系的。
解 释	幼儿通过阐述艺术家是如何用艺术元素表现自己的情绪或想法,来展现其对视觉艺术的欣赏能力。例如,幼儿可能会说强烈的色彩表示强烈的情感,拥挤的画面看起来很忙碌,表面光滑的雕塑给人安全或温柔的感觉。
观察例举	3月25日,阅读区,豆豆在听糖糖读《绿野仙踪》这本书时说:"你看,她在树上的时候看上去真小啊!她肯定很孤单。"

级别 5

典型表现	幼儿解释自己是如何用艺术元素创造艺术效果或者表达情感和想法的。
解 释	幼儿使用艺术元素(如色彩、线条、质感、比例或透视画法),并解释了如何形成特定的视觉效果或表达出思想或情感。
观察例举	6月23日,活动区时间,在艺术区,小阳用不同的色彩绘画了四个不同表情的人物,说:"这个开心的是爸爸,爸爸总和我开玩笑;这个生气的是妈妈,头上还着着火,脸也和火一样红……"

评估项目 34.4 角色扮演

角色扮演涉及模仿和想象。年幼的幼儿会观看和模仿周围的人、动物或物品的动作、姿态和声音。到学步期后期,幼儿会假装用一个物体代替另一个物体。到了学龄前早期,他们开始进行角色分配和角色扮演,幼儿会从独自扮演游戏到和别人一起合作游戏,而且游戏会变得更富有想象力,并逐步开始出现道具、日益复杂的场景及多个角色。他们也会把熟悉的故事戏剧化,并创造出属于自己的新故事。

级别 1

典型表现	幼儿通过语言或做动作假装扮演一个角色或一个图片里的内容。
解 释	在角色扮演的过程中,幼儿假扮一个角色或假装某个物体是活的。例如,幼儿可能会扮演一只鸡,并要求到草地上捉虫子;或者幼儿可能会假装图片中的兔子是活的,和它说话。(注:这个级别要求幼儿不能只是模仿一个动作,例如,幼儿在扮演狗时,必须要四肢着地,学狗叫。)
观察例举	2月1日,区域活动时间,在娃娃家,妮妮说:"我的宝宝饿了,他要喝奶了。"然后,她假装给婴儿喂奶。

级别 2

典型表现	幼儿重复地玩一个角色扮演游戏。
解 释	幼儿在角色扮演的游戏中游刃有余,并一遍一遍地重复这些游戏。这个级别中典型的角色扮演游戏就是照顾哭闹或生病的娃娃,或扑火。

续表

观察例举	3月5日，区域活动时间，妮妮在扮演妈妈。她说："宝宝生病了，我要带她去看大夫。"于是去找当大夫的贝贝，请贝贝帮宝宝量体温、打针。过了五分钟，妮妮又带宝宝去找贝贝看病，让贝贝帮宝宝打针、输液。又过了十分钟，妮妮再次带宝宝去找贝贝看病。连续三天妮妮和贝贝都在重复这个游戏。

级别 3

典型表现	幼儿和两个或两个以上幼儿一起游戏，并从角色中跳出来，给其他幼儿指示。
解 释	幼儿的角色扮演游戏场景包含多个角色并有一条不断发展的故事线索。在这个级别，幼儿会和两个或两个以上的幼儿一起玩，并跳出自己的角色，负责分配角色、吩咐某人做什么，或决定接下来会发生什么。
观察例举	5月12日，活动区时间，娃娃家，果儿对其他幼儿说："我们今天来给宝宝过生日吧！我当妈妈，皮皮当爸爸，乐乐当宝宝，我去买蛋糕呀！爸爸你点蜡烛，宝宝许愿，接下来我们给宝宝唱生日快乐歌吧！"

级别 4

典型表现	为支持并延伸角色扮演游戏，幼儿创造出包含 5 个或更多细节的特定的道具或者服装。
解 释	幼儿创造出一个包含至少 5 个不同特点的道具或者服装来延伸角色扮演游戏。制作道具可能比角色扮演本身更重要。
观察例举	5月4日，在区域活动时间，牛牛想扮演猪八戒，他就到艺术区做了一个猪鼻子、一个猪尾巴，到废旧材料处找了一个黑塑料袋当衣服，到玩具区找了一根纸棒当耙子，用小插片做了一顶帽子。接着，他到角色区扮演起猪八戒。

级别 5

典型表现	幼儿参与到集体表演的熟悉的故事、童话或寓言的活动中，并加上自己的想法。
解 释	幼儿参与集体表演，重演曾读过或听过的熟悉的故事。针对如何表演这个故事，他会分享自己的想法。例如，谁扮演什么角色，怎么演，使用什么布景和道具，以及如何修改故事。他可以扮演其中一个角色，也可能是协助别人进行表演。
观察例举	5月25日，在表演区，红红、妞妞在排练班级六一的节目儿童剧《狐假虎威》。红红说："我演小兔子，我想穿着白色的小裙子，头上再戴个漂亮的胡萝卜形状的发卡，我就是漂亮的小白兔了！你演的是老虎，你要不戴个又粗又大的尾巴吧，这样就能把别人都吓一跳。"她边说边做动作。

参考文献

[1] 中华人民共和国教育部. 3—6岁儿童学习与发展指南[M]. 北京：首都师范大学出版社，2012.

[2] 中华人民共和国教育部. 幼儿园教育指导纲要（试行）[M]. 北京：北京师范大学出版社，2001.

[3] 李季湄，冯晓霞.《3—6岁儿童学习与发展指南》解读[M]. 北京：人民教育出版社，2013.

[4] 教育部基础教育司.《幼儿园教育指导纲要（试行）》解读[M]. 南京：江苏教育出版社，2002.

[5] [美]苏·克拉克·沃瑟姆. 学前教育评价：第五版[M]. 向海英，译. 北京：北京师范大学出版社，2013.

[6] [美]安·S.爱泼斯坦. 学前教育中的主动学习精要——认识高宽课程模式[M]. 霍力岩，郭珺，等，译. 北京：教育科学出版社，2012.

[7] [美]贝蒂. 幼儿发展的观察与评价[M]. 郑福明，费广洪，译. 北京：高等教育出版社，2011.

[8] 王烨芳. 学前儿童行为观察与分析[M]. 南京：江苏教育出版社，2012.

[9] 屠美如. 向瑞吉欧学什么——儿童的一百种语言解读[M]. 北京：教育科学出版社，2002.

[10] 李季湄.《3—6岁儿童学习与发展指南》实施问答[M]. 北京：北京师范大学出版社，2014.

[11] 张俊. 幼儿园科学教育活动指导[M]. 北京：人民教育出版社，2011.

[12] 黄瑾，田方. 学前儿童数学学习与发展核心经验[M]. 南京：南京师范大学出版社，2015.

[13] 白爱宝. 幼儿发展评价手册[M]. 北京：教育科学出版社，1999.

[14] 李志宇. 幼儿园课程改革理论指导[M]. 北京：中国广播电视出版社，2005.

[15] 李志宇. 幼儿园课程改革实践指导（小、中、大班）[M]. 北京：中国广播电视出版社，2005.

[16]刘焱，李志宇．幼儿发展评价手册——连接教师与家长的纽带（全六册）[M]．北京：中国广播电视出版社，2005．

[17]胡慧闵，郭良菁．幼儿园教育评价[M]．上海：华东师范大学出版社，2009．

[18]潘月娟．学前儿童观察与评价[M]．北京：北京师范大学出版社，2015．

[19][新西兰]玛格丽特·卡尔，温迪·李．学习故事与早期教育：建构学习者的形象[M]．周菁，译．北京：教育科学出版社，2015．

[20]刘焱．中国幼儿园教育质量评价量表[M]．北京：北京师范大学出版社，2018．

[21]柳倩，周念丽，张晔．学前儿童健康学习与发展核心经验[M]．南京：南京师范大学出版社，2016．

[22]孔起英．幼儿园美术教育[M]．北京：人民教育出版社，2004．

[23]张慧和，张俊．幼儿园数学教育活动指导[M]．北京：人民教育出版社，2011．

[24][美]高瞻教育研究基金会．学前教育机构质量评价系统[M]．霍力岩，黄爽，黄双，等，译．北京：教育科学出版社，2018．

[25][美]高瞻教育研究基金会．学前儿童观察评价系统[M]．霍力岩，刘祎玮，刘睿文，等，译．北京：教育科学出版社，2018．

[26][美]沃伦·R.本特森．观察儿童——儿童行为观察记录指南[M]．于开莲，王银铃，译．北京：人民教育出版社，2009．

[27][美]科恩，等．幼儿行为的观察与记录：第五版．[M]．马燕，马希武，译．北京：中国轻工业出版社，2013．

[28][美]盖伊·格朗兰德，玛琳·詹姆斯．聚焦式观察：儿童观察评价与课程设计[M]．梁慧娟，译．北京：教育科学出版社，2017．

[29]李志宇．幼儿园教师实践操作手册[M]．南京：南京师范大学出版社，2012．

[30]刘云艳．幼儿好奇心发展与教育促进研究[D]．西南师范大学，2004．

[31]陈佳丽．《中国教育机构托幼教育质量评价量表（试用版）》的试用研究[D]．浙江师范大学，2012．

[32]陈婷，徐萍．西方教育评价的先进理念及其启示[J]．教学管理，2014（8）：144-146．

[33]付娜．近30年我国学前儿童发展评价研究发展特点及趋势[J]．当代学前教育，2015(1)：4-7．

[34]潘月娟．儿童发展评价的新趋势——真实评价[J]．学前教育研究，2003(12)：5-7．

[35]朱敏，李甦．儿童口语叙事中叙事评价的发展研究[J]．中国特殊教育，2015(8)：92-96．

[36]秦旭芳，陈铮．为幼儿成长搭建阶梯——《3—6岁儿童学习与发展指南》下幼儿发

展评价的定位与实施[J]. 教育导刊(下半月)，2013(10)：10-13.

[37]姚伟，崔迪. 当前幼儿园档案袋评价存在的问题与解决对策[J]. 学前教育研究，2007(2)：31-33.

[38]林泳海，周葱葱. 3.5—6.5岁儿童式样认知发展的实验研究[J]. 心理学探新，2003(1)：33.

[39]李志宇，原燕.《3—6岁儿童发展评估工具》的研制与应用[J]. 教育理论与实践，2016(32)：27-30.

[40]康建琴，刘焱. 制定幼儿园评估标准需要澄清的几个问题[J]. 学前教育研究，2011(1)：29-33.

[41]席小莉，黄甫全. 儿童作为研究者：一种新兴的研究取向[J]. 教育发展研究，2012(24)：64-69.

[42]康建琴. 指标要切入质量的内核[N]. 中国教育报，2010-1-29(8).

[43]李志宇. 基于《指南》的3—6岁儿童发展评价体系的研究[J]. 山西教育(幼教)，2018(12)：35-37.

[44]康建琴. 幼儿发展评价的范式转变：基于日常观察的真实性评价. 山西教育(幼教)，2016(11)：8-10.

[45]席小莉，袁爱玲. 对象、参与和领导——论儿童在研究中的角色演变[J]. 华南师范大学学报(社会科学版)，2013(2)：38-44.

[46]康建琴. 幼儿教师观察能力提升"四部曲"[J]. 山西教育(幼教)，2019(9)：4-6.

[47]席小莉，袁爱玲. "儿童作为研究者"的兴起与发展[J]. 学前教育研究，2013(4)：18-24.

[48]刘旺，田丽丽. 5—6岁幼儿自我概念图片量表的编制[J]. 学前教育研究，2015(1)：10.

[49]周容，张厚粲. CDCC中国儿童发展量表3—6岁的编制[C]. 全国第七届心理学学术会议文摘选集，1993.

[50]翁文磊，林蕙蕙，程华山. 幼儿发展筛选量表(ESI)上海市区修订报告[J]. 心理发展与教育，1999(2)：5.

[51]黄瑾，王晓棠. 质量检测视角下的美国早期儿童学习与发展评价[J]. 全球教育展望，2017(9)：104-117.

[52]高敬. 儿童发展真实评价在美国早期教育运用的分析与启示[J]. 外国教育研究，2018(10)：25-37.

[53]温剑青. 支持个性化教育的幼儿发展评价实践与思考[J]. 上海教育科研，2019(11)：32-37.

[54][英]艾莉森·克拉克. 倾听幼儿：马赛克方法[M]. 刘宇，译. 北京：中国轻工业出版社，2020.

[55] High/Scope Educational Research Foundation. Preschool Program Quality Assessment: Form a Classroom Items[M]. Ypsilanti: High/Scope Press，2003.

[56] High/Scope Educational Research Foundation. Preschool Program Quality Assessment: Administration Manual [M]. Ypsilanti: High/Scope Press，2003.

[57]High/Scope Educational Research Foundation. High/Scope Approach to Preschool Education: Assessment [M]. Ypsilanti: High/Scope Press，2003.

[58]High/Scope Educational Research Foundation. What's Next: Planning Chlidren's Activities Around Preschool COR Observations [M]. Ypsilanti: High/Scope Press，2003.

[59]Epstein A S. The International Teacher: Choosing the Best Strategies for Young Childrn's Learning[M]. Washington DC: National Association for the Education of Young Children，2014.

[60]Hardin B J，Bergen D，Hung H F. Investigating the Psychometric Properties of the ACEI Global Guidelines Assessment (GGA) in Four Countries[J]. Early Childhood Education Journal，2012，41(2)：91-101.

[61]New Zealand Government. ERO's Approach to Reviews in Early Childhood Services (DRAFT)，2012.